도학의 위안

도학道學의 위안慰安

유배지에서 읊은 우옹 송시열의 수미음

옮김과 풀이 곽신환

서광사

도학의 위안

유배지에서 읊은 우옹 송시열의 수미음

옮김과 풀이 곽신환

펴낸이 | 이숙
펴낸곳 | 도서출판 서광사
출판등록일 | 1977. 6. 30.
출판등록번호 | 제 406-2006-000010호

(10881) 경기도 파주시 회동길 77-12 (문발동)
Tel: (031) 955-4331 | Fax: (031) 955-4336
E-mail: phil6161@chol.com
http://www.seokwangsa.co.kr | http://www.seokwangsa.kr

제1판 제1쇄 펴낸날 — 2024년 7월 10일

ISBN 978-89-306-4014-5   93150

옮기고 풀이한 이의 서문

　이 책은 우옹 송시열(1607-1689)이 1679년 73세 나이에 거제도 유배지에서 가시울타리가 쳐진 상태에서 지은 7언율시 134수의 연작 수미음을 옮기고 해설한 것이다.

　이 연작시는 그 형식에서 드러나듯 소옹(1011-1077)의 수미음 134수의 형식과 그 운을 따른 것이다. 그러나 전체의 내용이 그가 일생 학습하고 지향했던 도학을 주제로 했다는 것과, 나름의 전체적 기획 속에 이루어졌다는 점에서 소옹의 수미음이 그때그때 즉흥적으로 이루어진 것과 다르다.

　우옹은 나라의 예를 그르쳤다는 죄로 1675년 정월 함경도 덕원에 유배되었다가 그해 6월 경상도 장기로 유배지가 옮겨졌고, 1679년 3월 다시 거제도로 옮겨졌다. 덕원 유배령이 내려졌을 무렵을 전후하여 그는 아침저녁 한가할 때마다 『격양집』을 읽으며, 좋은 구절을 만나면 입에 올려 조용히 읊조리며 지내고 있었다. 장기의 그의 거처는 가시나무로 울타리를 쳐 놓아 외부인과의 접촉이 차단된 환경이었다. 이곳에 있는 동안 조정에서는 그의 정적들이 종묘에 그의 죄를 고하자는 것과 법률로 그 죄를 논하자는 상소와 논의가 계속되고 있었다. 그를 극형에 처하려는 의도였다.

이런 정황 속에서 그는 소옹의 『격양집』을 되풀이 읽으며 불안과 위기의 나날을 견뎠다. 1677년 말 그가 문인에게 보낸 글에 '근래 소자(邵子)의 시를 읽으며 그가 의리를 변별한 것, 선악을 분별한 것은 털끝의 오차가 없고, 안목이 고명하고 흉금이 쇄락하며 기세가 등등하고 자재(自在)하여 그로써 평생을 보냈으니 참으로 천고의 호걸로서 그 규모와 기상이 회옹과 다르다'고 하였다. 이 편지는 계속해서 병증이 일어나 신음을 토하는 중에 목숨이 바람 앞에 등불 같은 처지에서 쓴 것이다. 이 시기에 우옹이 지은 시문에 소옹의 시를 차운한 것이 집중적으로 보인다.

1679년 3월 그는 장기에서 다시 거제로 유배지가 옮겨졌다. 그가 도성 천리 밖의 유배지에서나마 살아 있음에 불안을 느낀 세력들이 가중된 처벌을 주장하는 가운데 이루어진 조치였다. 문인 송상민이 스승에 대한 변호를 담은 상소 책자 때문에 역율로 처형되었고 이것이 우옹에게도 영향을 미쳐 절해고도 위리안치가 결정되고, 유배지를 관할하는 통제사에게는 외부인과의 왕래나 연락을 엄금하라는 명도 내려졌다. 한반도의 북단과 남단으로 그것도 자연 환경이 열악한 곳에서의 유배가 5년 차에 접어든 그는 신체적으로도 70대의 쇠약한 상태였다.

이처럼 간난 곤궁의 상황이지만 우옹은 유배지에 따라와 있는 아들 손자들과 함께 『주자대전차의』 『이정서분류』 『주자어류소분』 등의 편찬에 집중하였다. 더불어 소옹을 따라 수미음 연작시를 지었다. 이는 그가 누린 안락(安樂) 청한(淸閑)함을 본받아 이를 자기 정체성 유지의 방편으로 삼고자 함이었다.

우옹의 수미음은 모두 각운을 갖춘 7언율음의 시이지만 이들은 사실 함축된 이야기에 가깝다. 대부분의 시어가 경전적인 전거가 있거나 어떤 사건적 배경을 갖고 있다. 한 편의 시 속에 담긴 이야기가 대여섯 개나 되니 그의 수미음에는 모두 600개쯤 되는 이야기들이 담겨 있다. 따라서 이해가

쉽지 않다. 그러나 134수가 나름의 크고 작은 단락을 이루면서 주제의 집
중성과 연관성을 보이고 있다.

　1680년 5월 24일 우옹에 대한 완전 해배 조치가 내려졌다. 이해 봄 허견
의 역모 사건에 대한 고변이 있어 허적과 윤휴 등이 숙청되고 대규모 환국
이 있었기 때문이다. 전후 5년 5개월의 길고 험난했던 유배가 끝난 것이다.
거제도에서의 유배 기간은 1년 3개월이었다.

　우옹의 원작에는 전체 제목이, 그리고 134수 각각의 제목이 없다. 책의
제목을『도학의 위안』으로 한 것은 필자의 시각에 이 수미음 전체가 도학의
연원과 흐름을 주제로 하고 있고, 또 도학자의 삶에서 드러나는 과제들을
소재로 삼고 있으며, 이것을 통하여 위난 곤경의 실존적 상황에서 정체성
의 유지와 바른 지향을 꾀한 의미가 있다는 판단에서 붙인 것이다. 이 제목
은『철학의 위안』에서 떠올리게 되었다. 최후의 로마 철학자로 불리는 보에
티우스(A. M. Severinus Boethius 480년경-524년)가 모함을 받아 반역죄
로 처형을 기다리는 동안 감옥에서 쓴 이 책은 "진실한 선함에 대한 보상
대신, 저지르지도 않은 범죄에 대한 처벌을" 받고 있는 상황에 대하여 상심
한 그에게 철학의 여신이 와서 위로하는 내용으로 구성되어 있다.

　우옹의 수미음에 대한 그간의 연구는 많지 않다. 우옹을 포함한 도학자
들의 시가 문예적 취향보다는 철학적 이치를 드러내는 성격이라서 문학적
관심이 덜했던 듯하다. 근래 이에 주목한 연구자가 몇 분 있다. 그 가운데
김학주 이병주 정민 쉬즈샤오[徐志嘯]와 같은 분들이 주목할 만한 분석과
견해를 보여주었다. 정민 교수는 "수미음 134수 연작은 규모 면에서 단연
이채를 발한다. 내용 또한 우암 사유의 전체상을 단번에 드러내는 총체성
을 갖추었다"[1]고 하였다. 적절한 평이라 생각된다.

　옮긴이는 1978년『우암 송시열의 철학사상』을 썼고, 2012년에『우암 송

1　鄭珉「尤庵 先生〈首尾吟〉134수 管窺」,『韓國思想과 文化』, 제42집 38쪽.

시열』(서광사)을 출간하였다. 호한 방대한 우옹의 문집 『송자대전』을 나름대로 의욕을 갖고 읽었지만 여전히 생쥐가 강가에서 물 마시는 꼴이라는 느낌을 버릴 수 없다. 그에 대한 숱한 포폄의 논조도 많이 듣고 보았다. 대체로 지나치게 기울어진 논의들이고, 실상에 접근하지 못한 피상적 내뱉음, 무엇보다 도학이라는 학문에 대한 이해가 없는 상태에서 나온 진영적 사고의 평판이라는 것이 그간의 소회이다. 또한 옮긴이는 소옹의 선천역학을 연구하다가 2011년 타이완의 역학자 고회민(高懷民) 선생의 『소강절의 선천역학』(예문출판사)을 번역 출간하였고, 이어서 조선유학자의 소옹 이해에 대하여 관심을 갖고 그 연구 결과들을 묶어 2014년 『조선유학과 소강절 철학』(예문서원)을 출간한 일이 있다. 그 사이 소옹의 『격양집』을 읽고 3,000여 수에 달하는 그의 시를 초역해 두었으며, 그 과정에서 수미음의 형식과 내용을 조선유학자들이 많이 본받았다는 것을 알게 되었다.

애초 한문학에 전문적 공부가 없고, 시어의 전거를 경·사·자·집에서 찾아내는 데 애로가 많았음에도 이 일을 마다하지 못한 이유는 우옹의 이 저작이 갖는 가치가 높은 데 비하여 학계에서의 연구가 부족하고 이를 확산할 필요가 있다는 생각 외에 이 일의 수행에는 도학, 우옹의 삶과 철학, 소옹의 삶과 그의 철학에 대한 이해가 두루 갖추어져야 하는데 이 조건 갖추기가 쉽지 않다는 생각에, 누구라도 먼저 작은 디딤판이라도 놓아보자는 취지에서 용기를 낸 것이다.

도학은 이미 외면받거나 잊혀지고 있으며 또 상당 부분 그 본질과 역할이 왜곡되어 있는 학문이지만 결코 그렇게 간과하거나 내버릴 유산이 아니라는 나름의 판단이 이 작업의 바탕에 있다. 더불어 현실 상황 속에서 또는 그간의 삶의 과정에서 여러 가지 형태의 부당한 억압이나 악한 세력에 휘말려 고통을 당하고 있는 사람들에게 조금이라도 위안이 될 수 있기를 바라는 마음도 들어 있다.

이 책을 출간하는 데 많은 분들의 이모저모 도움이 있었다. 절판되어 구하기 어려운 참고문헌을 애써 구해주거나 난해한 구절에 진전이 없을 때 중국 학자들에게 연락하여 해결에 도움을 주신 분도 있고, 우옹의 유배지 거제도와 장기의 천리 길 답사에 동행하며 느낌을 나누고 사진을 찍어주고 편의한 정보를 제공하여 준 친구들도 있다. 또한 출판의 전반적 어려운 정황 속에서도 기꺼이 출간의 뜻을 수용하고, 원고를 수정하는 과정에서 빚어진 오류들을 바로잡아 주며 좋은 책을 만들고자 애쓴 서광사의 배려와 노고가 있었다. 모두에 대하여 깊은 감사를 드린다.

지난 4월 9일 일생 나의 학문의 길을 묵묵히 내조한 아내가 홀연히 하늘나라로 떠났다. 평소 한 주일에 한 번 근교의 산을 다녀올 정도의 비교적 건강한 편이었던 그의 갑작스런 떠남은 너무나 큰 결핍의 공간을 충격적으로 내게 남겼다. 나는 그가 떠나기 전날에도 이 책의 원고 교열에 몰입되어 있었다. 그의 혼신의 노고가 아니었더라면 나의 삶과 학문의 길, 그리고 이 책은 지금의 모양과 내용을 갖추지 못했을 것이다. 어떤 형용도 의미가 없는 회한과 감사의 마음을 여기에 그냥 이렇게 적는다.

2024년 5월 20일 서달산록에서

곽신환 적음

일러두기

1. 이 책은 우옹 송시열이 1679년 유배지 거제에서 읊은 수미음 연작 134수를 옮기고 해설한 것이다.

2. 애초 이 수미음은 전체 제목이나 각각의 제목도 없고 134수 일련의 번호만 있을 따름이다. 그러나 옮김에서는 차례 번호 옆에 각 시의 제목을 두었는데, 이는 모두 각 수의 둘째 연에서 취한 것이다. 둘째 연에서 그가 언제 무엇을 읊게 된 것인지를 밝히고 있기 때문이다. 전체 제목『도학의 위안』은 옮긴이가 이 시들이 쓰인 정황과 내용을 감안하여 붙인 것이다.

3. 우옹의 수미음은 도학이라는 유학의 철학 사조를 다룬 것이기에 특유의 개념들이 많고 또한 많은 고전적 전거들이 압축되어 인용되고 있다. 그래서 우리말 옮김 그 옆에 원문을 수록하고, 아래에 해설을 하였으며, 출전과 간단한 소개를 각주에 두었다.

4. 옮긴이는 수미음 134수를 차례에 따라서 모두 10개의 단락으로 나누었다. 그리고 이를 각 단락 앞에 분류하여 묶어 놓았다. 단락마다 주제 의식이 뚜렷하게 구별된다고 보았기 때문이다.

5. 우옹은 인명을 비롯한 고유명사에 다양한 이칭이나 별호를 사용하고 있다. 전공자가 아닌 독자들에게는 이것이 다소 혼란스러울 것으로 여겨져서 따옴표가 있는 직접적인 인용이나 이미 학계에 굳어져 있는 경우를 제외하면 옮김에서는 가급적 시인의 의도를 반영하였지만 해설에서는 본명으로 표기하려고 하였다. 주희의 경우 주자, 회옹, 회암, 회보, 자양, 문공 등 다양하지만 해설이나 각주에서는 주희로 표기하였다. 그러나 송시열의 경우 수미음에서 사용한 우옹(尤翁)으로 표기하였다.

6. 수미음에는 우옹이 직접 넣은 주가 몇 개 있는데 이는 각주에 표기해 두었다. 나머지 각주는 옮긴이가 시를 이해하는 데 필요하다고 여겨 넣은 것인데, 그 과정에서 송근수가 편찬한『송자대전수차』에서 도움을 받았다. 각주 중에 이 책의 도움을 받은 것은『수차』로 표기하여 두었다.

7. 사진은 본문의 내용 이해에 관련이 있다고 옮긴이가 판단하여 넣은 것이다. 이 가운데 거제와 장기의 우옹 유배지 사진은 답사에 동행한 장원영 선생이 찍은 것이다.

차례

서음(序吟)

1. 옛날을 사모함[慕古]
2. 눈여겨봄[著眼]

  첫 시「옛날을 사모함」은 옛 성현을 사모함이다. 이는 앞으로 다루는 모든 주제가 이 범주 안에 세부적 항목들일 것임을 암시한다.

  두 번째 시「착안」은 시인이 눈여겨보는 것, 마음을 쏟는 것에 대한 제시이다. 첫 시가 시간으로 옛날을 말했다면 여기서는 공간 속에 있는 것들과 그들 속에 작동하는 힘과 규칙 등이다. 그것은 모두 옛 성현들과 관련된 것이고 천지 만물의 운행과 그들 속에 담겨 있는 이법의 문제였다.

1
옛날을 사모함 [慕古]

우옹은 시 읊기 좋아하지 않네	尤翁非是愛吟詩
시는 바로 우옹이 옛날을 사모할 때에 읊지	詩是尤翁慕古時
요·순과 복희·헌원 비록 아득히 멀어도	堯舜羲軒雖邈矣
우·탕과 문왕·무왕이 이를 이어받았네	禹湯文武却承之
『시』『서』『예』『악』은 가르침 아닌 것 없으니	詩書禮樂無非教[1]
신과 성, 인과 현이라는 말 꼭 맞네	神聖仁賢儘着題[2]
천만 년 지나도록 사람은 모두 하나이니	千萬年人都一個
우옹은 시 읊기 좋아하지 않네	尤翁非是愛吟詩

이는 서음(序吟)이다. 134수의 시 전체를 독자들이 읽어야 할 필요성과 흥미를 유발할 수 있는 내용을 담고 있어야 한다. 그런데 과연 그러하다.

첫 시의 내용을 '옛날을 사모함'이라고 하였다. 옛것, 옛날을 나타내는 '古'는 이상이고 모범이며, 표준이고 원형이며 옳은 것이고 모델이다. 상대적으로 이제와 현재를 뜻하는 '今'은 변질된 것, 어그러진 것, 잘못된 것, 옳지 않은 것을 의미한다. 옛길, 옛사람, 옛 제도는 이미 실현되었던 것이며,

---

1 詩書禮樂無非教 시서예악무비교; 『예기』「경해」에서 6경의 주안점을 『시』는 온유돈후(溫柔敦厚), 『서』는 소통지원(疏通知遠), 『예』는 공검장경(恭儉莊敬), 『악』은 광박이량(廣博易良), 『역』은 결정정미(潔淨精微), 『춘추』는 속사비사(屬辭比事)라고 하였고, 『사기』에서는 『시』는 뜻을 표달하고[달의(達意)], 『서』는 일을 말하고[도사(道事)], 『예』는 인정을 절제하고[절인(節人)], 『악』은 조화를 피워 내고[발화(發和)], 『역』은 신비로운 조화를 이루고[신화(神化)], 『춘추』는 대의를 말한다[도의(道義)]라고 했다. 여기서는 시의 율조를 위하여 시·서·예·악 4개만 말한 것 같다.
2 著題 착제; 글의 내용이 제목에 꼭 합치하는 것을 말한다.

동시에 우리가 장차 추구하고 실현해야 할 미래의 청사진이다. 그래서 '오래된 미래'라는 말도 한다.

우옹에게 있어서 실현하고 본받을 대상은 고대 사회의 복희·헌원·요·순·우·탕·문·무와 같은 성인이다.

그 성인들이 성취한 사업, 그리고 가르침은 모두 『시』·『서』·『예』·『악』의 경에 담겨 있다. 그 속에 있는 것이 장차 그가 또 인류가 이루어 내야 할 과제들이라고 믿는다. 네 개의 경만 드러냈지만 글자 수의 제약 때문일 것이며 사실은 여기에 『역』과 『춘추』도 포함된다.

그들이 도달한 경지, 인격적 성취는 신(神)·성(聖)·인(仁)·현(賢)이라는 개념으로 표현되었다.

이는 우옹이 그리고 도학을 배우는 사람들이 근본적으로 또 우선적으로 도달하고 구현하며 술회하고 싶은 경지이고 목표들이다.

우옹은 천만 년 아득한 이전의 사람이나 천만 년 이후의 사람이나 모두 같다고 믿는다. 언급은 빠졌어도 동서남북으로 천리 멀리 떨어져 있어도 사람은 본질적으로 같다는 믿음도 담겨 있다. 성인 순이 동쪽 출신이고 문왕 무왕은 서방 출신임은 두루 알려진 사실이다.

이는 말세처럼 여겨지는 이 혼란의 시대에 살고 있는 평범한 우리도 성인이 될 수 있고, 너나없이 자기 시대에 걸맞은 문화를 창출할 수 있으며, 어질고 지혜로우며 거룩하고 신묘한 삶을 살 수가 있다는 신념의 표명이다. 시의 일곱째 구 '천만 년 지나도록 사람은 모두 하나이니'는 참으로 거룩한 선언이고, 우옹 스스로 터득한 위안이다.

오늘의 우리들 대부분은 일상적 삶에 관한 잡다한 정보 수집에 급급하고 주변에서 성공했다고 여기는 사람들 따라 하기, 베끼기, 벤치마킹에 집중할 따름이다. 자기 나름의 목표, 기대하는 미래상의 구현을 위해 널리 보고 멀리 찾는 노력을 하는 사람은 많지 않다.

나는 누구를 좋아하며, 무슨 일을 이루어 낼 것을 목표로 삼을지 정하기에 앞서 널리 멀리 돌아보고 깊이 살펴볼 필요가 있다.

이후 펼쳐질 우옹의 시는 이에 부합되는 작은 주제들, 이러한 테두리와 방향에 맞는 것임을 짐작할 수 있다.

* 우옹이 본보기로 삼았고 또 그 운을 차한 소옹의 수미음 134수의 첫 수는 다음과 같다.

요부는 시 읊기를 좋아하지 않네	堯夫非是愛吟詩
성현이 일어남에 때가 있음을 보이려고 읊지	爲見聖賢興有時
일월과 성신은 요가 본받았고	日月星辰堯則了
장강 황하 회수 제수는 우가 고르게 했지	江河淮濟³禹平之
황·왕·제·패에 대해서는 포폄을 하였지만	皇王帝伯經褒貶
설월과 풍화는 품평하지 않았네	雪月風花未品題⁴
어찌 고인이 빠뜨린 것 없다 하리요	豈謂古人無闕典
요부는 시 읊기를 좋아하지 않네	堯夫非是愛吟詩

소옹과 우옹 두 사람의 첫 시 처음 구와 마지막 구는 아래와 같다.

소옹: 堯夫非是愛吟詩,

우옹: 尤翁非是愛吟詩

---

3 江河淮濟 강하회제; 양자강 황하 회수 제수이다.

4 品題 품제; 내용을 품으로 나눈 편장의 제목. 품을 나누거나 제목을 붙임.

소옹의 시에서 2, 4, 6, 8구의 마지막 운이 時 之 題 詩인데 우옹시의 2, 4, 6, 8구의 마지막 운도 時 之 題 詩로 같다. 우옹이 소옹의 시를 차운한 것이다. 시의 취지는 각각 둘째 연에서 밝히고 있다.

소옹: "성현이 일어남에 때가 있음을 보이려 하네   爲見聖賢興有時"
우옹: "시는 곧 우옹이 옛것을 사모할 때에 읊네   詩是尤翁慕古時"

성현이 일어남에 때가 있음을 보이려 한다는 소옹과 옛날을 사모할 때에 읊는다는 우옹은 표현이 다소 다르지만 의미는 크게 보아 같다. 운을 따라 하는 것만이 아니라 취지 자체가 소옹과 크게 다르지 않음을 첫 시에서 시사한다.

2
눈여겨봄(著眼)[5]

우옹은 시 읊기 좋아하지 않네	尤翁非是愛吟詩
시는 바로 우옹이 눈여겨볼 때 읊지	詩是尤翁着眼時
방박의 곤륜 그 누가 주재하나	磅礴昆侖[6]誰主是
봄의 인온과 가을의 숙살에 사사로움 없네	氤氳[7]肅殺[8]自無私
유행과 대대에 모두 은미와 발현이 있고	流行對待[9]皆微顯
닫고 열음 굳셈과 부드러움이 다만 음과 양이네	闔闢柔剛只偶奇
크고 작음 다르나 다 하나로 관통되니	大小不同皆一貫
우옹은 시 읊기 좋아하지 않네	尤翁非是愛吟詩

---

5 着眼 착안; 우옹의 이 시는 주희의 「재거감흥(齋居感興)」 20수 가운데 첫 번째 시에서 영향을 받은 것 같다. "곤륜은 커서 밖이 없고 크게 버텨 아래가 깊고 넓네 음양은 쉴 사이가 없고 한서는 번갈아 오고 간다네 옛 성인인 복희씨가 하늘과 땅의 이치를 터득하고 하도를 보기도 전에 인문을 이미 밝혀 놓았네 혼연히 하나의 이치로 꿰뚫었으니 명석하여 흐릿하지 아니하니 진중하신 무극옹이 우릴 위해 거듭 손바닥을 펴셨네[昆侖大無外 磅礴下深廣 陰陽無停機 寒暑互來往 皇羲古神聖 妙契一俯仰 不待窺馬圖 人文已宣朗 渾然一理貫 昭晰非象罔 珍重無極翁 爲我重指掌]" 이 시에 있는 磅礴, 崑崙, 陰陽, 偶奇, 一貫 등의 용어가 모두 우옹의 시에 동원되고 있다.

6 磅礴昆侖 방박곤륜; 방박은 旁薄으로도 표기하는데, 지형이나 산세가 크게 버티고 있는 모양이다. 곤륜은 崑崙으로도 표기하는데 신강과 서역 사이에 있는 산이다. 이 산은 중국의 여러 신화와 전설의 무대로 『산해경』, 『회남자』, 『신이경』 등에 보인다.

7 氤氳 인온; '인온(烟熅)' '인온(絪縕)'으로도 표기한다. 습기가 많은 열, 휘몰아치는 기운이고, 또 노을 구름이 가득 차 있는 모양이다. '충만'의 뜻이 있다.

8 肅殺 숙살; 쌀쌀한 가을 기운이 초목을 시들어 말라 죽게 함이다.

9 流行對待 유행대대; 주희는 『역』 「계사」의 "한 번은 음, 한 번은 양인 것을 도라고 한다[一陰一陽之謂道]"를 유행과 대대로 구별하여 이해한다. 유행은 시간의 흐름에 따라 한 번은 양, 한 번은 음으로 진행한다는 것이고, 대대는 구조적으로 음과 양이 서로 대립하면서도 서로를 자기 존립의 근거로 삼는다는 것이다. 높음과 낮음, 동과 서가 그

'착안'은 글자 그대로 어떤 대상에 눈을 붙임이다. 많은 대상 가운데 어느 하나에 눈의 초점을 맞추고 마음 기울여 그 의미를 탐색하는 것이다. 우옹이 눈을 뜨고 관심을 기울여 살펴본 대상은 다음과 같다.

1. 공간적으로 상하 사방의 광활한 천지 만물의 주재자가 누구인가?

2. 시간적으로 고금 왕래 속의 음양 두 기운이 보이는 봄철의 인온 교감과 가을의 쌀쌀함에 어찌 사사로움이 없는가?

3. 세상에서 벌어지는 일체의 현상을 설명하는 데 전통적으로 동원된 개념은 유행(流行)과 대대(對待), 합벽(闔闢), 그리고 강유(剛柔)이다.

4. 유행이라 함은 낮과 밤, 봄 여름 가을 겨울처럼 시간의 흘러감에서 나타나는 모습들을 말한다. 대대는 서로 맞서면서도 동시에 서로의 존립 근거가 되는 것을 표현하는 용어이니 동서, 상하, 귀천, 안팎 등이 모두 그러한 관계에 있다. 합은 닫음이고 벽은 열음이며, 강은 굳셈이고 유는 부드러움이다.

5. 사물에 비록 크고 작음의 차이는 있을지라도 결국은 모두 위의 용어들로 설명된다. 이런 개념들로 주재자의 문제, 사회적 정의의 문제, 사물의 구조와 역할, 생성과 소멸, 특수와 보편 등 우리가 갖는 일체의 문제에 다가가는 것이다.

우옹의 관심사는 세상의 주재자, 만물의 조화옹은 결코 사사롭지 않다는 것, 유행과 대대, 은미함과 현저함, 닫힘과 열림, 굳셈과 부드러움과 같은 것들은 모두 음양의 범주에 속하는 것, 이 음양의 원리가 크고 작다는 말로 표현되는 모든 다양성을 지니고 있는 존재자들을 꿰뚫고 있다는 것이다. 이는 시인이 지니고 있는 관심의 기본 틀이고 출발점이다.

러하다.

앞 시에서 「옛날을 사모함[慕古]」의 주제어 아래 천만 년 동안의 사람이 모두 같음[都一箇]을 말했는데, 여기서는 착안을 내세워 시야에 들어오는 광대무변 무상변화의 크고 작은 다른 모양과 성질의 만물을 꿰뚫는 보편성 [皆一貫]을 보아냈다. 아득한 옛날부터 지금까지의 그리고 끝없는 공간 속의 만물에 들어 있는 그 '하나[一]'가 우옹의 사유 틀이요, 탐구의 궁극적 대상이다. 이제 이 출발점, 이 틀 위에 그의 역사 평가하기와 주변 사물들에 대한 관찰의 내용이 펼쳐지게 된다.

* 우옹이 그 운을 따른 소옹의 수미음 두 번째 시는 다음과 같다.

요부는 시 읊기를 좋아하지 않네	堯夫非是愛吟詩
안락와 속에 앉아 바라볼 때 읊지	安樂窩中坐看時
하나의 기가 돌고 돌아 조금의 멈춤도 없고	一氣旋回無少息
하늘이 덮고 땅이 실음에 사사로운 적 없었네	兩儀覆燾未嘗私
사계절은 바뀌어 서로 주재가 되고	四時更革互為主
새 것 낡은 것 온갖 물건이 기이함을 다투네	百物新陳爭效奇
집집마다 즐거운 일들을 누려라!	享了許多家樂事
요부는 시 읊기를 좋아하지 않네	堯夫非是愛吟詩

우옹의 '착안'과 대조하면 우선 운이 時 私 奇 詩로 같다. 수미의 구도 물론 같다.

시의 주제를 소옹은 '안락와에 앉아서 바라볼[坐見] 때'라고 하였고 우옹은 '착안(着眼)'이라고 하였다. 좌견과 착안은 그 의미의 거리가 서로 그리 멀지 않다. 안락와에 앉아 있는 소옹은 무엇을 바라보고 생각하였는가? 우주의 근원적 기운인 하나의 기[一氣]가 선회하는 것, 음양의 기운이 이뤄내는 작용, 사계절의 순환, 만물의 신진대사, 집집마다 누리는 즐거운 일들을 그는 바라보고 생각한다. 이는 섬 가운데 가시울타리가 쳐져 있는 거처에서 우옹이 주의하여 보고 생각하는 것과 다르지 않다. 두 사람은 모두 요즘 말로 철학적 사색과 관찰을 하고 있는 것이다.

세 번째 시부터 134번째의 마지막 시까지는 소옹과 우옹 두 사람의 시에서 운과 형식은 같지만 주제의 동일성이나 유사성은 보이지 않는다. 우옹의 시에서는 단락으로 묶을 수 있는 연관성이 보임과 달리 소옹의 경우는 그렇지 않다.

제2단락

자경(自警)과 성찰(省察)

3. 스스로 경계함[自警]

4. 스스로 탄식함[自歎]

5. 술 마시기[飮酒]

6. 묵묵히 셈함[默數]

7. 스스로 탓함[自咎]

8. 송별-손자 회석이 고향에 돌아감에 써 줌[送別]

9. 안분[安分]

10. 괴이한 일들[怪事]

11. 늦은 깨달음[晩悟]

12. 스스로 기뻐함[自喜]

13. 전혀 정률에 매이지 않음[都無平仄]

14. 혼잣말하기[獨語]

15. 낮 꿈[午夢]

16. 우스갯말[戲語]

17. 홀로 섬[獨立]

18. 경계할 줄 앎[知戒]

19. 호변을 흉내 냄[嬎嚻好辯]

20. 낮추보고 높여 봄[俛仰]

21. 글 읽기 기뻐하여[喜讀]

22. 두려워하지 않음[不懼]

23. 멀리 둘러봄[遠覽]

24. 두 눈이 밝아짐[明開兩眼]

25. 스스로 말함[自語]

26. 아득한 옛날을 골똘히 생각하기[冥思邃古]

27. 소인의 정상을 간파함[看破宵人情狀]

28. 작은 행실도 신중히 생각함[思矜細行]

29. 우러러보고 굽혀 살핌[仰觀俯察]

2단락 모두 27수의 시는 대부분 그의 일상사 속에서 나타나는 관심사 또는 지향과 학문적 관심의 대상이 어떤 것인지를 보여준다. 궁극적으로 "나는 누구인가"의 물음에 대한 자신의 모색이고 답이다.

3
스스로 경계함 [自警]

우옹은 시 읊기 좋아하지 않네   尤翁非是愛吟詩
시는 바로 우옹 스스로 경계할 때 읊지   詩是尤翁自警[1]時
뜻이 진실한지는 다만 자신이 쾌족한지 보아야 하고

                                       誠意只須看自慊[2]
하늘 뜻에 부합한다면 남의 알아줌이 필요한가   合天何必要人知
지금 벌어지는 일 모두 속인들의 행태인데   如今事事皆流俗[3]
옛날이라고 사람마다 모두 선한 자질이었을까   雖古人人豈美資
백발에도 경서 연구 더욱 깊어지니   白首窮經猶愈已
우옹은 시 읊기 좋아하지 않네   尤翁非是愛吟詩

   자경(自警)은 스스로 경계함이다. 우옹이 스스로 경계하는 것은 다음의
다섯 가지이다.

---

1 우옹은 '자경(自警)' 주제의 시를 자신의 화상찬에 쓴 것까지 포함하면 모두 6편
썼다.
2 自慊 자겸; 慊은 쾌족(快足)의 뜻이다. 스스로 아주 시원하게 만족함을 말한다. 『대
학』「성의」장에서 성의를 "미녀를 좋아하고 악취를 싫어함"과 같은 '자기를 속이지 않기
[毋自欺]'와 '自慊'으로 풀이하였다.
3 流俗 유속; 세속 사회에서 유행하는 풍속 습관으로 다분히 낮추는 의미로 쓰인다.
지켜야 할 도리를 지키지 못하고 사사로운 욕망에 따라 제멋대로 흘러가는 것, 이른바
속인들이 추구하는 행태 습속을 유속이라고 한다. 『중용장구』 제10장에서 군자는 "어
울리되 휩쓸리지 않는다[和而不流]"라고 하였다. 당의 육지(陸贄 754-805)는 "유속의
폐단은 대부분 아첨하는 말을 따르는 데에 있으니, 상대가 좋아할 것 같으면 그 실상을
부풀려서 말하고 싫어할 것 같으면 그 일을 줄여 버립니다"라고 상주하였다. 우옹은 개
혁에 있어 가장 심각한 걸림돌로 유속과 거짓말인 와언을 지적하였다.

1. '성의(誠意) 곧 뜻이 진실무망해야 한다'이다. 이는 율곡 이이가 성인을 목표로 하는 그의 학문에서 가장 중시하는 개념이다. 우옹은 이 과제를 쾌활과 만족의 개념으로 점검해야 한다고 하였다. 『대학』에서 '자신을 속이지 않음'이라 하고 '마치 선을 좋아하기를 미녀를 좋아하듯 하고 악을 싫어하기를 악취를 싫어하듯 하는 것'이며, 스스로 쾌활하고 만족스러운 상태를 가리킨다고 하였다. 시원하고 모두 갖춘 듯한 마음의 상태야말로 참으로 우리가 염원하는 것이다.

2. '하늘의 뜻에 부합한다면[合天] 굳이 남이 알아줄 것을 기대할 필요가 없다.'이다. 이는 『논어』 첫머리에서 "남이 알아주지 않아도 화내지 않는다면 또한 군자가 아닌가"하는 말과 부합된다.

3. 일마다 편의와 이익을 좇는 것에 대한 경계이다. 주변에 있는 사람들 대부분이 이런 유속에 젖어 있는 것도 사실이다.

4. 옛사람이라 해서 모두 선한 자질을 타고 났을 리 없음에도 그들은 참으로 크고 아름다운 삶을 이루어 냈다. 그렇다면 오늘의 우리도 옛사람들 못지않은 성취가 가능하다는 신념을 지녀야 한다.

5. 그런 성취를 위해서는 머리가 허옇게 센 나이에도 경(經)을 연구하는 일은 그만둘 수 없다. '경'은 성인의 말씀이 담겨 있는 책이요, 그것은 하늘의 뜻에 부합하는 길을 제시하고, 진실하여 거짓이 없음과 쾌활 만족의 상태로 나아가는 초대장이기 때문이다.

세 번째 음은 사실 본론에 속한다. 본론에 해당하는 첫 음이 「자경」이니 이는 요즘말로 반성문에 속한다. 의도가 진실하고 스스로 쾌활하고 만족스러울 것, 하늘이 인정한다면 사람이 몰라주는 것은 근심거리가 못 된다는 것, 상황 상황에서 또는 그때그때 편의에 따라 살면 안 된다는 것이 그의 반성의 핵심이다.

우옹은 1686년 80세 때에도 80구에 이르는 긴 자경음을 읊었다.

「스스로 경계하여 읊다[自警吟]」⁴

내 나이 이제 팔십인데 / 평생의 일을 추억하니
뉘우침 산처럼 쌓여 / 한 자루 붓으론 기록하기 어렵네
어버이 섬김에 내 소견대로 하여 / 그 뜻을 받들지 못함이 많았고
형님을 따름에도 사욕에 가려 / 뻗대며 내 멋대로 하기 좋아했으며
집에서는 근독함에 어두웠고 / 옥루에 부끄럽지 않음이 없었고
벗을 사귐에도 충후하지 못해 / 그 허물을 덮어주지 못했네
하물며 군신 관계에 있어 / 감히 의에 가까웠다 말하랴
『서경』에서 말하는 오륜은 / 부서짐이 좀먹은 종이 끈 같네
급히 남에게 바로잡혀야 하지만 / 남 바로잡기를 어찌 감히 꾀하랴
망녕되이 세도의 책무를 / 스스로 한 몸에 졌지만
한 수레 섶나무에 치솟는 불길 / 한 잔 물로 끌 수가 있겠는가
불에 타 문드러지니 / 사방에서 조롱이 쇄도하네
이를 어찌할 수 없으니 / 이 마음은 한갓 두려워할 뿐
위 무공의 지혜를 멀리 생각하니 / 90세에 오히려 '억' 시를 지었고
큰 영웅들을 또 생각하니 / 애초 전전긍긍함으로부터 이루었네
자잘한 행실 삼가지 않으면 / 마침내 큰 덕에 누가 되는 것
겉의 거칠고 호방한 혈기를 / 조금이라도 부려서야 되겠는가
낮에 힘쓰고 저녁에 두려워하면 / 동정 간에 반드시 할 일 있으리니

---

4 『송자대전』 권1, 시, 「자경음」 "我年今八十 追憶平生事 尤悔如山積 一筆難可記 事親任所見 多不承其志 從兄蔽於私 强剛喜自遂 居室昧謹獨 無非屋漏愧 交友鮮忠厚 不能庇其累 況於君臣際 敢曰近於義 書所謂五典 損壞如蠹緪 亟當正於人 正人安敢企 妄以世道責 自任於一己 一車薪火熾 詎容一杯水 適足爲焦爛 譏誚四外至 凡玆莫可追 一心徒惴惴 緬思衛武睿 九十猶賦懿 又思大英雄 初由戰兢致 細行若不謹 終爲大德累 外面麤豪氣 何可一點使 朝乾夕亦惕 動息必有事 兩進是明誠 借立惟敬義 謹當書左右 顚沛泪造次"

둘 다 증진할 것은 명과 성이요   모두 세울 것은 경과 의이니
삼가 마땅히 좌우에 써 놓아   위난과 급박에도 이에 의거하리라

이 글에는 그의 일생에 대한 회한과 반성이 함께 담겨 있다. 나이 팔십에
뉘라서 이런 자경의 글을 쓸 수가 있겠는가. 이외에도 그에게는 여러 편의
자경음이 있다.

「또 스스로 경계하여 고치려 하다[又自警求訂]」[5]

소인 막기를 효산 함곡관[6] 막듯 해야 하며
선을 회복하는 데 누가 함괘 보협을 점치랴
맹가의 전전긍긍한 일 보아서
효과 거두면 참으로 훌륭하리라

위 시에는 다음과 같은 우옹 자신의 주가 달려 있다: 주자가 『맹자』의
"대인을 설득할 때는 하찮게 보아야 한다"라는 말에 대해 논하기를 "이는
일종의 영웅이니, 모름지기 전전긍긍하고 깊은 물가에 서 있듯 얇은 얼음
을 밟듯 조심하는 가운데에서 만들어지는 것이다. 만약 호강한 혈기가 한
점이라도 있으면 되지 않는다"[7] 하였다.

---

5 『송자대전』 권2, "絶柔要似閉崤函 復善誰占輔頰咸 看取鄒輿戰兢事 到收功處儘
巖巖"
6 효산 함곡관[崤函]: 이는 산동에서 진(秦)으로 들어가는 길목에 있는 요새이다.
7 우옹 자주: "朱先生論孟子說大人則藐之語曰. 此一種英雄. 須從戰兢臨履上做出來.
若是血氣麤豪一點使不著也."

「스스로 경계하여 읊음[自警吟]」[8]

비로소 알았네 나를 편케 함 늙음만 한 것이 없다[9]

이 말은 요부가 나를 깊이 속인 거라는 것을

병을 진단하고 치료함에 약과 음식을 찾듯이

글을 교정하고 책을 엮음이 몸과 마음을 괴롭게 하네

현자를 바람이 절름발이가 걷고자 함보다 심하고

도움 구하기는 가뭄에 비를 바라듯 하네

밤낮으로 걱정하고 애써서 이루려고 하는 일

쇠똥구리가 감당키 힘든 짐을 지고 있음이 안타깝구나

「화상에 써서 스스로 경계함[書畫像自警]」[10]

고라니 사슴처럼 비천한 무리	쑥대 지붕에 가시나무 문의 거처
날이 밝아도 찾는 이 없고	배고픔 참으며 책을 보네
너의 형상은 마르고 여위었고	너의 학문은 공소하네

---

8 『송자대전』 권4 "始知逸我無如老. 此語堯夫欺我深. 論病治病尋藥餌. 校書編書苦身心. 希賢不翅跛思步. 求助還如旱望霖. 早夜憂勤成底事. 堪憐蜣蜋蜋重難任."

9 '나를 편케 함 늙음만 한 것이 없다'는 이 말은 소옹의 『격양집』「스스로 술회하다. 2수[自述 二首]」에 보인다.

누가 자리의 진객이라는 칭호를 받을 만한가?	傳者堪名席上珍
모두 연고가 있어 당일에 선생의 모습을 보네	都緣當日得師眞
나를 편하게 하는 것 늙음만 한 것 없음을 아니	是知佚我無如老
생각을 풀어놓아 기쁘니 늘 봄 같네	惟喜放懷長似春
뜻을 얻으면 마땅히 천하의 일을 해야지	得志當為天下事
물러나면 애오라지 물과 구름의 몸이 되고	退居聊作水雲身
가슴에 한 점의 분명한 곳 있으니	胸中一點分明處
하늘과 사람을 배반하지 않음이네	不負高天不負人

* 소옹의 시 3구 "是佚我無如老"에서의 是가 우옹에서는 始로 바뀌었다.

상제가 내린 이륜을 너는 등졌고   성인의 말씀을 너는 모욕했네

너의 자리는 결국   책벌레의 대열이로구나

우옹 74세 초상.

김창업이 그리고 김창협 권상하가 각각 찬문을 짓고 채지홍이 글씨를 썼다.

---

10 『송자대전』권150 찬. "麋鹿之群. 蓬蓽之廬. 窓明人靜. 忍飢看書. 爾形枯臞 爾學空疏. 帝衷爾負. 聖言爾侮. 宜爾置之. 蠹魚之伍" 우옹의 이 찬은 1651년(효종 2) 화양서옥에서 지었다.

4
스스로 탄식함 [自歎]

우옹은 시 읊기 좋아하지 않네	尤翁非是愛吟詩
시는 우옹 스스로 탄식할 때 읊지	詩是尤翁自歎時
변방의 작은 나라에서 말세 혼란기에 태어났고	生此偏邦兼苦晚[11]
게다가 편협한 성격은 고치기 어렵네	矧玆褊性復難移
잘도 아네! 취한 듯 꿈꾸듯 살다 죽으면	極知醉夢生而死[12]
저 짐승들과 다름이 없다는 것을	無異紛綸走與飛[13]
한창때를 헛되이 보내고 이제 이미 늙었네	虛負壯年今已老[14]
우옹은 시 읊기 좋아하지 않네	尤翁非是愛吟詩

---

11 苦晚 고만: 힘들고 어려운 시대, 말세와 같은 의미. '생고만(生苦晚)'이란 표현이 자주 쓰였다. 우옹이 생존했던 시기(1607-1689)는 왜란이 지나고 호란을 겪으며 천재지변이 심했던 어려운 시기였다.

12 醉夢生而死 취몽생이사; 취생몽사(醉生夢死)라고도 한다. 이는 술에 취한 듯 꿈을 꾸듯 분명한 자의식이나 목적이 없이 그럭저럭 세월을 보내는 것을 말한다. 북송의 정이가 쓴 「명도선생행장」에 "사특하고 허탄하며 요망하고 괴이한 말들이 다투어 일어나서 백성의 이목을 가리고 세상을 더럽고 혼탁한 데에 빠뜨리니, 비록 고명한 재능과 지혜가 있을지라도 보고 들은 데에 매여서 취생몽사가 됨을 스스로 깨닫지 못한다[邪誕妖異之說競起 塗生民之耳目 溺天下於汚濁 雖高才明智 膠於見聞 醉生夢死 不自覺也]"가 보인다. 이는『근사록』권14「관성현」, 17절에 그리고『소학』권5에서 정호의 말로 인용하여 수록하고 있다.

13 走與飛 주여비; 달리는 것과 나는 것. 곧 들짐승과 날짐승으로 금수의 다른 표현이다.

14 虛負壯年今已老 허부장년금이로; 소옹의『격양집』권13, 「우득음(偶得吟)」에 다음의 내용이 있다. "한창때는 내달리듯 하여 주어진 대로 관직을 받았는데 얻은 것은 보잘것없는데 잃은 것은 끝이 없네 오늘 한 아침을 보내고 내일 한 저녁을 넘기며 거리의 사람들처럼 구구하게 얽매이네[壯歲若奔馳 隨分受官職 所得惟錙銖 所喪無紀極 今日度一朝 明日過一夕 不免如路人 區區被勞役]"

우옹 스스로 탄식하는 내용을 드러내고 있다. 탄식의 대상은 우선 자신에게 주어진 한계이다. 이 시에 보이는 변방의 작은 나라[偏邦], 말세[苦晚], 편협한 성격[褊性], 고치기 어려움[難移], 취한 듯 꿈꾸듯 삶[醉夢生死], 어지러움[粉綸], 한창때를 헛되이 보냄[虛負壯年], 이미 늙음[已老] 등은 그에게 주어진 객관적 한계와 자신의 삶에 대한 반성이다.

그는 먼저 그가 중원이 아닌 동쪽 변방 작은 나라에 태어난 것, 게다가 태평의 시대가 아닌 말세에 태어난 것을 안타까워하였다. 남쪽 왜적으로 인한 모진 전란의 폐해가 복구되기도 전에 다시 그가 직접 겪은 북쪽 추악한 오랑캐에 의한 침략의 참담한 상황 속에 살아야 했다. 일생 견지했던 북벌이나 춘추대의 등은 약소국이 아니고 전란을 겪지 않았다면 그가 짊어져야 할 짐은 아니었을 것이다.

자신의 성격에 대한 아쉬움도 토로한다. 남들은 그가 이기기를 좋아하는 성향과 고집이 센 것 등을 지적하곤 하였다. 그의 호 '우(尤)'는 허물을 뜻하는데, 이는 그가 이기기 좋아하고 따지기 좋아하는 성정을 지니고 있어 허물이 많아진다고 염려하여 친구[15]가 제안한 것이다. 스스로도 이 지적을 받아들여 편협한 성품을 고치려고 애를 썼다.

학문이란 것이 기질의 변화라고 하지만 이것이 결코 용이한 일이 아님을 누구도 부인하지 못한다. 우옹도 자신이 해온 학문의 결과에 대하여 결코 만족하지 못했을 것이다.

술에 취한 듯 꿈꾸는 듯한 삶은 결국 짐승들의 그것에 지나지 않는다는 것을 안다. 이리 뛰고 저리 날다 보니 어느덧 한창때를 이미 보냈음을 깨달

---

15 친구는 김익희(金益熙 1610-1656)이다. 그의 호는 창주이고 김장생의 손자이다. 1635년 수찬·사서를 거쳐, 이듬해 병자호란이 일어나자 청나라와의 화평을 반대하며, 왕을 남한산성에 모시고 갔고 독전어사가 되었다. 이후 교리·집의, 이조좌랑, 사간, 부제학, 대사성·대사헌, 대제학이 되었다.

게 된다. 높고 매력적인 관직도 받았었고, 남들의 마음을 울리는 명분을 소리 높이 외치기도 하였으며, 백성을 위한 정책을 펼쳐보기도 하였다. 그런데 뜻대로 된 것은 별로 없고 몸은 이미 73세의 노인, 그것도 죄를 지어 갇혀 있는 부자유한 상태로 있다.

　* 우옹의 일생이 술에 취한 듯 꿈꾸는 듯한 것이었다든가 짐승과 같은 삶을 살았다고 할 수는 없을 것이다. 그러나 그 자신은 '이렇게 살지 않았는가' 진지하게 반성하고 있다.

　이 시를 짓고 나서 10년이 지난 1689년 그의 나이 83세 때 제주에 유배당했다가 친국을 받기 위해 금부도사에게 끌려 서울로 올라오던 중 6월 8일 정읍에서 사약을 받았다. 군졸들에 겹겹이 에워싸인 가운데 그는 문인 권상하에게 『주자대전차의』와 『주자언론동이고』의 완성을 비롯한 남은 일들을 당부하면서 "아침에 도를 들으면 저녁에 죽어도 좋다는 것으로 스스로 기약하였는데, 지금 나이가 80이 이미 넘었으나 끝내 들은 바가 없이 죽는 것이 나의 한이다"라고 하였다. 구도의 길이 끝없음에 대한 토로라고 할 수 있다.

5
술 마시기 [飮酒]

우옹은 시 읊기 좋아하지 않네	尤翁非是愛吟詩
시는 바로 우옹이 술 마실 때 읊지	詩是尤翁飮酒時
가슴을 넓혀 회보를 따르려 하는 것이요	自可盪胸¹⁶追晦父
무사안일을 위한 원사를 본받는 것 아니네	非關無事效袁絲¹⁷
술 따를 때 누가 황국화를 따다 줄까	斟時誰爲採黃菊¹⁸
취한 후에 다시 술 보내는 이도 없네	醉後還無送白衣¹⁹
섭리와 경륜이라는 제목 좋으니	燮理經綸²⁰題目好
우옹은 시 읊기 좋아하지 않네	尤翁非是愛吟詩

---

16 盪胸追晦父 탕흉추회보: 이 용어는 『주자대전』 권5에 있는 주희의 시 「술에 취해 축융봉을 내려오며[醉下祝融峯]」에 "我來萬里駕長風 絕壑層雲許盪胸 濁酒三杯豪氣發 朗吟飛下祝融峯"에서 취한 것이다. 축융봉은 호남성에 있는 형산의 가장 높은 봉우리이고 주희는 이 봉우리에 장식과 함께 올랐다가 석 잔 술에 취하여 호기롭게 내려왔다고 한다.

17 袁絲 원사; 袁盎(袁盎)의 자가 사앙(絲盎)이다. 한나라 문제 때에 관리로 성정이 곧은 사람이었다. 환관 조담이 황제의 수레에 모시고 타니 원앙이 그의 옳지 않음을 간하였다. 원앙이 오나라 정승으로 나갈 때 조카가 "오왕이 교만하게 행동해 온 지 이미 오래고 나라에 간사한 자가 많습니다. 지금 가서 사정없이 다스리려고 한다면, 오왕이 상서하여 무고하거나 그렇지 않으면 반드시 칼로 죽일 것입니다. 남방은 습한 곳이니, 날마다 술이나 마시며 지내면 어떻겠습니까. 그리고 때때로 왕을 타일러 모반하지 않게만 하면 됩니다" 하였다. 원앙이 이 말대로 따르자 오왕이 그를 후대했다 한다.

18 採黃菊 채황국; 도잠의 「음주」 시에 "동쪽 울타리 아래에서 국화꽃을 따다가, 유연히 남산을 바라보네[採菊東籬下 悠然見南山]"가 있다.

19 白衣 백의; 흰옷 입은 사람이라는 뜻으로, 고을 수령이 보낸 술 심부름꾼을 말한다. 진 도잠이 중양절[음력 9월9일]을 맞아 술 생각이 간절한데도 마실 술이 없어서 동쪽 울타리 국화 떨기 가운데 들어가 앉아 시름에 잠겨 있을 적에, 마침 강주자사 왕홍이 보낸 흰옷 입은 사람이 술을 가지고 문에 들어섰다는 고사가 전한다. 『송서』 권93

우옹은 특별히 술을 즐긴 것도 아니고 이와 관련된 사단도 없었다. 그럼에도 수미음의 다섯 번째에 술 마시기를 주제로 언급한 것은 술이 일상생활에 중요한 위치를 차지하고 있기 때문이다.

우옹은 자신이 술을 마시는 이유를 탁 트인 마음을 갖기 원함이라 하였다. 주희의 시에 "내 만 리 먼 곳에서 장풍을 타고 오니, 깊은 골짜기 층층의 구름에 가슴이 탁 트이네. 술 석 잔에 호탕한 기가 발하여, 낭랑히 시 읊으며 축융봉을 내려오네"가 있는데 이를 인용한 것이다.

그의 음주는 결코 그 옛날 원앙처럼 경계심을 무너뜨리고 무사안일을 위한, 또는 명철보신을 위한 방편이 아니었다.

그에게 있어 술 마심의 본보기는 주희 말고도 도잠과 소옹이 있었다. 도잠은 술 한 잔에 국화꽃의 향기가 깃든 풍류를 즐겼고, 술이 필요한 줄 알고 정이 깊은 벗이 때맞추어 보내준 술병을 받아드는 즐거움도 누렸다.

술을 즐긴 소옹은 "술 따름에 얕고 깊음이 있음은 섭리를 둔 것이고, 마심에 많고 적음을 정하여 두지 않음은 경륜을 부친 것이네"라고 읊었는데, 한 잔의 술을 따름에도 나름의 깊은 의미를 부여하고 있었다.

＊도잠의 시호가 정절(靖節)이고 소옹의 시호는 강절(康節)이다. 모두 시호에 절(節)자가 들어 있으므로 양절공(兩節公)으로 불렸다. 이 두 사람은 조선유학자들에게 '도소상호(陶邵賞好) 곧 도잠과 소옹을 높이 평가하고 좋아한다'라는 표현을 즐겨 쓰게 하였다. 둘 다 술을 즐겼을 뿐 아니라 세속에 얽매이지 않고 맑고 한가롭고 평안하고 즐거운 삶을 즐겼기 때문이다.

「은일열전·도잠」.

20 燮理經綸 섭리경륜: 소옹의 『이천격양집』 권9 「안락와 속의 술 한 동이[安樂窩中酒一罇]」에 "斟有淺深存燮理, 飮無多少寄經綸"이 있다.

송강 정철의 「장진주사(將進酒辭)」에 "한잔 먹세그려 또 한잔 먹세그려 꽃 꺾어 산 놓고 무진무진 먹세그려"의 시구도 있는 것처럼 유가의 문헌 속에 술을 권하거나 주덕(酒德)을 예찬한 글이 많다. 한편 술에 빠져서 뜻을 상실할 것에 대한 염려도 많아 법령에 의한 금주가 사회적 화두가 되기도 하였다.

우왕은 "술을 달게 여기거나 음악을 좋아하면 혹 망하지 않는 이가 없다"라고 했다.

문왕은 "우리 백성들이 크게 혼란하여 덕을 잃는 것은 오직 술로 말미암은 행실 아님이 없으며, 큰 나라든 작은 나라든 망하는 것 또한 오직 술로 말미암은 죄 아님이 없다"라고 했다.

주공은 「주고(酒誥)」를 지어 "떼 지어 술을 마시거든 모두 붙잡아 오도록 하라. 내 그들을 죽이리라"라고 하였다.

공자는 '술에 일정한 양이 없었으나 어지러움에 이르지 않았다'[21]라고 한다.

공부(孔駙)는 "요·순은 한 자리에서 천종(千鍾)의 술을 마셨고, 공자는 백고(百觚)의 술을 마셨다"[22]라고 하였다.

공융(孔融)은 "요는 천종의 술이 아니면 태평성대를 세울 수 없었고, 공자는 백고의 술이 아니면 최고의 성인이 될 수 없었다"[23]라고 하였다.

---

21 『논어』「향당」 "惟酒無量, 不及亂" 주희는 "술은 남들과 기쁨을 합치기 위함이니 분량을 정해두지 않는다. 다만 취함에 절제를 하여 어지러움에 이르지 않게 하였다"고 풀이하였다.

22 공부『공총자』「유복」 "堯舜千鍾 孔子百觚". 천종은 많은 양, 가장 높은 관직의 녹봉을 천종록(千鍾祿)이라고 한다. 鍾은 말[斗]의 단위로 1종은 6곡4두(六斛四斗), 8곡 또는 10곡이라는 설이 있고, 1곡은 열 말 곧 한 섬[一石]이다. 백고(百觚)의 '고'는 두 되들이 술잔으로 은주시대에 청동으로 만든 제기이다. 백고는 매우 많은 술을 가리킨다.

23 공융「여조조론주금서」 "堯不千鍾 無以健太平 孔非百觚 無以堪上聖"

　* 우옹은 가끔 아들 손자 증손자까지 모두 모아 술잔을 나누기도 하였고, 향음주례도 시행하였으며, 왕이 내린 술을 갖고 마을 잔치를 벌이기도 하였다. 그런가 하면 이따금 홀로 술을 마시며 시름을 털어내기도 하였다. 그러나 술로 인한 곤경에 빠진 일은 없었다. 그는 나이 80에도 머리털 색이 변하지 않았는데 문인이 그 까닭을 물으니 '젊어서부터 주색에 곤하지 않아서일 거'라고 답하였다.

6
묵묵히 셈함 [默數]

우옹은 시 읊기 좋아하지 않네	尤翁非是愛吟詩
시는 우옹이 묵묵히 셈할 때 읊지	詩是尤翁默數時
12회의 시간 가운데 이제 반이 지났고	十二會中今過半[24]
삼천세계 안에서 부처는 하는 일이 없네	三千界[25]內佛無爲
일만은 비록 많은 것이지만 끝내 하나로 돌아가고	萬雖萬也終歸一[26]
더할 수 없이 은미할지라도 모두 알 수 있으니	微莫微焉摠可知[27]
사방 한 치 마음속에 모두 거둬들이네	方寸中間輸入了[28]
우옹은 시 읊기 좋아하지 않네	尤翁非是愛吟詩

---

24 十二會中今過半 십이회중과반년: 소옹은 12회를 1원(元)으로 하는데 1원은 129,600년이다. 그는 "하늘은 자회(子會)에 열리고, 땅은 축회(丑會)에 이루어지며, 사람은 인회(寅會)에 나온다[天開於子 地闢於丑 人生於寅]."고 하였고, 다시 "인회의 16운 즉 처음부터 합산해서 76운이 되었을 때 사람을 포함한 만물이 일어나 유회(酉會)까지 지속된다"고 하였는데, 76운은 27,360년이 되는 때요, 유회의 종결은 108,000년이 되는 때이니, 그 활동 기간은 80,640년이 되는 셈이다.

25 三千界 삼천계: 고대 인도의 세계관에서, 수미산을 중심으로 9산8해(九山八海)와 4주(洲)와 일월 등을 합하여 1세계라 하고, 1세계의 천 배를 소천(小千)세계, 소천세계의 천 배를 중천(中千)세계, 중천세계의 천 배를 대천(大千)세계라고 한다. 삼천은 소천·중천·대천을 가리킨다. 따라서 삼천대천세계라는 말은 하나의 대천세계를 뜻한다.

26 終歸一 종귀일: 만물 만상은 다종다양할지라도 결국 하나로 돌아간다. 『이정유서』권15 "冲漠無朕 萬象森然已具 未應不是先 已應不是後 如百尺之木 自根本至枝葉 皆是一貫"

27 微莫微焉摠可知 미막미언총가지: 『중용장구』제1장 "숨긴 것보다 더 잘 드러나는 게 없고 미세한 것보다 더 뚜렷한 것이 없다. 그래서 군자는 그 홀로 있을 때 삼간다[莫見乎隱 莫顯乎微 君子愼其獨也]" 제16장 "은미한 것이 드러남이니 성의 가릴 수 없음이 이와 같다[夫微之顯 誠之不可揜 如此夫]"

남이 모르게 혼자 묵묵히 계산할 때가 있다. 우옹이 조용히 속으로 계산해 본 것은 시간과 공간이다. 여기에 소옹의 원회운세(元會運世)와 불교의 삼천세계가 들어간다. 더불어 그는 마음과 만물의 관계를 헤아려 본다.

소옹의 우주 시간은 원회운세로 계산된다. 그에 따르면 1원(元)은 12회(會)이고, 1회는 30운(運)이며, 1운은 12세(世)이고, 1세는 30년이다. 이 셈법에 따르면 우주는 129,600년 만에 한 번 개벽하는데 이번의 개벽은 이미 12회 가운데 절반을 지났다고 하니 64,800년이 지났다는 것이다.

우옹 당시 일반적으로 주어진 공간에 대한 인식 틀은 불교의 삼천세계이다. 이 무한 공간의 세계에서 부처는 아무것도 하지 않았다고 한다. 이는 그 세계를 부처가 창조한 것은 아니라는 뜻과 더불어 부처는 마음의 세계를 다룰 따름이라는 뜻이 담겨 있다.

하늘과 땅, 천지 사이에 존재하는 모든 것을 만물이라고 한다. 만물의 만이라는 글자는 참으로 많다는 것을 나타낸다. 그런데 유학자는 영원의 긴 시간과 무한 공간 속에 존재하는 것이 아무리 많고 많아도 결국은 하나로 귀일한다고 믿는다.

『역』「계사」에 "세상에 있는 모든 것은 같은 곳으로 귀결되지만 길은 다르며, 하나로 모이지만 생각은 다양하다"라고 하였다.

정이는 "텅 비어 조짐이 없을 적에 만 가지 물상이 삼연(森然)히 이미 갖추어져 있다. 100척의 길이를 갖고 있는 나무가 뿌리에서부터 가지와 잎에 이르기까지 모두 일관된 것과 같다"라고 하였다.

어떤 것이 아무리 잘 숨겨져 있고 아무리 미세하다고 할지라도 결국은 모두 다 드러나고 뚜렷하게 눈에 띄고 만다. 『중용』에서 "숨긴 것보다 더 잘

---

28 方寸中間輸入了 방촌중간수입료: 주희는 『대학』 1장의 명덕에 대한 풀이에서 "뭇 이치를 갖추고서 이로써 만사에 대응한다[具衆理以應萬事]"고 하였다.

보이는 것이 없고, 미세한 것보다 더 뚜렷하게 드러나는 것이 없다"라고 하였다.

그 모든 것은 결국 우리가 사방 한 치 공간이라 하는 마음 심(心)에 수렴된다는 것이다. 여기서 사방 한 치 공간이라 한 것은 심장(心臟)을 가리킨다. 옛날에는 마음이 심장에 깃들어 있다고 생각했다.

* 공자는 "마음은 들고 나는 것이 때가 없고 그 터전을 알 수 없다"고 하였다. 마음이 몸 안의 장기인 심장에 깃들어 있다는 생각과 공자의 생각은 양립하기 어렵다. 그러나 관례적으로 마음은 심장에 있다고 해왔다. 맹가는 "만물은 모두 내 안에 갖추어져 있다"고 하였고, 주희는 "마음은 뭇 이치를 갖고 모든 일에 대응한다"고 말했다. 맹가와 주희의 생각은 한데 묶어이해할 수 있다. 맹가의 말은 물리 공간적으로 해석되지 않는다. 마음에 있는 이치가 만사 만물과 대응한다는 것으로 풀이할 수 있다.

도학자들은 인(仁)을 "나와 만물이 일체가 되는 경지"라고 한다. 마음은 도학자들에게서도 탐구와 수련에 있어서 가장 중요한 과제이다. 그들이 추구하는 경지는 마음과 이치가 온전히 하나가 되는 경지 곧 '심여이일(心與理一)'이다.

7
스스로 탓함 [自訟]

우옹은 시 읊기 좋아하지 않네	尤翁非是愛吟詩
시는 바로 우옹 스스로 탓할 때 읊네	詩是尤翁自訟時
삼성과 구사를 모두 제대로 못하니	三省[29]九思[30]都未了
일곱 번 넘어지고 여덟 번 거꾸러진들 누굴 탓할까	七顚八倒[31]更尤誰
머리가 목에 붙어 있다는 회보를 늘 생각하며	常思晦父頭粘頸[32]
감히 부옹의 변함없는 머리카락과 수염을 기대하네	敢望涪翁[33]髮與髭[34]
칠 년 병에는 삼 년 건조한 약쑥이 필요하니	病七年求三歲藥[35]
우옹은 시 읊기 좋아하지 않네	尤翁非是愛吟詩

---

29 『논어』「학이」"曾子曰, 吾日三省吾身, 爲人謀而不忠乎? 與朋友交而不信乎? 傳不習乎?"

30 『논어』「계씨」"孔子曰, 君子有九思, 視思明, 聽思聰, 色思溫, 貌思恭, 言思忠, 事思敬, 疑思問, 忿思難, 見得思義"

31 七顚八倒칠전팔도; 여러 차례 엎어지고 뒤집힘의 곤경을 뜻한다. 주희는 『대학』의 '지지(知止)' 조항을 풀이하면서 "만약 격물치지를 하지 않으면 사물이 닥쳤을 때 일곱 번 넘어지고 여덟 번 뒤집힌다. 만약 멈출 곳을 안다면 안정됨이 있고 사려할 수 있으니 그 멈출 곳을 얻게 된다"고 하였다. 『주자어류』권14:165조 "人本有此理, 但爲氣稟物欲所蔽. 若不格物·致知, 事至物來, 七顚八倒. 若知止, 則有定, 能慮, 得其所止"

32 頭粘頸두점경; 머리가 목에 붙어 있다. 『주자어류』권107, 33조 "時僞學之禁嚴, 彭子壽鐫三官, 勒停. 諸權臣之用事者, 睥睨不已. 先生曰 '某今頭常如黏在頸上.' 又曰 '自古聖人未嘗爲人所殺.'" 주희가 쓴 黏이 우옹의 시에서는 粘으로 되어 있다. 뜻은 같다. 주희가 말한 모(某)는 주희가 아니라 팽자수를 가리킨다.

33 涪翁부옹; 사천성 부주(涪州)로 귀양 갔던 정이를 가리킨다.

34 髮髭발자; 머리털과 수염으로 풍모를 뜻한다. 정이가 부주로 귀양 갔다가 돌아왔을 때 기색, 용모, 수염, 머리털이 모두 예전보다 좋아 보이기에 문인이 "어떻게 하여 이럴 수 있었습니까?" 하자 정이가 "학문의 힘이다. 무릇 학문이란 환난과 빈천에 처하는 것을 배워야 하는 법이니, 부귀영달에 처하는 것은 배울 필요가 없다"고 대답하였

자구(自咎)는 자책 또는 잘못의 원인을 남이 아닌 자기에게서 구하는 것이다. 어느 누가 허물이 없다고 하겠는가? 시행착오로부터 자유로운 사람은 없다.

증참은 매일 세 가지를 성찰했다고 한다. 그것은 남과 더불어 도모할 때 자기가 지닌 것을 다 기울이지 않았는지, 벗에게 신의를 다 지키지 못한 것은 아닌지, 배운 것을 충분히 익히지 못한 것은 아닌지였다. 이를 삼성(三省)이라고 한다.

공자는 아홉 가지의 생각할 것을 제시하였다. "볼 때는 분명하게, 들을 때는 밝게, 얼굴빛은 따뜻하게, 모습은 공손하게, 말은 진실하게, 일은 공경스럽게, 의문이 날 때는 묻기를, 분노가 일면 나중에 어려움이 생기게 될 것을, 얻음이 있게 되면 그것이 의로운지를"를 생각하라는 것이다. 이를 구사(九思)라고 한다.

공부가 모자라고 준비가 되지 못하면 일이 닥쳤을 때 제대로 처리하지 못하고 이리 치이고 저리 넘어지는 상황이 생기게 마련이다. 심하면 일곱 번도 넘어지고 여덟 번도 고꾸라진다. 자신이 서야 할 자리 멈추어야 할 곳을 알지 못하고 계속 방황하기도 한다. 그리고 자신의 뜻하는 대로 되지 않으면 하늘을 원망하고 남을 탓한다. 그래본들 아무 소용이 없다.

주희는 말년에 거짓 학문[僞學]의 괴수로 또 역당(逆黨)으로 몰려 목숨이 위태로운 상황에 처한 일이 있었다. 문인 중에 팽구년(彭龜年 자는 子壽)

다. 『심경』 권2.

35 病七年求三歲藥 병칠년구삼세약: 오래된 병에는 오래 말린 쑥으로 뜸을 떠야 효과가 있다는 뜻이다. 『맹자』「이루·상」에 "지금 왕이 되고자 하는 자들은 마치 칠 년 묵은 병에 삼 년 된 약쑥을 구하는 것과 같다. 진실로 비축하지 않으면 종신토록 하지 못한다. 참으로 인에 뜻을 두지 않으면 종신토록 걱정만 하다가 죽고야 만다[今之欲王者, 猶七年之病求三年之艾也. 苟爲不畜, 終身不得. 苟不志於仁, 終身憂辱, 以陷於死亡]"고 하였다.

이 세 차례나 관직이 깎이면서도 그 부당함을 주장했는데, 이것을 보고 주희는 '팽모는 늘 머리가 목 위에 붙어 있는 것처럼 처신한다'고 말했다. 그리고 이어서 "옛부터 성인은 남들에 의해 죽임을 당하지 않는다"고 하였다. 우옹은 주희의 이 말을 끌어와 자신의 죽음을 두려워하지 않는 의연한 처신을 다짐하고 있다.

낙양 사람 정이는 풍토가 낯선 땅 사천성 부주에 유배당했다가 돌아올 때 일반의 예상과 달리 수염이나 머리털 낯빛 등 풍채가 상하기는커녕 더 좋아졌다고 한다. 외부 환경의 곤고함이 그의 심신을 손상시키지 않았음을 말한 것이다. 그는 그곳에서 지내는 동안『역』에 대한 해석서『역전』을 저술했다.

7년 묵은 병에 3년 된 약쑥을 급히 구하는 것처럼 대처하면 효과를 거두기 어렵다. 미리미리 필요한 것들, 태도와 방안과 물자를 준비해 두지 않으면 갑자기 닥친 엄중한 상황을 해결할 수가 없다. 그러면 그저 앙앙불락으로 남이나 탓하고 말게 된다. 그는 아직 자신이 불행과 역경 고난에 의연하지 못하다고 여긴다. 이를 고치려면 아주 고강도의 대책을 찾아야 한다고 생각하고 있다.

* 우옹이 유배가 해제되어 돌아올 때 그의 수염, 안색 등이 떠날 때보다 좋아졌다는 주변의 평판이 있었다. 그가 당한 횡액과 불행은 자신의 잘못에서 비롯된 것이 아니라고 여겼기에 부끄러울 것도 없었지만 누구를 원망하지도 않았고 그런 것이 그의 몸과 마음을 손상시키지 않은 것이다. 그런 선례를 그는 정이와 주희에게서 확인하였다.

자기의 허물을 깨닫고 이를 뉘우치고 바로잡아 선한 길로 옮겨가는 것에 대한 집중적인 관심을 담은 책이『역』이다. 그래서 이 책을 '무구(無咎)의 책'이라고 했다. '무구'는 과실이나 허물을 잘 보완하는 것을 의미했다.

8
송별−손자 회석이 고향에 돌아감에 써 줌 [送別]

우옹은 시 읊기 좋아하지 않네	尤翁非是愛吟詩
시는 바로 우옹이 송별할 때 읊지	詩是尤翁送別[36]時
회보도 소식의 철석같은 심장을 칭찬했는데	晦父尙稱蘇鐵石[37]
정안사에서 채원정의 기미를 어찌 보았는가	淨安[38]寧見蔡幾微[39]
변방 노인 말 잃어도 너그럽고 신중했고	馬亡塞上[40]須寬愼
배 안에서 옷이 젖어도 원망도 기대도 않았네	衣濕舟中[41]莫怨希
가을 바닷바람 다소 유의해야지	海外秋風多少意
우옹은 시 읊기 좋아하지 않네	尤翁非是愛吟詩

---

36 이 시에는 1679년 8월 9일 날짜가 기록되어 있다. 한 달쯤 후 우옹이 손자 회석(晦錫, 1658-1688)에게 써 준 또 다른 시가 있다. 『송자대전』 권2, 시, 오언절구. 손자 회석에게 주어 보내다[贈送晦孫 己未1679, 九月]가 그것이다. 회석은 기태의 아들이자 송시열의 둘째 손자이다. 4세 때 어머니 이씨(李氏)가 죽어 우옹의 슬하에서 성장하였다. 그는 또 맑은 기질에 성정이 정직하여 우옹이 각별히 사랑하였는데 5년여 병으로 앓다가 1688년 10월 5일 죽었다.

37 蘇鐵石 소철석; 소식의 편지 속에 '철심석장(鐵心石腸)'이라는 표현이 들어 있는데, 이 말은 견고하여 변치 않음을 드러내는 말이다. 소식의 출신지인 사천성에서는 특별히 건장한 소를 가리킬 때 철석이라는 말을 일상적으로 사용하였다고 한다. 철석은 이후 소식을 가리키는 말로 종종 쓰였다.

38 淨安寺 정안사; 절 이름. 채원정(蔡元定 1135-1198)이 유배를 떠날 때 주회와 그의 문하 동료들이 이곳에서 그를 송별하였다.

39 蔡幾微 채기미; 채원정의 자는 계통이고 제자들은 그를 서산선생으로 불렀다. 건양 사람으로 주회의 문인이다. 그는 악서인 『율려신서』 등을 저술하였다. 영종 때 위학의 모함에 걸려 유배를 당할 때에 전별하는 사람들이 모두 슬퍼하였으나 의연하게 얼굴에 아무런 기색을 보이지 않았다고 한다.

40 馬亡塞上 마망새상; 말이 변방에서 도망감. 새옹지마, 곧 변방에 사는 노인이 말을 잃은 것과 관련된 이야기이다.

유배지로 할아버지를 찾아왔다가 돌아가는 손자 회석(晦錫)에게 써 준 시이다. 할아버지와 손자 사이의 각별한 기대와 권면과 위로와 사랑이 드러난다. 차마 발을 떼지 못하는 손주에게 할아버지는 안심하고 의연한 자세를 지니라고 당부하며 위난의 상황에서 벌어진 몇 개의 이별의 사례를 들고 있다.

1. 북송 때 소식(蘇軾)이 유배 중에 있을 때 위로의 편지를 보내온 친구에게 답서를 보내며 '자신은 본래 철석같은 심장을 지니고 있으니 염려하지 말라'고 하였다. 주희가 이를 높이 평가하고 자주 인용하여 칭송하였다.

2. 남송 때 채원정(1135-1198)이 경원 당금으로 위학(僞學)에 몰려 도주로 유배를 떠나게 되자 주희가 그를 정안사에서 송별하였다. 100여 명의 문인 친구들이 함께 슬퍼하며 눈물을 흘렸으나 채원정은 평시와 조금도 다름이 없었다. 이를 보고 주희가 "붕우 간에 서로 사랑하는 정과 원정이 보인 굳은 지조는 둘 다 옳은 일이다"라고 하자, 채원정이 "손을 잡고 서로 웃으며 헤어질 것이요, 아녀자의 슬픔은 짓지 말아야 한다"라고 화답하였다. 채원정이 얼굴에 아무런 기미를 보이지 않았음을 뜻하는 '채기미(蔡幾微)'는 이후 역경에 처할 사람이 보일 '의연한 태도'를 상징하는 용어가 되었다.

3. 변방의 노인은 기르던 말이 달아나 버렸어도 실망하지 않았으며, 나중에 그 말이 다른 말을 데리고 돌아왔어도 크게 기뻐하지 않았다고 한다. 이른바 '새옹지마'로 알려진 이 이야기는 인생사에서 일희일비하지 말라는 뜻을 갖고 있다.

4. 범중엄의 아들 순인(純仁 1027-1101)이 장돈(章惇)의 모함으로 유배를 떠나게 되자 제자들이 그를 원망하였지만 순인은 매번 그들을 제지하였고, 도중에 배가 뒤집혀서 입고 있는 옷이 모두 젖었을 때 순인은 제자들을

---

41 衣濕舟中 의습주중; 옷이 배를 타고 가는 중에 젖다.

돌아보며 "이것이 어찌 장돈이 한 일이겠는가" 하였다. 모함의 당사자가 미운 것은 어쩔 수 없는 것이다.

공자는 안회를 칭송하여 "노여움을 옮기지 않았다"고 하였고, "분노가 일어날 때는 그 후에 처리하기 힘든 일이 생길 것을 생각하라"고 하였다. 할아버지에게 일어난 일련의 일들이 억울하고 분노가 치밀겠지만 한결같이 의연하라는 당부를 하고 있다.

이어 할아버지는 손자에게 가을 바닷바람에 건강을 유념하라고 당부한다.

＊송시열은 그의 별호 우옹을 이 시에서 처음으로 사용하였다고 한다. 송시열이 김익희와 서로 변론을 하다가 서로 굽히지 않자. 김익희가 '말은 허물이 적어야[言寡尤] 하는데 허물이 많다'고 하면서 "'우(尤)' 자로 자네의 호를 주니, 깨치고 살피어 허물을 고치라"고 하자 사양하지 못하고 받았다 한다. 그러나 평소에 이를 스스로 부르지 않았고, 남들이 부르는 것을 사양하지도 않다가 1679년 가을 거제도에서 소옹의 수미음 제8운을 차운한 이 시의 첫 구 '尤翁非是愛吟詩'에서 처음 사용했다고 문인 최신이 기록하고 있다. 이로 미루어 보면 시간적으로 수미음의 첫 번째 작품은 바로 이 시이다.

위의 시에 이어 한 달쯤 후 9월에 우옹은 다시 손자 회석을 송별하는 시를 썼다. 21살의 청년 회석이 다시 할아버지에게 왔다 간 것이다. 제목은 「손자 회석에게 주어 보내다[贈送晦孫 1679년 9월]」이다.

하얀 해 외로운 섬에 비치고	白日明孤島
푸른 물 한 몸을 둘러 있네	滄溟遶一身
바람 불어 너를 떠나보내니	臨風送爾去
책 속의 옛사람 사랑하거라	須愛卷中人

거제바다

9
안분(安分)

우옹은 시 읊기 좋아하지 않네	尤翁非是愛吟詩
시는 바로 우옹이 처지를 편안히 여길 때 읊지	詩是尤翁安分時
곤경과 재앙 가난과 궁핍을 모두 맛보았고	困厄貧窮都喫了
영화와 부귀는 다 잊었다네	榮華富貴盡忘之
눈앞에 인간의 일 아스라이 지나가고	眼前人事悠悠去
머리엔 바람이 쓸쓸히 부네	頭上天風瑟瑟吹
이와 같이 살다 죽으면 그뿐	如是死生而已矣
우옹은 시 읊기 좋아하지 않네	尤翁非是愛吟詩

안분은 주어진 처지나 몫을 싫어하거나 거부하지 않고 기꺼이 또는 즐겨 받아들이는 것을 말한다. 이는 만족할 줄 안다는 '지족(知足)'과 더불어 연결되어 쓰이곤 했다. 경전에서 볼 수 있는 안분과 관련된 주요 구절은 다음과 같다.

"주어진 처지를 편안히 여기고, 인을 도탑게 하다.[安土敦乎仁]"『역』「계사」

"어진 사람은 인을 편안히 여긴다.[仁者安仁]"『논어』「이인」

"그 편안히 여기는 것을 상세히 살피라.[察其所安]"『논어』「위정」

"고요하게 된 다음에 편안할 수 있다.[靜而後能安]"『대학』

"편안하게 여기고 실행한다.[安而行之]"『중용』

우옹은 이 시를 쓸 때까지의 70여 년 생애의 과정에서 여러 가지 사회적 곤경과 궁핍을 맛보았다. 애초에 영화와 부귀는 모두 잊었다고 하였지만 사실 그에게 주어진 영화는 컸고 불행은 엄혹하였다. 효종은 그와 독대하고 갖옷도 하사했는데 이는 흔치 않은 극진한 예우였다. 스승이나 친구들로부터의 더할 나위 없는 기대와 칭송과 예찬을 누렸다. 한편 믿고 기대했던 제자로부터 처절한 배신도 당했고, 정적들로부터 무도한 탄핵이 이어졌다.

크고 작은 영광과 치욕의 사건들이 우옹의 눈앞에서 발생하였다가 아스라이 사라져갔다. 그 자신이 영광과 치욕의 주인공이 되기도 하였다.

지금 그는 남쪽 절해의 섬에서 탱자나무로 울타리가 둘러쳐져 지인들의 출입조차 차단된, 그리고 그의 목숨이 오늘내일 어찌 될지 예측할 수 없는 상황에 있다. 참으로 그의 머리에 쓸쓸한 바람이 불고 있다.

그런데 '이처럼 살다 죽으면 그뿐이다'라고 한다. 그가 말한 '이처럼'이라는 것은 주어진 처지를 굳이 벗어나려 하지 않고 그저 수용하고 살아가겠다는 것이다. 그렇다고 아무렇게나 되는 대로 살겠다는 것은 아니다.

*『중용』에서 "탁월한 사람은 그 주어진 처지에서 요구되는 가장 바람직한 도리에 따라 행동한다 … 가난하고 미천한 상황에 처하면 그 가난하고 미천한 상황에서 요구되는 최선의 도리를 따르고 환난이 주어지면 그 환난의 처지에서 행할 도리를 다한다 … 어떤 처지 여건이든지 승리하지 못함이 없다"고 하였다.

예수의 사도인 바울은 빌립보 사람들에게 보낸 편지에서 "어떠한 형편에든지 나는 자족하기를 배웠노니 나는 비천에 처할 줄도 알고 풍부에 처할 줄도 알아 모든 일 곧 배부름과 배고픔과 풍부와 궁핍에도 처할 줄 아는 일체의 비결을 배웠노라 내게 능력 주시는 자 안에서 내가 모든 것을 할 수 있느니라"라고 하였다.

장재는 「서명」 마지막 구절에서 "살아 사리를 따르고, 죽어 평안하리라 [存吾順事 歿吾寧也]"라고 하였다.

10
괴이한 일들 [怪事]

우옹은 시 읊기 좋아하지 않네	尤翁非是愛吟詩
시는 바로 우옹이 괴이한 일이라 여길 때 읊지	詩是尤翁怪事時
일식월식이 생기고 하늘의 도수도 어긋나며	日月傷夷乾度錯
탕왕과 문왕이 유폐되고 공자도 포위되었네	湯文幽辱[42]仲尼圍[43]
어찌하여 치세에도 삼 년 가뭄 있었으며	如何治世三年旱[44]
뭣 때문에 엄한 서리 유월에 내렸던가	胡乃嚴霜六月飛[45]
정상과 변괴의 되풀이 됨 또한 이치이니	常變推遷還是理
우옹은 시 읊기 좋아하지 않네	尤翁非是愛吟詩

살면서 도무지 납득이 되지 않는, 기이하고 괴상하다고 여기게 되는 일을 겪게 된다. 몸소 겪기도 하지만 남들의 체험을 들어 알기도 한다. 우옹이 괴이하다고 여긴 일로는 다음과 같은 것들이 있다.

---

42 湯文幽辱 탕문유욕: 하의 걸이 탕을 하대에 가둔 일이 있다. 『사기』 권2 「하본기」. 또 주 문왕이 상의 주(紂)에게 유리(羑里)에 7년간 유폐된 적이 있다. 『사기』 권3 「은본기」

43 仲尼圍 중니위: 공자는 광 지역을 지나다가 일찍이 그곳에서 횡포를 부렸던 양호로 오인을 받아 광 사람들에게 포위되어 위협을 받은 일이 있다. 『논어』 「자한」

44 三年旱 삼년한: 억울한 일이 생기면 그 원한으로 인하여 삼 년간 가뭄이 든다는 속설을 말한다. 『한서』 권71, 「우정국전」

45 嚴霜六月飛 엄상유월비: 전국시대 제의 추연이 연나라에서 무함을 받고 하옥되어, 하늘을 우러러 억울함을 호소하며 통곡을 하니, 6월에 하늘에서 서리가 내렸다는 고사가 전해오는데, 여기에서 유래하여 6월 서리가 내림이 원통한 옥사를 비유하는 말로 쓰이게 되었다. 『후한서』 권57 「유유열전」. 또 전래하는 말에 "한 지아비가 모진 고통을 받으면 3년 동안 큰 가뭄이 들고, 한 지어미가 원통한 맘을 품으면 6월에 서리가 내린다.[一夫茹苦, 三年大旱. 一婦含冤, 六月隕霜]"라고 하였다. 『월령해주』

일식이나 월식은 오래전부터 괴이하다고 여겨졌다. 이런 현상들은 이제 정확하게 예측도 하고 설명도 가능하다. 극한의 가뭄, 홍수, 화산, 지진, 해일 등은 옛사람들에게는 괴이한 일로 받아들여졌고, 통치자의 덕이나 정치의 득실과 연결하여 논하기도 하였다. 일 년이 365와 41분의 1일로 끝자리가 한없이 이어짐도 이상하게 여겨진다. 모든 가치의 원천으로 여겨지는 하늘의 운행에 왜 차이가 생기는지 의문이다.

자연적 괴이 현상만이 아니라 인간사에도 이상한 일들이 적지 않았다. 성인으로 추앙받는 탕왕 문왕 공자가 감옥에 갇히거나 포위되어 생명의 위협을 받은 일들이 있었다. 탕왕이 걸에 의하여 하대에 갇힌 일이 있다. 하나라 말기 걸왕이 폭정을 거듭하여 국력이 쇠하여지자 간언하는 충신 관용봉(關龍逄)을 죽였고, 이에 탕이 관용봉의 시신을 거두고 애통해하자 탕을 감옥에 가두었다. 이때 주변의 충신들과 상읍의 백성들이 금은보화를 모아 걸왕에게 주고 탕을 석방시켰다.

문왕이 주왕에 의하여 유리에 갇힌 일이 있었다. 서백의 칭호를 받던 주 문왕이 민심을 얻으며 상의 주(紂)왕 밑에서 함께 삼공으로 있던 구후(九侯), 악후(鄂侯)가 무고하게 죽은 것에 대하여 탄식을 했다가 주왕에게 의심을 사서 유리에 7년간 유폐된 적이 있다. 이때 그는 『역』을 확장하고 부연하여 64괘를 만들고 그 괘사를 썼다고 한다.

공자는 광(匡) 지역에서 주민과 민병대들에게 둘러싸여 생명의 위협을 받기도 했다. 일찍이 그 지역에서 포악한 짓을 저지른 양호의 모습이 공자와 비슷하여 사람들이 오해하였기 때문이었다. 이때 공자는 자기에게는 문왕이 전한 문화가 있고 하늘이 그 문화를 없앨 것이 아니라면 광 지역 사람들이 자기를 해치지 못할 것이라고 하는 특별한 신념을 보였다.

한나라 때 동해군에 어떤 젊은 과부가 시어머니를 아주 잘 봉양하였는데, 시어머니가 그를 재가시키려고 하였지만 끝내 따르지 않았다. 그러자 자기 때문이라고 생각한 시어머니가 목을 매어 자살하자 태수는 과부가 고

의로 시어머니를 살해했다고 판단하고 그를 처형하였다. 그러자 동해 지역에 3년 동안 큰 가뭄이 들었다고 한다. 또 옛부터 전하는 말에 "한 여인이 원통한 맘을 품으면 6월에도 서리가 내린다[一婦含冤, 六月隕霜]"라고 하였다.

정상과 변괴는 교대로 나타나고 그 둘이 서로 밀고 당기고 옮겨가는 것도 이치라고 우옹은 생각하였다. 다만 변괴는 오래 가지 않고 곧 정상으로 돌아간다는 믿음도 지니고 있다.

* 괴이한 자연 현상들은 정치적 득실에 대한 하늘의 징조라는 것이 전통 사회의 일반적 해석이었다. 재앙과 이변이 나타나면 통치자는 바로 하늘에 용서를 구하고 잘못을 바로잡아야 한다고 하는 이 재이정치 사상은 한대의 동중서가 천인상응설로 제시하였다.

탕왕은 7년간 큰 가뭄이 들자 자신의 잘못 때문이라 자처하고 몸소 뽕나무 숲에서 여섯 가지 일로 기도했다. 그 기도의 항목은 1) 정치가 절도가 없어서입니까? 2)백성들이 생업을 잃어서입니까? 3) 궁실이 높고 화려해서입니까? 4) 여인들의 농간이 많아서입니까? 5) 뇌물이 성행해서입니까? 6) 참소하는 사람이 많아서입니까? 였다고 한다. 탕왕의 기도가 끝나기 전에 큰 비가 내렸다고 한다. 이는 우옹이 즐겨 읽은 『십팔사략』에 보인다.

11
늦은 깨달음 [晩悟]

우옹은 시 읊기 좋아하지 않네	尤翁非是愛吟詩
시는 우옹이 늦은 깨달음을 알 때 읊지	詩是尤翁晚悟時
성정은 명백하거늘 누가 은미하다 하는가	明白性情誰謂隱
평상의 의리를 기이한 것으로 잘못 알았고	平常義理謬爲奇
가까운 이치를 곁눈질한 반평생을 한탄하네	堪嗟半世柯徒睨[46]
어찌 하늘을 대롱으로 엿볼 수 있을까	豈是穹天管可窺[47]
일상의 윤리를 벗어난 도가 없으니	日用彝倫[48]外無道
우옹은 시 읊기 좋아하지 않네	尤翁非是愛吟詩

잃어버리기 전에는 그 소중함을 잘 모르는 것이 많다. 누구나 다 '그때 알았더라면' 하는 한탄을 해봤을 것이다. 우옹도 뒤늦은 깨달음에 탄식을 했다. 그가 뒤늦은 깨달음으로 든 것은 다음과 같다.

1. 본성과 감정은 은미한 것이 아니라 측은 사양 수오 시비와 같이 또는

---

46 柯徒睨 가도예:『중용』에 "도끼 자루 들고 도끼 자루 자르는데 눈 흘겨보며 잘라야 할 도끼 자루의 본보기가 멀리 있다 여기는 것 같네[執柯而伐柯. 睨而視之. 猶以爲遠]"라는 말에서 취한 것이다. 睨는 곁눈질하다, 흘겨보다, 노려보다, 엿보다의 뜻이 있다.

47 管窺 관규: 한나라 동방삭의 "대롱 구멍으로 하늘을 엿보고, 고둥 껍데기로 바닷물을 재며, 풀 줄기로 종을 치는 격이다.[以管窺天 以蠡測海 以莛撞鍾]"라는 말에서 나온 것으로, 국량과 견식이 협소하고 천박한 것을 비유하는 말이다. 『한서』 권65「동방삭전」

48 彝倫 이륜: 일상의 윤리를 말한다. 『서경』「홍범」"帝乃震怒, 不畀洪範九疇, 彝倫攸斁"

고 훈계했다. 누구나 다 결함을 갖고 있게 마련이고 시행착오를 겪게 마련이다. 진리를 '나면서부터 안다'거나 그것을 '즐겁게 행한다'는 것은 성인을 묘사하는 표현이요, 보통 사람에게는 해당하지 않는다.

실수나 과오를 두고 남을 탓하는 것은 물론이고, 자신을 탓할 필요도 없다. 애초에 우리는 그렇게 부족하게 태어났다. 그 잘못을 뉘우치고 고치고 되풀이하지 않으면 된다.

애초에 아무런 계산도 노림수도 갖지 않으면 피곤할 것이 없다. 그것을 위해 애쓸 필요도 없고 얻기 위한 노동이라 할 것이 없으니 굳이 휴식을 취할 필요도 없다.

머리 위 하늘에는 해와 달이 교대로 밝게 비치고, 간간이 시원하고 상쾌한 바람이 불고 있다. 그것의 운행과 비춤에는 친근한 사람 소원한 사람 가림이 없다. 누가 요구한다고 하여 더 밝게 비춘다든가 누가 밉다고 하여 운행을 멈춘다든가 하는 일이 없다.

솔개가 하늘 높이 날고 물고기가 못에서 뛰며 논다. 도처에서 만물은 제각각 자기의 자리에서 자기의 본질, 제 모습과 기능을 환히 드러내고 펼치고 있는 것이다.

갈등과 경쟁에서 잠시 벗어나면 저절로 마음이 쾌적하고 한가롭게 된다. 시기도 원망도 좌절의 두려움도 사라지고, 모함이나 갈등 등 골치 아픈 일이 없어진다. 청정한 한가로움이 바로 내 안에 있다. 유자들은 이것이 최상의 즐거움이라고 한다.

---

53   『논어』「미자」. "周公謂魯公曰 君子不施其親, 不使大臣怨乎不以. 故舊無大故, 則不棄也. 無求備於一人" 지도자가 된 사람은 친족을 버리지 않으며, 대신들이 믿고 써주지 않은 것을 원망하게 하지 않으며, 오랜 친구는 그가 패륜이나 반역의 잘못을 저지르지 않는 한 버리지 않으며, 한 사람에게 모든 것이 갖추어지기를 바라지 않아야 한다는 것이다. 원문의 施는 弛로 본다.

＊한 노인이 우물에 들어가 항아리에 물을 길어다가 밭에 붓는 것을 보고 자공이 그 수고는 많으나 효과가 적은 것을 안타깝게 여겨 물 푸는 기계인 길고(桔槹)를 사용하라고 권했다. 그러자 그는 화를 내면서 "나는 스승에게 들으니 '기계를 사용하는 자는 반드시 기사(機事)가 있고 기사가 있는 자는 반드시 기심(機心)이 있게 마련인데, 기심이 있으면 순백한 마음이 갖추어지지 않고 정신이 안정되지 않아 도가 실리지 않는다' 하였다. 나는 기계를 사용할 줄 모르는 것이 아니라 사용함을 부끄럽게 여겨 하지 않을 뿐이다" 하였다고 한다.『장자』「천지」편에 있는 이야기이다.

13
전혀 정률(定律)에 매이지 않음 [都無平仄]

우옹은 시 읊기 좋아하지 않네	尤翁非是愛吟詩
시는 전혀 정률에 매이지 않을 때 읊지	詩是都無平仄[54]時
옳음도 옳지 않음도 없음이 결국 옳은 것이 되고	無可不可[55]終歸可
아는 것 모르는 것 분명히 함이 곧 앎이지	爲知不知是卽知[56]
명예 이익 추구는 결국 무슨 소용인가	爲名爲利竟何爲[57]
밤에 속이고 낮에 속여도 모두 자기를 속임이지	欺暗欺明[58]同自欺[59]
붓 휘둘러 논함에 네 가지가 있네	肆筆論之有四者
우옹은 시 읊기 좋아하지 않네	尤翁非是愛吟詩

---

54 平仄평측: 중국의 시사 중에서 사용하는 성조이다. 수나라에서 송나라에 이르기까지 수정한 운서인 『절운』, 『광운』 등에 따르면 4종류의 성조 즉 평(平)·상(上)·거(去)·입(入)이 그것이다. 평성을 제외하고 고저의 변화가 있는 나머지 셋을 측성이라한다.

55 無可不可무가불가: 옳고 옳지 못함이 없음. 『논어』 「미자」 "나는 그와 다르니, 옳을 것도 옳지 않을 것도 없다.[子曰, 不降其志, 不辱其身, 伯夷 叔齊與! 謂柳下惠少連, 降志辱身矣, 言中倫, 行中慮, 其斯而已矣. 謂虞仲夷逸, 隱居放言, 身中淸, 廢中權. 我則異於是, 無可無不可]"

56 爲知不知위지부지: 『논어』 「위정」 "子曰, 由! 誨女知之乎! 知之爲知之, 不知爲不知, 是知也."

57 爲名爲利위명위리: 전우 『간재집후편속(艮齋集後編續)』 권3. 서, 「답송기양(答宋基襄)」 무오. "其於時儒之上者爲心爲靈. 下者爲名爲利之流"

58 欺暗欺明기암기명: 어두운 곳에서 속이고 밝은 곳에서 기만하다. 이때의 암과 명은 남이 보고 듣지 않는 곳과 남들의 이목이 있는 곳, 어리석은 사람과 지혜로운 사람으로 풀이할 수도 있다. 당의 조업의 시 「독이사전(讀李斯傳)」에 "欺暗常不然 欺明當自戮 難將一人手 掩得天下目"가 있다. 고려 말 공민왕에게 윤해가 이를 적어 보였다고 한다. 『고려사절요』 권29, 공민왕 4, 1373.

59 自欺자기: 스스로를 속임. 『대학장구』 전6장 "그 의지를 참되게 한다는 것은 스스

15
낮 꿈 [午夢]

우옹은 시 읊기 좋아하지 않네	尤翁非是愛吟詩
시는 우옹이 낮 꿈 꿀 때 읊지	詩是尤翁午夢時
창망한 구의산에서 순에게 조회하고	蒼莽⁶⁵九疑⁶⁶朝帝舜⁶⁷
종횡의 팔괘에 대하여 포희에게 묻네	縱橫八卦問包犧
이어지는 노랫가락에 석 잔 술로 천하를 넘기고	歌賡⁶⁸揖遜三杯酒⁶⁹
바둑 한 판 두는 사이 도끼 자루가 썩었다네	柯爛⁷⁰交爭一局棋
나비와 장주 문득 둘 다 잃으니	蝴蝶與周俄兩失⁷¹
우옹은 시 읊기 좋아하지 않네	尤翁非是愛吟詩

---

65 蒼莽 창망; 끝이 없는 모양, 통상 하늘을 나타낼 때 쓰는 표현이다. 『한시외전』 권4에 "이른바 하늘이라 함은 창망한 하늘을 가리키는 것이 아니다. 통치자는 백성을 하늘로 여긴다"고 하였다.

66 九疑 구의; 구억(九嶷)으로도 표기한다. 『산해경』「해내경」에 "남방 창오의 언덕, 창오의 못이 있는데 그 속에 구억산이 있고 순이 묻힌 곳이다. 장사 영릉의 경계 사이에 있다"고 하였다. 곽박의 풀이에 "그 산의 아홉 계곡이 모두 비슷하다. 그래서 '구의' 라고 한다"고 하였다.

67 朝帝舜 조제순; 제왕 순을 찾아뵙다. 순이 30세에 요에게 기용되었으며 50세에 요를 대신하여 천자의 일을 처리했다. 58세에 요가 세상을 떠났고, 61세에 제위에 올랐다. 제위에 오른 지 39년, 남으로 순행을 나섰다가 창오의 들판에서 죽었다. 구의산에 장사 지냈는데 영릉이라 한다.

68 歌賡 가갱; 노래가 서로 화답하여 이어짐.

69 揖遜三杯酒 읍손삼배주; 소옹의 시에 "唐虞揖遜三杯酒. 湯武交爭一局棋"가 있다. 제요는 황제의 지위를 순에게 선양하면서 겨우 술 석 잔을 마시고 싶다고 하였고, 탕왕과 무왕은 혁명을 함에 마치 한판의 바둑을 두는 듯하였다.

70 柯爛 가란; 晉나라 때 나무꾼 왕질이 산에 들어가 두 동자가 바둑을 두는 것을 보았다. 왕질은 동자가 주는 대추 같은 것을 먹으면서 들고 있던 도끼를 곁에 두고 관전하

낮잠을 자다 보면 꿈도 꾸게 마련이다. 우옹도 낮잠을 자고 꿈을 꾸었던 모양이다.

1. 우옹은 꿈을 통해서 성인 중의 성인 순을 구의산에서 만나 뵈었다. 순이 만년에 순수를 하다가 남쪽 창오의 구의산에서 죽어 거기 묻혔기에 구의산에서 만났다고 했다. 우옹은 순의 신하이고 싶었던 것이다. 많은 유자들은 성인 순의 신하이고 싶어 했다. 순의 신하 순신(舜臣)을 이름으로 가진 사람도 있다.

2. 우옹은 팔괘를 지은 복희씨를 만나 그 종횡의 변화무쌍한 운용법에 대하여 묻고자 한다. 이는 그가 지니고 있는 역학에 대한 관심이 드러나는 부분이다.

3. 요는 순에게 천하를 넘겨주면서 음악의 연주 속에 술 석 잔만을 요구했다고 한다. 이른바 선양을 말한 것이다. 우옹은 꿈속에서 이 장면의 목격자가 되었다.

4. 신선의 세계에서 바둑 한 판 두는 것을 구경했을 따름인데 그 구경꾼이 인간 세상에 돌아오니 그 사이에 도끼 자루가 썩을 만큼의 세월이 흘렀다는 이야기가 있다. 탕이 하를 멸망시킨 것, 주의 무왕이 은을 멸하고 주 왕조를 세운 것은 마치 한판의 바둑을 두는 것으로 보기도 한다. 이 표현은 두보의 시에 처음 나왔고, 소옹도 즐겨 사용하였다.

5. 또 다른 꿈 이야기는 장주가 꿈에 호랑나비가 된 것이다. 장주는 "언젠가 내가 꿈에 나비가 되었다. 훨훨 나는 나비였다. 내 스스로 아주 기분이 좋아 내가 사람이었다는 것을 모르고 있었다. 이윽고 잠을 깨니 틀림없

였다. 바둑이 끝나 돌아가려고 하니 동자가 "네 도끼 자루가 썩었다"고 하였는데, 왕질이 자기 살던 곳으로 돌아가니 동시대인이 이미 죽고 없었다고 한다.

71 兩失 양실:『장자』「제물론」에 보인다. 주체와 객체, 대상과 나에 대한 분별이 모두 사라진 경지를 말한다.

는 인간 나였다. 도대체 인간인 내가 꿈에 나비가 된 것일까. 아니면 나비가 꿈에 이 인간인 나로 변해 있는 것일까. 인간 장주와 나비와는 분명코 구별이 있다. 이것이 이른바 만물의 변화인 물화(物化)라는 것이다"라고 하였다. 이를 둘 다 잃음[兩失]이라 하였다.

  * '순에게 조회한다'는 것은 순의 신하가 되고 싶다는 뜻을 나타낸 것이다. 유학자는 성군의 시대에 태어나 그의 신하가 되어 경륜을 펼치고 싶다는 꿈을 갖곤 했다. 스스로가 왕이 되겠다는 생각은 대단히 위험했고 현실적으로 거의 불가능했기 때문이다. 그러다 보니 이름에도 아예 성군의 신하를 뜻하는 글자를 썼으니 그 대표적인 경우로 순의 신하인 순신(舜臣)을 쓰기도 하고, 순의 명령인 여해(汝諧)를 자로 삼기도 하였다. 우옹도 네 왕을 섬겼고 자기가 섬기는 왕이 성군이 되기를 원했고 그를 위해 노력하였지만, 종종 실망도 하였다. 왕이 주변의 참소를 들어 그의 간언을 물리치거나 원찬의 명을 내리기도 했기 때문이다.

16
우스갯말 [戲語]

우옹은 시 읊기 좋아하지 않네	尤翁非是愛吟詩
시는 우옹이 우스갯말 할 때 읊네	詩是尤翁戲語[72]時
비천한 몸이 늘 새 귀족의 재화가 되고	賤迹常爲新貴貨[73]
벌거숭이 빈 몸이 뒤집어져 큰 자비의 바탕이 되며	赤身飜作大悲資[74]
현인들은 널리 은혜 베풀기를 기뻐하는데	諸賢共喜施恩普
보통 사람들은 보답이 늦다고 의심하네	衆議還疑受報遲
군자는 베풀어도 보은을 바라지 않지	君子有施無責報[75]
우옹은 시 읊기 좋아하지 않네	尤翁非是愛吟詩

---

72 戲語희어; 戲言이라고도 한다. 웃자고 하는 말이다. 실없이 하는 장난말이나 우스 갯소리이다. 농담이라고도 한다. 이는 종종 진지한 말 못지않게 가치가 있다. 신선하기 도 하고 생기가 날 수도 있고 에둘러 표현함으로써 의미 전달에 효과적이기도 하다. 이 색은『목은시고』제32권, 시, '가랑비 속에 광명사의 재공이 내방하다'에서 '우스갯말도 자못 오묘하여[戲語頗造妙] 선학이 얼마나 깊은지를 알겠네[可知禪學深]'라고 하였다.
73 賤迹常爲新貴貨 천적상위신귀화: 천적은 미천한 신분이다. 상대방에 대하여 자신 을 낮출 때 상투적으로 쓰이기도 한다. 신귀는 새로 등장한 귀족을 뜻하는 것으로 보인 다. 미천한 신분에 있던 사람이 몸을 사리지 않고 노력하여 새로 고귀한 신분으로 발돋 움하는 것을 말한 것으로 보인다. 그때 그 미천한 몸은 고귀한 신분을 얻는 재화 역할 을 했다는 것 같다.
74 赤身飜作大悲資 적신번작대비자: 출전과 의미가 분명하지 않다. 아무것도 갖지 않 은 내 몸이라도 굶주린 짐승의 먹이는 될 수 있다. 마하살타의 왕자였던 석가모니는 어 느 날 대나무 숲에서 새끼 호랑이 일곱 마리가 굶주려 죽게 된 정황을 보고 큰 자비심 이 생겨 자기 몸을 호랑이에게 먹였다는 이야기가 있다.『금광명경(金光明經)』「사신품 (舍身品)」
75 有施無責報 유시무책보: 비록 선을 행해도 보답이 없는 것이 또한 세상사이어서 믿기 어렵다는 말을 많이 한다. 그러나 탁월한 사람은 애초에 선을 행할지라도 보답을 바라고 행하는 것이 아니라 한다. 보답을 바라지도 않지만 아예 자랑도 하지 않는 것이

희어(戲語)는 우스갯말, 웃음을 자아내는 말이다. 비슷한 말로 해학이 있다. 이는 한때 웃어넘기는 말이지만 종종 자못 진지하게 깊고 긴 여운을 남기거나 오묘한 경지를 표현하기도 한다. 따라서 지혜로운 사람은 직선적 표현보다는 희어, 농담, 해학을 즐겨 사용한다. 예를 들면 "닭 잡는 데 소 잡는 칼을 쓰랴"와 같은 부류이다. 이는 풍자나 조롱과는 달리 선의의 웃음을 유발하는 것으로 인간에 대한 동정과 이해, 긍정적 시선을 전제로 한다. 유머는 유희 본능과 관계하는 것으로 현실적인 위험이나 손해 없이 청중의 습관적 기대를 깨 버릴 때 성립된다. 우스갯말 가운데서 우옹은 다음의 것을 말했다.

'미천한 몸이 새로운 귀족의 재화가 된다.'는 것은 사회적 역동성이 활발할 때 미천한 자가 신분 상승의 강력한 동기를 지니고 노력한다는 것을 뜻하는 것으로 보인다.

'아무것도 갖지 못한 몸이 큰 자비의 자산이다.'라는 것은 빈손으로 또는 흙수저로 세상에 나왔지만 이런 몸으로도 큰 은혜를 베풀 수 있다는 것이다.

'현자들은 은혜를 널리 베풀기를 좋아하지만 보통 사람은 보상이 늦는 것 아닌가 의심한다.' 현명한 사람은 그것이 의롭기 때문에 행동하지만 보통 사람들은 이해관계를 계산하고 처신하게 마련이다.

군자는 '베풀지만 보응을 요구하지 않는다', '남이 알아주지 않아도 화를 내지 않는 것이 군자이다'라고 하고, '선을 행하고도 자랑하지 않는다' 등의 말이 같은 맥락이다.

군자의 천신이라 한다. 『역』「계사·상」"수고하고도 자랑하지 않으며 공적이 있어도 자기 덕으로 여기지 않음은 후함의 지극함이다. 그 공적을 남의 아래로 여김을 말한 것이다[勞而不伐, 有功而不德, 厚之至也, 語以其功下人者也.]"라는 구절이 있다.

* 초기 선불교에 속하는 축도생(竺道生 355~434)은 '선은 보답이 없다의 뜻[善不受報義]'이라는 명제를 제시하였다. 세속적 선한 행위는 사람과 하늘의 보응을 받는다고 하지만 그것이 부처가 되는 것과는 아무 상관이 없다고 그는 주장한다. 본연의 선행은 이치와 서로 호응하는데, 이치는 선의 본체이고 선은 이치의 속성이라고 여긴다. 선행이 궁극적으로 부처라는 결과를 얻지 못한다고 본다. 그래서 "문득 깨달아 부처가 된다[돈오성불(頓悟成佛)]"는 것을 주장했다. 수양과 상관없이 이치를 깨닫게 되는 것을 '돈오'라고 하고, 이로 인한 지혜가 곧 부처가 되는 원인이 된다고 한다. 그런데 돈오와 부처는 행위 선악의 결과가 아니라는 것이다.

통상 은혜를 입었으면 갚는 것이 도리라고 생각한다. 배은망덕이란 받은 혜택에 대하여 잊거나 반대로 해를 끼치는 경우인데 이는 사회에서 용납되기 어려운 해악이다. 그러나 큰 사람은 자신이 베풀었다고 하여 보답을 기대하지 않는다. 수고하되 이를 내세우거나 자랑하지 않는다. 공로를 이루고도 겸손하게 처신하는 것이 의와 인을 추구하는 사람이 취하는 원칙이다.

17
홀로 섬[獨立]

우옹은 시 읊기 좋아하지 않네	尤翁非是愛吟詩
시는 우옹이 홀로 섰을 때 읊지	詩是尤翁獨立[76]時
외로운 죄수 머리가 백설인 것 스스로 웃지만	自笑孤囚頭雪白
흥겨움이 구름 높이 나는 새 같음을 누가 알랴	誰知逸興鳥雲飛
예전 정자 앞에서 구산과 이별했는데	亭前昔與龜山別[77]
바다 밖에서 이제 들으니 철옹이 돌아왔다 하니	海外今聞鐵瓮[78]歸
기쁨 슬픔에 모두 하나로 취하게 되네	欣戚都來輸一醉
우옹은 시 읊기 좋아하지 않네	尤翁非是愛吟詩

---

76 獨立 독립;『역』「대과괘 · 상전」"澤滅木, 大過, 君子以獨立不懼, 遯世无悶"

77 亭前昔與龜山別 정전석여구산별; 이 구절의 의미가 분명하지 않다. 송근수의『수차』에 따르면, "連山은 구산에서 숲길로 지척에 있다. 사계문하에서 서로 이별하며 한 말 같다[連山. 有龜山在林里咫尺. 似指溪門相別而言]"고 하였다. 1702년에 지방유림의 공의로 윤전 · 윤순거 · 윤원거 · 윤문거의 학문과 덕행을 추모하기 위해 창건한 구산서원이 논산시 부적면에 있었다. 시에서의 구산이 우옹과 연관된 이들 윤씨 중의 어떤 사람을 가리키는 듯하다. 이들 가운데 김장생 김집의 문하생으로 우옹과 함께 예를 익혔으며 나중 예설로 대립하여 사이가 벌어진 경우로 윤원거(尹元擧 1601-1672)를 들 수 있다. 그의 호는 농서(龍西)이다. 그는 1660년 예송에서 윤선도를 두둔하는 권시를 옹호했는데 이 일로 우옹과 그 지지자들 사이가 벌어졌다. 만년에 니산에서 가난하게 살았고, 우옹이 이 시를 쓸 때로부터 7년 전에 죽었으며 연산의 구산서원에 제향되었다. 김집의 문인록에는 송시열 · 이유태 · 윤원거가 신독재를 사계선생처럼 모신 제자라고 되어 있다.

78 鐵瓮 철옹; 평안도 영변에 있는 산성으로, 일명 약산산성이라고도 한다. 여기서의 철옹은 이유태를 가리킨다. 1675년(숙종 1)에 복상문제로 제2차 예송이 일어났을 때 이유태가 윤휴 등 남인의 배척을 받아 영변에 유배되었기에 그렇게 불렀다. 이유태는 1679년 7월에 유배에서 풀려났는데, 그런데 그의 석방과 관련하여 벌어진 일로 그와 우옹의 집안 사이에 불화가 생겼다.

독립(獨立), '홀로 선다'는 이 말은 『역』에 먼저 보인다. "홀로 서서 두려워하지 않는다. 세상을 피해 숨어 살아도 아무런 번민이 없다"고 하였다. 생명을 위협하는 혹독한 간난의 상황에서도 전혀 두려워하지 않고, 세상의 누구도 알아주지 않고 숨어 살 수밖에 없는 정황 속에서도 마음에 어떤 번민도 없는 그런 삶을 말하는 것이다.

우옹의 시어로서의 '독립'은 우선 외롭게 홀로 서 있는 경우로 보인다. 백발의 나이에 외진 곳에 갇힌 몸이 되어 있는 스스로를 돌아보면서 그는 쓸쓸히 웃는다.

복합적으로 침울한 심사이지만 그러면서도 눈을 들어 멀리 구름가로 날아가는 새를 바라본다. 그 자유로움에 대한 부러움의 시선이었을 것인데, 그의 마음속에 잔잔히 일어나는 그 의연함과 초연함의 고아한 흥취를 누구라 짐작하겠는가?

전에 예론으로 인하여 동문수학의 동지였던 윤원거와 헤어진 일이 있었는데 이제 다시 예설로 인하여 사이가 벌어진 철옹 이유태가 영변에 유배되었다가 고향으로 돌아갔다는 소식이 들려왔다. 그의 석방과 귀향은 반가우면서도 개운치 못한 맛을 함께 주었다. 예론을 두고 그의 지론이 바뀐 혐의도 있었고, 정적들의 이간술책이라는 말도 있었기 때문이다.

어쨌든 기쁘고 또 속이 상하는 소식이 함께 들리니 그는 술잔을 들지 않을 수 없었다. 이래 마시나 저래 취하나 취하기는 한가지였다. 이 복합적 감정을 함께 나눌 사람이 위리안치 상황에 있는 그의 주변에 없었다.

*'독립'과 유사한 말로 '중립(中立)'이 있다. 『중용장구』 제10장에서 "함께 어울리되 휩쓸리지 않고, 가운데 서서 어디에도 기대지 않는다[中立而不倚]"라 하여 중립(中立)이라는 개념을 공자가 강조한다. 참으로 강한 자는 어느 쪽에 기울지도 않고, 남들과 어울리되 휩쓸려 가지 않는, 대립되는

양쪽의 한가운데 서서 어느 쪽에 기대지 않으며, 영달과 궁핍의 상황 변화
에도 그가 평소에 지닌 뜻을 변절하지 않는 사람이라고도 하였다.

　한때 동지적 관계에 있던 친구들이 떠나갔기에 그는 홀로 서 있는, 게다
가 죄수의 몸으로 섬에 유배된 처지라서 우옹은 더욱 외로움을 느꼈을 것
이다. 세상에서 잊혀질지라도 근심하지 않고 자기 자리를 견고하게 지키리
라고 다짐을 한 것이다.

　* 철옹 이유태에 대한 그의 소회는 그가 1680년 해배가 되어 다시 바다
를 건너 육지로 나올 때 쓴 시에도 보인다.

　성덕으로 섬에 갇힌 신하 풀어주시어　　　　　聖德寬臣海島囚
　큰 물결 거듭 건너며 두 눈에 눈물 흘렸네　　　鯨波重渡淚雙流
　옛 친구 이로움 함께 누리기를 바라니　　　　　惟玆舊要要同利
　천 리 산천 모두 부끄러움 떠었네　　　　　　　千里山川摠帶羞

　앞서서 이유태가 영변 유배에서 이미 풀려나면서 우옹을 풀어달라고 상
소하였고, 숙종 또한 이를 받아들여 이유태를 풀어주었으니 우옹만을 절도
에 위리안치할 수 없다는 명을 내렸는데, 우옹은 이를 개운찮게 여긴 것
이다.

18
경계할 줄 앎 [知戒]

우옹은 시 읊기 좋아하지 않네	尤翁非是愛吟詩
시는 우옹이 경계할 줄 알 때 읊네	詩是尤翁知戒
돌아보니 마음인 영대는 하늘이 내린 명령	顧諟靈臺天所命[79]
암실에서 귀신을 속이기 어려움을 누가 알겠는가	誰知暗室鬼難欺[80]
공부가 혹 털끝만큼이라도 소홀하다면	工夫倘或毫芒忽
물욕이 자라 능히 바다와 산을 옮기려 하네	物欲能令海嶽移
늙어가며 허물 보완만을 생각하게 되니	老去惟思追補去
우옹은 시 읊기 좋아하지 않네	尤翁非是愛吟詩

공자는 세 가지 경계를 말했다. "젊을 때는 혈기가 안정되지 못하니 여색을 경계하여야 하고, 장년에는 혈기가 바야흐로 굳세니 싸움을 경계해야 하며, 늙으면 혈기가 이미 쇠약해졌으니 얻고자 탐하는 것을 경계해야 한

---

79 顧諟靈臺天所命 고시영대천소명: '고시천지명명(顧諟天之明命)'이라는 용어가 『서경』「상서·태갑」에 나온다. 諟는 이것 혹은 살핀다[審]의 뜻이고, 영대는 마음이다. 『장자』「경상초」에 "영대는 지니는 것이 있지만 무엇을 지니는지 알 수 없고, 억지로 지닐 수 없는 것이다[靈臺者, 有持而不知其所持, 而不可持者也]"라 하였는데, 곽상이 '영대는 마음이다'라고 풀이하였다. 영대는 『시경』「대아」의 편명이기도 하다. 「文王之什」에 "영대를 지으려고 계획하시어 이리저리 땅을 재고 푯말을 세우니 서민들이 나서서 일하는지라 며칠이 아니 가서 완성되었네"가 있다. 영대는 또한 고대에 천자가 천문을 관찰하던 대를 가리키기도 한다.

80 誰知暗室鬼難欺 수지암실귀난기: 『시경』「대아·억(抑)」에 "방 안에 있는 그대의 모습을 살펴볼 때에도, 어두운 방구석에 부끄러움이 없도록 해라[相在爾室, 尙不愧于屋漏]"라고 하였다. 옥루란 집에서 가장 어두운 서북쪽 방구석을 가리키는데, 이곳에 방을 지키는 귀신이 있다고 여겼다. 암실은 어두운 방이지만 남이 보지 않는 곳, 홀로 있는 곳이기도 하다. 그래서 남이 보지 않는 곳에서 삼가는 것을 '신독'이라고 한다.

다"⁸¹가 그것이다. 이런 것을 경계할 줄 알면 이치에 따르게 되고 혈기에 종속되지 않게 된다. 여기서 우옹이 말하는 경계는 다분히 도학적 색채가 강한 경계이다.

　그는 우선 마음을 신령이 거처하는 높은 집, 영대(靈臺)라는 전통적 표현을 끌어와서 이곳이 하늘이 명령을 내리는 곳임을 주의한다. 이 마음을 삼가 지키고 보존하자는 것이다. 그래야 하늘의 무상명령을 잘 수행할 수 있게 되니까.

　본마음을 잃기 쉬운 곳이 남들이 보지 않거나 듣지 않는 곳, 행위 주체인 자신을 남들이 알아보지 못하는 곳, 익명성이 보장된 곳을 특히 주의하여야 한다. 어두운 곳, 캄캄한 방안이라 해도 그곳에 머무는 귀신이 보고 있다는 의식을, 사람은 속여도 귀신은 속일 수 없다는 것은 이를 말한다.『중용』에서는 '홀로 있는 곳에서 삼가는 것[愼獨]', 곧 남들이 보지 않는 곳에서 경계하고 신중히 하며, 남이 듣지 않는다고 여기는 곳에서 두려운 마음을 가지라고 하였다.

　따라서 경계의 공부는 어느 때 어느 곳에서도 조금도 소홀히 할 수가 없다. 잠깐 사이에도 마음을 놓으면 물욕이 싹트고, 이것이 자라면 마침내 넓은 바다와 높은 산도 옮기려 들게 되기 때문이다.

　나이가 들어갈수록 더욱 물욕에 의한 허물을 잘 보완하는 것에 마음을 기울여야 함을 우옹은 깨달았다. 그래서 저절로 붓에 손이 가서 이를 기록하고 다짐하고 경계하려고 한 것이다.

　＊대부분의 문화권마다 또는 정체성을 강조하는 집단마다 나름의 계율

---

81 『논어』「계씨」"君子有三戒. 少之時, 血氣未定, 戒之在色. 及其壯也, 血氣方剛, 戒之在鬪. 及其老也, 血氣旣衰, 戒之在得."

을 갖고 있다. 유태인들은 모세의 10계, 신라의 화랑들은 세속인으로서의 5계가 있었다. 집안 나름의 계율 곧 가계(家戒)도 있다. 부모에게 효도하고 조상을 받드는 차원에서 후손들은 선인들의 계율을 이어서 지켜간다. 효를 선인의 뜻과 사업을 잘 이어가는 것으로 규정하니 집안 대대로 지키는 계율이 있게 마련이다. 중국에서는 「안씨가훈(顏氏家訓)」[82]이 잘 알려져 있고, 우리나라에서는 경주 최부자의 가훈[83]이 널리 회자되고 있다. 이처럼 계율은 교단 가문 등 크고 작은 공동체나 개인의 정체성 확립, 질서 잡기, 믿음이 없는 이를 믿게 하기, 이미 믿은 이를 더욱 굳세게 하기, 실수 줄이기, 바른 법도와 규범을 오래가게 하기 등의 목적을 지니고 있다. 압축하면 나쁜 짓을 하지 않고 착한 일을 받들어 지속적으로 행하고 내면화하기 위함이다.

---

82 「안씨가훈」은 중국 남북조시대 말기의 남조 양나라의 안지추(顏之推 531-591)가 자손을 위하여 저술한 교훈서로 대인관계를 비롯하여 구체적인 경제·풍속·학문·예절 등 다양한 내용을 다루었다.

83 12대 300년간 큰 부를 이어왔다는 경주 최씨집의 가훈은 다음의 6조였다고 한다. 1. 과거는 보되 진사 이상의 대과에는 응시하지 말라. 2. 재물은 모으되 만 석 이상은 집 안에 들이지 말라. 3. 찾아오는 과객은 귀천을 구별하지 말고 후하게 대접하라. 4. 흉년에는 절대 땅을 사지 말라. 5. 시집온 새색시는 3년 동안 무명옷만 입혀라. 6. 사방 백 리 안에 굶어 죽는 사람이 없게 하라.

19
호변을 흉내 냄[嫫顰好辯]

우옹은 시 읊기 좋아하지 않네	尤翁非是愛吟詩
시는 추녀가 찡그리듯 호변을 흉내 낼 때 읊지	詩是嫫顰[84]好辯[85]時
잡목 숲에 벼락 치니 도깨비들이 놀래고	雷擊叢林驚魍魎[86]
고인 물속에 별빛 비치니 이무기들 달아나네	星穿積水走蛟螭[87]
포폄의 공언이 참으로 혼란을 다스릴 수 있으나	空言[88]固可治夫亂
세상의 운수는 고르면 기울어짐만 한 것이 없으니	世運無如平則陂[89]
힘이 부족하면 오직 죽음이 있을 뿐	力不足[90]時惟死已
우옹은 시 읊기 좋아하지 않네	尤翁非是愛吟詩

---

84 嫫顰 모빈; 嫫는 추녀, 또는 추녀의 대명사이고, 顰은 찡그림이다. 따라서 모빈은 추녀의 찡그림이다. 분수 역량을 모르고 남의 단점까지 흉내 내다가 일을 그르치는 것을 말한다.

85 好辯 호변; 변론이 뛰어남 또는 변론하기를 좋아함을 말한다. 『맹자』「등문공·하」 "予豈好辯哉? 予不得已也"

86 魍魎 망량; 도깨비. 주희의 '빠른 우레 소리를 듣고 느낌이 있어[聞迅雷有感]'라는 시에 "누가 신의 도끼 가져다가 모진 음기 깨뜨려서, 땅 갈라지고 산 무너뜨려 귀신이 숲 잃게 하는가[誰將神斧破頑陰 地裂山開鬼失林]" 하였다. 『주자대전』 권6 「壬子三月二十七日聞迅雷有感」

87 蛟螭 교리; 용이 되지 못한 이무기 또는 큰 뱀을 말한다. 두보는 교리를 전갈과 같이 소인배들을 지칭하는 표현으로 사용하였다.

88 空言 공언; 시비를 가리는 말이다. 실정에는 맞지 않지만 시비를 포폄하여 다스림을 이루는 데 효과가 크다. 사마천은 『춘추』를 기록한 공자의 말을 공언이라고 하였다. 『사기』「태사공자서」

89 平則陂 평즉피; 『역』 태(泰)괘 九三 효사에 "평평한 것은 기울어지지 않음이 없고 [无平不陂], 가서 돌아오지 않음이 없다 [无往不復]"라고 했다.

90 『논어』「옹야」 "冉求曰 非不說子之道, 力不足也. 子曰 力不足者, 中道而廢. 今女畫"

모빈(嫫孊)의 嫫는 황제(黃帝)의 처인데 아부꾼도 입을 열지 못할 만큼 용모가 아주 추했다고 한다. 孊은 서시(西施)라는 미녀가 가슴앓이로 종종 가슴에 손을 대고 눈을 찡그리곤 했는데 마을의 추녀가 이것을 따라하며 사람들의 칭송을 받으려 했다는 고사가 있다. 호변(好辯)은 맹가가 변론을 좋아한 것을 가리킨 것 같다. 맹가는 호변이라는 주변의 비난에 대하여 양주 묵적 등 이단과 사설을 물리치기 위하여 부득이해서 변론하게 되었다고 변명한 일이 있다.

여기서 모빈은 우옹 자신을 가리키는 듯하다. 전혀 호변이나 달변이 아님에도 불구하고 맹가를 흉내 내어 사설과 이단을 막아내고 있지만 분란만 일으키고 있는 것을 말함이다.

잡목 속에 들끓던 도깨비들은 벼락이 한 번 치면 다 달아나 버리고 만다. 공론은 뇌성과 같다. 도깨비의 숲은 소인들의 소굴을 비유한 것이다. 우옹은 이 시를 쓰기 1년여 전인 1678년 6월 민정중의 상소에 대하여 다음과 같이 읊어 평한 일이 있다.

하늘 열고 산악 찢을 듯한 그 우레 소리에　　　天開嶽裂轟雷斧
대낮에 숲 잃은 귀신 다투어 보리　　　　　　　白日爭看鬼失林

깊은 물속에 엉켜 있던 이무기들도 별빛이 그 속을 뚫고 들어가면 뿔뿔이 흩어지고 만다. 여기서의 이무기는 모래톱에 있는 전갈들과 마찬가지로 소인배들을 가리킨다. 시시비비를 가리는 공적인 변론이 소인배들에게 미치는 효과는 어두운 물속을 뚫고 들어가 비치는 별빛과 같다.

천지의 도는 평평하면 기울어지지 않는 것이 없고, 가서 돌아오지 않는 것도 없다. 다스려진 세상과 혼란한 시대가 그러하고, 군자 소인이 그러하다. 놀라 달아난 도깨비 다시 모이고, 흩어진 이무기 떼 시간이 지나면 그

곳에 다시 모여 든다.

목표를 바르게 정하고 힘차게 출발했어도 힘이 모자라면 중도에 포기하고 만다. 제자 염구가 "선생님의 말씀을 기뻐하지 않음이 아니나 실천하려니 힘이 부족합니다"라고 하자 공자는 "힘이 부족한 자는 중간에 그만둔다. 너는 나아갈 수 있는데 원하지 않은 것이다"라고 하였다. 우옹은 이단 사설을 물리치는 데 최선을 다할 것이고 그러다 '힘이 부족하다면 죽음이 있을 따름이다'라고 하였다.

＊우옹의 언론은 대의(大義)이고 직필(直筆)이라는 평판이 있다. 그는 세상사의 시비를 엄정하게 논하였고, 그로 인하여 숱한 구설에 오르고 삭탈과 유배의 핍박을 받았다. 그럼에도 그는 그 일을 죽는 날까지 포기하지 않았다.

20
낮추보고 높여 봄 [俛仰]

우옹은 시 읊기 좋아하지 않네	尤翁非是愛吟詩
시는 우옹이 낮추보고 높여 볼 때 읊지	詩是尤翁俛仰[91]時
농사 배우려는 번지를 공자는 소인이라 했고	學稼聖人小樊遲[92]
좌치는 정호가 자미의 좌망을 기롱한 말	坐馳[93]純公[94]譏子微[95]
세속 선비의 세상살이는 늘 흔들리고	俗士世路長依依[96]
은자는 산의 나무가 그늘 무성한 곳 살려 하나	隱者山木蔭萋萋[97]
중용에 의거하여야 성인에 이르게 되네	依乎中庸[98]聖同歸
우옹은 시 읊기 좋아하지 않네	尤翁非是愛吟詩

---

91 俛仰 부앙 또는 면앙; 굽어보고 우러러봄. 부앙(俯仰)과 같다. 이를 정자의 이름으로 짓고 호로 삼은 것이 조선 문인 송순(1493-1583)이다. 발음은 면앙정으로 하고 있으나 부앙정이 더 적절하다.

92 學稼聖人小樊遲 학가성인소번지; 『논어』「자로」"請學稼. 子曰, 吾不如老農. 請學爲圃. 曰, 吾不如老圃. 樊遲出. 子曰, 小人哉, 樊須也! 上好禮, 則民莫敢不敬, 上好義, 則民莫敢不服, 上好信, 則民莫敢不用情. 夫如是, 則四方之民襁負其子而至矣, 焉用稼?"

93 坐馳 좌치; 좌치는 좌망(坐忘)에 상대적인 말이다. '망(忘)'은 일종의 몸과 마음이 정도를 구하는 참된 상태를 말한다. 심령의 청정함을 실현한 것이며 자아의 생명과 심신을 초월한 경계이다. 좌치는 이와 달리 좌망을 하고자 하나 몸만 앉아 있을 뿐 마음은 여전히 세속 사회를 휘젓고 다니는 상태를 가리킨다.

94 純公 순공; 정호의 시호이다.

95 子微 자미; 자미는 당나라 도사 사마승정(司馬承禎)의 자이다. 그는 천태산에 은거하며 「좌망론」을 지었다.

96 依依 의의; 연약하여 흔들리거나 아쉬워하는 모습이다.

97 萋萋 처처; 나무 가지가 무성한 모습

98 『중용장구』 제11장 "君子依乎中庸, 遯世不見知而不悔 唯聖者能之"

옳고 그름, 선함과 악함, 아름다움과 추함, 성(聖)과 속(俗), 공의와 사리라는 판단은 이른바 가치판단에 속한다. 이 가치판단을 여기서 우옹은 올려다보고 내려다본다는 뜻의 부앙(俛仰)이라는 용어로 표명했다.

공자는 농사에 대한 관심을 가진 번지를 소인이라 한 일이 있다. 번지가 오곡 농사에 대하여 배우고자 청하니 공자가 나는 노련한 농부만 못하다고 했다. 다시 채소 가꾸는 것에 대하여 물으니 나는 노련한 채소 농사꾼이 아니라고 하였다. 번지가 밖으로 나가니 공자는 '소인이로구나 번지는! 지도자가 예를 좋아하면 백성이 존경하지 않음이 없다. 위에서 의를 좋아하면 백성이 복종하지 않음이 없다. 위에서 믿음을 좋아하면 백성이 실정대로 하지 않음이 없다. 대저 이와 같으면 사방의 백성들이 그 아이들을 강보에 싸서 들쳐 업고 몰려온다. 어찌 농사를 배우겠는가?'라고 하였다.

이는 직업의 귀천이 아니라 역할과 영향력의 크고 작음을 말한 것으로서 지도자, 지식인의 책무가 엄중하다는 것에 초점을 둔 표현이다. 공자의 교육하는 대상은 사회의 지도자였기 때문이다.

깊은 산 속에 은거하면서 참선이나 정좌의 수련을 하면서도 마음은 늘 세속의 권력과 부귀 영화를 얻기 위해 사회를 휘젓는 경우도 있다. 이런 것을 정호는 좌망(坐忘)이 아니라 좌치(坐馳) 곧 몸은 속세를 벗어난 곳에 앉아 있지만 그 마음은 여전히 속세를 내달리고 있다는 말로 기롱하였다.

좌망은 『장자』 「대종사」에서 "사지백체를 허물고 총명을 버리며 형상과 인지를 제거하여 크게 통하는 것에 동화되니 이를 일러 좌망이라고 한다"[99]가 그 출전이다. 곽상은 "좌망이란 것은 어찌 잊지 못하는 것이 있겠는가? 그 자취를 잊는 것이다. 또 그 자취가 남는 이유를 잊는 것이다. 안으로 그 한 몸을 지각하지 못하고 밖으로 천지가 있음을 지각하지 않음이다. 그런

---

99 『장자』 「대종사」 "墮肢体, 黜聰明, 離形去知, 同于大通, 此谓坐忘"

다음에야 확연히 변화와 더불어 한 몸이 되고 통하지 않음이 없게 된다"[100]
고 하였다.

세속적 성공을 바라는 사람은 늘 이리저리 줄 서기 바쁘고, 기댈 곳 찾느
라 동분서주하며 애가 탄다. 마치 작은 바람에도 흔들리는 갈대나 버드나
무 잎 같다. 그들은 늘 아쉬움에서 벗어나지 못한다. 해소되지 못하는 갈증
에 시달리는 듯한 모습을 보인다.

반면 숨어 사는 현자들은 깊은 산의 나무 그늘 무성한 곳으로 찾아간다.
남의 눈에 띄지 않으니 세속의 일로 해받을 일이 없다. 그들은 시원한 그늘
아래 심신의 큰 손상이 없이 일생을 산다.

이렇듯 세속의 선비와 산림 속의 은자는 그 행동의 양상과 태도와 지향
하는 가치가 다르지만 이 두 방식을 우옹은 취하지 않는다. 지나침과 모자
람이 없고 어느 쪽에 기대거나 의존하지 않는 중용이야말로 성인이 추구하
는 길이라는 것이다. 그것은 일상의 도리이고, 때와 장소에도 매이지 않는
다. 주어진 그 때 그 처소 그 환경에서의 최상을 겨냥하는 것이다.

---

100 위에 대한 곽상의 주석 "夫坐忘者, 奚所不忘哉? 即忘其迹, 又忘其所以迹者, 内不
觉其一身, 外不識有天地, 然後旷然與變化爲体而无不通也"

21
글 읽기 기뻐하여 [喜讀]

우옹은 시 읊기 좋아하지 않네	尤翁非是愛吟詩
시는 우옹이 글 읽기 기뻐할 때 읊지	詩是尤翁喜讀時
다만 마음을 탐구하여 깨달음을 기뻐하지만	祇得玩心[101]欣有會
언제 이치를 보아 의심이 없었던가	何曾閱理到無疑
덥든 춥든 아침이든 저녁이든 전혀 권태를 잊고	暄涼[102]朝暮渾忘倦
영욕과 궁색과 통달에 대해서는 도무지 모르지만	榮辱窮通摠不知
구슬은 돌려주고 하릴없이 상자만 사는 것 우습네	却笑還珠空買櫝[103]
우옹은 시 읊기 좋아하지 않네	尤翁非是愛吟詩

　도학자들이 강조하는 진리 탐구의 가장 우선적 방법은 독서였다. 독서만큼 가성비 높은 공부 방법이 없다고 여긴 것이다. 주희는 "공부하는 방법은 궁리보다 앞서는 것이 없다. 궁리하는 요령은 반드시 독서에 있다"고 하였

---

101 玩心 완심 ; 마음으로 깊이 생각하여 찾는 것이다. 마음을 찾는 것이 아니라고 풀이한다. 주희의 「근사록서제」에 "진실로 이 책을 얻어 마음으로 깊이 생각한다면 또한 문을 찾아 들어갈 수 있을 것이다.[誠得此而玩心焉, 亦足以得其門而入矣.]"라고 한 구절에 있다. 전후 문맥에 따라서는 마음을 탐구함으로 읽을 수도 있다. 전통 사회 학자들은 성현의 글을 읽을 때 제일가는 목표는 '마음을 아는 것'이라고 하였다. 기대승은 "글 읽을 땐 옛사람의 마음을 보아야 하니 반복하며 깊이 뜻을 붙여야 한다. 마음을 깨달으면 체인하여야 하는 것이니 언어만 가지고서 찾으려 애쓰지 말아야지[讀書求見古人心 反覆唯應着意深 見得心來須體認 莫將言語費推尋]"라고 하였다. 『고봉집』 제1권 시, 외집. 「독서」

102 暄涼 훤량 ; 한훤(寒暄)으로도 쓴다. 날씨의 따뜻하고 추움이다. 편지 머리에 절후의 문안으로 서로의 안부를 물을 때 자주 쓴다.

103 還珠買櫝 환주매독 ; 『한비자』의 「외저」에 보인다.

다. 그들이 즐겨 읽는 책은 우선 경전이었고 선현들의 글이었다. 소설류나 패설류 등은 그들의 관심사가 아니었다. 시사(詩詞)나 문장도 중시하지 않았다. 이는 우옹도 예외가 아니다.

우옹은 독서에 많은 노력을 기울였다. 일상에서도 그러했지만 자주 청량한 산수를 찾아 가서 책을 읽었다. 황간 월류봉 아래, 비래리 남간정사, 화양동의 암서재, 경기도의 용문 등이 그런 곳이다. 이 시를 쓰고 있는 거제 유배지에서도 독서를 즐겼는데, 독서에서 큰 기쁨을 얻곤 하여 이때 일어나는 감흥을 시로 읊었다.

그는 경전과 선현의 글에서 우선적으로 마음을 쏟아 성현들이 무슨 의도로 그 글을 썼는지가 이해될 때 큰 기쁨을 누렸다. 그러나 쉽게 이해되지 않아 판단을 보류하거나 책을 잠시 덮어놓는 일도 적지 않았다. 그는 같은 글을 300번 읽기도 했고 일천 번 이상을 읽기도 했다. 『맹자』나 『중용』 같은 책이 그러했다.

그는 책을 보자마자 바로 이치를 환하게 깨달으며 아무 의심이 없는 경지에 이르렀던 적이 언제였는지를 회상하곤 했다.

그의 독서는 날씨의 춥고 더움이나 아침저녁이 전혀 상관이 없었고 아무런 권태를 느끼지 않았다. 책을 읽으면서 마음에 대해서 그리고 사물의 이치에 대하여 깨닫는 즐거움에 그는 세속 사람들이 추구하는 부귀와 영화, 영달과 궁핍에 대해서 관심을 두지 않았다.

독서하면서 그가 염려하는 것이 있었다. 옛날 초나라 사람이 목란 상자에 좋은 구슬을 담아 팔러 갔는데 정나라 사람이 상자만 사고 구슬은 돌려주었다고 한다. 『한비자』의 「외저」편에 이 일을 두고 "경(經)은 도를 싣는 것이고 상자는 구슬을 저장하는 것이다. 경전을 연구하면서 도리를 놓치는 것은 마치 상자는 사고 그 속에 든 구슬을 돌려주는 것과 같다"고 해설하였다. 독서하는 사람이 문장의 글자나 구절을 살피고 외우고 옮겨 쓰고 해석

하는 일에만 관심 갖고 정작 그 속에 담긴 진리를 놓치는 일이 있어서는 안
되겠다는 이야기이다.

　* 우옹은 문인에게 보낸 편지에서 다음과 같이 독서를 권장하였다. "책
을 보는 데 의심이 난다는 말은, 참으로 좋은 소식일세. 글을 읽는 데 처음
에는 의심이 나는 줄 모르다가 점차 많이 읽을수록 의심이 더욱 나고, 아주
익숙하게 읽음으로써 의심이 점차 풀려서 아예 의심이 없어진 뒤에야 비로
소 참다운 독서가 되네."[104]

104　『송자대전』 권82, 「답한여윤성우(答韓汝尹聖佑)」

22
두려워하지 않음 [不懼]

우옹은 시 읊기 좋아하지 않네	尤翁非是愛吟詩
시는 우옹이 두려워하지 않을 때 읊지	詩是尤翁不懼[105]時
부귀와 영화는 명이 있는 자에게 주어지나	惟富惟榮有命[106]者
이 마음 이 기운은 내가 주재하네	此心此氣我持之
수도하며 평생 모군동을 나가지 않았고	生涯不出茅君洞[107]
꿈속에서도 한수 건너기를 힘들어 했지	魂夢難過漢水湄[108]
무망에도 재앙이 생김은 기의 운행에 관련된 것	無妄生災關運氣[109]
우옹은 시 읊기 좋아하지 않네	尤翁非是愛吟詩

---

105 不懼 불구: 『논어』「안연」편에서 제자 사마우가 군자에 대해서 묻자, 공자가 "군자는 근심하지 않고 두려워하지 않는다[君子不憂不懼]"라고 대답하였다. 사마우는 형 환퇴가 난리를 일으켰기에 늘 걱정 근심에서 벗어나지 못하였으므로 이렇게 일러준 것이다.「헌문」편에서는 "어진 자는 근심하지 않고 지혜로운 자는 미혹하지 않으며 용감한 자는 두려워하지 않는다[仁者不憂 知者不惑 勇者不懼]"라고 하였다. 『역』「대과괘 · 상전」에서 "못이 나무를 죽이는 것이 대과이다. 군자는 이 괘상을 보고서 홀로 서되 두려워하지 않고 세상에서 숨어 지내도 근심하지 않는다[澤滅木 大過. 君子以獨立不懼遯世無悶]"라고 하였다.

106 有命 유명: 『논어』「안연」"商聞之矣: 蓋聞之夫子. 死生有命, 富貴在天"「요왈」"子曰 不知命, 無以爲君子也" 이 부분에 대하여 정자는 "명을 안다는 것은 명이 있음을 알고 믿는다는 것이다. 사람으로서 명을 알지 못하면 해로움을 보고 반드시 피하고, 이익을 보면 반드시 나아간다. 그래서야 어찌 군자가 되겠는가"라고 하였다.

107 茅君洞 모군동: 도교 승지로서 지금의 강소성에 있고 구곡동이라고도 한다. 한나라 때 모영(茅盈), 모고(茅固), 모충(茅衷) 3형제가 이곳에서 수도하여 모두 신선이 되었다고 한다. 모군동은 화양동이라고도 한다.

108 漢水湄 한수미: 뜻하는 것이 무엇인지 분명하지 않다. 당나라 때의 호증의 역사를 읊은 시에 한중(漢中)을 읊은 것으로 "가시나무 푸르디푸른 한수변[荊棘蒼蒼漢水湄]"이 들어 있다. 한수 둔덕에 가시나무가 파랗게 널려 있었다고 한다. 그래서 꿈속에서도

'두려워하지 않는다[不懼]' 또는 용기에 대하여 동서양의 현자들이 일찍부터 강조했다. 심리학자 아들러(A. Adler 1870-1937)도 이를 주제로 하여 많은 독자를 확보하였다. 『논어』에서 "어진 자는 근심하지 않고, 지혜로운 자는 의혹하지 않으며, 용기 있는 사람은 두려워하지 않는다"고 한다. 두려움이 없는 자를 용기 있는 사람이라 한다. 그런데 무엇에 대한 두려움인지는 분명하게 드러나 있지 않다. 사람들이 두려워하는 것은 대체로 상실, 질병, 실패, 낙오, 외로움 등이다. 불확실한 미래, 죽음 저편의 세계가 불안의 근원이라고도 한다.

우옹은 부귀 영화를 얻지 못함을 두려워하지 않았다. 그는 이것이 죽고 사는 것과 함께 명(命)에 관계된다고 보았다. '부귀는 하늘에 달렸다'거나 '부유함이 구한다고 해서 얻을 수 있는 것이 아니라면 내가 좋아하는 것을 하겠다'와 같은 말이 『논어』에 있다. 명이란 태어날 때 받는 것으로 나의 노력으로 바꿀 수 있는 것이 아니라는 것이다. 사람들은 목표를 정하고 그것을 이루기 위한 공력을 기울일 때 두려움을 갖는다. 실패에 대한 두려움이다. 부귀영화는 사람들에게 있어서 가장 일반적인 목표이고 이것을 위해 최선을 다하곤 한다. 부귀영화의 상대개념이 가난과 미천함이나 쇠락일 터인데 이는 사회적 가치로서 참으로 피하고 싶은 것이고 이것으로 미혹하거나 위협하면 두려움에 떨게 된다. 그러나 부귀영화는 내가 기필할 수 있는

건너기 어렵게 여긴 것으로 보인다. 형극은 가시이지만 동시에 소인배들을 상징하기도 한다. 조선의 유자들도 한수미라는 표현을 즐겨 사용하였는데 장소를 넘어 이념을 담아낸 경우는 별로 없다. 이황 이이 등도 늘 한강 가에서 다시 한번 진퇴를 고민하였다. 건너편 도성은 왕이 있는 곳이기도 하고 경륜을 펼칠 수 있는 곳이지만 동시에 소인배들이 들끓는 곳이기도 하기 때문이다. 여기서는 모씨 3형제가 수도를 하는 모산에서 속세의 함양으로 가려면 한수를 건너야 하는데 이를 괴롭게 여겼다는 뜻으로 보인다.

109 無妄生災關運氣 무망생재관운기; 『역』 「무망괘」 63 "无妄之災, 或繫之牛, 行人之得, 邑人之災", 95 "无妄之疾, 勿藥有喜"

것이 아니므로 다만 주어진 것에 순응하여 수용할 따름이라는 것이 유자들의 태도였다. 우옹도 이런 생각을 갖고 있다.

부귀나 생사와 같이 명에 달린 것과는 달리 마음과 기는 내 의지로 통제할 수 있다. 유자가 말하는 학문이란 바로 이 일이다. 우옹도 이 일에 전심 전력할 것을 일찍이 목표로 삼았고 또 다짐했다. 이는 존재론적 자아 완성의 길을 택한 것이다.

역사 속에는 일생 자기의 신념을 지키면서 자신이 정한 영역을 벗어나지 않는 의지를 지녔던 사람들이 많은데 모군동의 모영(茅盈), 모고(茅固), 모충(茅衷) 세 사람을 본보기로 꼽았다. 이들은 목표로 정한 수련을 마칠 때까지 바깥세상으로 나가지 않았고 한수를 건너기 힘들어 했다. 그들은 마침내 진인 신선이 되었다고 한다.

의를 중시하는 유자들은 대부분 권력과 영화의 현장, 서울로 가는 강가에 서 있는 것을 꿈속에서도 힘들어한다. 그 진퇴가 갖는 의리에 대한 판단이 쉽지 않기 때문이다.

우리는 종종 잘못이 없어도 재앙이 생기곤 하는 것을 경험한다. 사람들은 보통 이런 때에 "왜 하필 나에게 이런 일이?"라고 외치며 하늘을 원망한다. 이런 유형의 재앙을 우옹은 운기(運氣)에 관한 사항이라고 한다.『역』의 무망괘에서는 이런 경우에 '약(藥)'을 쓰지 않아야 기쁨이 있다'고 했는데 여기서 약은 해결책을 말한다. 때로는 군이 해결책을 찾지 말고 받아들여야 하는 경우도 있다. 유학자들이 생각하는 명에 해당하는 것이 그 경우이다. 이런 자세 이런 마음가짐을 지니고 있으니 세상살이에서 무엇을 두려워하고 머뭇거리겠는가? 마음이 떳떳하고 당당하다면 비록 천만인 앞이라도 당당하게 나아갈 수 있다.

＊우옹은 늘 몸과 마음이 청명하고 정대한 자리에 서 있을 것을 다짐하고 다짐하였다. 부끄러움이 없고 두려움이 없는, 용감하고 당당한 삶을 지

향한 것이다.

　『논어』「계씨」편에 "군자는 세 가지를 두려워한다. 그것은 천명이고, 대인이고, 성인의 말씀이다"라는 공자의 말이 있다. 여기서는 구(懼)가 아니라 외(畏)라는 표현을 사용하였다. 이는 엄하게 꺼리는 것을 말한다. 이를 '경건한 두려움'이라고 할 수 있을 것이다. 그래서 외경(畏敬)이라는 말을 사용한다. 우리는 무엇을 두려워하며 살고 있는가?

23
멀리 둘러봄 [遠覽]

우옹은 시 읊기 좋아하지 않네	尤翁非是愛吟詩
시는 우옹이 멀리 둘러볼 때 읊지	詩是尤翁遠覽[110]時
지금의 상서와 재앙은 상제의 법칙이 아니지만	今者祥殃非帝則
옛날에 이루어진 선과 악은 모두 나의 스승	古之善惡是吾師
주왕조는 단상에 옥기인 규와 벽을 진열하였는데	周家壇上陳圭璧[111]
순의 궁중에서는 떳떳하지 못한 일이 있었지	虞氏[112]宮中有忸怩[113]
인품의 같고 다름이 어찌 이러한가	人品異同何若是
우옹은 시 읊기 좋아하지 않네	尤翁非是愛吟詩

---

110 遠覽 원람; 멀리 다니며 본다는 뜻이 있다. 원간(遠看)으로도 쓴다. 때로는 문제를 관찰하고 고려함이 심원함이다. 반악의 「한거부」에 "태부인을 마침내 판여에 모시고 가벼운 수레에 올라, 멀리는 왕기를 둘러보고 가까이는 집의 동산을 돌았다[太夫人乃御板輿 升輕軒 遠覽王畿 近周家園]"라고 하였다. 『진서(晉書)』 권55 「반악열전」

111 周家-圭璧 주가-규벽; 규벽은 제왕이나 제후가 제사를 지내거나 조빙할 때 사용하던 일종의 귀중한 玉器이다. 여기서는 금등을 말한다. 금등에는 무왕이 병들어 죽게 되자 그 아우인 주공이 자신이 대신 죽게 해달라고 조상신들에게 기도한 내용이 담겨 있었다고 한다.

112 虞氏 우씨; 우씨는 요성(姚姓)에서 발원하여 분기한 것이다. 순을 우씨라고 하고 우순으로도 불린다. 그가 우성의 시조이다. 순의 이름은 중화였다. 기원전 2277-기원전 2178년이 그의 생존 기간이다. 우는 순의 아들 상균을 상에 봉하여 우국을 세웠다. 『사기』 「오제본기」의 집해에서 황보밀은 순의 두 아내 중에서 "아황은 자식이 없었고 여영은 상균을 낳았다"고 하였다.

113 忸怩 유니; 언짢다. 떳떳하지 못하다. 부끄럽다. 수줍다. 우물쭈물하다. 쭈뼛쭈뼛하다의 뜻이 있다. 지극한 효도와 우애로 이름난 순인데 그 아버지 고수와 계모 그리고 이복동생 상은 줄곧 순을 죽일 기회를 노리곤 하였다.

원람(遠覽)은 멀리 다니며 보는 것, 또는 관찰하고 고려하는 문제가 깊고 먼 것을 뜻한다. 그래서 심사(深思)와 함께 쓰이곤 한다. 우옹이 멀리 바라본 것은 공간적인 것이 아니라 시간적으로 옛날 일을 회상해 본 것이다. 그것은 다음의 다섯 가지이다.

1. 상서와 재앙이다. 우옹 당시만 해도 이미 상서와 재앙 등을 상제의 법칙에 따른 것이라고 생각하는 사람이 적지 않았다. 유학자들은 천재지변을 통치자의 덕이 있고 없음, 정사의 잘잘못과 연결시켜 해석하곤 하였다. 그러나 경험과 지식의 축적과 발달로 인하여 예전에는 하늘의 뜻이라고 한 것이 근래에는 자연법칙에 따른 현상인 것으로 밝혀진 것이 많아졌다. 일식이나 월식 같은 것은 충분히 예견하며 즐김의 대상이 되었다.

2. 옛사람들이 내린 윤리적 선악의 판단은 여전히 오늘날에도 유효하며, 우리가 스승으로 삼을 만한 것이 있다고 우옹은 생각하였다.

3. 주공은 형 무왕이 깊은 병에 들어 목숨이 경각에 달리게 되자 사당에 들어가서 조상신에게 기도하여 자기에게 주어진 수명을 덜어 형에게 보태어 그 수명을 연장해 달라고 하였다. 창업의 기반이 아직 공고하지 못한 형편에서 무왕이 죽는다면 제국의 존립에 매우 위험하다는 우려, 좀 더 그의 강력한 리더십이 절실하다는 판단에서였다. 무왕이 죽은 다음 관숙 채숙 등 다른 형제들은 권력을 차지하기 위하여 반란을 일으켰지만 갖가지 미덕을 갖추고 있던 주공은 형 무왕의 아들 성왕을 잘 보필하여 정치적 안정을 이루고, 예와 악을 제정하여 주초의 문명을 찬란하게 펼쳤다.

4. 이처럼 아름다운 사건도 있었지만 순이 통치하던 시대에 안타까운 사건이 있었다. 대효(大孝)의 칭호를 듣는 순은 아버지 고수를 극진히 섬겼으며, 그의 이복동생인 상을 잘 돌보았다. 그러나 그의 극진한 효심과 우애에도 아버지와 동생은 줄곧 순을 죽이려고 하였다.

5. 예나 이제나 무슨 까닭에 사람들의 인품에 이처럼 큰 차이가 있는 것

인지를 우옹은 깊이 생각하고 고민한다.

　*멀리 바라보는 것은 어느 정도 심리적인 거리를 두는 것이며 따라서 냉정하고 객관적으로 볼 수 있게 한다. 또한 좁은 의미의 이해관계를 넘어서게 하고 주변에 있는 여러 존재들도 함께 보게 한다.

　마음이 어떤 대상에 집중하거나 골몰하게 되면 가까이 있음에도 그리고 중요한 것임에도 보지 못하게 된다. 눈앞의 것, 이해관계의 문제에만 몰입하거나 골몰할 것이 아니라 시간적으로 멀리 떨어져 있고 공간적으로도 멀고 깊은 곳에 있는 것을 바라보고 생각할 수 있어야 할 것이다.

　하나의 수퍼스타만 바라보면 그 주변에 있는 잔별들을 보지 못하게 된다. 나무만 보고 숲은 보지 못하는 일도 많다. 집중과 선택은 필요한 것이다. 그러나 그 전에 멀리 넓게 살펴보아야 한다.

24
두 눈이 밝아짐 [明開兩眼]

우옹은 시 읊기 좋아하지 않네	尤翁非是愛吟詩
시는 두 눈이 밝아질 때 읊지	詩是明開兩眼時
주국의 저궁은 반드시 판관만이 할 수 있나?	邾國瀦宮[114]何必士
왕통의 '속경'은 어린애가 지은 기와집 같네	龍門瓦屋儘如兒[115]
숙손의 저잣거리 죽음이란 무엇을 속임인가	叔孫[116]枉市[117]何誣也
민에서 소금 밀매상의 관문 통과를 잡고자 했네	閩鹺過關欲捉之[118]
애석하다! 성인의 무리를 지금은 볼 수가 없음이	可惜聖徒今不見
우옹은 시 읊기 좋아하지 않네	尤翁非是愛吟詩

---

114 邾國瀦宮 주국저궁: 瀦宮은 집을 부수고 집터를 파내 웅덩이를 만드는 것이다. 우옹의 주석; 주나라에서 아버지를 죽인 자의 집을 부수고 웅덩이로 만든 일을 말한다. 주희는 이단을 물리칠 것을 논하면서 『춘추』의 법에 난신과 적자는 사람마다 죽일 수가 있으니 반드시 판관이어야 하는 것은 아니다"라고 하였다. 『수차』; 『예기』 단궁에 의하면 주루 정공 때에 그 아버지를 죽인 자가 있어 유사가 정공에게 고하니 정공이 이를 처리한 것을 말한다.

115 龍門-如兒 용문-여아; 용문은 왕통(王通 584-617)으로 그의 자가 중암이며 문중자로 불렸다. 수나라 때 하동군 용문현 통화진에 살았기에 용문으로 불린다. 원주에서 우옹은 "주자가 왕통의 '속경'을 논하여 '마치 어린아이의 기와집 같다' [朱子論王通續經曰. 正如小兒瓦屋]"고 한 것을 인용하고 있다.

116 叔孫 숙손; 숙손통이다. 그의 생졸년은 분명하지 않다. 진(秦)에서 박사로 예우를 받았고 진이 멸망의 조짐을 보이자 고향 설성으로 도망갔다. 후에 한 고조가 그를 박사로 불러들여 한나라 조정의 제반 의례를 제정케 하였는데, 매우 간명하고 시행하기가 쉬웠다고 한다. 사마천은 그가 의례를 '때에 따라 적절하게 하였'고, '대의를 취하고 소절에 얽매이지 않았'고 평가하여 그를 한대의 유학의 종사로 높이 평가하였다. 그러나 그의 아부 변절 등을 들어 비난도 많다.

117 枉市 왕시; 정침에서 고종명을 못하거나 억울하게 한을 품고 죽은 것을 왕사(枉死)라고 한다. 왕시는 저자에서 왕사하는 것을 말했다.

어떤 사물이나 문장에 두 눈이 확 뜨이는 경우가 있다. 은연중 기다리던 것을 만나거나 찾던 물건이 보일 때 나타나는 몸의 무의식적 반응이다. 우옹도 그랬던 것 같다. 그가 그 예로 든 것은 다음과 같다.

1. 작은 제후국인 주(邾)나라에서 부친을 시해한 자의 집을 허물고 집터를 웅덩이로 만든 일이 있었다. 이런 강상에 어긋나는 근본적인 악행을 저지른 자에 대한 처벌은 굳이 반드시 사사(士師)나 판관의 판결을 거쳐야 하는 것이 아니고 누구나 할 수 있다고 주희가 말했다. 이는 우옹이 일생 마음에 새겨두었던 것이고 실제로 나타나는 일들에 대하여 실행하려고 했던 원칙이었다.

2. 용문 왕통(王通 584-617)의 일이다. 그는 6부 저작이 있는데 그 저술의 명칭을 『속서(續書)』『속시(續詩)』 등으로 하여 '6경을 이었다[속경(續經)]'는 이름이 있게 하였다. 그러나 주희는 왕통의 '저작'에 대하여 '마치 어린아이의 기와집 같다'고 하였다. 이는 수준이 낮다거나 정도에 많이 못 미친다는 뜻으로, '네가 뭔데 감히 경전을 잇는다'고 하느냐는 기롱이다.

3. 서한의 예학자 숙손통에 대하여 저잣거리에서 한을 품고 죽었다고 소식(蘇軾)이 한 말이다. 사마광의 장례식 당일 마침 국가 명당이 완성되어 문하성과 중서성의 관리들이 가서 잔치에 참여하여 흥겨운 분위기가 이루어지고 난 다음 소식이 문상을 가려 하자 장례위원장인 정이가 "이 날 곡을 하면 노래하지 않는다"고 하였다. 이 말을 들은 어떤 관리가 힐난하여 "공자는 곡하면 노래하지 않는다고 했지 노래하면 곡하지 않는다"고는 하지 않았다고 했다. 이때 소식이 "고종명을 못하고 저잣거리에서 억울하게 죽

---

118 鬻 상: 건어물. 우옹의 주: 주희가 육구연을 '안으로 선불교이면서 겉으로 유자'라고 기롱하여 마치 민(閩)에서 소금 밀매상이 건어물로 소금을 위장하고 관문과 나루터를 통과함으로써 잡히지 않음과 같다[朱子又譏陸氏內禪外儒曰. 如閩中販私鹽者. 以鬻魚遮蓋. 方過關津. 不被人捉了耳.]고 하였다.

었어야 할 숙손통이 이런 예를 만들었다"고 기롱하였다. 숙손통이 왕사한 것은 아님에도 이렇게 말한 것은 예법을 강조하는 정이를 미워서 그렇게 표현한 것이니 예법에 얽매이지 않는 자유로운 영혼의 소유자 소식과 가을 서리 같은 엄숙성을 지닌 정호의 성품이 충돌한 여러 장면 가운데 하나이다. 이 무렵 송의 조정에서는 이른바 낙당과 천당의 당파적 갈등이 있었다.

4. 소금 밀매 상인이 건어물로 소금을 포장하여 가리고 관문과 나루터 관리를 속여 통과하는 일이 있었는데 주희는 육구연이 '안으로 선불교이면서 겉으로 유학자'처럼 하는 것과 같다고 하였다.

＊이처럼 주국의 사건, 왕통, 숙손통, 육구연의 예를 들어 진정으로 성인을 따르는 무리를 이제는 볼 수 없음에 대하여 우옹은 애석해한다. 그러면서 이단 사설을 늘어놓는 자는 누구라도 처형할 수 있다는 신념을 실행에 옮기려고 하였다. 이런 역사적 사례에 우옹의 두 눈이 밝아졌다는 것은 평소 그의 의식 속에 이들에 대한 엄정한 분별이 깊이 자리한 것과 연관이 있을 것이다. 그의 평소 지향과 일치하는 사건을 역사적 사실에서 확인하게 되었기 때문이다.

25

스스로 말함 [自語]

우옹은 시 읊기 좋아하지 않네	尤翁非是愛吟詩
시는 우옹이 스스로 말할 때 읊지	詩是尤翁自語時
하늘의 들음은 사심이 없지만 쉽게 어긋나고	天聽無心[119]還易忒
사람의 생사에는 명이 있어 옮기기 어렵네	人生有命[120]更難移
닥치는 환난 그 다급함을 어찌 감당하나	逼來患難那堪急
지난 광음은 만회할 수 없고	過去光陰不可追
요절과 장수 어찌 털끝만큼이나 마음이 흔들리랴	夭壽何曾毫分貳[121]
우옹은 시 읊기 좋아하지 않네	尤翁非是愛吟詩

'스스로 말함'은 남의 강요에 의한 말이 아니고 자발적으로 하는 말이기도 하고, 자신에게 하는 말이기도 하다. 여기서는 자신에게 하는 말, 곧 내가 나를 위해서 하는 말이다. 이는 자신을 위로하거나 재음미하거나 신념

---

119 天聽無心 천청무심: 『서경』 「태서·중」 "하늘은 우리 백성의 눈을 통해 내려다보고, 하늘은 우리 백성의 귀를 통해 듣는다.[天視自我民視 天聽自我民聽]"

120 有命 유명: 『논어』 「안연」 "司馬牛憂曰 人皆有兄弟, 我獨亡. 子夏曰 商聞之矣. 死生有命, 富貴在天" 명은 태어날 때 품수한 것이어서 사람이 옮길 수가 없는 것이고, 하늘은 하지 않아도 되는 것으로 내가 기필할 수 있는 것이 아니다. 다만 순하게 받아들일 따름이다. 『맹자집주』 「진심·하」 "孟子曰 口之於味也, 目之於色也, 耳之於聲也, 鼻之於臭也, 四肢之於安佚也, 性也, 有命焉, 君子不謂性也" 程子曰 五者之欲, 性也. 然有分, 不能皆如其願, 則是命也. 不可謂我性之所有, 而求必得之也. 愚按 不能皆如其願, 不止爲貧賤. 蓋雖富貴之極, 亦有品節限制, 則是亦有命也. "仁之於父子也, 義之於君臣也, 禮之於賓主也, 智之於賢者也, 聖人之於天道也, 命也, 有性焉, 君子不謂命也"

121 夭壽…毫分貳 요수…호분이: 『맹자』 「진심·상」 "存其心 養其性 所以事天也. 夭壽不貳 修身以俟之 所以立命也." 여기서는 불이(不貳)라고 하였는데 우옹은 毫分貳라고 하였다.

의 강화 등을 위해서 하는 말이다. 홀로 있을 때, 외로울 때 우리는 종종 이리한다.

1. 하늘이 백성의 소리를 듣는 것은 무심(無心) 곧 사심이 없다는 것에 우옹은 동의하면서도 그것이 쉽게 어긋난다고 생각한다. 『서경』에서 하늘은 백성의 귀를 통해서 듣는다고 하는데, 현실적으로 백성도 잘못 듣는다고 여길 수 있는 경우가 많다.

2. 생사는 명(命)에 달려 있다는 것은 『논어』에 여러 차례 나오고, 유자들이 의미 있게 해석하여 믿고 따르는 부분이다. 이때의 명은 사람이 태어나면서 주어진 한계로서 마음대로 옮길 수 없는 것이다.

3. 누구라서 불가능의 영역이 있음을 느끼지 않을 수 있겠는가? 힘써 노력하는 사람들이 느끼는 한계의 의미는 더 각별할 것이다.

73세의 우옹은 한계를 느꼈을 것이고 순응할 수밖에 없다는 생각에 사로잡히기도 하였을 것이다. 참으로 감당하기 어려운 재앙이 덮쳐오기도 했고 피하고만 싶은 역경 환난 고통이 다가왔을 때 자주 어찌해야 할지 참 난감했을 것이다.

4. 지나간 시간은 만회할 수 없다. 그러니 다가올 일이나 잘 하겠다는 다짐을 하는 거다. 그러나 우옹에게 앞으로 얼마의 시간이 주어질지 짐작할 수 없는 엄중한 상황이 계속되고 있다. 지난 세월을 만회해 볼 도리가 없다는 것이 그의 마음을 처연하게 했을 것이다.

5. 요절하는 사람도 있고 장수하는 사람이 있다. 영겁의 시간에서 보면 그게 그것인데 사람들은 이를 좋고 나쁨으로 나누었고 이로 인하여 마음이 갈라진다. 왜 누구는 장수하고 누구는 요절하는지 도무지 용납이 되지 않는 경우가 많다. 맹가는 "마음을 보존하고 본성을 기르는 것은 하늘을 섬기는 일이요, 일찍 죽고 오래 사는 것에 의혹을 품지 말고 몸을 닦으며 기다리는 것은 명을 세우는 일이다"라고 말했다. 우옹은 맹가의 이 가르침을 다

시 혼잣말로 읊조리며 다짐한다. '죽게 되면 죽으리라! 마음과 영혼이 평안
함을 택하리라'고 생각한 것이다.

   * 우옹은 조정에서 들려오는 소식마다 그의 목숨이 경각에 달려 있다는
것을 느끼는 상황에서 시를 쓰고 있다. 어쩌다 찾아오는 문인이나 자제들
이 유연한 대처를 권하고 고통에서 벗어날 길을 제시하곤 하지만 그는 혼
들리지 않았다. 고희를 훌쩍 넘긴 나이인데 악착을 떨어 조금 더 살기를 도
모하는 것이 뭐 대수겠는가?

   '왜 세상이 이런가' '왜 다들 저리하나' 하는 생각이나 말은 문인 제자들
에게도 하기 싫었을 수 있다. 게다가 함께 나누려고 해도 들어줄 사람이 주
변에 없기도 했다. 그래서 자기 스스로 혼자서 말했을 것이다.

26
아득한 옛날을 골똘히 생각하기[冥思邃古]

우옹은 시 읊기 좋아하지 않네	尤翁非是愛吟詩
시는 아득한 옛적을 골똘히 생각할 때 읊지	詩是冥思[122]邃古[123]時
혼돈에서 천지가 처음 열린 때가 자회이고	混沌初開爲子會[124]
혼돈 상태가 교화됨은 당요의 이기 때이네	鴻荒[125]漸化際伊祈[126]
읍양으로 문명이 높고 빛나게 되었는데	因其揖讓成巍煥[127]
창과 칼 무기의 등장으로 세태가 이내 변하였지	到得干戈乍變移
진과 한 이후는 말할 것이 없으니	秦漢以來無可說
우옹은 시 읊기 좋아하지 않네	尤翁非是愛吟詩

아득한 상고시대를 우옹은 골똘히 눈을 감고 생각한다. 그의 생각은 다음의 다섯 가지로 이어졌다.

1. 처음의 천지개벽은 언제 있었나? 소옹은 『황극경세서』에서 '하늘이

---

122 冥思 명사: 눈을 감고 고요히 생각함이다.

123 邃古 수고: 아득히 먼 옛날

124 混沌-子會 혼돈-자회; 하늘은 자회에서 열렸다[天開於子]고 한 것은 소옹이다. 그의 『황극경세서』에 의하면, "하늘은 자회에 생기고 땅은 축회에 생겼으며 사람은 인회에 생겼다"고 하였다.

125 鴻荒 홍황: 본래 세계의 혼돈 미개한 상태를 가리킨다. 의미가 굴러서 순연한 방임이며 철저히 자유롭고 규범이 전혀 없는 경지를 가리키는 말로도 쓰인다.

126 伊祈 이기; 당요의 성씨이다. 요는 성이 이기이고 호는 방훈(放勳)이다. 사람이 생기고 난 다음 찬란한 문명의 단계에 접어든 것은 요의 시대에 이르러서라고 한다.

127 巍煥 외환: 巍奐으로도 표기한다. 성대하고 광명함. 높고 크고 휘황한 모양이다.[盛大光明;高大輝煌]

자회에서 열렸다'고 했다. 그는 한 번의 천지개벽을 일원이라 하고 일원의
기간은 129,600년이며, 이는 12회로 이루어져 있다고 한다. 그러니 1회는
10,800년이다. 첫 번째 회는 자회인데 첫 10,800년 사이에 하늘이 열렸다
고 한 것이다. 그리고 두 번째 축회에 땅이 열렸다고 한다.

2. 태초의 혼돈이 점차 질서를 갖추며 인류 문화가 시작한 때를 이기(伊
祈)의 때 곧 당요(唐堯)씨의 등장기로 본다. 그런데 당요 때는 그 시기를 특
정할 수가 없다.

3. 요가 순에게, 순이 우에게 예(禮)로써 천하를 선양함으로써 인류에게
는 비로소 높고 환한 문명이 이루어졌다.

4. 선양의 시대가 지나고 무력에 의한 혁명이 이루어졌다. 탕왕과 무왕
은 전 왕조를 붕괴시키고 새로운 체제를 탄생시켰는데 이때 창과 칼의 살
상 무기를 사용하였다. 이때 이후로 태평의 문명은 일변하여 잔혹한 전쟁
이 시작되었다고 하였다.

5. 진한시대 이후로는 전개된 패도는 더 말할 나위가 없다.

우옹이 조용히 그리고 깊이 생각한 이러한 내용은 사실 기존의 유학자들
성리학자들이 추정하고 생각하는 테두리를 벗어나지 않는다. 그 혼자의 독
창적인 생각이 아니라는 말이다.

* 조선의 장유(張維 1589-1638)는 「천지 종시(終始)의 연수를 논한 책
들」을 다룬 글을 썼다. 그 가운데 한대에 이루어진 『춘추위』의 천지가 개벽
한 때로부터 공자가 애공 14년에 서쪽에서 사냥을 하다가 기린이 잡혔다는
소식을 전해 듣고는 『춘추』를 절필하였다고 하는데, 그때까지의 기간을
327만 6천 년으로 잡고, 이를 나시 순자적으로 구두기(九頭紀), 오룡기(五
龍紀)에서 선통기(禪通紀), 유흘기(流訖紀) 등 10기(紀)로 분류했다는 내용
을 수록하고 있다. 또 『열자』는 "태고로부터 오늘날에 이르기까지의 연수

(年數)를 따진다면 이루 헤아릴 수가 없지만, 복희씨로부터 계산해 본다면 30여만 년의 세월이 흘러갔다"고 하였다. 이밖에도 불교에서 말하는 대소겁(大小劫)의 설 등이 있다고 하였다.

장유는 이 모두가 막막하여 자칫 괴이하고 허탄하여 끝까지 따져볼 수 없는 일이고, 이에 대해서는 성인께서도 말씀을 하시지 않아 배우는 이들이 절충해 볼 여지가 없으니, 그냥 놔두고 논하지 않는 것이 좋을 것이라고 하였다.[128]

＊명확하게 그 사실 여부를 확인할 수 없거나 이해되지 않는 것은 잠시 덮어두거나[개(蓋)] 비워두는 일[궐(闕)]. 판단을 중지하거나 유보하는 것이 현명한 일이다. 이는 공자도 공부하는 사람들에게 권면한 태도이다. 경전과 같은 텍스트를 읽을 때는 특히 그런 태도가 필요하다. 모르는 것에 대하여 자연스레 알게 될 때까지 기다리지 못하고 성급하게 그럴듯한 형이상학적 그림을 그리는 일과, 그렇게 제시된 것을 쉽게 믿는 것은 공허함을 채워주는 긍정적 측면이 없지 않으나 결국 허황된 것에 그치는 경우가 많다.

---

128 장유『계곡만필』권1, 「군서논천지종시지년수(群書論天地終始之年數)」

27
소인의 정상을 간파함 [看破宵人情狀]

우옹은 시 읊기 좋아하지 않네	尤翁非是愛吟詩
소인의 정상을 간파했을 때 읊지	看破宵人[129]情狀時
어둔 밤에 귀신이 들보에서 휘파람 불고	夜黑鬼舒梁上嘯
흐린 날 들에서 도깨비불이 빛을 내네	天陰燐[130]騁野間輝
햇무리가 해를 방해하는 것 같고	爛噓[131]却似暈妨日[132]
자루 속의 송곳처럼 재주를 드러내려 안달하지	技癢[133]還如囊處錐
어찌하면 밝은 해가 환히 빛을 낼 수 있을가	安得大明臨有赫
우옹은 시 읊기 좋아하지 않네	尤翁非是愛吟詩

우리 주변에는 늘 사사로운 이익을 탐하여 남을 해치는 자, 아첨하는 자, 간특한 자, 용렬하고 뒤틀린 자, 이리저리 연고를 대어 기대는 자들이 있다. 이들을 소인(宵人)이라 한다. 이는 소인(小人)과 통용되는 글자이다. 우

---

129 宵人 소인: 간사한 사람, 이익만을 쫓는 사람이다.

130 燐 인: 흐린 날 들에서 보이는 불로 흔히 도깨비불이라 한다. 까닭 없이 저절로 일어나는 불이라고도 하는데 이는 화학 원소의 하나인 인에 의한 것이라 한다.

131 爛噓 섬허: 爛; 삶을, 데칠 섬, 불꽃 염. 고기를 데치다. 噓; 불다, 숨을 바깥으로 내보내다. 불을 내뿜는 것.

132 暈妨日 훈방일: 暈은 햇무리가 해를 가리고 방해하는 것이다. 『주례』 「춘관종백」에서 십휘(十輝)라는 햇빛이 변하는 상태를 관측하던 열 가지 방법을 제시하는데 그 세 번째가 휴(鑴)이다. 이는 어린애가 허리에 차는 휴(鑴)와 같은 모양으로 해를 양쪽에서 찌르는 형상이다. 우옹이 윤휴를 지칭할 때 자일인(刺日人) 또는 일방운(日傍雲)이라고 하였다. 이 해설은 『수차』 권1에서 취했다.

133 技癢 기양: 지닌 재능이나 기예를 발휘하고 싶은 의욕을 참지 못하고 안달하는 것이다.

옹이 생각하는 소인의 실정과 상태는 다음과 같다.

　1. 소인의 행태는 마치 고이 자는 한밤중에 천장의 들보에서 나는 귀신의 휘파람 소리 같다. 그런 소리가 나면 좀처럼 잠을 잘 수가 없다. 섬뜩한 느낌이 들거나 기분이 몹시 나빠지게 마련이다.

　2. 구름이 잔뜩 낀 날이나 밤에 습지나 묘지 등에서 푸른색 누런색 붉은색의 불꽃을 내며 타오르는 괴이한 불, 곧 도깨비불이라 불리는 현상이 있다. 이는 사람의 뼈 등에 있는 인(燐)이라는 광물질에 의해 일어나는 현상으로 알려져 있지만 오랫동안 이 불은 많은 사람들에게 목격되었으나 실체 없는 불로서, 사람들을 공연한 두려움이나 공포 속에 몰아넣곤 하였다.

　3. 소인들이 뿜어내는 말들은 마치 햇무리가 해를 가리는 것 같다. 갖은 요망한 말로 진실을 감추고 판단을 흐리려 들기 때문이다.

　4. 그들이 자신들의 재주를 드러내려 안달하는 것은 마치 자루 속에 들어 있는 송곳이 삐져나오는 것과 같다. 보잘것없는 얄팍한 재능을 과시하는 것뿐만 아니라 없는 재주도 있는 것처럼 속이려 든다. 남이 알아주지 않아도 근심하지 않는 군자의 처신과는 너무 거리가 멀다.

　5. 소인의 처신이 매양 저러하니 어찌 밝은 해가 다가와 빛을 낼 것인가? 저들에 의하여 사실과 진리는 늘 가리게 된다.

　『중용장구』 마지막 장인 제32장에서 "탁월한 인격자의 덕과 행동은 어두운 듯하나 나날이 빛난다[暗然而日章]"고 했고, 소인들의 행태는 "눈에 확 뜨이듯 선명하나 나날이 사라져간다[的然而日亡]"고 하였다.

　＊햇무리를 가리키는 글자가 휴(鑴)이다. 이 이름을 가진 사람이 우옹과 동시대에 있었다. 그는 학문적 의욕이 강하고 또 독창적 관점에 넘치는 자신감을 갖고 있었다. 그를 따르는 무리도 적지 않았다. 그런데 우옹의 관점

에서는 그가 선현들을 존중하기보다는 비판과 비난, 그리고 자신의 견해를
내세우는 데 급급하다고 보았으며 그로 인하여 바른 학문이 손상된다고 여
겼다. 우옹은 그의 행위를 햇무리와 같은 뜻의 자일자(刺日者)라고 평하고,
'사문난적'으로 규정하였다.

28
작은 행실도 신중히 생각함 [思矜細行]

우옹은 시 읊기 좋아하지 않네	尤翁非是愛吟詩
시는 작은 행실도 신중히 생각할 때 읊지	詩是思矜細行[134]時
말 몰아 나서면서 용감해서가 아니라 하고	策馬反云非敢後[135]
새 사냥에 왕양이 법도 잃은 말몰이를 부끄러워하니	獲禽良媿失其馳[136]
하찮고 미약한 것은 저절로 매몰되지만	卑微自合成埋沒
공자 맹자 이래로 크게 발휘되었네	孔孟而來大發揮
성현은 가까운 곳 잘 살피는 것을 알아야 하지	要識聖賢能察邇[137]
우옹은 시 읊기 좋아하지 않네	尤翁非是愛吟詩

---

134 思矜細行 사긍세행; 작은 일, 자잘해 보이는 절의도 신중히 생각하여 처리하는 것을 말한다. 『서경』「여오(旅獒)」에 "작은 행실을 신중히 하지 않으면 마침내 큰 덕에 누를 끼쳐, 아홉 길의 산을 만들다가 흙 한 삼태기가 모자란 데서 공이 무너지는 격이 되리라[不矜細行, 終累大德, 爲山九仞, 功虧一簣]"라는 말이 있다. 不矜細行을 思矜細行으로 바꾸어 썼다.

135 非敢後 비감후; 용감하여 뒤에 있는 것이 아니다. 『논어』「옹야」; "孟之反不伐 奔而殿 將入門 策其馬 曰 非敢後也 馬不進也"

136 獲禽良媿 획금양괴; 춘추시대 진(晉)나라의 말몰이꾼 왕량(王良)이 조간자의 총애하는 신하 해(奚)와 함께 말을 타고 사냥을 나갔을 때의 이야기이다. 사냥에서 법도를 무시하고 말을 몰아 짐승을 속여 달라는 권력자의 요청을 거부하면서 "『시경』에 이르기를 '말 모는 법도를 잃지 않거늘, 화살 놓는 것이 부수는 듯 적중하도다.[詩云不失其馳 舍矢如破]' 하였으니, 나는 소인과 함께 말을 타는 데에 익숙하지 못하므로 사양하겠다'라고 말했다 한다. 『맹자』「등문공·하」

137 察邇 찰이; 가까운 곳을 살핌. 『중용장구』6장에 "순 임금은 묻기를 좋아하고 비근한 말도 자세히 살피기를 좋아하였으며, 남의 단점을 숨겨주고 장점을 치켜주었다.[舜好問而好察邇言 隱惡而揚善]"가 있다.

미세하고 자잘한 행동이나 잘 드러나지 않는 작은 절의에 신중해야 한다는 것이 '사긍세행(思矜細行)'이다. 자잘해 보이지만 본질적으로 중요한 행동으로 성현이 주목했던 사례를 우옹이 제시하였다.

춘추시대 노나라 대부 맹지반은 전쟁에 나가 싸우다가 패하여 군대가 후퇴할 때 맨 뒤에 있었다. 적과 싸울 때 맨 앞에서 분전했고 그러다 보니 후퇴 대열에 가장 늦게 합류한 것이다. 그런데 그 퇴각하는 군대가 성문에 들어설 때 그는 말에 채찍질을 가하며 앞으로 나서면서 자신이 후퇴군의 맨 뒤에 있었던 것은 용감해서가 아니라 말이 앞으로 나아가지 않았기 때문이라고 하였다. 자신의 공을 드러내지 않으려 한 것이다. 이에 대한 이야기를 공자가 『논어』「옹야」에서 소개하면서 "맹지반은 자신의 공을 과장하거나 자랑하지 않았다"고 하였다.

맹지반의 이야기는 119구조대원들 사이에 있는 '가장 먼저 들어가고 가장 나중 나온다'라는 모토를 생각나게 한다. 화재 현장 위험한 곳에 남들보다 먼저 들어가 구조하고, 조금이라도 더 구하기 위하여 가장 늦게 나오는 사람이 되자는 뜻이다.

말몰이꾼 왕량은 권력자의 부탁으로 사냥을 나갔을 때, 법도대로 말을 몰았을 적에는 온종일 사냥감을 한 마리도 잡지 못했으나 그가 상관의 요청에 따라 법도를 무시하고 말을 몰아 짐승을 속였을 때에는 하루아침에 사냥감을 열 마리나 잡았다. 그러자 그 권력자는 계속하여 법도를 벗어난 말몰이를 그에게 강요했다. 왕량은 그것의 부당함을 들어 이후 단호히 물리쳤다고 한다. 이 이야기는 『맹자』「등문공·하」에 소개되어 있다.

맹지반이나 왕량의 행위는 일견 사소해 보이기에 쉽게 매몰되고 사람들에게 간과되거나 잊혀지지만 성현인 공자나 맹가는 이를 중시하였음을 우옹은 주목한다.

＊ 공자는 '절실히 묻고 비근한 것을 생각하라[切問近思]'를 강조하였는데, 주희가 여동래와 함께 편집한『근사록』은 여기서 취한 것이다. 또『중용』에서 '순이 큰 지혜를 지닌 것은 그가 비근한 말 살피기를 중시하였기 때문'이라고 하였다.

우옹은「밤에『맹자』를 보다가 느낀 감회」[138]에 다음 내용을 담았다. "긴 밤 외로운 등불 내가 가장 좋아하는데 옛 책 속의 오묘한 이치 아는 이 없네. 증서가 관중 부끄러워한 뜻 알려면 말몰이꾼이 짐승 잡을 때를 보아야지 맹가의 이런 의리 묻히고 없어지는데 오직 동중서가 의심치 않는구나." 증서는 증참의 손자이고, 관중은 제나라 환공 때의 재상이다. 증서는 정도를 지키면서 관중의 패도를 부끄러워했다. 이를 우옹은 증서는 왕량과 같고 관중은 조간자와 같다고 본 것이다.

한대의 동중서는 "그 의리를 바르게 하고 그 이익은 도모하지 않으며, 그 도리를 밝히고 공적을 계산하지 않는다"고 말했는데, 그의 이 말을 두고 주희는 '성문(聖門)에 끼친 공이 크다'고 하였다. 동중서가 맹가의 뜻을 제대로 승계하였다고 본 것이다.

'작은 것이 아름답다.' '디테일이 중요하다.' '진리는 뉘앙스에 있다.' '소소하지만 확실한 행복'과 같은 말들도 비슷한 뜻, 서로 연관된 의미를 갖는다.

---

138 『송자대전』권4 칠언율시. "地僻天寒無一事 沉吟之外更何爲 燈孤長夜吾偏愛 理奧陳編世莫知 欲識曾西羞管意 須看御者獲禽時 鄒輿此義因埋沒 惟有江都信不疑"

29
우러러보고 굽혀 살핌 [仰觀俯察]

우옹은 시 읊기 좋아하지 않네	尤翁非是愛吟詩
시는 우러러보고 굽혀 살필 때 읊지	詩是仰觀俯察[139]時
머리에서 발끝까지 한 몸은 수레바퀴 운행과 같고	盖底一身如運轂
봄가을 계절의 바뀜은 마치 바둑 다시 두기 같네	溫涼褫序若更棋
산하는 뚜렷하고 중화 이적의 터가 정해지며	山河井井[140]華夷奠
사람들은 낳고 또 낳으며 초목도 번성하네	黎庶生生草木萋[141]
이 속에 음양과 무극의 오묘함 있으니	這裏陰陽無極妙[142]
우옹은 시 읊기 좋아하지 않네	尤翁非是愛吟詩

---

139 仰觀俯察 앙관부찰: 이는 『역』 「계사」에 나온다. 『역』을 지은 이는 우러러 천문을 보고 몸을 굽혀 지리를 살피고, 새나 들짐승의 문양과 지역의 특산물을 탐구하여 이를 팔괘로 나타냈다고 한다.

140 井井 정정: 깨끗함이 변치 않는 모양과 정제되어 조리가 있음이다. 여기서는 뒤의 의미로 쓰였다. 『순자』 「儒效유효」편에 "정정하구나 그 조리가 있음이여[井井兮 其有理也]"가 있다. 『역』 「정(井)」괘에 "왕래정정(往来井井)"이 있는데 여기의 '井井'을 왕필은 "변하지 않는다[不渝變也]"로, 공영달은 "밝은 성질이 늘 깨끗한 모양이다. 오가는 이가 모두 깨끗하게 하여 사람들로 하여금 그 씻어냄의 성질을 변하게 하지 않음이다"라고 하였다.

141 生生草木萋 생생초목처: 『역』의 「계사」에서 '낳고 낳음을 역이라 한다[生生之謂易]'고 하였고, 坤괘 「문언」에서 '천지가 변화함에 초목이 번성한다[天地變化草木蕃]'고 하였다. 『역』 「문언」에서는 번(蕃)으로 되어 있는데, 여기서 처(萋)를 쓴 것은 운을 의식하여 같은 뜻의 다른 글자로 바꾼 것으로 보인다. 萋는 중국어 발음이 qi로서 時 棋 詩와 그 운이 같다.

142 陰陽無極妙 음양무극묘: 주돈이의 『태극도설』에서 '무극의 진수와 음양오행의 정기가 오묘하게 엉겨[無極之眞 二五之精 妙合而凝]' 남성과 여성을 이루고 이들의 결합에 의하여 만물이 화생되었다고 하였다.

　상고시대 복희씨는 우러러 천문을 살피고 굽혀 지리를 살피는 공부로부
터 시작하여 짐승들의 갖가지 문양과 지형적 특징, 그리고 특산물을 탐구
하여 그 결과로 『역』의 8괘를 그렸다고 한다. 이는 천문과 지리가 우리의
삶에 있어서 탐구할 일차적 원리이고 과제임을 알린다.

　우러러본 하늘은 뚜껑과 바닥이 하나로 된 바퀴통이 굴러가는 것 같다.
　그것의 운행에 따라 나타나는 계절의 순환은 마치 바둑 한판 다시 두기
같다. 하나의 왕조와 또 다른 왕조가 나타나고 한 세대 다시 한 세대 이어
지는 삶의 세계가 마치 바둑 다시 두기 같다는 것은 소옹의 『격양집』에서도
강렬하고 길게 표명했었다. 소옹 『격양집』의 첫머리가 「관기대음(觀棋大
吟)」이다.
　내려다본 대지에는 산과 강이 뚜렷이 나뉘어 있고 중화와 이적, 문명과
야만의 지역적 구분도 오늘날의 국경선만큼이나 분명했다.
　땅 위에는 참으로 많은 사람들이 태어나고 태어남을 거듭하며 세대를 이
어감이 멈춤이 없고, 갖가지 초목과 날짐승 들짐승도 번창하고 있다. 『역』
「계사」에서는 이를 두고 "낳고 또 낳음을 일러 역이라고 한다[生生之謂易]"
라고 하였다.
　이 순환과 맞섬의 구조 속에 음과 양이라는 두 기운이 서로 대립하면서
도 서로의 존립 근거가 되고 있고, 이 두 기운의 대립 속에 태극 무극의 오
묘한 조화가 내재되어 있다.

　＊천문을 우러러보고 지리를 굽혀 살핀다고 해서 누구나 그 의미와 이치
를 알 수 있는 것은 아닐 것이다. 가까이 자기 몸에서, 멀리 대상의 사물에
서 작동하는 음양의 이치와 무극의 오묘함을 누구나 다 보아 읽어낼 수 있
는 것은 아닐 것이다.
　보통 사람은 나날이 그 원리 속에 살고 있고 그것을 사용하면서도 그것

이 어떤 원리이고 기제인지를, 그리고 무슨 의미인지는 모르고 산다.

　그러나 우리는 지혜는 어리석음보다 가치가 있다는 것을 안다. 먹고 마실 때 그 맛을 아는 것이 중요하다는 것을 인정한다. 깨달음에는 빠르고 늦음은 있을지라도 일단 그 앎에 도달한다면 그 아는 것은 동일하다고『중용』은 가르친다.

거제 반곡서원: 우옹의 거제 적려 유허지(거제면 동상리)에 후학들이 1704년에 세운 반곡서원. 고종 때 서원철폐령에 따라 훼철된 것을 1906년 재건하고 이후 중수, 중건했다.

제3단락

중국의 역사와 인물

45. 한나라의 도를 높이 기림[揄揚漢道]

46. 후한을 생각함[思量後漢]

47. 슬프다! 촉한이여[吁嗟蜀漢]

48. 노적 조조를 깊이 꾸짖음[深誅老賊]

49. 전오를 차갑게 바라봄[冷看典午]

50. 남북조시대가 짜증남[南北之朝可厭]

51. 저런! 저런! 수나라[彼哉彼哉隋氏]

52. 선리 당(唐)을 추하게 여김[醜差仙李]

53. 오계의 분쟁[五季紛爭]

54. 송나라에 눈이 밝게 열림[眼爲明開宋氏]

55. 남으로 건너간 것을 길게 탄식함[永嘆南渡]

56. 오랑캐 원이 뜻 이룸을 개탄함[感慨胡元得志]

57. 성군의 시대를 기쁘게 맞이함[欣逢聖際]

58. 우주를 훑어봄[流觀宇宙]

이 단락에는 전기를 통해서 볼 수 있는 신화적 인물을 언급한 12수, 역사 속에 부침한 왕조 및 그와 관련된 인물과 사건의 16수가 들어 있다. 3황5제로부터 춘추시대까지는 전해오는 인물들의 이야기 중심으로 다루고, 전국시대부터 청나라까지는 왕조대와 그 관련 주요 인물들을 엮어서 평가적 언급을 한다.

30
전기를 한가로이 봄 [閒看傳記]

우옹은 시 읊기 좋아하지 않네	尤翁非是愛吟詩
시는 전기를 한가롭게 볼 때 읊지	詩是閒看傳記[1]時
하나의 기가 나뉠 때를 누가 보았는가?	一氣分時誰有見
삼황 이전에 대해서는 나는 모르네	三皇[2]以上我無知
초의 목식은 누가 말했는가	草衣木食[3]何人說
소의 머리 뱀의 몸은 사씨의 표현인데	牛首蛇身[4]史氏辭[5]
그것이 거짓인지 참인지의 판단은 잠깐 놔두자	其贗其眞姑舍是
우옹은 시 읊기 좋아하지 않네	尤翁非是愛吟詩

---

1 傳記전기; 전기는 문체의 이름이다. 인물 중심의 역사 기술을 '전', 사적 중심의 역사 기술을 '기'라고도 한다. 문체상으로는 전이 서술자의 의도가 어떤 형식으로든지 적극적으로 개입되는 것이라면 기는 서술자의 개입이 절제되고 사실 기술에 충실한 것이다. 사적의 기록이란 결국 인물의 행적을 중심으로 기술하는 것이므로 전과 기는 뗄 수 없는 관계에 있다.

2 三皇삼황; 원시적 의미로는 천황씨, 지황씨, 인황씨를 가리킨다. 나중에 원시 사회의 걸출한 지도자로 수인, 복희, 신농[상서대전]. 복희, 축융, 신농[풍속통의]. 복희, 신농, 황제[삼자경]. 유소씨, 수인씨, 지생씨[장자, 강감이지록]를 지칭하여 조금씩 다르다. 우옹은 3황을 복희 신농 황제로 보는 것 같다. 사마천은 3황의 전설을 다루지 않고 『사기』의 기술을 「오제본기」에서부터 시작한다.

3 草衣木食 초의목식; 풀을 엮어 옷을 만들고 나무 열매를 채취하여 먹을 것으로 삼는다는 것으로 원시적 삶의 양태, 또는 매우 힘든 생활을 뜻한다. 이 표현을 처음 사용한 사람은 원의 마치원으로 그의 『황량몽(黃粱夢)』 제1절에 보인다.

4 牛首蛇身 우수사신; 고대 신화 속에 등장하는 인물은 사람과 짐승이 결합한 형태가 많다. 『산해경』에 따르면 외모가 호랑이를 닮고 소와 같으며 한 쌍의 날개가 있다거나 사람의 얼굴, 뱀의 몸, 붉은색 머리털을 지니고 있다는 등의 표현이 나온다. 신농씨는 소 머리에 사람의 몸, 복희씨는 사람 머리에 뱀의 몸뚱이를 하고 있었다고 한다.

5 史氏 사씨; 황제 때 문자를 창시한 창힐이다. 창힐은 사관이었기에 그를 사황씨라고

전기는 인물의 평생 사적을 기술하는 문체이다. 전기와 역사의 관계는 밀접하다. 전기는 대체로 둘로 구분하는데 하나는 사실 위주의 역사적 기술이고 다른 하나는 문학의 범주이다. 인물 중심의 역사 기술을 '전', 사적 중심의 역사 기술을 '기'라고도 한다.

하나의 기가 음과 양의 둘로 나뉨으로 천지의 개벽을 표현한다. 우옹은 이때의 이것을 본 사람이 있는지 묻는다. 이는 그저 추정일 따름이지 사실의 기록은 아니다.

그는 삼황 이전에 대해서는 알 수 없다고 하는데 어떤 기록도 없기 때문이다. 삼황에 대해서는 여러 주장이 있지만 우옹은 복희 신농 황제로 본다. 이들에 관한 기록을 흔히 신화로 본다. 신뢰할 만한 객관적 역사 기록에 해당하지 않기 때문이다.

그런데 상고시대에 사람이 풀을 엮어 옷을 삼고 나무껍질을 벗겨서 또는 그 열매를 따서 먹고 살았다는 이야기가 있다.

소의 머리에 뱀의 몸뚱이를 가졌다는 신화적 이야기도 있다. 복희씨는 상반신은 사람이고 하반신이 뱀의 형태를 가진 것으로 나타나고, 신농씨는 머리는 소이고 몸뚱이는 사람으로 그려졌다. 이런 신화적 이야기는『사기』「오제본기」에서는 사씨(史氏) 곧 사관들의 기록에 들어 있다. 이는 황보밀(皇甫謐 215-282)[6]의『제왕세기』에도 나온다.

전해오는 이야기들, 신화적 전기의 그 사실성의 여부, 참과 거짓의 문제

한다. 그 후예의 한 가닥이 그 벼슬을 씨로 삼았다. 그래서 사씨라고 한다. 역사상 가장 이른 시기의 사성의 인물은 서주 초기 태사 사일이다. 태공, 주공, 소공과 더불어 4성이라고 한다. 종신토록 주왕조의 태사였기에 그의 자손들도 벼슬로 씨를 삼았다. 춘추시대에 열국의 사관은 대부분 벼슬로 씨를 삼았다. 따라서 여기서의 사씨는 사관이다.

6 황보밀은 진(晉)의 학자, 의사이며 현안(玄晏)선생이라 불렸다.『제왕세기』·『고사전』·『열녀전』·『일사전』·『현안춘추』 등을 지었다. 의학서로는『소문』·『침경』·『명당공혈침구치요』 등 세 의학책을 모아 엮어서『침구갑을경』을 저술하였다.

에 대한 판단을 우옹은 일단 보류해 둔다. 이는 사실의 여부보다 다른 의미가 있다는 것을 뜻한다.

* 신화적 전기에 대한 연구는 일찍부터 있었다. 근대에는 모든 신화가 의례(儀禮)를 모체로 하며 그 설명을 위해서 발생한다고 보기도 하였고, 구조주의적 접근이나, 사유의 원형이라는 의미를 갖는다는 등 다양한 견해들이 있다.

31
포희씨를 직접 만남 [包犧親見]

우옹은 시 읊기 좋아하지 않네	尤翁非是愛吟詩
시는 포희씨를 직접 만날 때 읊지	詩是包犧[7]親見時
하나에서 둘 넷이 생겨 차례를 이루고	一兩四生[8]聊序了
백 천 만의 수가 나타나네	百千萬數[9]見些兒
팔괘 긋기 이전의 오묘함 이로 인하여 알려지니	畫前之妙因而貢[10]
세상의 모든 의심 다 해결할 수 있네	天下諸疑儘可稽[11]
성신이 만물을 이치를 밝힌 뜻을 크게 감사하니	多謝聖神開物[12]意
우옹은 시 읊기 좋아하지 않네	尤翁非是愛吟詩

7　包犧 포희; 희황(羲皇), 복희(伏羲)로도 쓴다. 『역』「계사」에서는 포희로 쓰였다. 신화 속의 인류 시조이다. 어로와 가축 길들이기에 종사하였고 8괘를 제작하였다고 한다. 그는 사람의 머리 뱀의 몸을 지니고 있었다고 한다. 또한 여와씨와 오빠 누이 사이로 결혼하여 인류를 낳았다고 한다.

8　一兩四生 일양사생; 『역』「계사」 "易有太極. 是生兩儀. 兩儀生四象. 四象生八卦" 태극이 하나에 해당한다.

9　百千萬數 백천만수; 『역』「계사」에 나오는 상하경의 책수로 11,520이다. 이는 만물의 수에 해당한다고 한다. 우옹은 원주에서 다음과 같이 말했다. "8로부터 점차 배수를 하니 6획의 경우 64가 된다. 64로부터 다시 더하여 7획이 되면 128괘가 된다. 128에서 점점 더하여 10획이 되면 1,024괘가 되고, 1,024에서 점점 더하여 24획이 되면 167,700,216괘가 된다.[自八而漸倍之. 至於六畫. 則爲六十四. 自六十四而又倍之至七畫. 則爲百二十八. 自百二十八而漸倍之至於十畫. 則爲千二十四. 自千二十四而漸倍之至二十四畫. 則爲千六百七十七萬二百一十六矣]"

10　因而貢 인이공; 『역』「계사」에서 "六爻之義. 易而貢"이라고 했다. 이는 64괘 각각의 6효는 변역하여 길흉을 알려준다는 뜻이다. 여기서는 팔괘를 그리기 이전의 복희가 본 그 무엇이 바탕이 되고 그것으로 말미암아 세상사의 모든 길흉을 알리게 되었다는 뜻이다.

11　天下-可稽 천하-가계; 「홍범」에 일곱 계의(稽疑)가 있는데 이는 복서를 사용하여

우옹이 읽은 전기의 처음 인물은 인류 역사상 최초의 문화 창제의 영웅
이라는 평가를 받는 포희씨 곧 복희씨이다. 그는 『역』을 제정한 자로 추앙
되기에 소옹 주희 등의 역학자들은 그 본의와 진의를 알기 위해서 포희씨
를 직접 만나 물어보는 기회를 갖기를 원했다.[13]

친견(親見)은 직접 만나보는 것을 뜻하지만 둘만의 진실한 대화를 뜻하
는 것으로 보인다. 꿈속에서 만나 대화를 나누어도 당사자에게는 친견에
해당할 듯하다. 우옹도 그런 체험을 한 듯하다.

『역』「계사」에는 "『역』에는 태극이 있는데, 이것이 양의를 낳고, 양의는
4상을 낳고, 4상은 8괘를 낳는다"고 하였다. 여기서 태극은 하나, 양의는
음과 양의 두 기운, 사상은 태양 태음 소양 소음이다. 이를 하나 둘 넷으로
도 표기한다. 하나에서 둘로 둘에서 넷으로 넷이 팔괘로 다시 육십사괘로
분화되었다.

이것이 다시 음의 수, 양의 수 등과 연결되어 백 천 만의 수로 확대되어
각가지 상황을 분류하고 지시하는 괘상으로 나타난다.

물론 역괘의 상은 이처럼 1, 2, 4, 8, 64, 128, …로 확산하는 것을 볼 수
도 있지만, 반대로 수렴할 수도 있으니 곧 64괘는 8괘로, 8괘는 4상으로,
4상은 음양으로, 음양은 태극으로 수렴되기도 한다.

포희씨가 8괘를 그리기 이전에 본체와 실상이 무엇이었기에 이를 8괘를

의심을 결단하거나 넓은 의미의 의심스런 일을 상의하고 고찰하여 풀어내는 것을 말한
다. 『역』「계사」에서는 "역은 성인이 이로써 천하의 뜻을 통하고 천하의 사업을 결정하
고 천하의 의심을 끊어내는 것이다[夫易. 聖人以通天下之志. 以定天下之業. 以斷天下
之疑]"라고 하였다.

12 開物개물; 『역』「계사」에서 『역』은 사물을 열고, 임무를 완성하며, 세상의 도리를
다 얹고 있다[易繫. 夫易. 開物成務. 冒天下之道]"고 하였다.

13 소옹은 「복괘(復卦)」를 읊은 시에서 "만일 내 말이 믿어지지 않는다면 다시 복희씨
에게 물어보소[此言如不信 請更問庖羲]"라고 하였다.

그리게 되었는지를 생각해야 한다.

『역』에 대한 진정한 이해는 이 단계를 지나야만 제대로 가능하다고 본다. 이것이 이루어져야 괘상을 통한 길흉 판정이 가능하다고 보았다.

포희의 8괘는 하도를 보고 그렸으며 문왕이 낙서를 보고 그에 근거하여 8괘를 부연하였으며 공자에 의하여 찬양되어 확산됨으로써 인간 세상에서 발생하는 무수한 의문을 풀어내는 최고의 권위가 있는 도구가 되었다는 것이 통념이다. 곧 세상 모든 사람들의 뜻을 알고[通志], 온 세상을 위한 사업을 결정하며[定業], 만민의 의심을 끊는[斷疑] 것을 『역』에 의존하게 된 것이다. 그러니 그에 대한 감사의 마음을 포희에게 전하지 않을 수 없었던 것이다.

* '포희씨를 직접 만난다[包犧親見]'는 표현은 북송 시대의 소옹이 가장 먼저 사용하였고, 이를 주희가 이어받았으며 그 후로 많은 사람이 이 표현에 주목하고 각별한 관심을 기울였다.

소옹은 24절기 중의 동지를 뜻하는 「복괘(復卦)」를 읊은 시에서 동지가 자시의 한 중앙이고 이때는 하늘의 마음이 움직이지 않으며 물은 아무런 맛이 없이 담백하고 우주의 큰 음성은 들어도 들리지 않는다고 하면서 "만일 내 말이 미덥지 않다면 다시 포희씨에게 물어보소"라고 하였다. 주희는 「논계몽(論啓蒙)」이라는 시에서 "만약 없음[無] 속에 만 가지 물상이 갖추어져 있음을 안다면, 그대가 포희씨를 친견했음을 인정하리라"라고 하였다. 우옹도 "우주를 우러르며 길게 읊으면 혹 포희씨 신농씨가 꿈에 나타나기도 했지"라고 하였다.[14] 간절하면 꿈에 보인다.

---

14 『송자대전』 권1, 부, 「차감춘부(次感春賦)」 "仰宇宙而長吟或羲農之夢見"

32
신농씨가 꿈에 나타남 [神農夢見]

우옹은 시 읊기 좋아하지 않네	尤翁非是愛吟詩
시는 신농씨가 꿈에 나타났을 때 읊지	詩是神農¹⁵夢見時
초목으로 약재와 사제의 제도를 만들었고	草木竝輸醫蜡制¹⁶
서민들은 다들 보습과 쟁기를 알게 되었네	黔黎¹⁷同識斲揉¹⁸機
지극한 도가 모두 평상의 도라고 하지만	雖云至道皆常道¹⁹
무릇 무위로부터 점차 유위가 되어가니	蓋自無爲漸有爲²⁰
허행이 신농에게 가탁하려 한 것이 가소롭네	可笑許行²¹要假託
우옹은 시 읊기 좋아하지 않네	尤翁非是愛吟詩

---

15 神農 신농; 염제(炎帝)라고도 한다. 불을 사용할 줄 알아서 왕위에 올랐다고 한다. 그래서 염제라고 불린다. 염제는 소의 머리, 사람 몸의 형상을 지녔다. 염제는 도교에서 신농대제 또는 오곡신농대제라고도 한다.

16 醫蜡制 의사제; 염제가 의약을 제조하면서 사제를 지냈다. 蜡란 말은 '찾는다[索]'의 뜻이다. 해마다 12월에 만물을 모아서 여덟 신에게 제사하여 그 공덕에 보답했다.

17 黔黎 검려; 여민(黎民)·여서(黎庶)·여수(黎首)·여원(黎元)·검수(黔首)라고도 한다. 黔과 黎는 검은 색을 뜻한다. 일반 서민은 보통 관을 쓰지 않고 검은 맨머리를 드러내고 다닌 데서 연유된 말이다. 『사기』의 「시황본기」에는 "새로이 백성을 검수라고 일컫는다"라는 기록이 있고, 『서경』 「요전」의 주석에 "려는 검은 빛인데 백성의 머리가 모두 검은 빛이므로 여민이라 한다"라는 부분이 있다.

18 斲揉 착유; 나무를 깎고 휘는 것. 『역』 「계사」 "나무를 깎거나 쪼개어 따비를 만들고 나무를 휘어서 가래를 만든다[斲木爲耜. 揉木爲耒]"고 하였다.

19 至道皆常道 지도개상도; 도덕경 1장에서 "도라고 말할 수 있다면 그것은 평상의 도가 아니다[道可道 非常道]"라고 하였다. 이는 언어 문자로 표상할 수 있는 도는 언제나 그러한 도, 자연과 같은 도가 못 된다는 것이다.

20 自無爲漸有爲 자무위점유위; 무위로부터 점점 유위로 나아갔다. 이는 문명의 발달로 인간의 삶이 자연상태에서 점점 도구의 제작 등 문명이 발달하게 된 것을 의미한다.

21 許行 허행; 전국시대 농가의 한 사람으로 초나라 사람이며, 맹가와 동시대인이다.

농경민족에게는 농경의 신이 있다. 고구려 벽화에 보이는 농경의 신은 소의 머리에 사람의 몸을 하고 있다. 신농씨도 그러하다. 신농씨는 염제(炎帝)로도 불린다. 그가 불을 만들고 이를 활용하는 방안을 찾았다. 물론 각종 취사도구도 제작하여 사용할 수 있게 했다. 신농이 이룬 위업 중에서 우옹은 다음의 것에 주목한다.

신농은 각종 초목으로부터 질병을 치유하는 약품을 만들어 냈다. 질병을 치유할 수 있는 약제는 예나 이제나 살아가는 데 있어서 그 중요성을 결코 간과할 수 없다.

그는 생산성 높은 농경법을 발명하고 농기구인 쟁기와 보습을 제작하여 이것을 널리 보급하였다. 생산성의 향상은 인류가 굶주림으로부터 벗어나게 하는 매우 큰 위업이다.

신농씨는 도가에서 존중한다. 도가는 지극한 도는 평상의 도라고 주장한다. 그리고 모든 존재하는 것은 존재하지 않는 것, 또는 형용할 수 없는 것으로부터 나온다고 믿는다.

세상은 무위의 자연상태로부터 유위의 문화적 삶의 형태로 바뀌어 갔다. 농경 정착 생활이 삶의 주된 형태로 자리 잡으면서 각종 문명의 도구를 발명한 것을 두고 하는 말인데 이 일에 신농씨가 앞장섰다.

전국시대 허행이 신농씨의 생각과 말을 신봉하고 실천하였다. 허행은 초나라에서 등나라로 이주하여 그를 따르는 무리 수십여 명과 더불어 칡 옷을 입은 채 신발을 삼고 자리를 짜서 생계를 유지하였다.

맹가는 허행이 농사를 지은 후에 먹고 직접 옷감을 짜서 입는지를 확인하고는 그가 쓰는 관이나 음식을 조리하는 솥과 농기구는 모두 농사지은

묵자의 제자 금활리에게 배웠다. 제자와 함께 등나라에 와서 칡 옷을 입은 채 신발을 삼고 자리를 만들면서 살았다.

곡식을 주고 구입하여 사용하는 것을 지적하면서 "곡식으로 기계를 바꾸는 것이 도자기를 빚는 자나 대장장이를 괴롭히는 것이 아니듯이 도자기 빚고 대장장이 일을 하는 자도 또한 그것으로 곡식을 바꾸는 것이니 그것이 어찌 농부를 괴롭히는 것이겠는가"라고 하면서 천하를 다스리는 일은 오로지 농사나 직조만으로는 불가능하다고 하였다. 다양한 기술이 있는 것처럼 대인이 하는 일이 있고 소인이 하는 일이 있으며, 마음을 쓰는 자가 있고 힘을 쓰는 자가 있는데, 힘을 쓰는 자는 남에게 다스림을 받고 남을 먹이며, 남을 다스리는 자는 남에게서 먹는 것이 세상 어디서나 통용되는 이치라고 하였다.[22]

　우옹은 신농의 농업 전반에 걸친 문명적 기여를 찬양하면서도 허행과 그 추종자들의 농본주의적 교설에 대한 맹가의 비판을 수용하여 그 주장을 가소롭다고 하였다.

---

22 『맹자』「등문공·상」 "或勞心, 或勞力. 勞心者治人, 勞力者治於人. 治於人者食人, 治人者食於人. 天下之通義也"

33
황제에 대하여 말함 [陳辭黃帝]

우옹은 시 읊기 좋아하지 않네	尤翁非是愛吟詩
시는 황제에 대하여 말할 때 읊지	詩是陳辭黃帝[23]時
구리와 쇠가 어찌 난을 일으킬 수 있다 하는가	銅鐵[24]云何能作亂
방패와 창은 잘못됨을 금하는 것일 따름이지	干戈[25]只是禁爲非
만국을 순행 유람함에 그 광채 더욱 드러나고	巡遊萬國[26]光逾顯
천 냥 쇠뇌에 위임하니 정사에 흠이 없네	委任千勻政莫疵[27]
동쪽 태산에서 봉제하여 폐단을 둔 것 한이 되니	獨恨東封留弊[28]事
우옹은 시 읊기 좋아하지 않네	尤翁非是愛吟詩

---

23 黃帝 황제: 황제는 3황에 넣기도 하고 5제 첫머리에 두기도 한다. 5제라는 역사적 칭호는 전국시대에 오행학설에 따라서 만들어졌다고 한다. 여러 주장이 있지만 대체로 5제는 황제, 전욱, 제곡, 제요, 제순이다. 황제(皇帝)는 '황천상제(皇天上帝)'의 줄임말이며 이것이 5행 사상과 관련해 곤륜산을 중심으로 동·서·남·북을 각각 청제·백제·적제·흑제가 다스리고 중앙을 황제가 다스린다는 사상으로 이어지면서 '황제(皇帝)'가 '황제(黃帝)'로 바뀌었다고 한다. 『사기』「오제본기」에는 "황제는 소전(少典)의 아들로 성은 공손(公孫)이요, 이름은 헌원(軒轅)"이라고 되어 있다. 헌원은 수레와 그 끌채라는 뜻으로서 그가 수레를 발명했다는 신화의 내용과 관련되어 있다.

24 銅鐵 동철: 구리와 쇠. 황제가 수양산에서 구리와 쇠를 채굴하여 이로써 보정을 주조하여 황실의 통치 권위를 세웠고, 또한 무기를 제조하였다고 한다. 이는 황제의 시대가 청동기·철기 시대였음을 말한 것이다. 앞서의 염제 신농의 시대는 따비나 가래의 농기구를 나무를 깎거나 휘어서 만들었다고 하였으니 아직 구리나 철을 사용하기 이전이다.

25 干戈 간과: 방패와 창. 황제 때 구리쇠로 창과 방패를 만들었고 이로써 불의한 세력을 정벌하였다고 한다.

26 巡遊萬國 순유만국: 만국을 순행하고 유람함. 황제는 구리와 쇠로 된 창과 방패로 무장한 군대를 이끌고 동서남북 사방을 순수하면서 순응하지 않는 제후들을 정벌하였다고 한다.

　황제는,『한서』에 따르면, 중국 최초로 통일국가를 이루고 배, 수레, 거울, 구리와 철로 된 창과 방패, 문자, 의복, 60갑자 등 각종 문명의 도구를 만들었다고 한다. 특히 수레와 배의 발명으로 사람들이 멀리 두루 다닐 수 있고, 재화를 대량으로 운반할 수 있게 됨으로써 넓은 지역에 걸쳐 통일국가의 형성과 문명의 발달에 크게 기여하였기에 중국 문명의 창시자로 숭배되어 왔다.

　우옹은 황제와 관련하여 우선 그가 구리와 철을 채굴하여 생활의 도구로 삼은 것에 주목한다. 황제는 수양산에서 구리를 캐어 그것으로 보정(寶鼎)을 주조하여 통치의 위엄을 세웠다고 한다. 동시에 그는 이것으로 방패와 창 등의 무기를 만들었는데 이것으로 약탈적 침략전쟁이 아니라 그릇된 일을 막는 데 사용하였다고 한다.

　그는 이 창과 방패로 무장한 군대를 이끌고 동서남북 모든 지역을 순행하면서 조공하지 않는 제후들을 정벌하여 모두 복종케 하거나 동맹을 맺어 평화를 유지했다고 한다.

　철제 무기의 위용을 알리는 이야기가 있다. 황제가 천 냥 무게의 쇠뇌를 들고 양 떼 만 마리를 아무런 분란 없이 모는 능력자를 만났고, 그 위용에 감탄하고 그를 택하여 정치를 맡기니 아무런 하자가 없었다고 한다. 물론 이는 사실이 아니고 황제의 꿈속의 일로 전해지는 이야기이다.

　황제가 동쪽을 순행하다가 태산을 만나 거기서 하늘에 제사를 지냈는데, 여기서 봉선(封禪)의 전통이 나왔다고 한다. 봉은 산마루에서 단을 쌓아 하

27　委任千鈞 위임천균: 황제가 꿈에 천 냥 무게의 쇠뇌를 들고 양 떼 일만 마리를 모는 사람을 만나고는 풍후(風后)와 역목(力牧)이라는 사람을 찾아 그들에게 정사를 위임하여 천하를 안정시켰다고 한다.
28　東封留弊 동봉유폐:『사기』에 의하면 황제가 처음 동으로 와서 태산에서 봉제사를 지냈는데, 봉선(封禪)이란 말이 여기서부터 나왔다.

늘에 드리는 제사를 말하고, 선은 산언덕에서 흙을 판판하게 고르고 다진 다음 산천에 지내는 땅 제사를 말한다.

최초의 봉선이 황제에 의하여 이루어졌으며 이것을 황제가 남긴 폐단이라고 우옹은 생각한다. 봉선은 통치권이 하늘에서 주어진 것이라 믿고 제왕이 이를 천지에 감사드리고 내외에 공개적으로 반포하는 것이지만 동시에 그것은 불사(不死)와 신선이 되는 것에 대한 염원이 담겨 있고 후대에 도가적 기원이 된 행위였다.

＊제나라의 관중은 유사 이래 봉선을 행한 제왕은 72명, 그중 관중이 기억하는 것이 12명이라 한다. 사실로서 확인할 수 있는 최초의 봉선은 진의 시황제가 기원전 219년에 행한 것이고, 한 무제가 기원전 110년에 행한 봉선에 대해서는 상세한 내용이 남아 있다. 대체로 전국시대 이후 방사(方士) 술사들이 깊숙이 개입된 것으로 보인다.

34
전욱을 깊이 찾음 [幽尋顓頊]

우옹은 시 읊기 좋아하지 않네
시는 전욱에 대하여 깊이 찾을 때에 읊었네
깊고 고요히 신에 의지하여 예를 제정하고
소통하여 먼 곳의 사정을 알고 의혹을 해결했네
천문을 본받고 지리에 맡길 따름이었고
월남과 감숙까지 가지 않은 곳이 없네
재능 있는 여덟 사람으로 더욱 훌륭했으니
우옹은 시 읊기 좋아하지 않네

尤翁非是愛吟詩
詩是幽尋顓頊[29]時
淵靜[30]依神以制義
疏通無事[31]可稽疑[32]
象天任地如斯已
交趾流沙[33]無不之
才子八人尤盛矣[34]
尤翁非是愛吟詩

---

29 顓頊 전욱: 현제(玄帝), 고양씨(高陽氏)로도 부른다.

30 淵靜 연정: 깊고 고요한 자세, 차분하고 담백한 태도이다. 『공자가어』 권5 「오제덕」 23에 재여의 물음에 공자가 다음과 같이 대답한 것이 있다. "전욱은 … 고요하고 깊은 자세로 도모함이 있었고, 소통하여 멀리 있는 곳의 사정을 알았다.[靜淵之有謀, 疏通以知遠]" 靜淵이 우옹의 시에서는 淵靜으로 바뀌어 있다.

31 疏通無事 소통무사; 『사기』 「오제본기」에 전욱에 대하여 "고요하고 깊은 자세로써 도모함이 있었고[靜渊以有謀], 소통하여 일을 다스렸다[疏通而知事]"라고 하였다. 『공자가어』와 『사기』에 따르면, 無事는 知事의 오자로 보인다.

32 稽疑 계의: 『서경』 「홍범」 제7번에 계의가 있다. 이는 의혹을 점쳐서 묻는 것이다. "복서인을 골라 세워서 거북점과 시초점을 명한다 … 군왕 그대에게 큰 의문이 있다면, 그대의 마음을 헤아리고, 경사들에게 의논하며, 서민들에게 의논하고, 거북점과 시초점을 친다." "그대가 따르고, 거북점이 따르며, 시초점이 따르고, 경사들이 따르며, 서민이 따르면, 이것을 일러 '크게 같다'는 대동이라 하고, 그대의 몸은 편안하고 강건하며, 그대의 자손들은 홍성함을 만날 것이니, 곧 길한 것이다."

33 交趾流沙 교지유사; 『사기』에 따르면 전욱은 "북으로 유릉(幽陵)[요녕 일대], 남으로 교지[월남], 서로는 유사[감숙], 동으로는 번목(蟠木)[동해]"에 이르는 광대한 지역을 통치하였다.

전욱은 구체적 인물의 명칭이 아니라 중국 서부 화하 부족 집단이 동이 부락 집단과 융합한 뒤 형성된 부족의 수령으로 8개 씨족을 거느리고 제구(帝丘: 하남성 소재)를 거점으로 삼았다. 황제 만년에 구려(九黎)가 무교(巫教)를 신봉하고, 귀신을 숭상하여 사람의 도리를 폐기하고 일체를 점술로 결정하므로 백성들은 집집마다 무당이 점을 쳤으며 사람들은 불안하여 생업에 안심하고 종사하지 못했다.

전욱은 깨끗한 마음과 성실 경건으로 천지와 조종에게 제사하고 만민에게 모범을 보였다. 토지를 개간하여 농사를 장려하고, 혼인 제도를 만들어서 남자가 여자를 취하고 여자가 남자에게 시집가는 제도를 만들었으며, 혈연 친족 사이의 혼인을 금지했다. 그리고 민간에서 주요한 일을 결정하는 것을 막았다. 우옹이 주목한 전욱의 공적과 특성은 다음과 같다.

그는 깊고 고요한 자세로 일을 도모하였으며 신을 의지하여 매사를 옳게 처리하였다. 소통을 저해하는 인위적 장벽을 제거했을 뿐만 아니라 자연적 장애도 허물고 극복하여 먼 곳까지 자주 왕래하여 그 실정을 파악하고 문제를 해결하였으며, 의심스런 것이 있으면 주변에 있는 전문가들에게 폭넓게 적극적으로 의견을 물었고 신에게도 물어 확신을 갖고 일을 처리하였다. 그것은 결국 오로지 하늘의 형상, 천문을 본받고 땅의 이치에 산천의 형세와 그 이법에 내맡기는 것일 따름이었다.

모두를 고르게 다스리니 사방에서 와서 복종하지 않는 자가 없었다. "북으로 하북의 요녕 일대, 남으로 광동 광서와 월남까지, 서쪽으로는 감숙의 사막지대, 동으로 동해에 이르는" 광대한 지역이 그의 통치와 관할 아래 있었다. 그의 탁월한 리더십에는 탁월한 인재 8인의 보필이 있었다고 한다.

---

34 才子八人 재자팔인: 창서(蒼舒), 퇴개(隤凱), 지극(梼戭), 대림(大臨), 방강(尨降), 정견(庭堅), 중용(仲容), 숙달(叔達)이다. 이들을 팔개라고 부른다. 『좌전』 문공 18년(BC 609) 기록에 따르면 전(顓)은 위의 8개 부족군의 수령이다.

35
제곡을 탐구함 [窮探帝嚳]

우옹은 시 읊기 좋아하지 않네	尤翁非是愛吟詩
시는 제곡을 탐구할 때 읊지	詩是窮探帝嚳[35]時
날 때부터 신령하니 이름을 스스로 알고	生自神靈[36]名自識[37]
어진 데다 위엄과 미더움 있고 묵묵하되 지혜롭고	仁而威信默而知
백성을 이롭게 하고 신을 공경했네	於民能利於神敬
아들 방훈은 아버지가 만들었으니	惟子之勳惟父爲[38]
'진실로 그 중용을 취하라'는 교훈 유래가 있었네	允執其中[39]來有自
우옹은 시 읊기 좋아하지 않네	尤翁非是愛吟詩

오제 중에 세 번째가 제곡이다. 『사기』「오제본기」등의 전기에 따르면 제곡은 고신씨(高辛氏)로도 불리며, 황제의 증손이고 전욱의 조카이다. 주요 활동지는 박(亳) 지역이었다. 명석한 판단력과 민의를 따르는 통치를 하였으며, 허난성 푸양현 부근에 묻혔다고 한다.

제곡은 태어나면서부터 영명(靈明)하여 자기 이름을 스스로 말했다고

35　帝嚳 제곡: 고신씨로 황제의 증손이다. 조부는 현효이고, 부친은 교극이다. 15세 때 백부 전욱이 자신의 조수로 받아들여 공을 세우자 신후에 봉했다. 공공씨와의 세력 쟁탈전에서 거듭 승리하였다. 30세에 제위에 올랐다고 한다.

36　生自神靈 생자신령: 제곡은 그의 모친이 거인의 발자국을 밟고 잉태하였다고 한다.

37　제곡은 태어나면서부터 자기 이름을 말했다고 한다.

38　惟子之勳惟父爲 유자지훈유부위: 제곡의 아들이 요이며, 이름은 방훈(放勳)이다.

39　允執其中 윤집기중: '진실로 그 중을 잡으라'는 이 말은 요가 순에게 천하를 넘겨주면서 경계하여 당부한 말이었다고 한다.

한다. 성장하여 정사에 관여할 때에는 그 현명함이 두드러져서 장차 일어
날 일, 먼 곳에서 일어난 일도 잘 알고, 비근하고 미세한 것도 놓치지 않고
살폈으며, 하늘의 뜻에 따르고 백성에게 긴요하고 급한 것이 무엇인 줄 알
았다.

이에 더하여 어질고 위엄과 신의가 있었으며, 과묵하되 일처리가 매우
지혜로웠다.

해와 달의 운행을 헤아려서 책력을 관장하고 적절한 때에 외교사절을
맞이하고 보냈으며, 농사의 때를 밝히 알려 백성의 산업에 구체적 도움을
주었다. 더불어 홍수의 재난을 막는 데 주력하였으며, 토지의 산물을 아껴
썼다.

이처럼 백성에게 유익한 일을 하는 데 온갖 노력을 다하는 한편 하늘의
신을 경건히 섬길 줄도 알았고 조상들의 혼령도 잘 공경하였다.

그의 정사가 치우침 없이 천하에 두루 미치니 해와 달이 비추는 곳, 바람
과 비가 이르는 곳이면 그의 통치에 복종하지 않음이 없었다.

제곡은 지(摯)와 방훈(放勳) 두 아들이 있었는데 제곡이 세상을 떠나자
지가 뒤를 이었으나 그가 잘 다스리지 못하자 신하들이 방훈을 추대하니
이가 제요이다.

요는 만년에 순에게 천하를 선양할 때 '윤집궐중(允執厥中)' 곧 '진실로
그 중용을 취하라'로 당부했다. 이 네 글자 한 마디에 제순이 다시 열두 글
자 세 마디를 첨가하여 이른바 16자 심법 곧 "인심은 오직 위태롭고, 도심
은 오직 은미하니, 정밀하고 전일한 공부를 하여 진실로 그 중을 취하라[人
心惟危 道心惟微 惟精惟一 允執厥中]"는 말로 천하를 대우에게 넘길 때 경계
의 말로 삼았다고 한다. 주희는 『중용장구』 서문에서 이 두 제왕의 당부가
도통의 유래와 연원이 되었다고 하였다.

＊제곡이 보인 많은 업적 가운데서 우옹은 그가 요의 아버지라는 사실에

주목했다. 요가 도통의 연원이 되는 교훈을 남긴 것을 우선으로 꼽으면서 이는 사실상 이미 요의 아버지 제곡에게서 나온 것으로 판단한다. 그 아버지가 그렇게 통치하였고 그 아들을 그렇게 훈육했다는 것이다.

36
당제를 존숭함 [欽惟唐帝]

우옹은 시 읊기 좋아하지 않네	尤翁非是愛吟詩
시는 당제를 존숭할 때 읊지	詩是欽惟唐帝[40]時
흠명 문사의 덕이라고 하는데	縱是欽明文思[41]德
오만 포학, 태만한 자 단주 같은 애 없다 했네	無如傲虐慢遊兒[42]
그가 어진 성인에게 천하를 읍양한 것 보고	看他揖讓於仁聖
또한 선양으로 전한 것이 늙었을 때임을 알아야지	知亦禪傳乃耄期[43]
'넓고 넓다'라는 이름은 억지로 붙인 것일 뿐이니	蕩蕩之名[44]猶強爾
우옹은 시 읊기 좋아하지 않네	尤翁非是愛吟詩

당제는 당요, 제요로 불리는 요이다. 제곡의 아들로 이름은 방훈(放勳)이

---

40 唐帝 당제: 당요(唐堯)라고도 한다. 제곡의 아들. 이름은 방훈이고 요는 시호이다.
당에 봉해져서 도당씨로 불린다. 요는 처음에 태원(太原)에 도읍을 정했는데 거기에는
'당(唐)'과 '당국(唐国)'의 이름이 있다. 『설문해자』에서는 "당(唐)은 대(大)를 말한다"
라고 하였다. 『백호통』에서는 "당(唐)은 크고 큼[탕탕(蕩蕩)이다]"라고 하였다.

41 欽明文思 흠명문사: 『서경』 「우서·요전」 "옛날 제요를 상고하니 방훈이다. 공경하
고 밝고 문채 있고 사려가 편안하고 편안하며, 진실로 공손하고 능히 겸양하여 광채가
사방에 비치고 상하에 이르렀다[曰若稽古帝堯 曰放勳 欽明文思安安 允恭克讓 光被四
表 格于上下]"

42 傲虐慢遊兒 오학만유아: 『서경』 「익직」에 우가 순에게 "단주처럼 오만하면 안 된
다. 단주는 태만하게 노는 것 좋아하고 오만하고 포학한 짓을 한다[無若丹朱傲 惟慢遊
是好 傲虐是作]"라고 하였다.

43 요는 재위 73년에 순에게 섭정을 맡겼고, 순은 섭정 28년 후에 제위에 올랐다고 한
다. 요는 118세까지 살았다고 한다.

44 蕩蕩 탕탕: 『논어』 「태백」 "大哉 堯之爲君也 巍巍乎 唯天爲大 唯堯則之 蕩蕩乎 民
無能名焉"

다. 당(唐)에 봉해져서 도당씨(陶唐氏)로도 불린다. 우옹은 요와 관련되어
전하는 이야기 중에서 다음의 다섯 가지에 주목한다.

  1. 요는 흠명문사(欽明文思) 곧 경건하고 밝으며 문채가 있고 사려가 깊
은 덕을 지니고 있었다. 이는 서경 요전에 나오는 요의 덕에 대한 칭송의
표현이다.
  2. 아들 단주가 오만과 포학, 태만과 놀기 좋아하는 단점이 있는 것을 잘
파악하고는 자신이 발탁한 순에게 단주처럼 하면 안 된다고 경계하였다.
  3. 요는 인재를 찾아 나서는 일에 게으르지 않았고 인재 발탁에 결코 사
사롭지 않았다. 누구든지 어질고 지혜로운 사람에게는 읍양의 예를 갖추곤
하였다. 순도 그렇게 발탁하였다.
  4. 그가 지닌 지혜는 만년에 순에게 제위를 선양할 때 잘 드러났다. 그때
경계하면서 당부한 말 '진실로 그 중을 취하라[允執厥中]'는 그의 부친 제곡
으로부터 받은 가르침이다.
  5. 요에 대하여 공자는 "위대하다! 요의 임금 되심이여! 높고 높다! 오직
하늘만이 크거늘, 요 임금만이 이를 본받았네, 넓고 넓다! 백성들은 어떻게
형용해야 할지를 몰랐네"라고 칭송했다. 우옹은 '높고 높다[외외(巍巍)]'
'넓고 넓다[탕탕(蕩蕩)]'는 달리 더 적절한 용어를 찾지 못하여 억지로 쓴 표
현일 뿐이라 하였다. 요의 덕을 드러내기에는 충분하지 않다는 것이다.

  *요에 대한 칭송은 이외에도 다양한 문헌에 보인다. 한비자는 "요가 천
하에 왕 노릇 할 때 지붕을 인 띠풀은 가지런히 자르지 않았고, 서까래는
벌채한 그대로 쓰고 다듬지 않았다"라고 했다.[45] 윤문자는 "요 임금은 천자
가 되고 나서도 비단옷을 겹으로 입지 않았고 밥상에는 두 가지의 반찬을

45 『한비자』「오두」"堯之王天下也, 茅茨不翦, 採椽不斫"

놓지 않았으며, 석 자 높이의 섬돌은 흙으로 만들었다"라고 하였다.[46] 사마
천은 "그의 어짊은 하늘과 같고 그 지혜는 신과 같다. 백성들은 그에게 해
처럼 나아가고 구름처럼 우러러본다. 부유해도 교만하지 않았고, 신분이
귀하여져도 그것을 펼쳐 자랑하지 않았다"고 하였다.[47] 『서경』「요전」에서
"빼어난 덕을 밝혀 모든 친족을 친애하니 모든 친족이 화목해졌고 백성을
평안하고 환하게 하니 백성이 밝아졌으며 모든 나라들이 어우러지게 했으
니, 아! 아! 모든 백성이 이에 착한 마음을 회복하였다." "희씨와 화씨에게
명을 내려 경건한 마음으로 하늘을 따라 해와 달과 별들의 운행을 살피고
본받아 진실하게 백성들에게 때를 알려주라"고 하였다.[48] 『회남자』에서는
"궁문 앞에 간언하고 싶은 사람을 위한 북[敢諫之鼓]을 매달아 놓았다"고
한다.[49]

훗날의 유학자들은 '입을 열면 요·순을 말했다'고 한다. 특히 인간의 본
성이 선하다는 것의 예증을 들 때 반드시 요와 순을 거론했다는 것이다.

---

46 『태평어람』 권696 「윤문자」 "堯爲天子 衣不重帛 食不兼味 土階三尺 茅茨不剪"
47 『사기』 「오제본기」 "其仁如天, 其知如神. 就之如日, 望之如雲. 富而不骄, 贵而
不舒"
48 『서경』 「우서·요전」 "克明俊德, 以親九族. 九族既睦, 平章百姓. 百姓昭明, 協和萬
邦, 黎民於變时雍 … 乃命羲和 欽若昊天 曆象日月星辰 敬授人時"
49 『회남자』 「주술훈」에 "요는 감간지고(敢諫之鼓; 감히 간언하게 할 수 있는 북)를
설치하여 과오가 있으면 이것을 치게 했고, 순은 비방의 글을 쓸 수 있는 나무를 세워
놓고 여기에 선과 불선을 밝히도록 했으며, 탕왕은 사직을 두어 과오를 바로잡게 했고,
무왕은 계신지도(戒愼之鞀)를 세워 놓고 이것을 치고 흔들도록 했으니, 미세한 과오도
범하지 않도록 대비하기 위해서였다"라고 하였다. 도는 작은 북이다.

37
순씨를 존숭함 [欽惟舜氏]

우옹은 시 읊기 좋아하지 않네	尤翁非是愛吟詩
시는 순씨를 존숭할 때 읊지	詩是欽惟舜氏[50]時
멀고 멀구나! 경례와 의절이 모두 의미가 있고	漫漫[51]禮儀皆有意
빛나고 빛나네! 백성들 모두 순백의 마음이네	熙熙[52]民物盡無機[53]
바르게 정치하니 제왕이 무슨 상관인가 하고	正南面[54]處帝何事[55]
진선진미한 소구가 완성되니 봉황이 먼저 아네	韶九[56]成來鳳已知
상 위의 거문고 연주하는 「남풍」이 매우 훌륭하니	床上南風琴德盛[57]
우옹은 시 읊기 좋아하지 않네	尤翁非是愛吟詩

---

50 舜氏 순씨: 제순(帝舜) 또는 우순(虞舜)이라고도 한다. 호는 우씨(虞氏)이며 이름은 중화이다.

51 漫漫 만만: 멀고 먼, 아득한. 시간이나 사물의 끝없이 펼쳐지는 모양이다. 널리 퍼져 있음. 많음.

52 熙熙 희희: 온화하고 기쁘고 즐거운 모습이다.

53 無機 무기: 기사(機事)와 기심(機心)이 없는, 순백한 마음, 계산이나 노림수가 전혀 없는 마음이다.

54 南面 남면: 왕이 정치를 할 때 남쪽을 바라보고 앉아서 신하들의 말을 듣고 지시한 데서 나온 말이다. 왕이 됨, 왕의 자리의 뜻으로 사용된다.

55 帝何事 제하사: 『역』「계사·하」2장 "黃帝堯舜垂衣裳而天下治, 蓋取諸乾坤" 황보밀의 『제왕세기』에 격양가 "日出而作 日入而息 鑿井而飮 耕田而食 帝力於我何有哉"가 전한다.

56 韶九 소구: 순 때 제작했다고 하는 악곡으로 아홉 악장으로 되어 있어 九韶라고도 하고 '구초(九招)'라고도 한다. 『주례』「춘관·대사악」에 "구덕(九德)의 노래, 九韶의 춤"이라는 표현이 있다. 『장자』「지락」 "구소를 연주하여 음악으로 삼고, 태뢰를 갖추어 제수로 삼았다[奏九韶以爲樂, 具太牢以爲膳]", 『사기』「오제본기」 "사해 안에서 모두 제순의 공을 추대하였다. 이에 우가 구초의 음악을 일으켰다[四海之內咸戴帝舜之功, 於是 禹乃興九招之樂]", 『여씨춘추』「고악」 "제곡이 함묵에게 명하여 노래를 지으라고 하

순씨(舜氏)는 제순(帝舜), 우제(虞帝)라고도 하는데 흔히 말하는 순임금이다. 순은 오제의 마지막 자리에 있다. 『상서』, 『사기』 등에 의하면 그 사람됨과 통치는 모두 덕으로써 선도하고 모두가 다 잘 어울림으로 귀결점을 삼았다고 한다. 그래서 「오제본기」에서는 "세상의 밝은 덕은 모두 순으로부터 시작되었다"라고 하였다.[58] 우옹이 순에게서 주목한 사항은 다음의 다섯 가지이다.

1. 순이 정비하여 펼친 예제의 문화는 참으로 깊고 먼 의미를 갖추었다. 그는 추천을 받아 백이에게 예관의 수장을 맡겨서 밤낮없이 공손하고 정직하고 정숙하고 청결하게 예의(禮儀)를 주관하게 하였다.

2. 그의 통치는 백성들로 하여금 일체 사사로운 계산이나 노림수가 없는 순백한 마음으로 돌려놓았다. 그가 역산에서 밭갈이 할 때, 뇌택에서 어로에 종사할 때, 하빈에서 도자기 구울 때 주위 사람들이 자기들의 사사로운 이익을 계산하지 않고 그를 돕고 그를 배우며 그 기술과 사업을 발전시켰다고 한다.

3. 순의 통치는 이른바 무위(無爲)의 통치였다. 마치 의상을 늘어뜨리고 있기만 해도 천하가 잘 다스려졌다는 식이다. 황보밀이 지은 『제왕세기』에서 전하는 격양가에 "해 뜨면 나가 일하고 해 지면 들어와 쉬고, 우물 파서 물 마시고, 논밭 갈아 밥 먹으니, 제왕의 힘 어찌 내게 미친다 하리."라는 것처럼 제순의 통치 때의 백성들은 제왕과 자신의 삶이 무관하다고 여길 만큼 자연스러웠다.

니 구초 육렬, 육영이다[帝嚳命咸墨作爲声歌. 九招, 六列, 六英]". 남조 양나라 유협(劉勰) 『문심조룡』 「송찬」 "옛날 제곡의 다스리던 때에 함묵이 찬송을 지어 구소를 노래했다[昔帝嚳之世, 咸墨爲頌以歌九韶]."

57 床上南風琴德盛 상상남풍금덕성: 순의 음악에 「남풍」이 있다. 순이 이를 연주할 때 상서로운 별과 구름이 나타났다고 한다. 요가 순에게 거문고를 상으로 내렸다고 한다.

58 『사기』 「오제본기」 "天下明德皆自虞帝始"

4. 순은 음악에서도 큰 성취가 있었으니 곧 구소(九韶)라는 음악의 완성이었다. 공자가 진선진미(盡善盡美)하다고 평가했던 그 음악은, 윤리적으로도 미학적으로도 완전했다. 그 음악이 연주되니 봉황이 내려와 춤을 추었다고 한다.

5. 구소는 거문고 음악이다. 거문고는 제요가 순을 발탁하면서 상으로 내린 것인데, 남풍이 불어올 때 탁자에 놓인 거문고를 가져다 연주했는데, 참으로 주변 사람을 깊이 감동시키고 흥을 돋우었다고 한다.

＊순은 효성과 우애가 뛰어나고 사방의 천거로 요의 신하가 되었다. 요는 그를 깊이 인정하고 신뢰하여 두 딸을 모두 순에게 주어 사위로 삼았으며, 제위를 아들 단주를 제치고 순에게 선양하였다.[59] 순은 우에게 치수를 맡겼고, 후직에게 농업을, 설에게 오륜의 교육을 주관하게 하였고, 백이에게 종묘 천제 등의 예를 맡겼다. 그는 요가 미처 기용하지 못하였던 인재들에게 일을 맡기고, 요가 미처 처리하지 못했던 4흉을 멀리 황량한 야만의 땅으로 쫓아냈다.

맹가는 인간의 본성이 선하다고 말할 때는 반드시 요·순을 거론하였다고 한다. 송대 이후 유학자들이 도통을 논할 때도 반드시 요·순으로부터 시작한다. 훗날 유학자들 가운데는 자기 군주를 요·순 같은 제왕으로, 자기 시대의 백성을 요순시대의 백성으로 만드는 것을 목표로 삼곤 했다. 그리고 자신은 요·순의 신하가 되기를 원했다.

---

59 요의 선양과 관련하여 『죽서기년』에서는 다른 맥락의 기록이 있다. "옛날 요의 덕이 쇠하자 순이 요를 평양에 가두었고 제왕의 지위를 취하였다. 순이 요를 평양에 방축한 것이다[昔堯德衰, 爲舜所囚也. 舜囚堯于平陽, 取之帝位. 舜放堯于平陽]." 또 "순이 요를 가두고 다시 단주를 가두어서 부자간에 서로 만나지 못하게 했다"고 하였다.

38
우왕은 흠잡을 수 없다고 말한 것은 중니 [無間之言是仲尼]

우옹은 시 읊기 좋아하지 않네   尤翁非是愛吟詩

우왕은 흠잡을 수 없다고 중니가 말했지   無間之言是仲尼[60]

허물고 뚫어 고르게 한 치수의 공은 경쟁자 없고   疏鑿平成[61]功莫競

몰아내고 겸병한 것과 『춘추』가 서로 뒤따랐네   驅兼筆削事相追[62]

『서경』의 「공부」편과 정일의 심법이 있는데   貢賦[63]之篇精一法[64]

어찌하여 이를 『역』 「계사」전에 넣지 않았을까   如何不與易繫辭[65]

우왕 때 덕이 쇠했다는 건 제나라 동쪽 야인의 말   德衰定是齊東說[66]

우옹은 시 읊기 좋아하지 않네   尤翁非是愛吟詩

---

60 無間之言 무간지언;『논어』「태백」"曰 禹, 吾无間然矣. 菲飲食, 而致孝乎鬼神. 惡衣服, 而致美乎黻冕. 卑宮室, 而盡力乎沟洫. 禹, 吾无間然矣"

61 疏鑿平成 소착평성; 우의 홍수 억제책은 물이 흘러가도록 둑을 허물고 산을 뚫는 것이었다.

62 驅兼筆削 구겸필삭;『맹자』「등문공·하」. "孟子曰. 昔者. 禹抑洪水而天下平. 周公兼夷狄. 驅猛獸. 而百姓寧. 孔子成春秋, 而亂臣賊子懼"

63 貢賦之篇 공부지편;『서경』「하서·우공」. 우가 홍수를 다스리고, 천하를 통합 운영하는 과정이 지리지적 성격으로 서술되어 있다. 冀·燕·靑·西·揚·荊·子·梁·擁의 9개 주의 구획에 따라서 산천, 토양, 공부, 물산 등을 기록하고, 이어서 산악, 강 호수 등을 기재했다.

64 精一法 정일법;『서경』「대우모」의 '인심도심' 장에 나오는 정심하고 전일한 공부를 말한다.

65 不與易繫辭 불여역계사;『역』「계사·하」2장에서 복희 신농 황제 요 순의 역대 문화적 영웅의 사적을 서술하면서 우임금에 대해서는 넣지 않았는데 우옹은 이에 대하여 의아하게 생각했다.

66 德衰定是齊東說 덕쇠정시제동설; 만장이 "우임금에 이르러 덕이 쇠하였습니다. 천하를 현자에게 전하지 않고 자식에게 전했습니다" 하니 맹가가 "이는 군자의 말이 아니고 제나라 동쪽 교양이 없는 사람들의 말이다" 하였다.『맹자』「만장·상」

중국고대사에 대하여 말할 때 통상 하·은·주라고 한다. 그 하왕조 개창자가 우왕이다. 우왕은 순의 신하였고, 그로부터 천하를 선양받았다. 그는 황제(黃帝)의 현손이고 전욱의 손자이다. 부친 곤(鯀)은 치수의 책무를 맡았으나 실패하였는데 이 책무를 아들 우가 물려받아 성공하였다. 우는 재위 10년에 동쪽으로 순행하다가 회계산에 이르러 죽었는데 그때 나이는 100세 전후였다고 한다. 그가 죽은 후 아들 계(啓)가 지위를 이었다. 최초의 세습이 이루어졌다.

공자는 우왕에 대해서는 '흠잡을 데가 없다'고 평가했다. 그가 "평소의 음식은 간소하나 제수는 넉넉히 준비하여 효성을 다했고, 평상시 의복은 거칠면서도 제사 의복은 아름답게 하였으며, 거처하는 집은 낮고 누추하면서도 치수 사업에는 힘을 다했다."고 설명했다.

우의 정치적 최대 공적인 치수는 막힌 것 뚫고 허물어서 물이 흐르게 하는 원리로 진행되었다. 이전의 누구도 하지 못했던 사업이었고 공적이었다.

우왕의 치수에 뒤이어 주공이 이적을 겸병하고, 맹수를 몰아내고 공자가 『춘추』를 지은 일이 잇달았는데 이는 모두 대등한 사업으로 높이 평가된다.

『서경』「우공」편은 우왕이 통치의 편제와 구획, 제정한 세금과 부역에 관한 내용이다. 우가 정했다는 9개 주의 구획과 그에 따른 산천, 토양, 조세, 물산 등을 기록하고 있다. 또 왕도를 중심으로 하여 식량을 확보하는 지역, 제후를 배치하는 지역, 문치(文治)와 무단(武斷)의 정책이 갈리는 지역, 오랑캐가 사는 지역, 죄수들의 유형지인 황복(荒服)의 다섯 권역 구별 등이 담겨 있다. 그는 순으로부터 천하를 선양받을 때 형기의 욕심이 갖는 위태로움과 도를 추구하는 마음의 은미함에 이어 정심(精審) 전일(專一)의 마음 다스리는 법을 통치의 근간이 되는 가르침으로 받았다.

탁월한 성취가 있었음에도 『역』「계사·하」에서 복희·신농·황제·요·순의 영웅적인 문화 사업을 언급하였으나 우에 대한 기록이 단 한 줄도 보이지 않는다. 이에 대하여 우옹은 그 까닭에 대하여 의문을 표한다.

'우에 이르러서 덕이 쇠하여졌다'는 말이 있는데 이는 우에 이르러 선양이 세습으로 바뀐 것을 지적함이다. 그러나 맹가는 이런 견해를 제나라 동쪽의 교양 없는 사람들의 이야기로 치부하고 만다.

* 노심초사(勞心焦思)와 과문불입(過門不入); 일상에서 가끔 쓰는 이 숙어는 우와 관련이 있다. 곧 사마천의『사기』가 그 출처이다. "우는 부친 곤이 치수사업의 공을 이루지 못하고 죽임을 당한 것에 마음을 쓰고 애를 태우며 13년을 밖에서 지냈는데 집 대문 앞을 지나면서도 감히 들어가지 않았다." 부친이 맡았다가 실패하여 죽임을 당한 일을 그 아들이 맡았고 아들은 결과적으로 대성공을 거두었는데 그 정성과 노력과 태도를 드러내는 표현이 이것이니 훗날 널리 알려지고 쓰이게 되었다.

* 고힐강(顧頡剛 1893~1980)[67]은『독서잡지』에서 "주왕조 시대 사람들의 마음에는 가장 오랜 인물이 우왕이었는데, 공자 때에 이르러 요·순이 있었고, 전국시기에 이르러 황제·신농이 있었으며, 진에 이르러 삼황이 있었고, 한대에 이르러 반고(盤古) 등이 있었다. 시대가 뒤로 내려올수록 전설 속의 중심인물은 더욱 확대되었다"라고 하였다.

* '흠 잡을 수 없다'[無間]는 말은 공자가 민자건의 효에 대하여도 사용하였다. 공자는 "효자로다 민자건이여! 사람들이 그 부모형제에 대한 효성과 우애에 대하여 다른 말을 하지 않는구나"라고 감탄 찬미의 말을 했다.[68] 민

---

67 고힐강은 중국현대 역사학자 민속학자이며, '고사변학파(古史辨学派)'의 창시자이다. 중산대학 등 여러 대학 교수를 역임하였고『문사』잡지의 책임 편집자를 지냈다. 주요 저술에는『고사변』『한대학술사략』『양한주제고』『정초전』등과 공동 저술로『삼황고』『중국강역연혁사』『중국역사지도』등이 있다.
68 『논어집주』「선진」"子曰 孝哉閔子騫！人不間於其父母昆弟之言" 胡氏曰 父母兄弟稱其孝友, 人皆信之無異辭者, 蓋其孝友之實, 有以積於中而著於外, 故夫子歎而美之.

자건이 그 부모나 형제에 대하여 행한 효성과 우애의 진실성이 그대로 밖
으로 드러났기에 모두 믿고 틈을 벌리는 말을 하지 않았다는 것이다.

39
탕왕의 부끄러움을 풀어줌 [爲湯慙解釋]

우옹은 시 읊기 좋아하지 않네	尤翁非是愛吟詩
시는 탕왕의 부끄러움을 풀어준 것을 보고 읊었지	詩爲湯[69]慙解釋[70]時
남북 정벌에 백성들 놀라지 않고 저자로 돌아왔고	南北不驚歸市者[71]
정벌 포고는 밭에 음식 나르는 아이 위함이었네	布昭仍報餉田兒[72]
공을 논하자면 천하 백성의 삶이 좋아지고	論功天下民生遂
덕을 말하면 성스러움과 공경이 날로 발전했으니	語德日躋聖敬[73]持
중훼의 고, 반명과 현조송에 들어 있네	虺誥[74]盤銘[75]玄鳥頌[76]
우옹은 시 읊기 좋아하지 않네	尤翁非是愛吟詩

---

69 湯 탕; 이름은 이(履), 또는 천을(天乙)이다. 탕은 설의 14대손이며, 상의 개국 군주이다.

70 慙解釋 참해석; 부끄러움을 풀어주다. 『서경』「중훼지고」 "成湯放桀于南巢 惟有慙德 曰予恐來世 以台爲口實" 이 글은 중훼가 탕의 부끄러워함을 풀어주려고 지은 것이다.

71 南北-歸市者 남북-귀시자; 「중훼지고」에 탕왕이 갈(葛)부터 정벌을 시작하였는데, 동쪽을 정벌하면 서쪽에서 원망하고 남쪽을 정벌하면 북쪽에서 원망하면서 "어째서 유독 우리만 뒤로 미루는가"라며 아쉬워했다고 한다.

72 餉田兒 향전아; 밭에서 일하는 농부들에게 음식을 날라다 준 아이. 『맹자』「등문공·하」편에 보인다.

73 日躋聖敬 일제성경; 『시경』「상송·장발」에 "탕왕이 제 때에 태어나, 성스러운 덕과 공경하는 덕이 날로 발전하였다[湯降不遲 聖敬日躋]"라고 하였다. 聖敬日躋가 이 시에서는 日躋聖敬으로 바뀌었다.

74 虺誥 훼고; 이는 「중훼지고」이다. 고는 문체의 명칭으로 왕이 신하에게 내리는 것으로 조령(詔令) 사령(辭令)을 뜻한다. 『서경』엔 중훼지고·소고·대고·낙고·강고 등이 있다.

75 盤銘 반명; 탕왕이 자신을 경계하기 위해 세숫대에 새겨 놓았다는 훈계의 글로 "진실로 날로 새로워지고, 날마다 새로워지며 또 날로 새로워진다[苟日新 日日新 又日新]"이다.

　　탕왕은 상나라 창건자이다. 그는 본래 하나라 지방의 군주였는데, 이윤(伊尹), 중훼(仲虺) 등의 도움으로 이웃 갈국(葛国)을 정벌하고, 지도력을 갖추어 주변의 소국가를 병합하여 무적의 강국이 되었다. 하나라 왕 걸(桀)과 명조에서 대전을 벌여 하를 멸하고 걸을 남소에 유폐시켰고 3,000 제후 대회를 거쳐 천자가 되고, 나라 이름을 상(商)이라고 하였다. 그러나 탕은 '후세에 나를 구실로 삼아서 신하가 제멋대로 군주를 정벌할까 두렵다.'고 말하는 등 마음에 부끄러움을 지니고 있었다. 선양이 아니라 무력에 의해 천하를 차지한 것에 대한 부끄러움이었다. 우옹은 탕의 이 부끄러움에 주목하였다.

　　혁명이 일어나 군대가 동원되면 백성들이 두려워 떨며 숨거나 피난 가기 마련인데 탕왕의 혁명에는 동서남북 사방의 사람들이 놀라지 않고 평소와 같이 시장에 모이고 일상생활을 유지하였다. 탕왕이 동쪽을 정벌하면 서쪽의 오랑캐가 원망하고 남쪽을 정벌하면 북쪽의 오랑캐들이 원망하면서 '어째서 유독 우리만 정벌을 뒤로 미루는가'라며 아쉬워했다는 것이다.

　　탕왕은 초기에 주변국에 바른 도리를 펼치고 밝히고 알렸다. 그는 이웃 갈(葛)국의 통치자가 방자하여 제사를 지내지 않자 그에게 제수로 소와 양을 보냈다. 그런데 갈백은 그것을 그냥 먹어 버리고는 제사에 쓸 양식이 없다고 하였다. 탕왕은 자기 백성을 보내어 농사를 지어주고 노약자들에게 음식을 제공하였다. 그러자 갈백은 음식을 날라주는 아이들을 적으로 여겨 죽이고 그들이 가진 것을 탈취하였다. 탕왕은 마침내 갈국을 정벌하였다.[77]

76　玄鳥頌 현조송 ; 『시경』 「상송」의 편명이다.

77　『맹자』 「등문공·하」 "孟子曰 湯居亳, 與葛爲鄰, 葛伯放而不祀. 湯使人問之曰 何爲不祀？ 曰 無以供犧牲也. 湯使遺之牛羊. 葛伯食之, 又不以祀. 湯又使人問之曰 何爲不祀？ 曰 無以供粢盛也. 湯使亳衆往爲之耕, 老弱饋食. 葛伯率其民, 要其有酒食黍稻者奪之, 不授者殺之. 有童子以黍肉餉, 殺而奪之. 書曰 葛伯仇餉, 此之謂也"

그는 이어 여러 제후들을 정벌하고 병합하였는데, 정벌의 기준은 오직 그 백성들의 삶이 어떠하냐에 두었다고 한다. 백성의 삶이 곤궁하고 도탄에 빠졌는데 그 원인과 책임이 제후에게 있다고 판단되면 가차 없이 정벌하였던 것이다. 그러하니 각 제후국들의 민생이 나날이 향상되어갔다.

탕왕의 말과 덕은 나날이 향상되고 성스러움과 공경이 갖추어졌다. 설(薛)국의 군주이면서 탕왕을 적극 도왔던 중훼는 "현자를 돕고 덕 있는 자를 도우며 충성된 자를 드러내고 착한 자를 이루어 준다. 약한 자는 병합하고 어리석은 자는 공격한다. 혼란한 곳은 취하고 망치는 자는 모욕한다. 망하는 것은 쓰러뜨리고 보존하는 자는 견고하게 해준다. 그러면 나라는 창성한다"라고 하였다.

탕왕은 몸을 씻는 그릇에 "진실로 날로 새로워져야 하니 나날이 새롭고 또 날로 새로워야 한다[苟日新, 日日新, 又日新]"는 글을 새겨두었다. 마음의 악을 제거하는 것을 몸의 때를 제거하는 것과 같이 여겼다.

「현조송(玄鳥頌)」에 "하늘이 현조에게 명하여 내려가 상을 낳게 하였다"는 내용이 있다. 제곡의 둘째 왕비인 간적(簡狄)이 교외에서 기도하다가 현조(玄鳥)의 알을 얻어 삼키고 태기가 있어 설(契)을 낳았는데 그가 상나라의 시조이다. 설은 제요 때 사도의 직을 맡았으며, 탕은 그의 14대손이다.

* 『역』의 「혁(革)괘·단전」에서는 "탕왕과 무왕의 혁명은 하늘 뜻에 따르고 인민의 요구에 호응한 것이다"[78]라고 하였다. 맹가는 탕왕이 걸을 죽인 것은 신하가 그 군주를 시해한 것이 아니고 인과 의를 해친 사내 하나를 죽인 것일 뿐이라고 평하였다.[79] 『역』의 「단전」은 공자가 지은 것이라 하니 공

---

78 『역』「혁괘·단사」 "湯武革命, 順乎天而応乎人"
79 『맹자』「양혜왕·하」 "齊宣王問曰, 湯放桀, 武王伐紂, 有諸? 孟子對曰, 於傳有之. 曰, 臣弑其君, 可乎? 曰 賊仁者謂之賊, 賊義者謂之殘, 殘賊之人謂之一夫, 聞誅一夫紂矣, 未聞弑君也."

자와 맹가 두 사람이 중훼처럼 탕을 지지하고 옹호해 준 것이다. 이들이 나
서서 옹호 지지를 표명한 것은 그만큼 탕에 대한 비난이 세간에 끊이지 않
고 제기되었기 때문이다.

40

문왕이 상제를 마주 대함 [文王對越]

우옹은 시 읊기 좋아하지 않네	尤翁非是愛吟詩
시는 문왕이 상제를 마주 대할 때 읊지	詩是文王對越[80]時
만국이 모두 요의 시대가 펼쳐진다고 생각했고	萬國咸思堯日就
6주는 순의 「남풍」이 부는 것처럼 매우 좋아했지	六州[81]偏喜舜風吹
동물원에 사슴이 엎드려 있는 것 다투어 보고	爭看靈囿[82]麋鹿[83]伏
기산에 봉황이 날고 있음을 시원하게 바라보네	快覩岐山[84]鸑鷟[85]飛
지극한 덕은 오히려 오태백을 부끄러워하니	至德猶慙吳泰伯[86]
우옹은 시 읊기 좋아하지 않네	尤翁非是愛吟詩

---

80 對越 대월; 상대를 마주하여 높여줌. 제왕이 천지신령을 제사함을 가리킴. 통상 '대월상제(對越上帝)'가 자주 쓰였는데 이는 『시경』 「청묘」에서 나온다. 정현은 對를 배(配)의 뜻으로, 越을 우(于)의 뜻으로 보았다. 북송시대에는 對를 답(答)으로, 越을 양(揚)으로 보았다. 동한 때 반고가 '대월천지'라고 했고 이후 위·진·수·당에서는 '대월양의(對越兩儀)' '대월건원(對越乾元)' 등이 출현하였다. 송대 도학자들은 '대월상제' '대월신명' 등의 '대월'과 조합되는 말을 널리 사용했고 이는 유가의 정신수양의 중요공부가 되었다. 동시에 대월에 새로운 의미를 부여하였는데 그것은 '마주 대함', 통달함의 뜻을 갖고 천심과 상제의 마음과 관통한다는 뜻을 갖게 되었다. 여기서는 문왕이 상제를 마주 대함의 뜻으로 보인다.

81 六州 6주; 주 문왕은 천하의 3분의 2를 소유했다고 한다. 이것이 6주이다. 『논어』 「태백」편 주석에 보인다. 춘추전에 이르기를 문왕은 상의 절반의 나라로 주왕을 섬겼다. 무릇 천하에 문왕에게 귀부한 것이 6주이다. 형·양·옹·예·서·양이다. 청·곤·기는 여전히 주에 속하고 있었다.[春秋傳曰, 文王率商之畔國以事紂, 蓋天下歸文王者六州, 荊, 梁, 雍, 豫, 徐, 揚也. 惟青, 兗, 冀, 尚屬紂耳]

82 靈囿 영유; 주 문왕이 만든 동물원이다. 영대(靈臺)는 문왕이 만든 전망할 수 있는 높은 집, 영소(靈沼)는 문왕이 만든 못이다.

83 麋鹿 미록; 큰사슴과 암사슴

84 岐山 기산; 『한서』 「지리지」에 "기산은 부풍(扶風) 미양현 서북쪽에 있다"고 기록

상나라 말기에 서부의 지도자 칭호를 받은 문왕은 새로운 왕조 개창의
터를 닦았고, 그의 아들 무왕이 혁명을 일으켜 상의 주(紂)왕 군사를 괴멸
시킴으로 주(周)왕조가 탄생하였다. 그것이 기원전 1122년 전후라고 한다.

문왕은 주(紂)에 의하여 유리(羑里)라는 곳에 7년간 유폐된 일이 있었다.
이 기간에 그는『역』의 8괘를 현재 통용되는 64괘로 확장하고 그 괘에 판단
사를 지어 이로써 의심을 끊고 길흉을 판단하는 도구로 활용할 수 있게 하였
다. 이 일로 그는 복희 공자와 더불어 역학사의 세 성인으로 자리매김 된다.

문왕에 대한 우옹의 시각은 그의 덕에 집중된다. 문왕이 늘 상제를 마주
대하는 경건의 자세로 살았다는 것이다.

우왕 탕왕의 시대가 지나고 다시 세상이 혼란스러워지자 만국의 사람들
이 요의 시대, 순의 통치를 그리워하는 분위기가 나타났다. 그들은 문왕에
게서 그 희망을 보고 기대하였다.

문왕은 동물원을 만들어 이곳에 사슴과 고라니 등 각종 진귀한 동물이
가득 두고 백성들과 함께 이를 즐겼다. 또 사방 멀리 전망이 가능한 높은
대(臺)를 쌓고, 못을 파서 각종 어류와 수중 동물들을 모아 살게 했다. 이를
만드는 일에 동원된 백성들은 힘써 서둘러 완성하고 자식처럼 와서 일을
할 뿐만 아니라, 그 이름을 신령한 울타리 영유(靈囿), 신령한 집 영대(靈
臺), 신령한 못 영소(靈沼)라고 불렀다. 이는 왕이 그것을 백성들과 더불어
기뻐하고 즐겼기 때문에 나타난 반응이다. 맹가가 '백성들과 더불어 함께
즐김'이라고 평가한 그의 덕을 보여주는 사례이다.[87]

되어 있다. 문왕 때 이곳에 봉황이 나타나 하늘 높이 날았다고 한다.『국어』「주어·상」
85 鷟鸑 악작; 악은 봉황 또는 신령한 새의 이름이고, 작은 자색 봉황이다.
86 吳泰伯 오태백; 태백은 주나라 태왕의 맏아들이다. 막내 동생인 계력 곧 문왕의 부친
에게 왕위를 물려주기 위해 초나라 지역으로 몸을 피하자, 그곳 사람들이 귀의하여 군주
로 세우고 오태백이라고 일컬었다. 그는 오나라의 시조가 되었다.『사기』권31에 보인다.
87 『맹자』「양혜왕·상」"文王以民力爲臺爲沼. 而民歡樂之, 謂其臺曰靈臺, 謂其沼曰靈

주나라 왕업의 기반을 닦은 곳이 기산이다. 문왕의 조부 태왕이 적인(狄人)이 침입해 왔을 적에 백성을 보호하기 위해 빈(邠) 땅을 떠나 기산 아래에 도읍을 정하니, 빈 땅 사람들이 모두 그곳으로 따라와 살았다. 문왕 때 봉황이 기산 아래에 날아와 울었다 한다. 이곳에 봉황이 높이 훨훨 날았다는 것은 성군의 출현을 알리는 좋은 징조로 해석되었다.

문왕은 큰아버지 태백에 대하여 늘 미안하고 부끄러운 생각을 지니고 있었다. 태백은 군주의 자리를 아우 계력, 곧 문왕의 아버지에게 사양하고 멀리 남쪽 땅 오(吳)로 떠나 그곳에서 살았는데 그곳 사람들이 그를 지도자로 모셨다. 그래서 오태백으로 불렸다. 문왕이 지닌 부끄러움은 상의 개창자 탕왕이 지닌 부끄러움을 생각나게 하는 부분이다. 문왕이 지닌 덕에 주목하는 우옹의 관점이 드러나는 부분이다.

＊문왕의 어머니는 상나라에서 시집온 태임(太任)으로 그녀는 문왕을 태중에서부터 교육시켰다고 하여 태교의 시초로 삼는다. 율곡 이이의 어머니 신씨도 태임(太任)을 본받는다는 의미에서 사임(師任)으로 아호를 정하였다고 한다.

공자는 문왕을 문화적 영웅으로 칭송하였고, 자신을 그 문화의 승계자로 자부하였다. 공자가 말하는 '사문(斯文)'은 넓은 의미로 유학이지만 역학으로 한정하기도 하며 자신이 저술한 십익(十翼)이 문왕이 행한 64괘로의 확장과 괘사를 지은 것의 연장선에 있다는 것을 자부한 것이라고 한다.

탕은 무력으로 천하의 주인 된 것을 부끄러워했고 문왕은 그의 아버지가 형 태백을 제치고 왕이 된 것에 부끄러움을 지니고 있었음에 우옹을 주목했다.

沼. 樂其有麋鹿魚鼈. 古之人與民偕樂, 故能樂也"

41
대무를 마음껏 관람함 [縱觀大武]

우옹은 시 읊기 좋아하지 않네	尤翁非是愛吟詩
시는 대무를 마음껏 관람할 때 읊지	詩是縱觀大武[88]時
주왕조를 잘 기른 것은 대로의 덕이고	善養周家歸大老[89]
간악한 상읍은 궁색과 기괴를 다하였지	崇姦商邑盡窮奇[90]
백어는 무왕의 결단을 하늘이 인정한 것	白魚[91]河渡天休命
황금 도끼 들고 목야에서 정벌을 맹세했지	黃鉞[92]牧宮[93]我有辭[94]
진선한 것은 못 되지만 진미하였네	未盡善焉然盡美[95]
우옹은 시 읊기 좋아하지 않네	尤翁非是愛吟詩

---

88 大武 대무: 대무는 무기를 들고 추는 춤 곧 전투무용이었다. 『주례』 「춘관」에서 말한 주대 6악 중의 하나로 종묘에서 조상 제사에 사용되었던 악이다. 6단으로 구성되어 있는데 제1단은 전쟁 전의 준비 과정으로 북 치기, 춤추기, 대형 짜기, 노래하기이다. 제2단은 전쟁과 승리로서 집단무와 독무가 있다. 제3단은 상을 멸한 다음 남방으로 진군하는 것이다. 제4단은 남방에서 승리를 쟁취하는 것이고 제5단은 주공 소공이 상의 주왕에게 통지하는 것을 협조하는 내용이고, 제6단은 주 천자에 대한 존숭이다. 노랫말은 『시경』 「주송」 속에 들어 있다. 작자는 주공으로 알려져 있다.

89 大老 대로: 백이와 강태공을 가리킨다. 『맹자』 「이루·상」 "孟子曰 伯夷辟紂, 居北海之濱, 聞文王作, 興曰 盍歸乎來! 吾聞西伯善養老者. 太公辟紂, 居東海之濱, 聞文王作, 興曰 盍歸乎來! 吾聞西伯善養老者. 二老者, 天下之大老也."

90 窮奇 궁기: 『수차』에 따르면 공공(共工)의 이름이 궁기인데, 그 행동이 곤궁하고 기이함을 좋아함을 말한 것이다. 공공은 물의 신으로 염제의 후예이며 축융(祝融)의 아들이라 한다. 초기 문헌에는 공공이 요의 신하이며, 나중에 제왕이 되었고, 다시 신화 속의 천체 질서를 파괴한 신이 되었다고 한다.

91 白魚 백어: 『사기』 「주기」 무왕이 주를 치려고 황하를 건널 때 중간에 이르자 하얀 물고기가 왕의 배로 뛰어들었다. 무왕은 흰빛이 은나라의 상징색이므로 은을 격파할 조짐이라 생각하고 이 백어에게 제사 지냈다 한다.

대무(大武)는 주 무왕의 덕을 칭송한 춤음악이다. 상 왕조를 붕괴시키고
주 왕조를 창건한 무왕에 대한 우옹의 이해는 대무에 초점을 둔다. 그 춤은
칼과 창을 들고 추는 무무(武舞)이고 무악(武樂)인데, 내용은 그가 상의 주
(紂)왕을 토벌하고 천하를 평정해 낸 과정이다.

주나라가 흥왕한 것은 대로(大老)들 곧 백이와 강태공 같은 노성한 현자
들의 공덕이라 한다. 백이는 상의 주왕을 피하여 북해에 숨었다가 문왕이
일어남을 듣고 "어찌 돌아가지 않겠는가! 서백이 노인을 잘 공양한다고 들
었다"고 하였고, 태공도 동해에 숨어 지내다가 문왕이 일어났다는 소식을
듣고는 "어찌 돌아가지 않겠는가! 문왕이 노인을 잘 공양한다고 하는 소식
을 들었으니"라고 했다고 한다. 맹가는 백이 강태공 이 두 사람을 천하의
대로라고 하였다.

상나라가 망한 것은 궁기와 같은 갖은 못되고 기이한 짓을 한 간인들의
탓이라고 본다. 궁기는 공공(共工)의 이름인데, 그 행동이 궁하고 기이함을
좋아함을 말한 것이다.

무왕이 천하의 주인이 되는 데에는 여러 기이하고 상서로운 현상이 나타
났다. 그중 하나가 그가 주(紂)를 정벌하려고 황하를 건널 때 하얀 물고기

---

92 黃鉞 황월: 『여씨춘추』「불구」 "무왕이 왼손에는 흰 깃발을 들고 오른손에는 황금
도끼를 들었다."
93 牧宮 목궁: 여기서 목궁은 목야(牧野)의 잘못 표기로 보인다. 목야의 전투에서 무
왕이 군사들을 독려하는 연설을 하고 적을 괴멸시켰다. 목궁은 하 걸왕의 궁전 이름이
다. 『맹자』「만장·상」, 『상서』「이훈」에 '하늘의 토벌이 처음 내려져 목궁을 공격함은
내가 박읍으로부터 시작했다.'"
94 我有辭 아유사: 무왕이 상의 주(紂)를 정벌하면서 목야에서 군병들에게 행한 서약
의 말이다. 『서경』「목서(牧誓)」에 그 내용이 있다. 전투에 참여한 군사들의 노고에 대
한 위로, 상 주왕의 패륜, 전투에서 취할 행동, 군사들에 대한 격려 등이 있고, 이 전쟁
은 하늘이 주에게 내리는 벌을 행하는 것이라고 하였다.
95 盡美 진미: 『논어』「팔일」 "子謂韶, 盡美矣, 又盡善也. 謂武, 盡美矣, 未盡善也."

가 배 안으로 뛰어든 것이다.

무왕은 목야의 전투에서 오른손에 황금도끼를, 왼손에 흰 깃발을 들고 상 주(紂)왕의 군대를 괴멸시켰다. 이때 그가 행한 독려의 연설이 『서경』 「목서(牧誓)」에 전하고 있다. 군사들의 노고에 대한 위로, 주왕의 패륜 실상을 말하고, '암탉이 울면 집안이 망한다'고 하였는데, 이는 주왕과 그 애첩 달기의 사건을 말한 것이다. 이어 자신이 벌이는 이 전쟁은 오직 하늘의 뜻을 공경히 받들어 그 벌을 대행하는 것이라고 하였다.

공자는 순의 음악 소에 대해서는 진선진미(盡善盡美)하다고 하였지만 무왕의 음악 대무(大武)에 대해서는 '진선하지는 않으나 진미하다'고 평가하였다.

* 순의 음악 소는 진선진미하고 무왕의 음악 무는 진선하지는 않으나 진미하다고 할 수 있다는 공자의 평가에 대하여 주희는 "순은 요의 지극한 정치를 이었고, 무왕은 은의 주왕을 정벌하여 백성을 구제하였는데, 그 공적은 같다고 할 수 있다. 그래서 그 음악이 모두 진미하다고 하였다. 그러나 순의 덕은 본성대로 한 것이고, 예를 갖추고 겸손함으로 천하를 얻었다. 무왕의 덕은 바른 곳으로 되돌린 것이고, 상대를 정벌하여 죽이고 천하를 얻었다. 따라서 그 실상의 다름이 있다"고 하였다.[96] 정이도 주희와 같은 생각을 피력하였다. "성탕은 걸을 정벌하는데 부끄러워하는 덕이 있었다. 무왕 또한 그러했다. 그러므로 진선하지는 못했다고 한 것이다. 요·순·탕·무는 그 걸은 길이 같다. 정벌은 원해서 한 것은 아니다. 만난 때가 그러했을 따름이다."[97]

96 『논어집주』「팔일」"舜紹堯致治, 武王伐紂救民, 其功一也. 故其樂皆盡美. 然舜之德, 性之也. 又以揖遜而有天下. 武王之德, 反之也. 又以征誅而得天下, 故其實有不同者"
97 『논어집주』「팔일」"程子曰 成湯放桀, 惟有慚德, 武王亦然, 故未盡善. 堯舜湯武, 其揆一也. 征伐非其所欲, 所遇之時然爾"

42
환공과 문공의 공과 죄[桓文功罪]

우옹은 시 읊기 좋아하지 않네	尤翁非是愛吟詩
시는 환공 문공의 공과 죄를 따질 때 읊지	詩是桓文[98]功罪時
등에서 방에서 회맹한 것 그 명분이 무엇인가?	會鄧會防[99]名是甚
군주를 죽이고 아비를 죽인 까닭을 누가 아는가?	弑君弑父故誰知
노의 은공에서 애공 사이 12군주의 일로써	隱哀十二中間事[100]
예의가 만천년세에 드리웠네	禮義萬千年世垂
미덥다! 공자가 요·순보다 훨씬 낫다는 평가가!	信矣賢於堯舜遠[101]
우옹은 시 읊기 좋아하지 않네	尤翁非是愛吟詩

춘추시대에 다섯 패권국가가 있었다. 제(齊) 환공, 진(晉) 문공, 초(楚)

---

98 桓文 환문: 춘추시대에 패자였던 제(齊)의 환공(?-BC 643)과 진(晉)의 문공(재위 BC 635-BC 628)을 말한다.

99 會鄧會防 회등회방; 등과 방에서 제후들이 회맹한 것을 말한다. 회맹은 제후 사이에 만나서 동맹을 맺는 의식을 말한다. 춘추시대 비교적 작은 제후국들이 강대한 제후국의 침략에 저항하기 위하여 연합작전을 펼쳤고, 비교적 큰 제후국은 자기의 실력과 영향력을 이용하여 주변의 작은 나라를 협박하여 자기의 진영에 끌어들였는데 이를 모두 회맹이라 한다. '소릉(召陵)의 회맹' '규구(葵丘)의 회맹' '천토(踐土)의 회맹' 등이 유명하다. 『수차』; 『춘추』 노 은공 9년 겨울. "공이 방에서 제나라 후를 만났다. 송을 정벌하기 위함이었다"라는 기록이 있다. 처음에는 사적으로 서로 모여 방에서 모의하였고 중간에는 사사롭게 맹세하여 등에서 군사를 일으키려 하였다. 또 환공 2년에 채후(蔡侯), 정백(鄭伯)이 등에서 회맹하였는데, 초가 왕을 참칭하고 장강과 한수를 넘어 북으로 진출하였기 때문이다.

100 隱哀十二中間事 은애십이중간사; 노 은공으로부터 애공에 이르기까지 모두 12군주 242년간이다. 이는 『춘추』에 담긴 내용을 말한다.

101 『맹자』 「공손추·상」 "宰我曰 以予觀於夫子, 賢於堯舜遠矣"

장왕, 오왕(吳王) 합려, 월왕(越王) 구천이 그들 국가의 지도자였다. 이들을
패자라 하는데, 무력을 기반으로 하여 제후들의 영수가 되어 회맹을 주재
하고 그 맹주가 된 자를 지칭한다. 패자는 왕자(王者)와 종종 대비되는데
왕은 인의의 정치를 함에 비하여 패자는 인의를 가칭하면서 무력으로 다스
리는 자로 규정된다. 『순자』는 「왕제(王制)」에서 "그러므로 왕자는 백성이
많고 패자는 토지가 많다"고 하였다.[102]

이들 가운데 환공(BC 716-BC 643)은 강태공 여상(呂尙)의 12대 손이
다. 재위 중에 관중을 재상으로 삼고 여러 개혁적 조치를 추진했다. 군정
(軍政)합일과 병민(兵民)일치 제도를 만들어서 강성해졌다. 그는 BC 681년
에 견(甄)에서 송(宋), 진(陳) 등 4개국의 제후회맹을 주도했다. 당시 중원
의 각 제후국들은 융적(戎狄)의 공격을 받고 있어서 제 환공은 '주 왕실은
높이고 오랑캐는 물리친다'의 기치를 내걸고, 북쪽으로 산융을 공격하고,
남쪽으로 초를 정벌하여 중원에서 첫 번째 패주가 되었다.

진(晉)의 문공은 왕자 시절 왕실의 혼란으로 적(狄)땅으로 도망하여, 국
외에서 19년을 지내다가 돌아와 62세에 즉위하였다. 그는 현사들을 중용하
였고, 당시 왕실의 내란으로 정(鄭)나라로 망명한 주의 양왕(襄王)을 도와
난을 평정하고 복위시켰다. 또 송을 원조하여 군제를 정비하고 북진을 노
리는 초를 저지하였으며 제후들과 동맹을 만들었다. 문공의 치세는 8년이
었지만 수하에 현인이 많았기 때문에 그가 죽은 후에도 오랫동안 그의 패
업이 계속되었다.

우옹은 5패 가운데 대표격인 제 환공과 진 문공의 공적과 죄과를 논한
다. 그가 주목한 것은 다음과 같다.

패자들은 등(鄧), 방(防) 등 각처에서 맹주가 되어 회맹(會盟)을 주도하

---

102 『순자』「왕제」 "故王者富民, 霸者富土"

였다. 그 명분은 대체로 천자를 높이고 이적을 물리친다는 것이었고, 봉건체제를 무너뜨리는 제후들에 대하여 천자를 대신하여 징벌하고 성토한다는 것이었다.

그런데 회맹에 참여한 제후국들 사이에서 그 군주를 시해하고 그 아비를 죽인 일들이 멈추지 않았다. 회맹을 통한 정벌이 있었으나 정당성을 확보하지 못한 것이 대부분이다. 패자들의 영토적 야욕이나 패권 자체에 대한 욕망이 앞서 있었기 때문이다.

춘추시대를 이해할 수 있는 주요 문헌이 공자가 편찬한 『춘추』이다. 이 책에는 노나라 은공에서부터 애공에 이르기까지 242년간 12국 군주와 관련된 기사가 들어 있다.

공자는 미언대의(微言大義) 곧 역사적 사건이나 인물에 대해 형식적이고 간결한 문장을 통해 엄격하게 포상하고 폄하함으로써 예와 의를 정립하였는데, 이것이 만세를 이끌어 가는 원칙이 되었다고 평가한다.

공자가 이룬 업적이 요와 순보다 훨씬 더 낫다는 칭송이 공자의 제자 재아에게서 나왔다. 공자는 자기를 알아주는 이가 있다면 『춘추』 때문일 것이고 자기에게 죄를 줄 사람이 있다면 그 역시 『춘추』 때문일 것이라고 하였다. 재아의 평가는 이에 근거를 두고 있다.

＊정이는 요·순과 공자는 성인이라는 점에서는 다름이 없지만 그들의 사업과 공적에서는 차이가 있다고 하였다. 요·순은 천하를 다스렸지만 공자는 그 도를 미루어서 만세에 가르침을 내렸는데, 요·순의 도를 공자가 아니었다면 후세 사람들이 무엇에 근거하였겠는가라고 하면서 공자의 공적이 요·순보다 훨씬 더 크다고 하였다.[103]

---

103 『맹자집주』「공손추·상」 "程子曰 語聖則不異, 事功則有異. 夫子賢於堯舜, 語事功也. 蓋堯舜治天下, 夫子又推其道以垂敎萬世. 堯舜之道, 非得孔子, 則後世亦何所據哉？"

주희도 "공자는 지나간 성인을 잇고 다음 세대의 학문을 열었는데, 그 공이 도리어 요·순보다 낫다"고 하였다.[104]

---

104 『중용장구』「서문」 "若吾夫子, 則雖不得其位, 而所以繼往聖, 開來學, 其功反有賢於堯舜者"

43
일곱 나라에 짜증남 [顰眉七國]

우옹은 시 읊기 좋아하지 않네	尤翁非是愛吟詩
시는 일곱 나라에 대하여 짜증날 때 읊지	詩是顰眉七國[105]時
숱한 해골 말라 뒹굴어야 장수를 귀하게 여기며	萬骨枯來軍將貴[106]
천금을 쓰고 지략과 음모가 돌아가네	千金置後智謀歸[107]
기쁨의 노랫소리 사라지고 과부 고아 통곡하며	歡謳響滅寡孤哭
화기는 연기처럼 사라지고 천둥소리 하늘을 갈랐네	和氣煙消霹靂飛
인의 한 마디 말은 맹가가 표방했지	仁義一言惟孟某[108]
우옹은 시 읊기 좋아하지 않네	尤翁非是愛吟詩

전국시대(BC 403-BC 221)는 글자 그대로 국가들이 전쟁하는 시기였

---

105 七國칠국: 제·초·연·한·위·조·진의 일곱 국가의 제후들은 춘추시대의 제후와 달리 王이라고 칭하였으며, 토지와 인구를 빼앗기 위하여 격렬한 겸병 전쟁을 전개했다. 이 일곱 대제후국을 가리켜 '전국 7웅'이라고 부른다.

106 萬骨枯來軍將貴만골고래군장귀: 당나라 때 시인 조송(曹松)의 '기해세(己亥歲)'라는 시에 "그대는 후에 봉하여지는 일을 말하지 마라. 한 장수가 공 이루면 일만 해골이 말라간다[憑君莫話封侯事, 一將功成萬骨枯]"고 하였다.

107 千金置後智謀歸천금치후지모귀: 여불위는 천금을 들고 뇌물 공세를 펼쳐 진의 왕을 그의 뜻대로 옹립하고 재상이 되었다. 곧 진 태자의 서자에 불과했고 조나라에 볼모로 잡혀 있던 자초(子楚)를 자신의 재력을 이용해 진의 장양왕으로 만들고 자신은 진의 재상이 되었다. 장양왕이 즉위한지 2년이 못 되어 세상을 떠나자, 13세 소년인 진시황을 대신하여 섭정을 하였다. 진시황은 여불위를 중부(仲父)라고 부르며 떠받들었다. 진시황을 낳은 자초의 부인은 본래 여불위의 애첩이었고, 이들의 관계는 진시황 등극 이후에도 지속되었다고 한다.

108 仁義一言惟孟某인의일언유맹모: 『맹자』 「양혜왕·상」 첫머리에서 맹가는 부국강병의 이익을 찾는 왕에게 오직 추구할 것은 인의가 있을 따름이라고 하였다.

다. 북의 진(晉)은 남쪽 초(楚)의 북진을 견제하기 위해 오(吳)의 군사력 증대를 원조했고, 그로 인하여 오는 초의 도읍을 함락시킬 정도가 되었다. 그러자 초는 오의 남쪽에 있는 월과 동맹을 맺어 오를 공략했고, 오와 월 사이에 전쟁이 발생, 수년간 되풀이되었다. 진(晉)은 내부의 분열로 조(趙), 위(魏), 한(韓) 씨가 셋으로 나누어 차지하고 주나라 왕실로부터 정식 제후로 공인받는다. 이후 위가 강력해지고 제(齊)가 패권을 쥐었지만 얼마 안 있어 변경의 진(秦)과 연(燕)이 강대해져 세력을 팽창했다. 이렇게 중원은 제, 초, 연, 한, 위, 조, 진의 7웅이 할거하는 형세로 바뀌었다. 이들은 겸병(兼倂) 전쟁을 대규모로 전개하여 약육강식의 양상이 펼쳐졌다. 이런 전국시대 역사를 돌아보며 우옹은 짜증을 느꼈다. 그 이유는 다음과 같다.

1. 권력자의 야욕을 채우기 위한 전쟁에 동원된 참으로 많은 군사와 백성들이 의미 없이 죽어갔고, 도처에 시신과 말라빠진 해골이 나뒹굴었다. 한 명의 전쟁 영웅이 등장함에 일만의 병사들 해골이 땅에 묻히지도 못한 채 들에서 말라가곤 했다.

2. 제후들의 관심과 정책은 오로지 부국강병이었으니 책사와 무장들을 귀히 여기고 대접하며, 목적 달성을 위해서는 천금의 뇌물도 아끼지 않았고, 갖은 모략과 술수가 난무했으며, 약속의 위반과 배신이 잦았고 결과에 의하여 이것이 정당화되곤 했다.

3. 당시 어느 나라에서나 남편 잃고 부모 잃은 과부와 고아들의 울부짖음이 가득했다. 농부는 격양가를 잊었고, 사방에서 노랫가락이 사라졌다.

4. 농사의 때를 잃어 굶주림이 일상화되었고 전염병도 창궐하니 결국 백성들은 적과 싸우다 죽고 굶어 죽고 병으로 죽었다. 화평의 기운은 연기처럼 아득히 사라지고 천둥소리 번개 빛이 하늘을 울리고 찢었다.

5. 약탈적 겸병의 전쟁을 일삼는 이 시대 정황에서 맹가 홀로 '이로움이 아니라 인과 의를 추구해야 한다'고 주창하였다. 그의 외침은 양 혜왕은 물

론 제(齊), 송(宋), 설(薛), 등(藤)의 제후들도 모두 외면하였다.

 * '전국(戰國)'이란 용어는 전한 시대의 유향(劉向 BC 79?-BC 8?)이 편찬한 「전국책(戰國策)」에서 비롯되었다고 한다. 여러 제후국이 서로 끊임없이 약탈적 전쟁을 벌였기 때문에 붙여진 이름이다. 전국시대 칠웅 가운데 진(秦)은 상앙의 변법 이후 국력이 크게 신장하여 BC 221년 진시황이 천하를 통일하는 데 성공하였다.

 제후들의 끝없는 욕망에 의한 약탈전쟁으로 인민들의 무의미한 죽음이 이어졌기에 혼란 무도의 시기라고 하지만 한편으로 이 시기는 문사들이 사회적 주요 세력으로 떠오르기도 하였다. 이른바 제자백가로 불리는 이들은 제후들이 다투어 현사를 초빙하는 사조에 힘입어 역사 이래 가장 자유롭게 창조적인 활동을 벌여 사상과 문예의 발전을 이루어 냈다는 평가를 받기도 한다.

44
진관에서 옛날을 슬퍼함 [秦關弔古]

우옹은 시 읊기 좋아하지 않네	尤翁非是愛吟詩
시는 진관에서 옛날을 애도할 때 읊지	詩是秦關[109]弔古時
보정이 동으로 옮기니 주왕조 왕업이 끊어졌고	寶鼎[110]東來姬籙絶[111]
황금이 서쪽으로 들어가 화양부인을 울렸네	黃金西入華陽啼[112]
9,000일에 여섯 나라 왕정이 끝나고	九千來日六王畢[113]
15년 만에 말린 포 한 섬에 싸여 돌아갔지	十五惟年[114]一石歸[115]
만세의 꿈이 어쩌다 2세로 끝나고 말았나	萬世胡爲惟二世
우옹은 시 읊기 좋아하지 않네	尤翁非是愛吟詩

---

109 秦關 진관; 진의 관문이다. 지금의 낙천현 진관향이다. 낙하(洛河)가 경내를 뚫고 지나간다.

110 寶鼎 보정; 고대사회 정치권력의 상징이었던 솥이다. 황제 때 처음 만들었다고 하고 우왕은 구주(九州)에서 쇠를 모아 만들어 구정(九鼎)이라고도 한다. 디자인, 용도, 재료 등 그 진귀함에 더불어 권력의 상징이었기 때문에 보정이라 불렸다.

111 寶鼎東來姬籙絶 보정동래희록절; 진(秦) 소양왕 52년에 서주를 공격하여 구정을 탈취하였는데, 하나가 泗水에 빠졌으므로 여덟 개만 진나라로 들여왔다. 그 뒤에 진시황이 사수에 빠진 보정을 꺼내려고 1천인을 동원해서 물속을 뒤졌으나 끝내 찾지 못하였다.『사기』「진시황본기」,「봉선서」. 이 보정이 한 무제 때 분수에서 발견되었는데, 이를 진나라가 잃어버린 주정(周鼎)이라고 하였으나 오구수는 일단 지금 나온 이상에는 한의 보정이라고 해야 한다고 하였다.『한서』「오구수왕전」

112 黃金西入華陽啼 황금서입화양제; 여불위가 천금을 갖고 진으로 가서 당시 소왕의 태자였던 안국군, 훗날 효문왕 영주의 왕후로 자식이 없던 화양부인(華陽夫人 BC 296~BC 230)을 설득하여 그가 울면서 간청하여 자초를 후사로 삼았으니 곧 장양왕이다. 자초의 아들이 훗날의 진시황이다.

113 九千來日 구천래일; 진시황 즉위 26년에 6국을 병합하였다. 26년은 대략 9,000일이 된다.

진(秦)은 전국 칠웅 가운데 하나였다. 기원전 770년에 양공(襄公)이 제후가 되었는데 지금의 감숙성 섬서성 일대가 그 근거지이다. 기원전 221년 통일 후의 진(BC 221-BC 206)은 중국 역사상 최초의 중앙집권적 왕조이다. 진의 시황제는 통치에 있어서 대일통(大一統)의 이념에 따라 문자 도량형 사상 풍속까지 하나로 하려고 했다. 그 진 왕조는 얼마 지속되지 못했다. 그 안타까운 시행착오의 역사를 우옹은 진관에서 옛날을 애도한다는 개념으로 묘사하고 있다.

진 소양왕이 BC 256년 서주공국을 멸하고 주 천자국 권위의 상징이었던 보정(寶鼎)을 탈취하였다. 보정은 황제(黃帝)가 수양산에서 구리와 철을 채굴하여 주조했다고도 하고, 하의 우왕이 구주의 쇠를 모아 주조하여 구정(九鼎)이라고도 한다. 중국의 역대 왕조에서는 도읍을 새로 정할 때마다 반드시 이 보정을 황권 정통성의 상징으로 옮겨가곤 하였다.

조나라의 거상이었던 여불위는 황금을 갖고 진으로 가서 이를 이용하여 진 조정의 혈통을 흔들어 놓았다. 곧 자식이 없는 진 효문왕의 왕후 화양부인에게 뇌물로 바쳐 그로 하여금 태자에게 울면서 간청하여 자초(子楚)를 후사로 삼았는데 이가 장양왕(莊襄王)이고 그의 아들이 진시황이다. 그런데 자초의 부인은 본래 여불위의 첩이고 이미 임신 상태에서 자초를 만났다고 한다. 그래서 진시황은 여불위의 아들로 여겨지고 있다.

장양왕의 아들은 왕이 된 지 26년 만에 초·연·제·한·위·조 6국을 차례로 멸하여 천하통일을 이루었다. 26년을 날수로 계산하니 구천 일이 된다.

---

114 十五惟年 십오유년: 진이 천하를 병탄하고 3대 자영에 이르러 망했으니 15년 만이다.

115 一石歸 일석귀: 진시황이 사구평대에서 죽었는데 조고와 이사가 이를 비밀로 하여 한 섬의 말린 생선을 수레에 시신과 함께 실어 이동함으로써 그 비린내로 시신의 악취를 가려 돌아갔다.

　그러나 천하를 통일한 진시황은 위업을 이룬 지 15년 만에 순행 길에서 죽었다. 위엄과 찬란함의 극치일 그의 순행 길이 한 섬의 냄새나는 마른 생선포에 싸인 시신으로 돌아왔다. 환관 조고와 재상 이사의 농간으로 그의 죽음은 바로 알려지지 못하고 사람들의 눈과 후각을 속이고 함양궁으로 돌아간 것이다.

　조고와 이사는 호해를 황제로 옹립하였으나 이내 도처에서 반란이 일어났고, 2세 호해가 시해되고 3세 자영이 등극한 지 46일 만에 한고조 유방에게 투항함으로써 진은 멸망하였다.

　*백이산하(百二山河); 진은 험한 산하를 띠고 있고 중원으로부터 천리나 떨어져 있으며 백만의 창을 지닌 것과 같아서 두 사람이 백 명을 상대할 수 있었다고 한다. 2만의 군사로 백만의 적을 막을 수 있다는 뜻이라고도 한다. 그래서 '백이산하'로도 불리는데 그 천혜의 땅으로 들어가는 관문이 진관(秦關)이다.

　분서갱유(焚書坑儒); 문화사적으로 진을 거론할 때 빠지지 않는 것이 분서갱유이다. 이는 학문과 사상에 대한 탄압을 상징하는 말이 되었다. 기원전 213년 진시황이 승상 이사(李斯)의 건의를 받아들여 학문으로 도당을 이루지 못하게 엄격히 통제하는 '협서율(挾書律)'을 제정하여 의약, 복서(卜筮), 농업 등의 분야를 제외한 일체의 서적은 학관에 보관한 것을 제외하고는 수거하여 불사른 사건을 분서라고 한다. 그리고 기원전 212년 불사의 선약(仙藥)을 얻기 위해 후하게 대우하던 방술사 후생(侯生)과 노생(盧生)이 자신을 비난하며 도망치자, 어사를 시켜 함양에 있는 유생들 가운데 자신을 비판하는 자를 찾아내 그 가운데 460여 명을 구덩이에 파묻어 죽였다. 분서가 실제로 얼마나 철저하게 시행되었는지는 알 수 없다. 그러나 악경이 이로 인하여 없어졌다는 것이 유학사의 통설이다.

45
한나라의 도를 높이 기림[揄揚漢道]

우옹은 시 읊기 좋아하지 않네	尤翁非是愛吟詩
시는 한나라의 도를 높이 기릴 때 읊지	詩是揄揚漢道時
황제가 펼친 삼강으로 체제가 확립되었으니	帝敍三綱[116]曾體立
때에 맞는 온갖 조목은 흠을 찾지 말아야지	時宜萬目[117]莫毛吹[118]
백년 선정에 잔혹한 살해가 없었고	百年善政無殘殺
천리 중원에 의복과 음식이 풍요로웠으며	千里中原美食衣
노를 지나며 처음으로 공자 사당에 제사를 지냈네	過魯無前一祀事[119]
우옹은 시 읊기 좋아하지 않네	尤翁非是愛吟詩

---

116 三綱삼강: 세 개의 강령. 일반적으로 한의 무제(BC 156-BC 87) 때 동중서(BC 176?-BC 104)가 『춘추번로』에서 제창한 것으로 '군위신강(君爲臣綱), 부위자강(父爲 子綱), 부위부강(夫爲婦綱)'이나 반고의 『백호통』 「삼강육기(三綱六紀)」에 있는 "삼강 이란 것은 무엇을 말함인가? 군신 부자 부부이다[三綱者, 何謂也？ 君臣, 父子, 夫婦 也]"를 가리킨다. 그런데 이 시에서의 삼강은 맥락상 한고조의 약법삼장(約法三章)을 가리키는 것 같다. 기원전 207년 유방이 중원을 거쳐 함양에 진입하여 진나라를 멸망시 키고 난 다음 각지의 장로와 호걸들을 모아서 "진의 엄혹한 형법이 많은 사람들에게 고 통을 주었는데 이제 나는 여러분들과 약정하는데 누구를 막론하고 모두 이 세 가지 법만 지키면 된다. 곧 살인자는 죽이고, 사람을 상해한 자와 물건을 훔친 자는 법에 따라 처벌 한다. 이것 외에 진나라의 모든 복잡하고 가혹한 법률은 폐기한다"고 선포하였다. 이로 써 그는 각지의 장로와 호걸들의 신임을 얻어 새 왕조의 기반을 단단히 굳혀나갔다. 사 마천 『사기』 「고제본기」 "與父老約, 法三章耳. 殺人者死, 傷人及盜抵罪. 餘悉除去秦法"

117 萬目만목: 온갖 조목. 여기서는 삼강을 체로 삼은 한나라의 통치에서 그 하위개 념으로서의 갖가지 제도 규범을 말한다.

118 毛吹모취: 취모색자(吹毛索疵)에서 취한 말이다; 머리카락을 입으로 불어서 그 속에 있는 흠을 찾아내는 것으로, 상대방의 비리와 흠을 탈탈 털어내는 것을 말한다.

119 過魯-祀事과로-사사: 한의 고조가 재위 12년 되던 해에 회남에서 돌아오는 길 에 노나라를 지나면서 太牢[태뢰: 소 양 돼지]를 제물로 하여 공자의 사당에서 제사하

진의 멸망과 초·한의 각축이 끝나고 다시 평화가 찾아온 세상, 그 주인 공은 한고조 유방이었다. 한왕조(BC 202-220)는 진왕조를 이어 대통일을 이루었다.

한의 무제는 삼강(三綱)으로 국가 통치의 본체와 근간을 삼았다. 동중서 의 『춘추번로』에 처음 나오는 이 용어는 부자, 군신, 부부 사이의 인간관계 를 가리키는데 나중에 오륜과 더불어 삼강오륜이 되었다. 강령이란 그물의 큰 줄인데 여기에 조목들이 부착되어 있다. 강령을 들어 올리면 조목이 펼 쳐진다. 국가나 천하는 반드시 군주, 아버지, 남편이 먼저 바르게 되면 그 후에 신하, 자식, 아내가 따라서 바르게 된다는 것이다.

강령은 반듯했으나 구체적 상황에 맞는 갖가지 세부 조목마저 완벽하지 는 못했다. 그러나 큰 강령이 바로잡혀 있었기에 흠잡을 일이 아니었다.

한나라 초기 100여 년간 선정이 이어졌다. 전쟁이나 내란에 의한 잔혹한 살인이 없었다. 한 고조 유방은 숙손통(叔孫通)의 건의를 받아서 예법을 회 복하고 전란으로 피폐해진 백성에게 휴양을 제공하고 청정 무위의 황로(黃 老)정책을 펼쳤다. 산업생산을 장려하고 요역을 경감시켰으며 더불어 정권 안정을 공고히 하였다. 주변국과는 혼인 정책, 문물 교류의 화친을 도모하 였다. 한고조를 이어 문제와 경제는 휴양과 생산과 번식을 국책으로 추진 했는데 훗날 이를 '문경지치(文景之治)'라고 한다.

이어 무제는 즉위 후에 "유학을 제외한 제자백가를 모두 국학에서 내쫓 는" 정책을 채택하고 보다 중앙집권을 강화하였다. 장건을 서역에 파견하 여 중원과 서역 각국의 왕래 교통과 비단길을 열었다. 선제 때는 국력이 최 고의 성세를 이루었다. 서역도호부를 설치하여 서역을 국경에 포함시켰다.

였는데 후인들이 이를 한나라 400년 기업이 되었다고 여겼다. 이 고조의 공자 사당 제 사와 관련된 내용은 『한서』 권1 「고제기·하」와 『사기』 권47 「공자세가」에 보인다.

사방 천리 중원에는 의식주가 풍족하였고 당대 세계에서 최고 수준의 문화 강국을 이루었다.

한고조는 재위 12년 되던 해 회남 순시 후 돌아오는 길에 노의 곡부를 지나다가 소 양 돼지를 제물로 하여 공자 사당에 직접 큰 제사를 지낸 일이 있다. 이는 전에 없던 일, 곧 역사상 처음으로 황제가 민간인 공자에게 제사를 지낸 사건이다. 이때까지 공자 사당에서의 제사는 공자의 문인과 후손들에 의하여 이루어졌다.

한고조의 공자 제사는 일회적 사건으로 끝났지만 이는 후대 황제들에게 선례가 되었다. 후한 때 광무제가 제(齊)에 들렀다가 대사공을 곡부에 파견하여 다시 공자묘에 제사를 지낸 일이 있다. 이후 황제들이 공자 사당에 직접 나아가 제사하는 일이 이어졌다. 후대의 유학자들은 이 일로 한의 400년 왕조의 기반이 놓였다고 평가한다.

* 주희는 『근사록』 권8 「치체류(治體類)」에서 "한나라의 정치가 당나라보다는 낫다. 한나라는 큰 강령을 바르게 확립한 반면에, 당나라는 조목을 일만 가지로 세분하여 설정하였기 때문이다. 송나라는 큰 강령은 바르게 확립하였으나, 각종 세부항목은 또한 모두 거행하지 못하고 있다."고 하였다.

도학자들은 대체로 한·당 천 년의 기간을 부정적으로 평가한다. 주희는 이 시기를 '하나의 긴 밤'의 역사로 본다. 왕도가 아닌 패도의 시대로 보기 때문이다. 역사에 대한 평가에 있어서 행사와 공적을 중시하는 진량(陳亮 1143-1194)은 한·당에 대하여 긍정적 평가를 한다. 그래서 주희와 치열한 대립을 보이기도 하였다. 그렇다고 하여 주희가 한·당에 대해 비판 일변도는 아니다. 우옹도 마찬가지이다. 한나라의 도를 기린다는 제목과 내용에 그것이 잘 드러난다.

46
후한을 생각함 [思量後漢]

우옹은 시 읊기 좋아하지 않네	尤翁非是愛吟詩
시는 후한을 생각할 때 읊지	詩是思量後漢[120]時
한의 고조는 인민이 원하여 추대했는데	高帝人民方願戴[121]
선왕의 도덕은 이제 모두 쇠하여졌고	先王道德肯全衰
무제 땐 『시』『서』가 정벌하는 말을 따랐지만	詩書典籍隨征馬[122]
후한 때는 옥백과 생황 사이에 갑옷을 두어	玉帛笙簧間鐵衣[123]
체와 용 사이에 패도가 섞였네	體用之間猶雜霸[124]
우옹은 시 읊기 좋아하지 않네	尤翁非是愛吟詩

---

120 後漢 후한: 왕망의 반란으로 전한이 망하고 신(新)이 건국되었으나 이는 바로 멸
망하였다. 경제 6대손인 유수가 호족 연합의 지도자로서 두각을 나타내어 기원 25년 낙
양을 수도로 하여 한을 재건하였다. 이것이 후한(25-220)이다. 낙양은 전한의 도읍지
장안보다 동쪽에 있어 동한으로도 불린다.

121 人民方願戴 인민방원대: 유방은 농민군의 지도자였고 미천한 신분 출신이었으며
그를 따르던 주요 참모들도 대부분 신분이 미천하였다. 한고조는 제국 통일 후 "나는
장량처럼 교묘한 책략을 쓸 줄 모르고, 소하처럼 행정을 잘 살피거나 군량을 제때 보급
할 줄도 모르며, 병사들을 이끌고 싸움에서 이기는 일에서는 한신을 따를 수 없다. 하
지만 나는 이 세 사람을 제대로 기용할 줄 알았다. 반면 항우는 단 한 사람, 범증조차
제대로 기용하지 못했다. 내가 천하를 얻고, 항우는 얻지 못한 것이 여기에 있다"고 말
했다.

122 詩書典籍隨征馬 시서전적수정마: 한의 무제는 사방 정벌에 나갈 때마다 『시』『서』
의 전적을 갖고 다녔다고 한다.

123 玉帛笙簧間鐵衣 옥백생황간철의: 옥백은 사신이 갖고 가는 폐백이고, 생황은 궁
중 아악에서 사용하는 대표적인 악기이다. 철의는 전쟁에 나가는 장수가 착용하는 갑옷
이다.

124 體用-猶雜霸 체용-유잡패: 한의 선제가 태자에게 "한나라의 제도는 본래 패도
왕도를 섞었다. 어찌 전적으로 덕교에 내맡기랴…[本以霸王道雜之. 奈何全任德教云]"

한왕조 400년은 중간에 왕망이 찬탈하여 세운 신나라의 17년간 단절이 있었다. 이를 기점으로 전한(BC 206-AD 8) 후한(25-220)이라고도 하고 서한 동한으로 구별하기도 한다. 후한의 광무제는 경제의 6대손으로 유교를 국교로 삼고 군현의 군사를 폐지하며 다시 통일 제국의 기초를 확립하였다. 명제 때부터 북방으로는 흉노를 압박하고, 화제 때에는 한제국의 지배권이 파미르고원을 넘어, 카스피해 동쪽에 있는 동서 투르키스탄의 50여 개의 서역 국가들까지 확대되었다.

전한의 한고조는 인민의 추대에 의하여 황제가 되었는데 200년 세월이 흐르면서 그 덕이 쇠하여졌다. 한나라에 대한 인민의 지지가 사라지고 황실과 호족 중심의 나라가 되어가고 있었다.

전한 시대 무제는 동중서의 건의를 받아들여 국학에서 유학만을 채택하였고, 『시경』 『서경』 등의 문헌을 정벌의 현장까지 갖고 다니며 탐구했었는데, 후한에 이르러서는 훈고학적 금문학과 고문학의 논쟁이 활발한 가운데 비록 예악이 성행하였어도 중간에 북쪽 흉노의 정벌과 서역 경영 등 갑옷에 창과 칼을 들어 전쟁에 나서는 일이 있었다. 후한대의 문화는 그 체와 용 사이에 왕도만이 아니라 패도가 섞여 있었다.

* 후한은 통치의 근간을 삼은 경학을 확립하고 특히 의례(儀禮)의 정리와 실천 등이 활발하였다. 그런 가운데 채륜(蔡倫 50-121)이 발명한 종이는 기존의 죽간이나 목간을 대신함으로써 서책의 혁명이 이루어졌다.

후한 말기 환제(桓帝: 재위 147-167) 때에 환관들이 중앙 권력을 장악하고 횡포를 자행하자 지방관과 태학에서 진번·이응 등을 옹립하고 환관 세력에 대항하는 과정에서 관료 200여 명을 체포하고 이어 종신 금고에 처하

하였다.

는 당고(黨錮)의 옥사가 일어났다. 영제(靈帝, 156-189) 때는 십상시(十常侍)라 불리는 환관들이 발호하여 국정을 농단하였다. 장각이 이끄는 황건의 난이 일어났고 184년 대규모의 농민반란이 발생하였다. 이의 진압 과정에서 원소·동탁·손책·조조·유비 등의 군웅이 할거하며 제국은 쪼개졌다. 하북을 지배하던 조조의 아들 비(丕)는 220년, 한의 헌제를 강박하여 제위를 물려받고, 위(魏)왕조를 창시하였다.

47
슬프다! 촉한이여 [吁嗟蜀漢]

우옹은 시 읊기 좋아하지 않네	尤翁非是愛吟詩
시는 촉한을 슬퍼할 때 읊지	詩是吁嗟蜀漢時
천하는 모두 여우의 아첨에 넘어갔으니	宇宙皆輸狐取媚[125]
영웅은 응당 비장 없는 토끼를 탄식했지	英雄應歎兔無脾[126]
등국이 왕업을 일으킨다고 감히 말하겠나	敢云滕國興王業[127]
뱁새가 가지 하나에 깃들음과 흡사했으나	却似鷦鷯寄一枝[128]
춘추의 대의에선 촉한으로 정통으로 삼았네	然且春秋歸正朔[129]
우옹은 시 읊기 좋아하지 않네	尤翁非是愛吟詩

---

125 狐取媚 호취미; 여우가 아첨을 하다. 『진서(晉書)』「석륵(石勒)」에 다음의 기록이
있다. "대장부는 일을 행함에 마땅히 광명 쇄락해야 한다. 마치 해와 달이 밝게 빛나듯
이. 끝내 조맹덕이나 사마중달 부자처럼 고아와 과부를 속이고 여우처럼 알씬거리어 아
첨하여 천하를 취할 수는 없는 것이다[大丈夫行事当磊磊落落, 如日月皎然, 终不能如
曹孟德, 司馬仲達父子, 欺他孤儿寡婦, 狐媚以取天下也]." 석륵의 말에 따르면 호미취
(狐媚取)가 되어 '여우의 아첨으로 취하다'가 되어야 할 듯하다. 석륵은 흉노 갈(羯)의
추장 아들로 태어났다. 떼도둑의 수령이 되었다가 전조(前趙)를 멸한 뒤 세력이 화북 일
대에 미쳤다. 오호십육국의 하나인 후조(後趙)의 제1대 황제가 (재위 319-333) 되었는
데 통치자로서도 유능했고 휘하에 들어온 한인들을 통치하고 제어하는 데도 뛰어났다.
126 兔無脾 토무비; 토끼는 비장이 없다. 이 말은 교활하고 신의가 없다[兔無脾. 故狡
而不信也]는 의미이다. 일설에는 용은 귀가 없는데 물고기도 귀가 없다. 노루는 담이
없고 게는 내장이 없으며 새우도 장기가 없고, 돼지는 근육이 없고 토끼는 비장이 없고
새는 폐가 없고 새우와 조개는 피가 없다[龍無耳. 魚亦無耳. 獐無膽. 鼠亦無膽. 蟹無腸.
蝦蟆亦無腸. 豕無筋. 蚯蚓亦無筋. 兔無脾. 鳥無肺. 蝦蛤無血]는 말이 있다. 『오주연문
장전산고』 만물편, 조수류, '兔有雌雄辨證說
127 滕國興王業 등국흥왕업; 맹가는 당시 강대국인 제나라와 위나라의 군주에게는 인
정을 행하면 왕자가 될 수 있다고 말하였으나, 등나라 군주인 문공에게는 "등나라는 작
은 나라여서 비록 인정을 행하더라도 왕자는 되지 못하고 단지 왕자의 스승이 될 뿐이

후한이 멸망하고 난 다음에 천하는 위·촉·오 삼국으로 분열되었다. 촉한(蜀漢 221-263)은 전한 경제(景帝)의 후손 유비(劉備)가 촉에 창건하였다. 형주 목사 유표(劉表) 휘하에 있던 유비는 유표의 아들이 조조에게 투항하자, 제갈량의 보필로 손권과 동맹하여 적벽대전에서 조조를 격파하고 형주의 목사가 된 다음 이어 익주 목사가 되고 219년 한중왕(漢中王)이 되었다. 다음 해 조비가 한 황제의 양위를 받아 제위에 오르자 221년 유비도 또한 제위에 올라 한고조 이하의 종묘를 세워 한의 정통성을 명백히 하였다. 다음 해 손권도 연호를 세웠으므로 3국이 정립하는 형세가 되었다.

그러나 유비가 오를 공격하다가 백제성에서 병사하였고, 유비의 뒤를 이은 유선(劉禪)이 중원을 회복하고자 자주 북벌을 시도하였으나 뜻을 이루지 못하고 263년 위나라 군의 대공격에 항복함으로서 멸망하였다.

삼국지의 시대는 간교한 기만과 아첨으로 천하를 취하려는 풍조가 성행하였다. 이는 남북조시대의 북방의 영웅 석륵(石勒 274-333)의 평가이다. 그는 조조와 사마중달 부자는 마치 여우가 사람을 유혹하듯 하는 기만과 아첨으로 세상을 취했다고 하면서 대장부는 그 행사가 하늘의 해와 달처럼 정당해야 한다고 하였다. 조조 부자는 한나라를 찬탈하였고, 사마 부자는 위정권을 찬탈하였기 때문이다.

토끼는 비장이 없는 동물이라는 말이 있었다. 이 말은 남에게 아부하고 굴욕적 언행을 잘하는 사람에게 요즘도 '간도 쓸개도 없다'고 하는 것과 같은 맥락이다. 간웅이라고도 불리는 조조와 교활하고 신의가 없는 사마씨가

다" 하였다.『맹자』「등문공·상」

128 鷦鷯寄一枝 초료기일지;『장자』「소요유」에 "붕이 한번 힘을 내어 날아오르면 그 날개가 마치 하늘가에 드리운 구름과 같다."고 하였으며, 또 "뱁새가 깊은 숲 속에 들어가 둥우리를 틀 때 나뭇가지 하나면 그것으로 족하다"고 하였다.

129 春秋歸正朔 춘추기정삭; 주희가 쓴『자치통감강목』에 정통성이 촉한에 있다고 하였다.

여기에 비유되었다.

맹가는 등(藤)과 같은 약소국은 비록 인정(仁政)을 행할지라도 왕도를 행할 수 없고 단지 왕자의 스승은 될 수 있다고 말했다.

뱁새가 깃들일 곳은 나무 가지 하나로도 충분하다는 말이 있다. 이는 촉의 유비가 왕도를 행할 만한 인재가 못 되었다는 것을 뜻한다.

북송의 사마광이 『자치통감』에서 역사적 정통성을 조씨의 위(魏)나라에 둔 것을 주희는 비판하고 『강목』에서 이를 바꾸어 촉한(蜀漢)에 두었다. 이는 사공(事功)보다 의리를 중시하는 그의 시각의 반영이다. 촉한에 대한 주희의 이러한 사관은 이후 그의 학문적 사상적 권위에 힘입어 이후 700년 동안 동아시아의 유학자들과 민중들이 촉한의 인물들, 유비 관우 장비 제갈량 조자룡에 대하여 우호적 시각과 평가가 이어졌다.

48
노적 조조를 깊이 꾸짖음 [深誅老賊]

우옹은 시 읊기 좋아하지 않네	尤翁非是愛吟詩
시는 늙은 도적 조조를 깊이 꾸짖을 때 읊지	詩是深誅老賊[130]時
잡다한 기예가 때를 만나 무략의 칭호를 얻고	小數[131]逢時稱武略[132]
귀신같이 간악한 마음은 침기라 불렸지	姦心如鬼號沈幾[133]
즐비한 의총도 실정 감추기는 어려웠고	纍纍疑冢[134]情難諱
아끼던 향을 나누어 줌은 또 누구를 속임인가	眷眷分香[135]欺更誰
자양이 글로써 성토하고 죄를 준 것에 감사하니	多謝紫陽聲罪筆[136]
우옹은 시 읊기 좋아하지 않네	尤翁非是愛吟詩

노적이란 『논어』에 '어려서 겸손하지도 않고 형제자매간에 화목하지도

---

130 老賊 노적: 늙은 도적. 이 용어는 『논어』 「헌문」편 "幼而不孫悌, 長而无述焉, 老而 不死, 是爲賊."에 처음 보인다. 『삼국지연의』에서 조조에게 이 노적이라는 용어를 사용 하였다.

131 小數 소수: 이는 잡다한 방술, 특히 음양 등을 다루는 기예를 가리킨다. 『맹자』 「고자·상」에 "今夫弈之爲數, 小數也"라 했는데, 여기서 數를 주희는 기(技: 기술 기예) 로 풀이하였다.

132 武略 무략: 군사를 움직여 전쟁을 할 때 작전을 지휘하는 재능으로, 전략이라고도 한다.

133 沈幾 침기: '沈機'로도 쓴다. 사물의 은미한 징조 또는 깊이 감춰진 모략을 뜻한다.

134 疑冢 의총: 훗날 남이 파낼 것을 겁내어 남의 눈을 속이고자 똑같은 것을 여러 개 만들어 놓은 무덤이다. 조조는 72개의 의총을 만들어 놓았다고 한다.

135 分香 분향: 조조는 임종 때에 남은 향은 부인들에게 나누어 주라고 하였다고 한 다. 『문선』 권60 「조위무제문서」

136 聲罪筆 성죄필: 사마광이 『자치통감』에서 조조를 제왕으로 인정하고, 제갈량을 구적(寇賊)이라 했다. 주희는 『강목』에서 이를 바로잡고 정통성을 촉으로 돌려놓았다.

않으며, 커서 칭찬받을 만한 것이 없고, 늙어서 죽지 않는 자를 적(賊) 곧 사회에 해를 끼치는 자 라고 하였다. 여기서는 위나라의 조조(曹操 155-220)를 가리킨다.

조조는 184년 황건의 난이 일어나자 난을 진압하는 공을 세웠고 189년 동탁이 헌제를 세워 정권을 장악하자 낙양을 탈출해 고향으로 돌아가 병사를 모아 동탁을 반대하는 연합군에서 활동하였다. 이후 순욱의 건의에 따라 황제를 자신의 보호 아래 두고 조정을 장악, 황실의 권위를 배경으로 세력을 크게 확대하였다. 이후 적벽대전에서 손권·유비 연합군에 패한 후 스스로 위왕(魏王)이 되어 황제와 마찬가지의 권력과 위세를 행사하다가 220년 3월 낙양에서 병사하였다.

조조는 잡다한 기예로 때를 잘 만나 전략이 있다는 칭호를 들었다. 그는 『손자병법』에 주석을 붙인 『위무주손자(魏武註孫子)』라는 저술을 남겼고 죽어서 위무제(魏武帝), 무황제(武皇帝)로 불렸다.

그에게는 귀신처럼 간악한 모략가라는 평가도 있다. 허소가 조조에게 '그대는 치세의 유능한 신하요, 난세의 간악한 영웅이다'라고 하였다.

조조는 사후에 자기의 무덤이 파헤쳐지거나 도굴당할 것을 염려하여 72개나 되는 유사 거짓 무덤을 만들었다. 후대에 있을 자신에 대한 평가가 두려워서였다고 한다.

그는 죽을 때 가까이에서 섬기던 궁녀들에게 아끼던 향을 나누어 주고 신발을 엮어 팔아 생계를 도모하라고 하는 등 자신은 애초에 큰 뜻은 없었고 그저 부귀에나 연연했을 따름이라고 하였는데 이는 세상을 속이려 한 것이지만 아무도 속이지 못했다. 사마광은 "조조는 하늘을 속이고 사람을 속였다. 후세에 주륙당할 것을 면하려고 했던 것이다"라고 하였다.

그럼에도 『자치통감』에서 그는 조조를 제왕으로 인정했다. 그러나 주희가 『통감강목』에서 대서특필로 사마광의 관점을 수정하고 촉한을 정통으로 삼았다.

＊우옹은 그의 「기축봉사」에서 다음과 같이 말했다. "조조는 한나라를 찬탈한 적이니, 사람마다 죽일 수 있는 인물인데, 사마광은『자치통감』에서 그를 제왕으로 다루고, 광명정대하고 우주·고금을 통하여 정충대절을 지닌 제갈무후를 도리어 구적(寇賊)으로 취급했으니 어찌 이렇게도 식견이 누추합니까. 이 설을 깨뜨리지 않으면 난신적자가 후세에 발자취를 이을 것입니다. 주자가『강목』에서 대서특필로 바로잡은 다음에 군신의 대의가 해와 별처럼 밝고 난신적자가 두려워하게 되었으니, 이 한 가지 일만으로도 우왕·주공·공자 세 성인의 공적을 넉넉히 이었다고 할 것입니다."

49
전오를 차갑게 바라봄 [冷看典午]

우옹은 시 읊기 좋아하지 않네	尤翁非是愛吟詩
시는 전오를 차갑게 바라볼 때 읊지	詩是冷看典午[137]時
대물을 몰래 옮김은 상제의 명이 아니고	大物[138]潛移非帝命
백성을 능히 공경해야 하는 왕의 역할을 잃어	斯民能敬失王司[139]
콩깍지가 콩을 태우듯 8왕끼리 난을 일으키고	八王內難[140]同然豆[141]
천리 중원에 문신하는 오랑캐들이 들끓는데	千里中州沸涅題[142]
강동만 안정되었으나 또한 행운일 따름	江左偏安[143]亦幸耳
우옹은 시 읊기 좋아하지 않네	尤翁非是愛吟詩

---

137 典午 전오; 사마(司馬)의 별칭이다. 사(司) 대신 전(典), 마(馬) 대신 오(午)로 대체한 것이다. 말을 맡은 벼슬을 지칭하기도 하고 사마씨 또는 사마씨가 일으킨 서진(西晉 265-317)을 가리킨다.

138 大物 대물; 천자 혹은 제왕의 자리, 중요한 기구 큰 물건, 보정(寶鼎)을 뜻한다. 여기선 왕의 자리이다.

139 斯民能敬失王司 사민능경실왕사; 『서경』 「고종융일」에 "왕은 백성을 공경하는 일을 맡으셨으니, 하늘의 후사 아님이 없다[王司敬民 罔非天胤]"라는 말이 있다.

140 八王內難 팔왕내난; 진의 혜제 때 종실의 8왕이 난을 일으켜 싸우고 서로 죽였다.

141 然豆 연두; 조조의 둘째 아들 조식의 칠보시(七步詩)에 "콩을 삶는데 콩 껍데기를 태우네, 콩은 솥 속에서 울고 있네, 본래 같은 뿌리에서 나왔건만 서로 태우니 얼마나 안타까운가[煮豆然豆箕. 豆在釜中泣. 本是同根生. 相煎何太急]"가 있다. 여기서 유래하여 골육상잔을 뜻하게 되었다.

142 涅題 열제; 조제(雕題)와 같다. 먹실로 이마에 문신을 하는 것으로 북적 남만 서융 등의 풍속이다. 오호가 중원에 어지럽게 할거함을 말한다.

143 江左偏安 강좌편안; 진(晉)이 외족에게 중원을 빼앗기고 양자강 동쪽[江左]으로 가서 동진을 세운 것을 말한다.

전오(典午)는 사마(司馬)를 가리킨다. 여기서는 사마(司馬)씨가 건국한 진(晉 265-316)을 뜻한다. 위·촉·오 삼국의 분립 각축이 반세기 만에 막을 내리고 위나라가 통일하였는데, 이내 내분이 계속되었다. 이 틈을 이용하여 권신 사마의(司馬懿)가 정권을 장악한 뒤 호족의 지지를 기반으로 세력을 확장하였는데, 사마의의 손자 사마염(司馬炎)이 위로부터 선양의 형태로 265년에 진(晉)나라를 건국하고 낙양에 도읍하였다.

사마염의 진 건국은 선양의 형식이었지만 정당성을 갖추지 못한 것이라서 우옹은 이를 상제의 뜻에 따른 것이 아니라 했다. 그래서 차가운 시선으로 바라본다.

백성을 공경하는 것이 왕의 역할인데 진의 사마염은 그렇지 못했다. 지나친 자신감으로 방종에 빠져 버린 것이다. 상비군을 축소하고 주군에 소속된 군대를 해산하였으며, 대신 왕자들을 지방의 요새지에 분봉하는 봉건제를 실시, 그들에게 강력한 군사력을 주어 왕실의 울타리로 삼고자 했다. 혜제는 콩과 보리를 구별할 줄 모를 만큼 무능했고, 황후 가씨의 농락과 야심 많은 신하의 선동에 따라 형제를 모두 죽이는 잔악함을 범하여 왕실의 권위가 실추되었다.

마침내 각지에 있는 8왕이 난을 일으켜 16년 동안 낙양이 내란으로 폐허가 되고 말았다. 왕족들끼리 벌인 이 싸움의 양상은 마치 '콩깍지를 태워 콩을 삶는 것과 같았다'는 조식의 시를 비유로 인용할 만했다.

이 과정에서 변방 이민족 용병들이 대거 중원에 유입되었다. 회제(懷帝)의 통치 기간인 307년-312년에 산시성 일대에 이주해 있던 남 흉노 부족의 족장 유연(劉淵)이 8왕의 난(300) 뒤의 중원의 혼란을 틈타 독립을 꾀하였고, 그 아들 유총이 군사를 일으켜 낙양을 함락시키고 회제를 자신들의 근거지로 잡아가서 죽이고, 서진의 군사 10여만 명을 학살했다.

흉노·선비 등 변방 민족은 화북 각 지역에 들어와 그 수를 늘려갔다. 이른바 5호16국 출현의 주요인이 되었다. 이들 이민족들은 이마에 먹실로 문신을 하는 풍속이 있었다.

낙양의 함락으로 서진은 망하고 사마씨는 강남으로 피하여 건업에 수도를 정하여 진을 이어갔다. 강남에서나마 한족의 유교 문화가 유지되고 평안을 누릴 수 있었던 것을 우옹은 행운이라고 평하였다.

＊진(晉)대는 유교 독존이 깨어졌다. 사회 전반의 문화는 다원적으로 발달하였으니 현학(玄學), 도교 그리고 인도에서 들어온 불교가 있었다. 도교와 불교는 점차 민간에 그 영역을 확대하고 있었다. 여기에 변방 민족의 초원 문화가 대규모로 남하하여 화북 일대에 뿌리를 내리고 있었다.

도학의 관점에서 보면 사마씨의 진대는 전반적으로 침체 퇴락의 시대였다. 문명과 야만, 중화와 이적의 분별 의식이 강렬했던 문화사관에서는 이 시기를 차가운 시선, 냉소적 시각으로 볼 수밖에 없었다.

50
남북조시대가 짜증남 [南北之朝可厭]

우옹은 시 읊기 좋아하지 않네	尤翁非是愛吟詩
남북조시대가 짜증날 때 읊지	南北之朝[144]可厭時
후예들이 욕심을 내어 우의 영토를 다투고	裔種生心爭禹甸[145]
중원에 주인이 없으니 오랑캐 추장들이 날뛰네	中原無主挺伊尼[146]
썩은 오이에 들끓는 구더기들 누가 능히 제거할까	瓜蛆爛漫[147]誰能去
장강이 남북을 고루 나눈 것은 거스를 수 없는 운수	江水平分[148]數莫違
한 사람의 관중이 없으니 참으로 안타깝네	欠一夷吾[149]眞可歎
우옹은 시 읊기 좋아하지 않네	尤翁非是愛吟詩

---

144 南北之朝 남북지조: 중원이 5호16국의 난이 지속될 때 진은 남으로 내려와 건업에 도읍하여 이어지다가 그 뒤 송·남제·양·진 등 4국이 이어졌다. 선비탁발부의 북위 [北魏: 後魏·元魏]가 439년 태무제 때 화북 지역을 통일하였다. 6세기 중반 북위는 동위·서위로 갈리고, 이어 동위는 북제, 서위는 북주가 되었으며, 후량·진과 더불어 잠시 이들 4국의 대립이 전개되었다. 그 뒤에 북주가 북제를 멸망시켜 북조를 통일하였고 북주를 찬탈한 수에 이르러 남북조시대는 끝이 났다. 후한 멸망 이후 350여 년 동안 위와 진을 기반으로 한 남북조의 분열 시대가 끝난 것이다.

145 禹甸 우전: 우 임금이 다스린 땅이란 뜻으로, 중원 또는 천하를 가리킨다.

146 挺伊尼 정이니: 『수차』: "이 말의 의미는 분명하지 않다. 『문헌통고』에 보면 왜속 (倭俗)에 군니(軍尼)가 있고, 목재(牧宰)에 이니(伊尼)가 있는데 지금의 이장(里長)과 같다. 이는 오랑캐 추장을 가리켜 말한 것 같다"고 하였다. 범어에서 사슴의 이름이 '이니'이다. 『사물이명록』 「수축·녹」에서 『번역명의집』을 인용하여 "불교 서적에서 사슴을 일러 이니(伊尼)라고 한다"고 하였다.

147 瓜蛆爛熳 과저난만: 『수차』: "참람한 도적과 할거자들이 마치 썩은 오이에서 구더기가 나오듯 그 속이 부패하여 흐드러져 있음을 말한다."

148 江水平分 강수평분: 『수차』: 하늘이 남북을 경계 지은 것을 말한다. 곽박이 일찍이 말하기를 "강동이 왕을 나누기 300년 중국과 합하였다"고 한 것이 이 뜻인 듯하다.[江東分王三百年. 與中國合. 恐是此意]

서진(265-316)이 52년 만에 멸망하고 4세기 초엽부터 화북 지역에서는
흉노(匈奴)·갈(羯)·선비(鮮卑)·저(氐)·강(羌)의 이른바 5호가 잇달아 정권
을 수립하여 흥망을 되풀이하였다.

한 무제를 비롯한 제왕들이 주변의 이민족을 정복함으로써 한족에 동화
된 이민족의 수는 늘어갔으나 그들은 한족의 압제 아래 노예·농노 등으로
전락하는 자가 많았다. 이런 추세가 위·진 시대에 이르러 심했는데, 304년
흉노의 추장인 유연이 서진의 8왕 난에 편승하여 산서 지방에 흉노 국가를
재건하였다. 이어서 저족인 이웅(李雄), 갈족인 석륵(石勒)의 후조(後趙),
선비족의 전연(前燕)과 서쪽의 저족인 전진(前秦) 등이 출현하였다. 이는
이민족에 의한 중국 지배의 최초의 형태이다. 남쪽에는 동진(317-419)이
북방과 대치하다가 송·제·양·진으로 왕조가 바뀌었고, 북쪽은 북위의 후
예들이 각축을 하였다. 이때를 남북조시대(420-589)라고 한다.

이 시기는 여러 종족의 후예들이 다투어 우 이래 통일된 천하를 나누어
갖는 양상을 보였다. 중원에 주인이 없으니 주변의 오랑캐들, 이민족들이
대거 들어와 점거한 것이다.

그 형편은 마치 썩어 문드러진 오이 같았고 도적과 할거자들은 그곳에
들끓는 구더기 떼로 보였다.

당시 문화 정치적 지형으로 보면 양자강 북방은 이민족의 문화가, 남쪽
은 한족의 문화가 지배하고 있었다. 그 남북의 풍토와 문화가 달라서 오래
전부터 강남 강북은 문화적으로 구별되는 호칭이었는데 이 시대에 그것이

---

149 欠一夷吾흠일이오; 여기서 이오는 관중의 자이다. 진(晉) 원제가 처음 장강을
건너 건업에 도읍을 정한 초창기에, 대신이었던 온교가 국가의 형세가 쇠퇴한 것을 걱
정하던 중에 왕도와 대화를 나눠보고는 "강좌에 본시 관이오가 있는데 내가 다시 무엇
을 걱정하겠는가[江左自有管夷吾 吾復何慮]"라면서 기뻐했던 고사가 전한다.『진서(晉
書)』권67「온교열전」

더욱 극명해졌다.

우옹은 양자강 남쪽에 남아 있는 동진을 두고 예전의 관이오 같은 정치적 탁월성을 지닌 지도자 한 사람이 없어 그리된 것이라 여겨 탄식을 멈추지 못했다.

＊북방민족 출신의 군주 중에는 폭군도 적지 않았으나 일부 지도자는 중원의 문화를 존중하고 한족 사대부를 예우하며 중국의 왕조로서의 정통성을 갖추려는 경향을 보이기도 하였다. 전연을 평정한 부견(符堅)의 시대는 5호 시대 중에서도 가장 안정과 번영을 누린 시기였다.

북위 효문제는 '왕이 곧 부처다'를 표방하며 국가불교적인 성격의 대대적인 불사가 성행하였다. 불도징·구마라습 등 서역의 승려와 도안 등의 중국인 출신 승려들이 불교 발전에 기여하였다. 남조에서도 불법 존숭의 황제가 나타났다. 도교는 남조에서 양(梁)의 도홍경, 북조에서는 북위의 구겸지 등이 나타나 종파를 이루었다. 문학은 남조에서 도연명과 사영운 등이 활동하였고, 사륙변려체 문장이 널리 보급되었다. 남조의 악부는 남녀의 연애 감정을 주로 노래했고, 북조의 악부는 전쟁과 영웅을 노래한 것이 많았다.

51
저런! 저런! 수나라 [彼哉彼哉隋氏]

우옹은 시 읊기 좋아하지 않네	尤翁非是愛吟詩
시는 저런! 저런! 수나라 황제들 할 때 읊지	彼哉彼哉¹⁵⁰隋氏¹⁵¹時
궁중서 '나를 그르친 아내'의 말을 들었다지만	內間惟聽誤我妻¹⁵²
어지럽힌 덕이 어찌 구려에만 있겠는가?	亂德何須有九黎¹⁵³
애초에 호랑이 등에 탔다가 큰 터전을 열었으나	當初騎虎¹⁵⁴肇鴻基
아들이 그 허물 따랐으니 화의 사다리 되었지	兒子效尤¹⁵⁵爲禍梯
나간 곳으로 돌아온다는 이치를 알 수 있네	出乎反乎¹⁵⁶理可知
우옹은 시 읊기 좋아하지 않네	尤翁非是愛吟詩

---

150 彼哉彼哉 피재피재; '彼哉'는 외면 또는 제쳐 놓는 말이다[外之之詞]. 안타까워서 혀를 끌끌 차는 것에 해당한다. 『논어』 「헌문」 "問子西, 曰 彼哉彼哉!" 유사한 표현으로 '타야타아[他呀他呀]'가 있다.

151 隋(581-618)는 양견이 581년 북주의 정제로부터 양위를 받아 열었고, 589년 남조인 진(陳)을 멸망시켜 통일왕조를 이룩하였다. 문제·양제·공제의 3대 38년의 단명 왕조였다.

152 內間 내간; 궁중의 안방 또는 황후와 궁녀들 사이

153 九黎 구려; 구려는 상고시대 황하 유역 중하류 지구와 장강 유역 일대, 즉 산동 하북 지역 하남 강소 지역에 거주하였으며 蚩尤치우가 그 대추장이었다고 한다. 『십팔사략』 「오제」에는 구려는 려씨(黎氏) 아홉 사람으로 상고시대 제후인데, 덕을 어지럽혀 사람과 신이 뒤섞이게 하였으므로 전욱이 즉위하여 정벌하였다고 하였다. 구려는 선비족으로 추정되며 북주와 수나라 창건의 주도 세력도 선비족으로 추정되어 이렇게 말한 것 같다.

154 騎虎 기호; 수의 양견이 스스로 대승상이 되어 황제의 도끼를 빌려 밤에 동궁에 들어가 태사 유계재(庚季才)를 불러서 천시와 인사를 물으니 유계재가 부조(符兆)가 이미 정해졌다고 여겼다. 독고부인이 堅견에게 '대사가 이미 호랑이를 탄 형세이므로 물러설 수 없다'고 했다 한다. '기호지세(騎虎之勢)', 또는 '기호난하(騎虎難下)'라고도 한다.

수(581-618)는 400여 년 남북으로 분열된 중국을 통일한 왕조이다. 북주(北周)의 외척 양견(문제)이 581년에 북주의 어린 황제인 정제(靜帝)로부터 양위를 받아 수 왕조를 세우고, 589년에는 남조의 진(陳)을 멸하여 통일을 이루었다. 그러나 수는 38년 만에 망하였다. 진(秦)만큼이나 단명한 통일국가였다. 수의 2대 황제인 양제는 중국의 남북을 잇는 대운하를 완성하고, 남북의 통일을 추진하고 토욕혼(吐谷渾)과 돌궐을 토벌하였다. 고구려가 돌궐과 손을 잡을 우려가 있다고 여겨 3차에 걸쳐 대규모 원정을 시도하였으나 실패하였다.

수나라 조정에는 난덕(亂德) 패륜(悖倫)이 잇달았다. 수 문제 양견은 당초 부인 독고의 말을 듣고 북주의 왕위를 찬탈했다. '호랑이를 탄 사람은 중도에 내릴 수가 없다'는 말로 남편을 반역의 길로 이끈 것이 독고부인이었다. 양견의 딸은 북주 선제(宣帝)의 황후이다. 양견은 북주에서 상국의 자리에 있으면서 그의 사위인 선제로부터 선양이라는 형식으로 북주를 빼앗아 수왕조를 개창하였다.

문제는 맏아들로 태자를 세웠다. 그러나 독고부인의 말을 들어 그의 태생이면서 전쟁에서 공을 세운 둘째로 태자를 바꾸었다. 그런데 태자가 된 둘째 아들이 문제의 총애하는 애첩을 희롱 겁박한 일이 있자 문제는 화가 나서 다시 큰아들로 후계를 바꾸려고 했다. 이를 눈치챈 태자, 훗날의 양제가 그 아버지를 살해하고 그 대신들을 도륙한 다음 제위에 올랐다. 우옹은

---

155 效尤효우: 『좌전』에 '허물이 있는데 그것을 본받음은 그 죄가 막심하다'고 하였다. 수 문제 양견이 그 군주를 죽이고 왕위를 찬탈하였는데 그 아들 양광이 그 아버지를 죽이고 지위를 찬탈하였기에 효우라고 한 것이다.

156 出乎反乎 출호반호: 『맹자』 「양혜왕·하」 "증자가 '경계하고 경계할 것이다. 네게서 나온 것이 네게로 돌아간다'고 하였는데, 백성들이 이제야 되갚음한 것이니 군주는 탓하지 말라.[曾子曰 戒之戒之! 出乎爾者, 反乎爾者也. 夫民今而後得反之也. 君無尤焉]"

이런 문제와 양제 그리고 궁중에서 벌어진 일에 대해서 언급을 회피하고 싶은 심정을 나타냈다. '피재(彼哉)'란 말을 되풀이한 것이 이런 소회를 드러낸다.

문제가 자신이 '아내의 말을 듣고 일을 그르쳤다'고 하였지만 그들의 덕을 어지럽힌 정상은 선비족 출신인 수나라 창업자의 선조격인 구려(九黎)들에게서 이미 나타났던 것이라고 하였다.

호랑이를 탄 사람은 중도에 내릴 수 없는 형세라는 말로 독고부인은 수 문제로 하여금 반역을 꾀하게 하였고 그로 인하여 수왕조를 창건하게 되었지만 다시 부인의 말을 듣고 태자를 바꾼 것이 아들에게 죽는 결과로 나타났다. 그것은 자식이 아비의 그릇된 행위를 본받게 하는 효우(效尤)의 경우가 되었다.

양견이 그 군주를 죽이고 왕위를 찬탈했는데 그의 아들 양광이 그를 죽이고 왕위를 빼앗았으니 우옹은 증참의 말 "너에게서 나간 것이 너에게로 되돌아온" 경우에 해당한다고도 하였다. 이런 현상을 자업자득이라고도 표현한다.

52
선리 당(唐)을 추하게 여김[醜差仙李]

우옹은 시 읊기 좋아하지 않네	尤翁非是愛吟詩
시는 선리 당을 추하게 여길 때 읊지	詩是醜差[157]仙李[158]時
당을 삼왕으로 논함을 뉘라서 침 뱉지 않는가	論以三王[159]誰不唾
오패로 평가해도 사사로움이 개입된 것이지	評之五伯事猶私
인의를 가장하고 비록 오래 되었다 했지만	假仁假義[160]雖云久[161]
철이 되고 금이 되니 어찌 떠날 수 있나	爲鐵爲金[162]何可違
'몸을 이은 혼미한 풍조'라고 감흥시에서 읊었지	繼體昏風[163]感興詠
우옹은 시 읊기 좋아하지 않네	尤翁非是愛吟詩

---

157 醜差 추차: 크게 추하다는 뜻이다.

158 仙李 선리: 여기서는 당나라를 지칭한다. 원래 노자를 말하는 것인데, 이씨 성을 지닌 걸출한 인물을 가리키기도 한다. 두보의 시에 "선리의 서린 뿌리 크기도 하여, 아름다운 난초 그 잎이 빛나네.[仙李蟠根大 猗蘭奕葉光]"(『杜少陵詩集』 권2 「冬日洛城北謁玄元皇帝廟」)가 있다. 선리는 조선을 뜻하기도 하는데 조선의 창업자가 이씨 성을 지녔기 때문이다.

159 論以三王 논이삼왕: 진량(陳亮 1143-1194)이 한·당을 추존하여 삼대와 다르지 않다고 했다. 평소에 실사와 실공을 강조했고 주희와 자주 논쟁을 하였다.

160 假仁假義 가인가의: 『맹자집주』 「진심·상」 "孟子曰 堯舜性之也, 湯武身之也, 五霸假之也." 주희는 "오패는 인의의 이름을 빌려서 그 사사로운 탐욕을 구제하려고 하였을 따름이다[五霸則假借仁義之名, 以求濟其貪欲之私耳]"라고 하였다.

161 雖云久 수운구: 『맹자집주』 「진심·상」 "久假而不歸, 惡知其非有也" 주희는 귀(歸)를 되돌림, 참으로 있음, 평생 그 이름을 훔치려 했으나 참으로 가지지 못했음을 스스로 알지 못함이라 하였다. 곧 '오래도록 빌리고 돌려주지 않는 것'을 참으로 있는 것으로 여기면 잘못이라는 것이다.

162 爲鐵爲金 위철위금: 주희가 진량에게 답하는 편지[答陳同父書] "爲鐵爲金. 固有定形. 聖人者金中之金也. 學聖人而不至者. 金中猶有鐵也. 漢祖唐宗. 用心行事之合理者. 鐵中之金也云云"

당은 618년부터 907년까지 290년간 지속된 왕조이다. 북쪽 변방에 주둔하고 있던 군인 집안으로 선비족과 통혼하여 북방민족적인 요소를 계승하고 있었던 이연은 그 아들들과 군사를 일으키고, 돌궐의 원조를 힘입어 장안을 점령하여 수의 공제를 옹립하였다가 선양을 강요하여 당을 창건하고 고조가 되었다.

이연의 아들 이세민은 형인 태자 이건성과 함께 각지의 군웅을 평정하고 전국을 통일하는 공을 세웠는데 형과 아우를 제거한 다음 제위를 이어받아 제2대 황제가 되었으니 그가 태종이다. 그는 방현령·두여회·위징 등의 명신을 등용하여 이른바 정관(貞觀)의 치세를 이루었다. 동돌궐·토욕혼·철륵·서돌궐을 차례로 격파하였고, 고구려 정벌에 직접 나섰으나 실패하였다. 710년 현종의 즉위와 함께 요숭·장구령 등의 재상들이 등장하여 성당시대를 열었다. 이후 혼란한 국정으로 각지에서 반란이 잇달아 일어났고 난을 일으킨 황소의 부하로 당에 투항했던 주온(朱溫)에 의해 907년 애제(哀帝) 때 멸망하였다. 이후 오대십국 시대의 막을 열게 되었다.

당을 선리(仙李)라고 하는 것은 노자가 오얏나무 아래에서 태어나서 성을 이(李)로 했다는 전설이 있는데, 당나라 왕실에서 노자의 후손이라고 자처하였기 때문이다.

당을 삼왕 시대에 비유하여 평가하기도 한다. 송대 사공(事功)학파로 불리는 진량(陳亮)이 그 대표적 인물이다. 그는 실제적 공적과 효과를 중시하

---

163 繼體昏風 계체혼풍: 당 고조의 아들 이원길(李元吉)이 태자와 세민을 죽이고 대통을 이으려 하다가 일이 누설되어 세민의 세력에 의하여 임호전에서 죽었다. 세민은 이때 원길의 아들 다섯을 다 죽이고 원길의 처를 아내로 삼아 아들 명(明)을 낳았는데, 원길을 소왕(巢王)이라 추봉하고 명으로 하여금 그 봉작을 잇게 하였다. 이를 두고 주희는 「감흥시」 20편 중 제 7장에서 '그 몸을 이었으니 당연히 혼란의 풍조[繼體宜昏風]'라고 했다. "晉陽啓唐祚 王明紹巢封 垂統已如此 繼體宜昏風 塵聚瀆天倫 牝晨司禍凶 乾綱一以墜 天樞遂崇崇 淫毒穢宸極 虐焰燔蒼穹 …"

여 이익과 패도에 대하여 긍정적 관점을 지니고 있었기 때문이다. 그러나 이에 대해서는 신랄한 비판이 가해졌다.

당을 춘추시대의 오패와 같다고 평하는 경우도 있는데 이 역시 사사로운 견해일 뿐이라고 우옹은 판단한다. 맹가는 패(霸)를 '힘으로 인과 의를 가장한 것으로서, 오래가니 그것이 잘못인 줄을 모른다'고 하였다. 당나라를 패도국가로 보기도 하는데 거의 300년 지속된 왕조이기에 이러한 평가가 있는 것이다.

주희는 "성인은 금 중의 금이고 성인을 배우다 다다르지 못한 자는 금 속에 있는 철과 같다. 한과 당은 그 마음 씀과 행한 일이 이치에 맞는 것이 있는데 그것은 철 속에 들어 있는 금과 같다"고 하였다.

우옹은 '철과 금이 섞여 있다'는 주희의 당에 대한 평가와 인식을 수용하면서도 당 황실에서 추악한 사건이 있었음을 잊지 않는다. 황제의 자리를 두고 쟁탈하는 과정에서 태종 이세민이 원길의 아들 다섯을 다 죽이고 원길의 처를 아내로 삼아 아들을 낳고 그로 하여금 그가 죽인 원길의 봉작을 잇게 한 일을 두고 주희가 "몸을 이었으니 혼란의 풍조는 당연한 것"이라 했는데, 이를 따라 우옹도 당을 추하고 잘못되었다고 총평한 것이다.

＊ 실용(實用) 실공(實功) 실사(實事)를 중시하는 사람들은 당에서 정관(貞觀)의 치세나 전성기 당의 문학을 의미 있게 보고 연구하며 통치의 모범으로 삼고자 한다.

그러나 주희와 우옹의 도학적 관점에서는 그것은 정의가 아닌 이익의 추구에 지나지 않았다고 하며, 한당의 천 년간을 하나의 '아득한 긴 밤의 역사'로 본다. 이는 르네상스적 시각에서 서양의 중세 천 년간을 암흑기로 보는 것과 비슷한 발상이다.

53
오계의 분쟁[五季紛爭]

우옹은 시 읊기 좋아하지 않네	尤翁非是愛吟詩
오계의 분쟁은 내 생각한 것 아니네	五季[164]紛爭匪我思
중원이 관리와 나그네의 여관이 되었으며	一片中原輸傳舍
10여 명의 황제가 파리가 낢 같았으니	十餘皇帝[165]似蠅飛[166]
끝없는 혼란에 다스림은 언제나 이룰꼬	亂如不極治何至
규성이 먼저 나타났으니 하늘이 참으로 하신 것	奎已先徵天實爲[167]
조풍 회풍에 이어 빈풍을 둔 성인의 뜻을 알겠네	曹檜而豳[168]知聖意
우옹은 시 읊기 좋아하지 않네	尤翁非是愛吟詩

---

164 五季 오계; 다섯 왕조가 자주 갈린 계세(季世)라는 뜻인데, 중국의 후오대를 이르는 말로 당 말기의 후량(後梁 907-923)·후당(後唐 923-936)·후진(後晉 936-946)·후한(後漢 947-950)·후주(後周 950-960)의 시대를 가리킨다. 5계는 말세를 일컫는 말로도 사용되었다.

165 十餘皇帝 십여황제; 5계 시대를 10국 시대라고도 하는데, 10국은 화남과 기타 주변 각 지방에서 흥망한 지방 정권으로, 오(吳)·남당(南唐 강서·안휘·복건)·오월(吳越 절강)·민(閩 복건, 뒤에 남당에 병합)·형남(荊南 또는 남평)·초(楚 호남)·남한(南漢 광동·광서)·전촉(前蜀)·후촉(後蜀 사천)·북위(北漢 산서)이다. 이 밖에도 단기간 독립을 유지하고 있던 연(燕 하북)·기(岐 봉주)·주행봉(周行逢 건주) 정권 등이 있었다.

166 似蠅飛 사승비; 파리가 나는 것 같다. 『후한서』「외효전」 "파리가 날아봤자 몇 걸음에 지나지 않는다[蒼蠅之飛. 不過數步]"

167 奎 규; 문장을 맡은 별이다. 송나라 때에 오성이 규성 자리에 모이더니 현인들이 많이 났다 한다. 송 섭채의 「진근사록표」에 "하늘이 빛나는 송의 시대를 열어주어, 별들이 문장을 주관하는 규성에 모이게 하였다.[天開皇宋 星聚文奎]"는 말이 나온다.

168 曹檜而豳 조회이빈; 조풍 회풍에 이어 빈풍을 두다. 『시경』 국풍은 회풍과 조풍에 이어 빈풍으로 맺음을 한다. 회풍에 '비풍(匪風)'장이 있고, 조풍에 '하천(下泉)'장이 있는데, 비풍과 하천은 주왕조의 쇠퇴와 더불어 자국의 쇠망 위기를 느껴 지은 시이다. 조와 회는 둘 다 동주 시대 약소 제후국들이다. 빈은 서주의 기반을 닦은 제후국이다.

통일은 분열을 가져온다고 하듯 300년 가까이 이어지던 당 제국이 멸망하고 이어서 다섯 왕조가 짧은 기간 만에 교체되고 잡다한 10국이 여기저기 포진했다. 이 과정의 혼란은 사람들로 하여금 말세라는 의식을 갖게 하였다. 이때를 5계 또는 5대10국 시대라고 부른다.

53년 동안에 다섯 왕조가 교체되었으니 중원이 마치 나그네가 잠깐 머물다 가는 객사 같다는 느낌을 갖게 하였다.

화남 지역 등 주변에 10여 개의 국가가 잠깐씩 모습을 드러냈다가 사라졌는데, 그 왕들은 마치 파리의 낢 같았다는 평이 있다. 파리가 날아봤자 몇 걸음 되지 않듯 영향력이 미친 영역도 좁고 존속 기간도 짧았기 때문이었다.

혼란이 끝이 없을 것처럼 이어지니, 안정된 통치가 언제나 이뤄질지 도무지 기약할 수 없는 상황이었다.

그런데 뜻밖에도 하늘에서 규성(奎星) 곧 문장을 맡은 별이 밝게 빛났다. 오성이 규성 자리에 모여들었는데 이는 이제 전란의 시대가 지나고 문치의 시대가 왔다는 하늘의 뜻을 드러내는 징조로 읽혔다.

혼란이 극단에 이르면 사람들이 평안을 그리워한다. 『시경』의 편찬자는 이런 뜻을 회풍(檜風)의 '비풍(匪風)' 장과 조풍(曹風)의 '하천(下泉)' 장 다음에 빈풍(豳風)을 두어 끝맺음함으로 드러냈다.

＊조(曹)와 회(檜)는 조공을 바치며 근근이 유지하던 약소 제후국들이고, 빈(豳)은 서주의 기반을 닦은 제후국이다. '비풍'과 '하천'은 주왕조의 쇠퇴와 더불어 자국의 쇠망 위기를 느껴 지은 시이다. 조풍의 '하천'을 평한 정자의 해설에 "혼란이 극도에 이르면 원래 치세를 그리워하게 마련이다. 그래서 '비풍'과 '하천' 장이 변풍(變風)의 끝에 나오게 된 것이다"라고 하였다. 회풍과 조풍은 변풍으로 5계의 말세 의식을 나타내고, 빈풍은 정풍(正風)으로 새로운 문치의 시대가 이어짐을 뜻한다. 그 새로운 시대는 송이다.

54
송나라에 눈이 밝게 열림[眼爲明開宋氏]

우옹은 시 읊기 좋아하지 않네	尤翁非是愛吟詩
송나라에 눈이 밝게 열릴 때 읊지	眼爲明開宋氏時
문치를 일으키려 함에 별의 도수가 호응하니	文治欲興星度應[169]
백성이 전란을 싫어함을 상제가 안 것이지	民生厭亂帝庭知
분서갱유에서 남은 도를 여러 유자들이 드러내니	秦餘道得諸儒顯
요 뒤에 사람들이 다섯 일 만난 것 더뎠네	堯後人逢五事遲[170]
애석하다! 천진교에서 두견이 한 번 운 것	惜也天津鵑[171]一叫
우옹은 시 읊기 좋아하지 않네	尤翁非是愛吟詩

---

169 文治欲興星度應 문치욕흥성도응: 송 건덕(乾德) 5년(967)에 오행성이 규성 방위에 모였는데 이후부터 문치가 행하여져 천하가 태평하였다 한다.『송사』「두엄전」

170 五事 오사: 다섯 가지 일. 소옹의『격양집』권15「관성화음」성대한 교화를 보고 읊음 "다섯 일을 낱낱이 앞의 조대를 들어 거론했으니 요·순 이래로 참으로 없던 일이네[五事歷將前代擧, 堯舜以下固無之]" 소옹은 송조가 천하를 얻은 것은 칭송할 만한 5개의 일이 있었기 때문이라 하였다[革命之日, 市不易肆, 以據天下在卽位後, 未嘗殺一無辜, 百年方四葉, 百年無腹心患]. 그런데『이정전서』에서는 1. 백 년간 내란이 없었다[百年無內亂], 2. 네 성인이 100년간 나왔다[四聖百年], 3. 시장에서 가게를 맘대로 바꾸지 않았다[市不易肆], 4. 대신을 죽이지 않았다[不戮大臣], 5. 정성을 다하여 이적을 대했다[至誠待夷狄]라고 하였다.

171 天津鵑 천진견: 소옹이 천진교에서 두견이 우는 것을 듣고는 남방 출신 왕안석의 신법이 일으킬 혼란과 정강의 화를 예견하였다고 한다. 왕안석이 펼친 개혁의 신법은 경제발전과 군사력 강화, 그리고 교육개혁을 표방하였다. 농민에게 영농 자금을 대출해주는 청묘법, 상인에게 자금을 빌려주는 시역법, 물가를 조절하기 위하여 균수법, 역을 공평하게 부과하기 위하여 균역법 등을 포함 폭넓고 획기적인 개혁안이었다. 그러나 신법은 관료, 대지주, 대상인들 등 이해관계의 충돌로 시행 초기부터 보수 세력의 반대가 심했고, 지방 행정조직의 문란과 탐관오리들로 인하여 법이 제대로 시행되지 못했으며, 나중엔 농민들로부터도 반발, 외면이 나타나 결과적으로 실패하였다.

송(960-1279)의 등장에 대하여 우옹의 눈이 환하게 밝아진다. 오랜 혼란 끝에 드디어 문치와 태평이 펼쳐졌으며, 도학이 발흥하였기 때문이다.

967년에 다섯 행성이 규(奎)성 자리에 모였다. 규성이 문장(文章)의 별이니 이는 문치를 하라는 하늘의 뜻이 나타남으로 해석되었다.

백성들이 더 이상의 전란을 싫어한다는 것을 상제의 조정에서도 알고 조치를 취한 것으로 이해되었다.

송나라에는 많은 현자와 학자들이 나타나 진(秦)의 분서와 갱유 이후 근근이 남아 있던 진리의 길을 밝히는 일에 매진하였다.

주돈이·장재·소옹·정호·정이를 비롯한 많은 학자들이 도학, 유학의 진리에 대한 탐구의 시대를 열렸다.

이들은『대학』과『중용』에 담긴 뜻을 집중적으로 드러내고,『맹자』를 재해석하며 높이 평가하고,『역』「계사」의 의미와 방법과 체계를 밝혀 새로운 학문 체계를 제시하며, 공자의 사상을 제대로 잇고 밝히고 실천하는 진유임을 자임하였다.

송이 천하를 얻은 것은 칭송할 만한 5사(事)가 있었기 때문이라고 한다. 이는 소옹(1011-1077)의 견해인데, 그가 꼽은 5사는 다음과 같다.

1. 혁명의 날에 시장에서 가게를 바꾸지 않음이다. 이 말은 백성을 전란의 고통에서 멀리 벗어나게 하는 것, 백성들이 농사짓고 시장에서 정상적으로 영업하고 사회가 화평하여 백성들이 평안하게 생업에 종사하는 것을 말한다.

2. 즉위 후에 천하의 군대를 거두어들인 것, 곧 문치를 행하였다.

3. 무고한 사람은 하나도 죽이지 않았다. 북송은 현명한 재상들이 이어져 나온 드문 시대이다. 재상을 죽인 일이 없었다.

4. 100년 동안 사방의 이적(夷狄)이 침략하지 않아 평화가 있었다.

5. 100년 동안 내란의 우환이 없었다.

요임금 때나 있었던 태평의 시대가 마침내 다시 왔다고 생각했다. 백성들이 참으로 오랫동안 갈구하고 기다렸던 평화였다.

그런데 안타까운 일도 있었다. 왕안석(1021-1086)의 개혁 변법으로 인한 신구 세력 간의 당쟁과 그 결과인 정강(靖康)의 참화였다. 우옹은 이를 천진교에서 소옹이 들은 두견의 울음으로 표명했다. 곧 소옹이 천진교에서 두견이 우는 것을 듣고는 탄식하며 "세상이 시끄러워지겠다. 기가 남쪽에서 북쪽으로 올라오니 새는 기의 흐름을 앞서 안다. 남쪽 사람이 정권을 잡을 조짐이 있다. 세상이 반드시 혼란스러울 것이다"라고 말했다.

＊도학자들은 북송의 주돈이를 도학의 개산시조로 삼는다. 주돈이에 이어 장재·소옹·정호·정이를 도학의 5현인이라 한다.

우옹은 한과 송의 문화를 예찬하고 이들의 등장에 앞서 미리 조짐과 기운이 나타났다고 한다. "하늘이 장차 한조 통치의 도를 열어주고자 했으므로 문장이 이미 전국시대에 변하였고, 북송대에 낙양·남송대에 건양에 도학을 일으키려 했으므로 다섯 별이 이미 오계(五季) 시대에 모인 것이다. 대개 이치상 조짐이 있게 되면 그러한 기운이 먼저 나타나는 것이다."[172]

55
남으로 건너간 것을 길게 탄식함 [永嘆南渡]

우옹은 시 읊기 좋아하지 않네	尤翁非是愛吟詩
시는 남으로 건너간 것을 길게 탄식할 때 읊지	詩是永嘆南渡[173]時
신령한 진흙 말의 사건을 이해했어야지	解道神靈泥馬事[174]
태조가 쌓은 기반 경영할 사람이 없었네	無人經理屬猪基[175]
북쪽 풍상과 서쪽 사막을 어찌 마음에 잊었기에	風霜沙漠何心忘[176]
옥과 비단 보물 상자 머리 조아려 바치게 되었나	玉帛珍函俯首爲[177]
처절하다! 한 귀퉁이에 있는 악왕의 무덤이여!	悽切岳王[178]墳一曲[179]
우옹은 시 읊기 좋아하지 않네	尤翁非是愛吟詩

---

173 南渡 남도: 강을 건너 남쪽으로 갔다. 금나라가 1126년 송의 개봉을 점령하고 휘종과 흠종을 포로로 잡아가는 '정강의 변'(1127년)이 일어나자 이때 난을 피해 양자강을 건너 남쪽으로 도망한 흠종의 동생 고종이 임안에 도읍하였는데 이를 남송이라 부른다. 남송은 1276년 몽골군에 의해 임안이 함락되고, 1279년 애산 전투에서 패하여 9대, 152년 만에 멸망하였다.

174 泥馬事 니마사: 진흙으로 빚은 말. 『송사』 「종택전(宗澤傳)」과 신기질(辛棄疾 1140-1207)이 지은 『남도록(南渡錄)』에 보인다.

175 屬猪基 속저기: 송 태조 조광윤은 을해년 출생의 돼지띠이기에 속저(屬猪)라고 하였다.

176 風霜沙漠 풍상사막: 풍상은 북방을, 사막은 서쪽을 가리킨다. 송은 사막 지역의 서하와 북방의 요, 그리고 동북쪽 금 여진에 시달렸다.

177 玉帛珍函 옥백진함: 1044년 서하가 송에 신하의 예를 취하는 대신 서하의 황제를 하국왕에 봉했고, 송은 매년 은 7만 2천 냥, 비단 15만 3천 필, 차 5만 근을 서하에 지급하고, 국경 지역에 무역장을 개설해 교역을 허용했다. 당시 요에게도 매년 은 20만 냥과 비단 30만 필을 주기로 했다.

178 岳王 악왕: 악비(岳飛 1103-1142)를 말한다. 금 군사가 강남을 공격하였을 때 홀로 기치를 세우고 적극 항전을 주장하여 건양, 양양 6군, 상주, 괵주 등을 회복하였다. 송과 금의 화의 과정 중에 악비는 진회, 장준 등 4인의 무함을 받아 맏아들 악운, 부장

요 이래 최고의 태평 시대이며 문치 시대라는 평가를 받던 북송은 왕조 개창 후 100여 년 후부터 거란과 서하에 시달리다가 금의 침입으로 장강을 넘어 남쪽으로 내려가 임안 지금의 항주에 도읍을 정했다. 그게 1127년이다. 이의 원인과 과정을 우옹은 길게 탄식한다.

금의 압박이 심해지자 휘종의 아홉째 아들 강왕이 금에 사신으로 가는 길에 하북성의 남쪽에 있는 자주(磁州)에 도착했다. 자주의 유수(留守)이자 명장인 종택(宗澤 1060-1128)이 금으로 가지 말라고 권하였으나 따르지를 않으니 근처에 있는 최부군묘(崔府君廟)에 가서 점을 쳐서 결정하자고 하였다. 이날 밤에 종택이 묘당에 있는 진흙으로 빚은 말과 수레 가마 등을 꺼내어 강왕이 가는 길을 막아 버려 그 행차를 되돌리게 했다. 이런 사실이 훗날 다양한 이야기로 꾸며졌는데, 강왕의 탈출을 도운 말이 칠백리 길을 달려 황하를 건네주고는 다시 진흙으로 변해 버렸다는 이야기이다. 신령의 도움으로 송나라가 보존되었다는 의미를 담으려 한 것이다.

송 태조 조광윤은 즉위한 다음 그를 추대하였던 절도사 군벌들을 모두 해체하고 문치(文治)의 기틀을 닦았다. 그런데 그의 후계자들은 찬바람과 서리로 상징되는 북방의 요와 금, 사막으로 상징되는 변방 이적 서하를 잊어 그들의 침입을 초래했다. 태조가 닦은 국가 경영의 기반을 경영하고 관리할 인물이 더 이상 나타나지 않았다.

이 과정에서 막대한 양의 은과 비단으로 변방 민족을 무마하며 그들에게 머리 조아려 화평을 구걸하는 처지가 되고 말았다.

남송(1127-1279)도 금과의 화의론과 주전론의 갈등 속에 위태롭게 유지

장헌과 함께 해를 입었다.

179 墳―曲분일곡; 악비가 처형되자 임안의 옥졸 외순이 몰래 악비의 유골을 수습하여 항주 서호 옆에 있는 서하령에 안장하였다. 이후 묘소 동쪽에 그를 기리는 '악묘'가 세워졌다.

되고 있었다.

악비(岳飛 1103-1142)라는 걸출하고 충의로운 장수가 이때 적극 항전하며 북벌을 주도하였다. 그러나 그는 진회(秦檜), 장준(張俊) 등으로부터 반역의 무함을 받아 '증거는 없지만 없다고 할 수도 없다[莫須有]'는 해괴한 죄명을 쓰고 죽었다. 금나라는 "산을 흔드는 것은 쉬워도 악비의 군대를 흔드는 것은 어렵다"고 하였다는데, 그런 그를 남송의 정적들이 제거한 것이다.

악비가 억울하게 처형된 후, 임안의 감옥지기인 외순(隗順)이 몰래 그의 시신을 수습하여 장사 지내주었다. 이는 단종의 시신을 거둔 영월의 호장 엄흥도를 생각나게 한다. 악비의 무덤은 서호 옆에 있는 서하령에 남아 있어 후세에 그곳을 지나는 이들의 마음에 처절함을 갖게 한다.

＊남송은 금나라의 위협 속에 주전과 화전으로 국론이 분열된 가운데 주희의 성리학이 집대성되어 가고 있었다. 주희 사상 속에는 의로운 전쟁, 그리고 『춘추』의 대의가 주요 이념으로 자리하고 있다. 주희가 지니고 있었던 태도와 사상은 우옹에게 있어서 본보기가 되었다. 청과의 전쟁에서 패배하고 이어 그들의 압제 아래 있었던 조선의 상황이기에 더욱 그랬다. 그는 주희의 말 한마디 한마디가 모두 아무런 수정이나 변통 없이도 당시 조선 상황에 적용 가능하다고 생각하였고, 그렇게 실천하려 하였다.

56
오랑캐 원이 뜻 이룸을 개탄함 [感慨胡元得志]

우옹은 시 읊기 좋아하지 않네	尤翁非是愛吟詩
오랑캐 원이 뜻 이룸을 개탄할 때 읊지	感慨胡元得志[180]時
궁궐 문에 내걸린 법상은 어지러운 개돼지 떼들	象魏[181]繽紛群犬豕[182]
찬란한 용무늬는 누구에게 아부하는 건가	龍章燦爛付阿誰
삼대의 예악은 골치 아파 머리 흔들고	三王禮樂頭爭掉
만국 사절단의 의관 손을 휘저어 흔드니	萬國衣冠[183]手以揮
이에 하늘이 준비하여 큰 성인을 내셨네	天乃胚胎生大聖[184]
우옹은 시 읊기 좋아하지 않네	尤翁非是愛吟詩

---

180 胡元호원; 원을 오랑캐로 부르는 비하어이다. 원나라의 전신은 대몽고국이다. 징기스칸 원년(1206) 아시아 대륙 북부 대부분의 지역을 점령하고 대몽고국을 세웠는데 1227년 서하를 공격하였고 1234년 금나라를 공격하여 화북 지역을 다 차지하였다. 세 차례에 걸쳐 서방을 공격하여 유라시아 대륙을 다 차지하였다. 쿠빌라이가 1271년 나라 이름을 대원(大元)으로 고쳤다. 1276년 원은 남송을 멸하고 중국을 통일하였다. 원조 중기 황제가 빈번하게 교체되고 정치가 시종 일정한 궤도가 없었으며 순제(順帝) 말년 특히 정사에 소홀하여 통화가 팽창하고 황하가 범람하며 요역이 가중되어 1351년에는 민중 폭동이 발생하였다. 1368년에 주원장이 명을 건립하고 대도를 점령하여 원을 북으로 몰아냈다.

181 象魏상위;『주례』주석에서 위(魏)를 궐(闕)이라 했다. 원은 궁문에 법상 곧 예의 규범의 의표나 제왕이나 성현의 상을 내걸어 백성들에게 보였다. 그래서 상위라고 했다. 궁궐 문에 내건 법상은 요즘의 배너에 해당한다.

182 犬豕견시; 개돼지. 여기서는 북방 오랑캐 몽골족을 가리킨다. 금의 여진족만이 아니라 몽골족도 개돼지로 불렸다.

183 萬國衣冠만국의관; 원은 사실상 유라시아 대륙에 걸친 대제국이었고 색목인을 비롯한 만국의 사절이 조공과 무역을 위하여 수도에 모여들었다.

184 生大聖생대성; 큰 성인을 낳다. 명나라 태조가 때에 맞추어 태어남을 말한다.

북방 초원의 지배자 몽골 징기스칸의 손자 쿠빌라이는 남송을 멸하고 중원의 주인이 되었다. 국호를 『역』의 "위대하도다! 하늘 통치의 시작이여![大哉 乾元]"에서 취한 '대원(大元)'으로 하였다. 몽골의 중원 지배는 1200년대 전반부터 100여 년 이어졌다.

원나라 수도 북경의 성문에는 현란한 무늬의 법상과 휘장들이 내걸려 나부꼈다. 이는 저들의 초원 문화를 상징하며 그 강하고 사나운 기세를 보여주는 것이지만 우옹은 이것들을 전통적으로 오랑캐 이적들에 대하여 사용하는 상투적 비하어인 개돼지[犬豕]로 지칭한다.

원의 통치자들은 용무늬가 찬란한 문장들도 사용했는데 이는 한족 문화와의 융합 정책의 일환이었다. 저들은 적극적으로 한화(漢化)정책을 펼쳤다.

그러나 중원에는 하·은·주 시대의 예악은 사라졌다. 유라시아 대륙에 걸친 대제국인 원의 수도에는 색목인을 비롯한 천하 각국에서 모여든 외교 사절단이 넘쳐났는데 그들을 맞이하고 보내는 의식은 이미 전통적 중원의 그것이 아니었다. 유가의 전통 의식들은 초원을 누비는 기마족들에게는 골치만 아픈 것일 따름이었다. 만국 사절단을 맞이하고 보내는 저들의 옷차림과 몸가짐은 두 손을 앞으로 가지런히 모으는 읍(揖)이 아니라 손을 휘저어 흔드는 방식으로 바뀌었던 것이다.

하늘은 마침내 야만의 문화를 종식시키고 큰 성인을 준비하여 세상에 내셨다. 명 태조의 등장이 그것이다. 원을 야만으로 인식하는 우옹에게 있어서 명의 등장은 문명으로의 전환을 의미했고, 그 명 왕조를 개창한 주원장은 큰 성인의 호칭을 받을 대상이었다.

* 몽골의 중원 지배 기간 고려 후반기 100여 년을 그들의 통치하에 두었다. 조공은 물론이고 충열·충선·충숙 등 왕의 휘호 앞에 충(忠)자를 넣어야

만 하였다. 그들은 갖은 형태의 수탈과 학정으로 고려인들에게 나쁜 기억을 심었다. 세월의 흐름 속에 북방 유목민 문화에 고려가 상당 부분 동화되어 갔다. 원은 또 일본 정벌을 위해 정동행성(征東行省)을 설치하였고, 대규모 정벌이 태풍으로 실패하자 이를 고려를 간섭하는 기구로 전환하였다.

한편 원은 성리학을 국학으로 삼고 주희의 사서집주를 과거시험의 표준 답안으로 정했다. 한족 출신 성리학자 허형(許衡 1209-1281) 등을 우대하기도 하였다. 대도(大都)로 불린 연경에 고려의 안향 이색 등이 유학하거나 다녀오며 성리학을 익혔다. 이색의 문하에서 배출된 정몽주 정도전 권근 등 성리학으로 훈련된 많은 사대부들이 중심이 되어 국가 통치의 사상적 기초를 불교로부터 유교로 옮겨 놓았다.

57
성군의 시대를 기쁘게 맞이함 [欣逢聖際]

우옹은 시 읊기 좋아하지 않네	尤翁非是愛吟詩
시는 성군의 시대를 기쁘게 맞이할 때 읊지	詩是欣逢聖際[185]時
무열과 문모를 어찌 다 말하며	武烈文謨[186]何足說
그 신공과 성덕을 아는 사람 누가 있나	神功聖德有誰知
음양의 고른 운행은 도가 이와 같은 것인데	陰陽平運道如是[187]
조화를 제대로 이루지 못함을 하늘이 슬퍼하니	造化無能天爲悲
1644년 갑신년 삼월 그날을 통곡하네	痛哭甲申三月日[188]
우옹은 시 읊기 좋아하지 않네	尤翁非是愛吟詩

명(明 1367-1644)의 주원장은 원나라를 멸망시키고 한족의 지배를 회복
하였다. 남부 안휘성 출신의 그는 홍건적의 난에 참여, 중국 남부 지역을 통
일하면서 세력의 기반을 마련하였고, 원에 적대적인 한족의 지지를 받아 황
제의 지위에 올랐다. 우옹은 명 태조의 등장을 성군의 시대 도래로 보았다.

---

185 聖際성제: 성군의 시대. 여기서는 명조 또는 명의 태조를 가리킨다. 성(聖)과 명
(明)은 종종 통용된다. 명조의 국호는 『역』의 '종시를 크게 밝힌다[大明終始]'에서 취했
다고 한다.

186 武烈文謨무열문모: 무왕의 열렬함과 문왕의 지혜란 뜻으로 『서경』 「군아(君牙)」
의 "크게 나타났다 문왕의 지혜여! 크게 계승하였다! 무왕의 열렬함이여![丕顯哉 文王
謨 丕承哉 武王烈]"에 보인다.

187 陰陽平運道如是음양평운도여시: 음양이 고르게 운행함. 『역』 「계사」에 "한 번 음
이 되고 한 번 양이 되는 것을 도라고 한다[一陰一陽之謂道]"라고 하였다.

188 甲申三月日갑신삼월일: 1644년 3월 19일. 이자성의 농민군이 북경을 점령하자
명 마지막 황제인 숭정제가 이날 신무문으로 나와 매산에서 목을 매어 자결했다.

명 태조는 빼어난 무략과 지모를 지녔고 민심을 아우르는 덕의 지도자였다. 강력한 중앙집권제를 실시하여 농본 정책을 펼치고 새로운 형태의 과거제와 국자감 교육을 통해 적절한 인재를 양성하였다. 도시가 번창하고 문화와 예술이 발달하였으며 위협적이었던 왜구와 해적을 소탕하고 북방을 정벌하였으며 만리장성을 축성하였다. 참으로 오랜만에 보는 안정과 그에 기반한 문화의 창달이 이루어졌다. 이런 명의 태조는 신민들에게 무열(武烈) 문모(文謨)를 갖추었고 신의 공력, 성인의 덕을 지닌 것으로 칭송되며, 그 시대는 성인의 시대로 불렸다.

세상사는 한 번은 음이 되고 한 번은 양이 된다. 원의 어두운 정치 100여 년 만에 다시 찾아온 명의 밝음의 치세는 바로 한 번의 음, 한 번의 양이 되는 고른 운행이며 이것이 바로 도의 운동이라 할 수 있다. 그런데 밝음의 시대가 오래되니 다시 또 음이 자랐다. 이 조화(造化)는 하늘의 뜻이 펼쳐지는 방식으로 사람이 어쩌지 못하는 것이다.

명은 영락제 이후 퇴조의 기미를 보이기 시작했다. 조정에는 환관이 다시 득세하고 황제는 정사를 등한시하고 사치와 향락에 빠졌다. 상업의 발달은 토지의 겸병 현상을 낳았고 유민이 속출하고 민란이 일기 시작하였다. 몽골족과 왜구의 침입이 가중되다가 만주족이 세운 후금(後金) 청이 명나라를 압박하였으며, 반란군 이자성이 이끄는 농민군이 북경을 점령하면서 명은 277년 만에 멸망하였다.

그날이 1644년 3월 19일이었다. 이날 우옹은 통곡을 쏟아내었다.

＊명나라보다 25년 늦게 출발한 조선은 정치와 문화에 있어 명으로부터 강한 영향을 받았다. 『성리대전』, 『사서오경대전』 등 『영락대전』으로 통칭되는 문헌들이 세종 원년부터 조선에 전해져서 이후 성리학의 수용 정착 발전에 큰 역할을 하였다. 1592년에 조선의 왜란에 명은 원군을 보냈고 7년간 계속된 전쟁에서 왜군을 퇴치하였다.

 1636년 여진족 누르하치가 세운 청에 조선은 참담히 유린되었다. 조선의 신민들은 청에 대하여 굴복은 하였으나 수치를 씻겠다는 마음을 포기할 수 없었다. 자연스레 명은 은혜의 나라요 청은 원수의 나라로 각인되었다.

 외교적으로 어려움에 처한 조선에서 당시 당국자요 세도를 자임하고 있었던 우옹은 청에 대하여 "아픔을 참고 원망을 머금어 절박하여 그만둘 수 없다[忍痛含怨 迫不得已]"는 자세를 견지하였다. 이 말은 주희가 당초 남송이 금과 화친하는 것에 대해서 그 안이한 세태를 비판하고 개탄하며 한 말에서 취한 것이다.[189]

 명(明)의 국호 유래에 대하여 원이 오행론에서 금(金)이므로 원을 극복한다는 의미로 불을 비유하여 명(明)을 썼다는 주장이 있고 또 『역』의 건(乾)괘 단전의 '대명종시(大明終始)'에서 취했다는 견해도 있다. 원이 『역』의 '대재건원(大哉乾元)'에서 '대원'을 취했으므로 '대명'으로 대체한다는 뜻을 담으려고 했다는 것이다.

---

189 주희 『주자대전』 권24 「여진시랑서」 "今也 進不能攻 退不能守 顧爲卑辭厚禮以乞憐於仇讐 幸而得之 則又君臣相慶 … 欣欣焉 無復分毫忍痛含冤迫不得已之言 以存天下之防者"

58
우주를 훑어봄[流觀宇宙]

우옹은 시 읊기 좋아하지 않네	尤翁非是愛吟詩
시는 우주를 훑어볼 때 읊지	詩是流觀[190]宇宙時
만 년 천 년 연대가 흘러가는데	於萬於千年代去
그 치세와 그 난세는 성인과 광인이 만들지	其治其亂聖狂[191]爲
세상의 일은 흐르는 물처럼 끝없이 지나가니	人間逝水[192]無窮過
진흙탕에 기러기 앉았다가 날듯 하네	泥上賓鴻[193]底處飛
이 누린내 풍기는 세상을 만났으니	適此腥臊[194]天下日
우옹은 시 읊기 좋아하지 않네	尤翁非是愛吟詩

앞에서 명나라를 소재로 하였으니 여기는 청(淸 1616-1912)이어야 한다. 그런데 시어에 청이라는 글자가 보이지 않는다.

이 시의 주제는 '우주를 유관(流觀)함'이라 했다. 우주는 고금 왕래와 상

---

190 流觀 유관; 주류관람(周流觀覽) 범관(泛觀) 또는 간략하게 두루 살펴봄, 훑어봄의 뜻이다. 물 흐르듯 보고, 그 흐름을 보는 것이라고도 할 수 있다.

191 聖狂 성광;『서경』「주서·다방」에 "오직 성인도 생각이 없으면 미치광이가 되고 미치광이도 능히 생각하면 성인이 된다[惟聖罔念作狂 惟狂克念作聖]" 하였다.

192 逝水 서수; 공자가 냇가에서 "가는 것이 이와 같구나. 밤낮 멈추지 않네[逝者如斯夫 不舍晝夜]"라고 한 말이『논어』「자한」에 보인다.

193 泥上賓鴻 니상빈홍;『예기』「월령」에 기러기를 내빈(來賓)이라 했다. 소식의 시「和子由澠池懷舊」에 "인생은 어디를 가든 무엇과 같은지 아는가? 날아가던 기러기가 눈밭을 밟는 것과 같지. 눈밭 위에 우연히 발자국을 남겼을 뿐 기러기가 날아가면 어찌 다시 동서를 알리요[人生到處知何似 應似飛鴻踏雪泥 泥上偶然留指爪 鴻飛那復計東西]"가 있다.

194 腥臊 성조; 비린내. 본디 추악하고 상스러운 사물을 말하는 것으로, 전하여 반적(叛賊)을 가리킨다. 여기서는 만주족인 누르하치가 명을 멸망시키던 전란을 가리킨다.

하사방, 무한의 시간과 공간을 뜻하고, 유관은 두루 관람함, 광범위하게 봄, 대충 보는 것이다. 이것만 갖고서는 이 시의 주제가 청조임을 알 수 없다. 그러나 제7구에서 '누린내[腥臊 –비린내]나는 세상'이라고 했는데 이는 통상 오랑캐를 뜻하므로 청을 지칭함을 알 수 있다.

누르하치가 여진의 여러 부족을 통일하고 1616년 국호를 후금이라 했는데, 태종이 1636년 국호를 대청(大淸)[195]으로 고치고 이어 태종의 아들 순치제가 1644년 베이징에 진입하며 명이 멸망하였다. 명·청 교체기를 살았던 우옹(1607-1689)으로서는 조선의 군신과 백성을 굴욕에 떨구고, 자신의 가족을 죽인 만주족 왕조인 청(淸)이라는 용어를 애써 피한 것 같다.

우옹은 현실의 청나라를 바라보면서 회고한다. 장구한 시간의 흐름 속에 인간의 역사에는 안정과 평화, 그리고 혼란과 전쟁의 시대가 있었다.

평화는 성인이 이루어 냈고, 혼란과 전쟁은 미치광이들의 작품이었다. 앞서 명의 치세가 성인의 작품이라면 당면하고 있는 청은 미치광이들의 발호에 지나지 않았다.

공자가 냇가에서 "가는 것이 이와 같구나 밤낮을 두지 않네"라고 빗대어 탄식한 것과 같이 세월은 멈춤 없이 지나가고 있다.

이 멈춤 없는 흐름 속에 오랑캐의 발광하듯 하는 어지러운 시대도 시간의 흐름 속에 흔적도 남기지 않고 사라져갈 것을 우옹은 믿고 기대한다. 그것은 마치 '눈이나 물가의 진흙 위에 찍혀 있는 기러기의 발자국이 눈이 녹거나 물에 씻기거나 하여 이내 흔적조차 남지 않는 것'과 같다. 소식(蘇軾)

---

195 대청(大淸) 국호의 의미에 대해서는 몇 가지 추측이 있다. 청에는 깨끗하게 청소하고 탁 트이게 하는 뜻이 있고 또 푸르다는 뜻이 있다. 청은 북방에서 신봉하는 샤머니즘의 여러 부족이 숭상하는 것으로 만주족 또한 샤머니즘을 독신했기에 '대청'으로 불렸다고 한다. '오덕설'의 관점에서 명조가 화덕(火德)이므로 수덕(水德)이어야 이를 극복하기에 이렇게 이름을 지었다고도 한다.

의 이 표현은 맥락은 달라도 "이 또한 지나가리라"라는 어느 유태인의 반지
에 새겨 있다는 글귀를 생각나게 한다.

* 우옹이 이 시를 쓸 때의 청나라는 4대 황제 강희제(재위 1661-1722)가
통치하던 기간이었다. 청은 1627년, 1636년 두 차례에 걸쳐 조선을 침략하
였고, 왜란 때 조선을 구해준 명을 1644년에 멸망시켰으며, 이어서 3번의
난 등 내란과 저항을 평정하였고, 국제 관계에서도 러시아와 네르친스크조
약을 맺기 직전이었다. 강희·건륭·옹정 등 걸출한 제왕이 잇달아 나옴으로
청조는 상당히 강력한 국력과 높은 수준의 문화를 이루어 가고 있었다. 우
옹으로서는 이러한 역사의 현상과 그 전개를 납득하기 어려웠을 것이다.
　앞의 제4음에서 우옹은 작은 나라, 말세에 태어난 것[생고만(生苦晚)]을
탄식했는데 그에게 청나라는 누린내 나는 세상이고 시대는 말세로 인식되
었다.

제4단락

도학의 연원과 흐름

74. 장강·한수와 가을볕 같은 회보[江漢秋陽晦父]

75. 선공 장식의 벗 사귐[宣公取友]

76. 성공 여조겸이 벗을 얻음[成公得友]

77. 하남 정호·정이 문하생을 상상함[緬想河南門下]

78. 멀리 주문의 여러 선생을 찾아[遠溯朱門諸子]

이 단락 59번부터 78번째까지의 20개의 시는 '도학의 연원과 흐름'을 주제로 하고 있다. 말과 일의 관계에 이어서 주공 공자로부터 주희의 문하에 이르기까지 도학의 선하적 인물과 그 흐름 속의 인물들을 묘사하고 서술하고 있다.

59

많은 말이 일을 해침[多言害事]

우옹은 시 읊기 좋아하지 않네	尤翁非是愛吟詩
많은 말이 일을 해침을 자각할 때 읊지	自覺多言害事[1]時
도학의 연원을 눈여겨보아야 하고	道學[2]淵源須著眼
고금의 성패에는 눈 치켜뜰 필요 없네	古今成敗莫揚眉[3]
유정 유일의 전수심법을 누가 아는가	誰知精一[4]相傳授
흡사 음양이 꼭 맞물려 옮겨가듯 하니	恰似陰陽密挼移[5]
이로부터 문정이 참으로 환히 열렸으니	從此門庭眞洞闢
우옹은 시 읊기 좋아하지 않네	尤翁非是愛吟詩

---

1 多言害事다언해사:『공자가어』「관주」에 공자가 주나라 태묘에 갔을 적에 쇠로 만든 사람[金人]의 입을 세 겹으로 꿰맨 것을 보았는데, 그 등 뒤의 명문에 "옛날에 말조심을 하던 사람이다. 경계하여 많은 말을 하지 말라. 말이 많으면 실패가 또한 많다[古之愼言人也 戒之哉 無多言 多言多敗]"가 있었다고 한다.『심경』권3에 정이의 "내가 양시에게 늘 저술하는 일을 좋아하지 말라고 일렀으니, 저술하기를 좋아하면 말이 많아지고, 말이 많아지면 도를 해치기[多言則害道] 때문이었다"라는 말이 수록되어 있다.

2 道學도학; 송대 신유학을 가리킨다. 그것은 이학, 송학으로도 불린다.『송사』에 「도학전」이 있다. 주돈이를 도학의 종주로 삼는데 그가 거의 천 년간 중단된 '도통' 곧 '성명의 학문'을 이었다고 한다. 또한 그는 공자 안자의 즐거움을 제창하고 실천했으며, 대담하게 불교와 도교의 이론과 방법을 끌어들여 이학의 방법론을 개창했다. 이학가들에게 하나의 내적 초월 경지를 제공하였다.

3 揚眉양미; 눈썹을 올리다. 눈을 들다, 근심하다, 분노하다 등의 모습을 형용한 것이다.

4 精一정일:『서경』「대우모」"人心惟危, 道心惟微, 惟精惟一, 允执厥中"이는 유학의 이른바 16글자 심법으로 불린다. 주희는 이것을 도통의 출발점으로 본다. 유정유일(惟精惟一)은 인심을 안정시키고 도심을 드러내는 공부 방법이다. 정(精)은 세밀의 뜻으로 추(粗)와 상대되며, 정밀, 정세, 정확, 사상이 주밀한 것, 물질 가운데 가장 순수한 부분을 지칭한다. 일(一)은 순전, 전일, 가득 참의 뜻이 있다.

북송의 출현은 앞서의 오계 시대에 나타난 도덕의 추락, 신념의 실종, 문화의 혼란, 민족의 위기가 배경이 되었다. 이런 사회적 배경이 다시 전통을 돌아보게 하고 일종의 보편적 진리의 학문과 문화를 추구하는 분위기를 형성하였다. 이해관계나 생사의 문제를 넘어서는 의리를 세우고, 살아가고 존재하는 의미를 탐구하였으며, 지성의 자유를 추구하고, 마음의 안정과 맑은 즐거움을 갈망하게 했다. 이른바 하늘의 이치와 인간이 행할 당위적 준칙에 대한 탐구가 이들 도학가 공통의 취향이 되었다.

도학의 연원과 흐름을 다루는 이 단락을 우옹은 '말이 많으면 일을 해친다'는 내용으로 시작한다. 도학은 이론이나 말보다 실천의 성향임을 전제적으로 표방한 것으로 보인다. 이전 성인들은 말보다 사업이나 행동을 실천하는 데 주력했음을 드러낸 것이다. 한유는 도학의 책임자들이 주공 이전은 위로 제왕이었기에 바로 사업으로 이어졌지만 주공 이후는 아래로 신하들이었기에 말이 길어졌다고 하였다.

우옹은 도학의 연원에 대한 관심을 권한다. 이는 근본과 출발의 중요성을 강조하는 것이다. 그것은 요·순·우가 보인 통치의 도였으며 중용이었다. 유학의 본질이 통치의 도를 밝히고 실천하는 데 있음을 말하는 것이다.

이어서 그는 역사적 성패에 눈 치켜뜰 필요가 없다고도 했다. 세간의 많은 사람들이 지닌 관심이 성공과 실패라고 할 수 있는데 우옹은 이것에 과도한 관심을 경계한다. 사실 공자나 맹가, 주희 등의 도학자들은 겉으로 보이는 사업에 큰 성공을 거둔 사람들이라고 하기는 어렵다. 그들은 시비와 정사를 밝힘에 더욱 공을 들였다.

---

5 挼移 찰이; 挼의 뜻은 꽉 누름, 옛날 손가락을 끼는 혹형이다. 찰이는 맞물려 옮겨 감이다. 『송자대전』 권137, 「포은선생시집서」에 다음의 글귀가 있다. "오직 음양이 꽉 맞물려 돌아가는 이치와 조화의 틀의 오묘함을 알고 난 다음에야 여기에 참여할 수 있다[惟其知陰陽挼移之理. 識造化機織之妙. 然後可以與此也]."

우옹이 주목한 도학의 연원은 순이 우에게 천하를 넘길 때에 당부했던 유정유일(惟精惟一) 곧 정심(精審) 전일(專一)의 마음공부 방법이다. 이는 '인심도심'론이라고 하고 '집중(執中)론'이라고도 한다. 이를 도학의 연원으로 규정한 것은 주희였고, 그의 「중용장구서문」에 잘 정리되어 있다.

요·순·우에게서 발원되고 전수된 도학의 흐름은 주돈이·주희를 거치고 이황·이이를 지나면서 마치 음양의 꽉 맞물린 추이와 같이 진행되었다.

이로부터 공자 같은 성인의 문하와 뜨락이 열리고 주희·이황·이이 같은 현자들이 열고 펼치는 진리의 마당이 환하고 넓어지게 되었다.

* '많은 말이 일을 해친다'고 경계하였지만 도학은 중국에서도 조선에서도 그 실천의 강조만큼이나 논변의 철학으로 흘러갔고, 그리하여 지리(支離)하다, 공소(空疏)하다는 비판, 관념적이라는 근세의 비판이 일어났다. 명·청에서는 간단하고 쉬움을 표방한 심학, 고증적 박실학의 도전이 있었고, 정약용은 양심(養心)의 학문으로부터 행사(行事)의 학문으로 돌아가야 한다고 주창하였다.

말이 많아지면 종종 본질을 흐리곤 한다. 따라서 이를 경계한 우옹의 식견을 다시 본다. 이는 지난날의 도학에만 해당되는 것이 아니기 때문이다.

60
주공 이전과 이후 [周公上下]

우옹은 시 읊기 좋아하지 않네	尤翁非是愛吟詩
시는 주공의 위와 아래를 생각할 때 읊네	詩是周公[6]上下[7]時
그는 천기를 운용하여 일을 난숙하게 처리하고	運用天機[8]爛熟事
64괘에 두루 통하여 과거와 미래를 알았네	周流卦德[9]往來知
삼대의 예악을 모두 밝게 펴고	三王禮樂[10]皆昭布
6효와 음양이 서로 변하고 옮기었으니	六位方圓[11]互變移
백성들이 엄숙히 받들고 기뻐함은 마땅한 일	肅祇將歡餘事已[12]
우옹은 시 읊기 좋아하지 않네	尤翁非是愛吟詩

---

6   周公주공; 생졸년은 자세하지 않다. 이름은 단(旦)이다. 그래서 숙단(叔旦 숙부단)으로 불린다. 주문왕의 넷째 아들이고 무왕의 아우이다. 그의 채읍이 주에 있어서 주공으로 불렸다. 무왕이 죽고 성왕이 어릴 때 섭정했는데 관숙과 채숙 그리고 곽숙 등이 불복하고 은의 귀족 무경과 동이가 반발하였기에 그가 군사를 이끌고 정벌하여 반란을 평정했다. 서주의 전장 제도와 예악을 창제하였다.

7   上下상하; 여기의 상하는 주공의 이전과 이후로 보인다. 한유의 「원도」에 다음의 구절이 있다. "주공으로부터 그 이상은 위로 군주가 되었기에 그 일을 행하였고, 주공 이후는 아래로 신하가 되었기에 그 말이 길다[由周公而上, 上而爲君, 故其事行. 由周公而下, 下而爲臣, 故其說長]."

8   運用天機운용천기; 천기는 모든 조화를 이루는 하늘의 기틀이며, 그 뜻이 옮겨져서 중대한 기밀을 나타낼 때 쓰인다. 주희는 『주례』는 주공이 천기를 운용한 책[周禮一經 是周公運用天機之書]"이라 하였다. 『주례』는 주나라의 전장 제도와 예법 예의에 대한 가장 권위 있는 기록과 해석을 제공한다.

9   周流卦德주류괘덕; 『역』「계사」에 '주류육허(周流六虛)'라고 하였는데, 주희는 『본의』에서 "주류육허라는 것은 음양이 괘의 6위 6효에 두루 유행하는 것"이라고 하였다.

10   三王禮樂삼왕예악; 하·은·주 삼대의 예악을 말한다.

11   六位方圓육위방원; 6위는 6효를 가리키고 방원은 천지와 음양을 가리킨다. 384효 사는 주공이 지은 것으로 알려져 있다.

주공은 주 문왕의 아들이고 무왕의 동생이다. 공자가 꿈속에서 만날 만큼 가장 흠모했던 문화적 영웅이다. 그의 이름은 단(旦)이다. 주(周)의 공작(公爵)이어서 주공이라 불렸다.

우옹은 주공을 기점으로 도학을 그 이전과 이후로 구별한다. 주공은 제왕이 아니었음에도 아버지와 형의 뒤를 이어 도통을 담당하였다. 물론 그에게는 제왕 버금가는 권력이 주어졌고 이후에는 도통을 이었어도 정치적 권력을 가진 경우가 없었다. 도통은 주공에서 공자와 맹가로 이어졌다. 이 사실을 한유는 '주공 이전은 도통이 군주에게 있었고 따라서 그 일을 행하였지만 주공 이하는 도통을 맡은 자가 아랫자리의 신하였기에 그 말이 길다'고 하였다. 주공 이전의 성인은 일을 했고 주공 이후의 성인은 말을 남겼다는 것이다.

주공은 천기(天機) 곧 하늘이 만물을 조화(造化)하는 근간 기밀을 운용하여 난숙하게 일을 처리하였는데, 그 행정의 틀과 내용이 바로 『주례』이다. 이는 국가의 전장 제도를 정비하고 새로 창제하여 인문 문화의 새 기원을 연 것이다. 역대 왕조는 『주례』를 국가 체제의 전범으로 삼았다.

그는 아버지 문왕이 『역』을 64괘로 확장한 것을 원활하게 활용할 수 있게 하였다. 그가 64괘의 각 효, 곧 384효에 길흉을 판단하고 행위를 지시하는 말, 곧 효사(爻辭)를 달아 각 효의 위치와 음양의 변화에 따른 상황과 그때의 도리를 유추하고 이를 통하여 구체적으로 해야 할 일을 지시하고 미래를 예측할 수 있게 하였다. 이를 우옹은 "괘덕에 두루 통하여 과거와 미

---

12 肅祇將歡餘事已숙기장환여사이: 출전인 『서경』에 따르면 숙장기환(肅將祇歡)이다. 『상서주소』 제15권 주서 낙고 제15 "王曰 公定, 予往已. 公功. 肅將祇歡" [傳] 公留以安定我. 我從公言, 往至洛邑已矣. 公功以進大, 天下咸敬樂公功. 公功肅將祇歡: 채침의 『서전』에서 "주공의 행사와 공적을 사람들이 모두 엄숙히 받들어 기대하고 공경하고 기뻐하니, 마땅히 낙읍(洛邑)을 진무하여 사람들의 마음을 위로하고 기쁘게 한 것이요"라고 풀이하였다.

래를 아네"라고 읊었다.

주공은 또한 하와 은의 예악과 문왕·무왕의 예악도 정리하고 제작하였다. 『주례』는 물론 예경으로 불리는 『의례』 역시 그가 저술했다. 이에 대해서는 다른 견해도 있지만 공영달, 가공언 등은 주공이라고 주장한다.

이런 주공이기에 백성들이 존경하고 기쁘게 섬겼음은 더 말할 나위가 없는 일이다.

* 공자가 가장 흠모하고 본보기로 삼고자 했던 인물이 주공이다. 노나라는 주공의 묘가 있기도 하였고, 주공의 제도가 시행되는 나라이기도 하였다. 공자는 주공의 도를 펼치려는 포부를 지녔었고 꿈에 자주 보기도 했다. 만년에는 주공이 꿈에 나타나지 않음을 안타까워했다. 주공은 누구나 다 인정하는 달효(達孝)로서, 부친의 뜻과 사업을 잘 이어받아 완성해 나아갔다.

61
죽도록 공자를 뚫어보고 우러러봄 [鑽仰沒身宣聖]

우옹은 시 읊기 좋아하지 않네	尤翁非是愛吟詩
죽도록 공자를 뚫어보고 우러러볼 때에 읊지	鑽仰[13]沒身宣聖時
그의 덕을 황왕들과 비교하면 누가 클까	比德皇王誰與盛[14]
이룬 공덕 천지와 나란히 해도 못하지 않네	侔功天地未應衰
좋아함이 아첨에 이르지 않은 세 제자의 말	不阿所好三人[15]語
망극한 은혜를 영원토록 베푸니	罔極之恩[16]萬世施[17]
도통이 이때로부터 아래로 옮겨왔네	道統從玆移在下[18]
우옹은 시 읊기 좋아하지 않네	尤翁非是愛吟詩

13　鑽仰 찬앙;『논어』「자한」"顏淵喟然歎曰 仰之彌高, 鑽之彌堅. 瞻之在前, 忽焉在後"

14　比德皇王誰與盛 비덕황왕수여성;『맹자』「공손추·상」"宰我曰 以予觀於夫子, 賢於堯舜遠矣." 주희『중용장구』서문 "而所以繼往聖開來學, 其功反有賢於堯舜者."

15　不阿所好三人 불아소호삼인; 좋아하는 사람에게 아첨하지 않은 세 사람. 세 사람은 재아, 자공, 유약을 가리킨다.『맹자』「공손추·상」편에 있는 공손추와 맹가의 대화 속에 들어 있다. "감히 어떻게 다른지 묻습니다. 대답하기를 재아 자공 유약은 그 지혜가 성인을 알기에 충분하다. 아! 그 좋아하는 것에 아부하지 않았다[敢問其所以異？曰 宰我子貢有若智足以知聖人. 汙, 不至阿其所好]" 이 세 사람의 공자에 대한 칭송은 다음과 같다. "宰我曰以予觀於夫子, 賢於堯舜遠矣." "子貢曰見其禮而知其政, 聞其樂而知其德. 由百世之後, 等百世之王, 莫之能違也. 自生民以來, 未有夫子也." "有若曰豈惟民哉？麒麟之於走獸, 鳳凰之於飛鳥, 太山之於丘垤, 河海之於行潦, 類也. 聖人之於民, 亦類也. 出於其類, 拔乎其萃, 自生民以來, 未有盛於孔子也"

16　罔極之恩 망극지은; 수나라 왕통의『문중자』에 있는 말이다. 망극은『시경』「소아·륙아」'昊天罔極'에 보인다.

17　萬世施 만세시;『삼국지』「위지·문제기」"옛날 중니는 큰 성인의 재능과 제왕의 기국을 지녀 … 그 시대의 대성이며 억만년의 사표라고 할 수 있다[昔仲尼大聖之才, 懷帝王之器, … 可谓命世之大聖, 億載之師表者也]"는 구절이 있다.

공자에 대한 칭송으로 시작과 완성이라는 의미의 '금성(金聲)과 옥진(玉振)', '지성선사(至聖先師)', '왕관 없는 제왕', '영원한 스승의 표상', '때의 성인[時聖]', '사람이 생긴 이래 일찍이 없었던 분[生民未有]' 등등이 있다.

우옹은 공자에 대한 자신의 태도와 심정을 안회의 표현을 빌려 나타냈다.

우러러보면 더욱 높고   뚫어보면 더욱 견고하네
바라보니 앞에 있더니   어느샌가 뒤에 있네.

안회 이외 다른 제자들도 스승의 공덕이 백이, 숙제, 이윤, 유하혜 등 어느 누구보다도 뛰어나며 역대의 어느 성왕들보다 더 훌륭하다는 평가를 하였다.

공자가 후인들에게 끼친 덕은 마치 하늘이 만물을 덮어주지 않음이 없고 땅이 만물을 실어주지 않음이 없는 것처럼 조금도 사사로움이 없고 또 광대했으며 항구적이었다는 것이다. 그 공덕이 천지와 나란히 할 수 있다는 것이다. 이를 『중용』에서는 "천지의 화육을 돕는 것"이며, 천지와 더불어 '삼재(三才)'라고 했고, 『역』 문언(文言)에서는 "천지와 그 덕을 합한다"고 하였다. 안회 말고 다른 세 제자의 스승에 대한 평은 다음과 같다.

재아; "내가 선생님을 살펴보건대 요·순보다 훨씬 훌륭하다."
자공; "그 나라의 예를 보고 그 정치를 알며, 그 나라의 음악을 듣고 그 군주의 덕을 안다. 백세의 뒤에서 백세의 왕들 등급을 매겨보건대 이것을 피할 자가 없다. 사람이 생긴 이래 선생님 같은 분이 없다."

---

18 道統-在下도통-재하: 공자 이전까지는 도통이 제왕이나 대신에게 있었으나 공자로부터는 여항, 곧 골목에 사는 일반 평민에게 있게 되었다는 것이다.

유약: "뭇 들짐승과 기린, 날짐승과 봉황, 언덕 구릉과 태산, 길바닥의 고인
　　　물과 황하나 바다 같은 대비가 있는데 성인과 일반인의 관계도 그와
　　　같다. 그 부류 중에서 빼어나고 그 모인 것에서 뽑혀 있으니 사람이
　　　있은 이래로 공자보다 더 훌륭한 분은 없다."

　맹가는 이들 재아, 자공, 유약은 그 지혜가 충분히 성인을 알 만한 수준
이며, 그렇지 않다고 하더라도 이들의 예찬은 결코 자신이 좋아하는 사람
에 대한 아첨이 아니라고 평했다.

　수나라 때의 왕통은 공자에 대하여 '끝을 알 수 없는 은혜'를 베푼 분이
라고 하였다. '은혜가 망극하다'는 말은 『시경』에서 부모의 은혜에 대하여
또 신민들이 제왕의 은혜에 대하여 쓰던 표현이었는데, 이것을 공자에 대
해서도 사용했던 것이다.

　공자는 제왕도 궁정 출신도 아님에도 하늘이 그에게 도통을 전하게 했
다. 공자 이전까지는 도통의 연원과 그 담지자가 요·순·우·탕·문·무·주
공 등 제왕과 궁정에서 나왔다. 도통이 아래로 내려왔다는 말이 이것이다.

　*도통이 주공 이후 아래로 내려왔다는 것은 매우 의미 깊은 말이다. 이
제 성인이나 세상을 밝게 이끌 진리의 담지자는 일반 백성들의 삶의 공간
인 여항(閭巷)에서도 나올 수 있다는 말이 된다. 성인이라는 최고 경지에
도달하는 데는 타고난 신분이 문제되지 않는다는 인식의 확대를 가져왔다.

　주돈이(1017-1073)가 『정몽』에서 '성인은 배워서 가능한 경지이다'를 강
조하여 밝혔고, 이이(1536-1584)는 『격몽요결』에서 '배우는 사람은 누구나
다 성인을 목표로 삼아야 한다'고 주장하는 데까지로 나아갔다. 도학은 만
인 누구나 다 성인이 될 수 있는 보편학을 표방한다.

62
안회의 호학을 우러러봄 [仰止顏生好學]

우옹은 시 읊기 좋아하지 않네	尤翁非是愛吟詩
안회의 호학을 우러를 때 읊네	仰止¹⁹顏生²⁰好學²¹時
단사표음의 안빈과 박문약례의 공부가 있고	自有簞瓢²²而博約²³
스승은 남북으로 또 동서로 정처 없이 떠돌았네	某方南北又東西²⁴
그 찬 것을 비우고 있는 것을 없이 하고	虛其實且無其有²⁵
덕이 높아질수록 사사로운 의욕은 낮아졌으니	德愈高時意愈低²⁶
살아 어질다 찬탄하게 하고 죽어 통곡하게 했네	生歡賢哉死慟矣²⁷
우옹은 시 읊기 좋아하지 않네	尤翁非是愛吟詩

---

19 仰止 앙지; 우러름에 멈추어 있다. 우러러본다.『시경』「거할」편에 '高山仰止 景行
行之' 가 있다.『논어』「자한」"顏淵喟然歎曰, 仰之彌高, 鑽之彌堅. 瞻之在前, 忽焉在後."
20 顏生 안생; 안회이다. 자는 자연(子淵)으로 노의 곡부 출신이며, 공자 문하 72현인
의 으뜸으로 꼽는다. 원나라 때부터 복성(復聖)이라 불렸다. 종성(宗聖)인 증자, 술성
(述聖)인 자사, 아성(亞聖)인 맹가와 더불어 4성으로 불리기도 한다.
21 好學 호학;『논어』「옹야」공자는 안회의 호학을 칭송하면서 그 내용으로 "노여움
을 옮기지 않고[不遷怒] 과오를 되풀이하지 않음[不貳過]"을 들었다.
22 簞瓢 단표;『논어』「옹야」"子曰, '賢哉, 回也! 一簞食, 一瓢飲, 在陋巷, 人不堪其
憂, 回也不改其樂. 賢哉, 回也!'" 단은 대소쿠리, 표는 표주박으로 모두 빈한한 삶을 뜻
한다.
23 博約 박약;『논어』「자한」"夫子循循然善誘人, 博我以文, 約我以禮, 欲罷不能. 旣竭
吾才, 如有所立卓爾. 雖欲從之, 末由也已."
24 某方南北又東西 모방남북우동서;『예기』「단궁」: "今丘也 東西南北之人也"
25 虛其實無其有 허기실무기유; 가득 찼으면서도 텅 빈 듯하고 있으면서도 없는 듯한
겸허한 태도를 말한다.『논어』「태백」"曾子曰 以能問於不能, 以多問於寡, 有若無, 實若
虛, 犯而不校, 昔者吾友嘗從事於斯矣."
26 意愈低 의유저;『논어』「공야장」"顏淵, 季路侍. 子曰 盍各言爾志? 子路曰 願車馬,
衣輕裘, 與朋友共. 敝之而無憾. 顏淵曰 願無伐善, 無施勞." 안회는 그 덕이 높아짐에 따

　　공자의 제자 가운데 가장 아낌과 칭송을 들으며 탁월성을 보인 제자가
안회(BC 521−BC 481)이다. 곡부 출신으로 13살 때부터 일생 공자를 스승
으로 섬겼다. 일체 관직을 갖지 않았고, 저술을 남기지 않았으며,『논어』에
그의 몇 마디가 남아 있을 따름이다.

　　안회는 안빈낙도(安貧樂道)와 호학(好學)으로 잘 알려져 있다. 그의 빈한
한 삶을 나타내는 대표적인 표현이 대소쿠리에 담긴 밥 단사(簞食), 표주박
으로 떠 마시는 물 표음(瓢飮), 그리고 빈민가인 누항(陋巷)이다. 이런 빈곤
한 생활을 하면서도 안회는 스승이 자신을『시경』과『서경』의 글로 나를
넓혀주었고, 예로써 나의 행동을 묶어주었다'고 하였다. 공자는 안회의 호
학을 칭송하면서 "노여움을 옮기지 않고 과오를 되풀이하지 않는다"고 하였
다. 그가 빈민가에서 가난하고 미천한 생활을 하면서도 이를 아랑곳하지 않
고 도를 즐기며 이를 추구하는 것을 보고 '어질다, 지혜롭다'고 칭찬하였다.
　　공자는 자신을 '동서남북의 사람이다'라고 했는데, 이는 그가 도를 행할
기회를 얻으려고 동서남북의 여러 제후국을 두루 방문한 것을 두고 한 말
이다. 도중에 식량이 떨어진 적도 있었고 오해를 받아 생명의 위협도 느꼈
으며, 조롱도 받았다. 그런 역경과 난관에서의 고락을 함께한 안회였다.
　　스승만이 아니라 동료들도 안회를 높이 평가하고 존경하였다. 증자는
"없는 듯 있고 빈 듯 꽉 찼다"라고 하였다. 안회가 무능한 사람에게도 묻고
아는 것이 적은 사람에게도 묻는 태도를 지녔기 때문이다. 자공은 '안회는
하나를 들으면 열을 아는데 자신은 하나를 들으면 둘을 안다'고 하였다.[28]

라 개인의 사사로운 의욕은 더욱 낮아졌다.

27　死慟 사통:『논어』「선진」"顏淵死. 子曰, 噫! 天喪予! 天喪予!" 顏淵死, 子哭之慟.
從者曰, "子慟矣! 曰, 有慟乎? 非夫人之爲慟而誰爲?"

28　『논어』「공야장」"子謂子貢曰 女與回也孰愈? 對曰 賜也何敢望回. 回也聞一以知十,
賜也聞一以知二. 子曰 弗如也! 吾與女弗如也"

안회는 덕이 높아졌지만 그럴수록 더욱 겸손하였고 자신의 뜻을 낮추었다. 스승이 각자 마음에 지닌 포부를 말하라 했을 때 자로는 '수레와 말 그리고 가벼운 갖옷을 친구들과 함께 사용하여 해지더라도 유감스럽게 여기지 않고자 한다'고 하였고 안회는 '장점을 내세우지 않고 공로를 과장하지 않고자 한다'라고 하였다. 자로가 인을 구한 것이라면 안연은 인을 위배하지 않으려 한 것이라는 평가가 있다.

스승은 30살이나 아래인 그가 살아 있을 때 '현명하다', '어질다'고 감탄하였다. 그가 스승보다 3년 앞서 죽었는데 그때 그의 나이가 40세였다. 스승은 '하늘이 나를 버렸다'고 탄식하고 통곡하였다. 그가 스승의 나이만큼 살았더라면 그 영향이 어떠했을지 짐작이 어렵다.

* 송대의 주돈이는 공자와 안회가 누린 즐거움이 무엇인지를 찾아보라고 정호·정이 형제에게 숙제를 주었다. 성인의 기상을 여기서부터 갖추게 하려고 한 것이다. 정이는 「안자가 좋아한 것은 무슨 학문인가에 대한 논[顔子所好何學論]」에서 '배워서 성인에 이르는 도'라고 하고, 성인은 '생각하지 않고도 터득하며 힘쓰지 않고서도 중절하며 조용히 도에 맞는데' 안회는 반드시 생각한 다음에 알고 반드시 힘쓴 다음에 절도에 맞았다고 하고, 이렇게 차이는 있지만 안회와 성인과의 거리는 한 호흡에 지나지 않는다고 하였다.

63
증참을 우러러봄 [參乎仰止]

우옹은 시 읊기 좋아하지 않네	尤翁非是愛吟詩
시는 증참을 우러러볼 때 읊지	詩是參乎[29]仰止時
도는 성사 공자로부터 이미 얻었지만	道自聖師而已得
효는 순 이래로 그 같은 이 드물었지	孝由虞舜[30]以來稀
가문을 이었으나 풍영은 따르지 않았네	承家不逐風雩詠[31]
문 닫았지만 봉덕이 쇠하였다고 누가 노래했나	閉戶[32]誰歌鳳德衰[33]
유청지가 언행록 편집하고 주자가 발문을 썼지	劉氏編摩朱子跋[34]
우옹은 시 읊기 좋아하지 않네	尤翁非是愛吟詩

---

29 參乎 참호: '참호'는 공자가 증자의 이름을 부른 것이다. '참호'라는 표현은 『논어』「이인」편에 보인다. "子曰 參乎! 吾道一以貫之. 曾子曰 唯. 子出. 門人問曰 何謂也? 曾子曰 夫子之道, 忠恕而已矣." 증자의 사상은 『증자』 18편 가운데 10편이 『대대예기』에 남아 전한다.

30 孝由虞舜 효유우순: 순을 일컬어 위대한 효자라고 한다. 『중용장구』 제17장 "子曰 舜其大孝也與! 德爲聖人, 尊爲天子, 富有四海之內. 宗廟饗之, 子孫保之. 故大德必得其位, 必得其祿, 必得其名, 必得其壽." 『맹자』「이루·상」 "惟舜爲然. 不得乎親, 不可以爲人. 不順乎親, 不可以爲子. 舜盡事親之道而瞽瞍厎豫, 瞽瞍厎豫而天下化, 瞽瞍厎豫而天下之爲父子者定, 此之謂大孝."

31 風雩詠 풍우영: 증참의 아버지 증점이 공자 앞에서 자신의 소망을 말하면서 '기우제터에서 바람 쏘이고 시를 읊조리며 돌아오고 싶다'고 하였다. 이때 공자는 자신의 뜻이 증점과 같다고 말했다. 『논어』「선진」에 보인다. 그러나 증참은 효를 중시하는 가풍은 이었지만 학문에 전념하여 스승의 도를 지키고 펼치고자 하는 의욕이 강했기에 그 부친이 보인, 각각 제자리에 편안하여 일체의 사욕을 버린 한유함은 따르지 않았다는 뜻이다.

32 閉戶 폐호: 문을 닫아걸고 학문에 전념하는 것을 말한다. 이는 증참이 그리했다는 뜻이다.

33 鳳德衰 봉덕쇠: 『논어』「미자」에 초나라의 광자인 접여가 노래하며 공자의 수레 곁

안회에 이어 존중받는 제자는 증참(曾參 BC 506~BC 436)이다. 증참의
자는 자여(子輿)이며 부친은 증점(曾點)이다. 그는 "나는 하루에 세 가지로
나를 반성한다. '남을 위해 도모함에 충성스럽지 않았던가? 벗과 사귐에 신
의가 있지 않았던가? 전수받은 것을 복습하지 않았던가?'이다"라고 하였
다.[35] 공자가 "나의 도는 하나로써 꿰뚫었다"고 했을 때 다른 제자들이 그
말의 참 뜻을 몰라 무슨 말이냐고 묻자 증참은 '선생님의 도는 충서(忠恕)
일 뿐'이라고 대답했다.

증참에 대한 우옹의 자세는 '고산앙지(高山仰止)'의 '앙지'이다. 우러러볼
수밖에 없다는 것이다. 그는 공자의 도를 정통으로 이어 후세에 전했다는
평가를 받는다. 부친에게서 『시경』과 『서경』을 배우다가 16세 되던 해부터
공자를 스승으로 섬겨 배웠다. 근면 분발하여 배웠고 스승 가르침의 정통
에 닿았는데 안회가 병에 걸리자 주요 계승자가 되었다.

공자가 죽을 때 증참의 나이가 27세였는데 공자는 그에게 손자인 자사
(BC 492~BC 431경)를 부탁하였다. 증참은 부친상처럼 공자묘를 3년간 지
켰다.

그 무렵 스승을 잃어 허전했던 제자들 가운데 자하, 자유, 자장은 유약의
용모가 공자와 비슷하므로 그를 스승처럼 섬기자고 하면서 증참에게 동참

을 지나가면서 "봉이여! 봉이여! 어찌 덕이 쇠하였는가. 지난 일이야 어쩔 수 없지만 앞
으로의 일은 추구할 수 있으니 그만둬라, 그만둬라! 지금 정치에 종사하는 자들은 매우
위태롭다![楚狂接輿歌而過孔子曰 鳳兮! 鳳兮! 何德之衰? 往者不可諫, 來者猶可追. 已
而, 已而! 今之從政者殆而!]라는 내용이 있다. 봉은 세상에 도가 있으면 나타나고 도
가 없으면 숨는다. 접여는 이를 공자에 비겨서 말한 것인데, 도가 없는 세상이기에 숨
어야 마땅하거늘 왜 나타났느냐고 한 것이다.

34 劉氏編摩 유씨편마: 유청지가 『증자내외잡편』을 편집하고 이를 주회에게 질정하니
주회가 발문을 썼다. 유청지는 주회를 만나 의리의 학문에 뜻을 두게 되었고 여조겸,
장식과 교유했다.

35 『논어』 「학이」 "吾日三省吾身 爲人謀而不忠乎 與朋友交而不信乎 傳不習乎"

할 것을 권하였다. 그러나 그는 이 제안을 거부하면서 "이렇게 하는 것은 옳지 않다. 스승의 덕행은 마치 장강 한수의 물로 씻은 듯하고 가을볕에 말린 듯 청정 결백하여 덧붙일 것이 없는데 어찌 다만 얼굴이 비슷한 것을 구하겠는가?" 하였다.

그는 『대학』을 저술하여 후세에 전함으로 유가의 정체성을 뚜렷하게 제시하였다. 훗날 그에게 종성(宗聖)이라고 칭호를 부여하였는데 그 취지는 『대학』의 저술과 자사를 책임지고 가르쳐 그로 하여금 『중용』을 저술하게 한 것 등에 있다.

증참의 효는 순 이래 드문 것이라고 한다. 『중용』에서는 순을 대효(大孝)라고 하고 그 까닭을 '덕은 성인이고, 지위는 천자이며, 사해 안의 모든 것을 소유하였고, 종묘에서 조상을 제사하여 선조를 드러냈고, 자손을 보호했기 때문'이라 한다.

증참은 효성으로 가풍을 이었지만 그의 부친 증점의 '기수에서 목욕하고 기우제터에서 바람 쏘이고 시를 읊조리겠다'는 포부는 따르지 않았다. 『중용』에서 '효는 부모의 뜻을 잘 잇고[繼志] 그 사업을 잘 이루어 가는 것[述事]'으로 규정되지만, 변통할 때는 변통하는 것이 또한 '계지술사'에 속한다고 본다. 그는 문을 닫고 세상에 나서지 않으면서 학문에 전념하여 스승의 학통을 온전히 후세에 전했다는 평가를 받는다.

『대학』·『효경』·『증자』를 증참의 저술로 본다. 송대의 유청지(1134-1190)가 증참의 언행록인 『증자내외잡편』을 편집하였고 여기에 주희가 발문을 썼다.

曾朱壁立. 우옹이 서울 거주지 근처[현재 종로구 성균관로17길 37] 암벽에 새겨 놓은 글씨
로, 증참과 주희의 학문과 처신을 자신의 본보기로 삼은 것을 드러내는 글자이다. 曾朱壁立
은 그가 제주 유배 시절에도 써놓은 것이 지금 오현서원 뒤 암벽에 새겨져 있다.

64

『중용』에서 깨닫지 못한 것을 탐구함 [玩索中庸未得]

우옹은 시 읊기 좋아하지 않네	尤翁非是愛吟詩
『중용』에서 깨닫지 못한 것을 탐구할 때 읊지	玩索中庸[36]未得時
성명 중화의 끝은 천지의 정위와 만물의 육성	性命中和終位育[37]
요·순과 문·무의 덕이 주공과 중니에게 닿았네	堯舜文武洎[38]周尼
본원 추구가 마침내 소리 냄새 없음에 이르고	推原遂至無聲臭[39]
모두를 포괄하니 어찌 끝과 기한이 있겠는가	包括那能有際期[40]
모든 성인의 연원 손바닥 가리키듯 알기 쉽네	千聖淵源如指掌
우옹은 시 읊기 좋아하지 않네	尤翁非是愛吟詩

---

36 中庸 중용; 공자의 손자 자사의 저작으로 알려져 있다. 한대 사마천, 당대의 이고, 송대 주희는 『중용』의 저자가 자사라고 하였고, 자사와 진한시대의 유학자들의 글이 섞여 이루어졌다고 주장한 것은 송의 구양수와 섭괄, 청의 최술 등이다. 근래의 풍우란, 전목, 노사광 등은 문헌과 사상 등에서 볼 때 자사의 저작이 아니라고 하였다.

37 性命中和終位育 성명중화종위육; 『중용』 첫머리 장에 있는 내용을 압축한 것이다. 이는 『중용』 한 편의 강령을 천명의 성, 솔성의 도, 수도의 교로 밝히고, 감정의 미발 상태로서 치우침도 의존함도 없는 성의 상태를 중(中), 감정이 들어나 주어진 상황에 가장 알맞게 된 것을 화(和)라고 한 다음 이 중과 화가 완전히 이루어진 상태가 구현하는 결과를 천지가 제자리를 잡고[位] 그 안의 만물이 잘 육성하는[育] 경지로 표현하였다.

38 洎 계; 게, 기로도 읽는다. 의미는 물을 붓다이다.

39 無聲臭 무성취; 모든 사물의 도리를 그 궁극의 본원까지 미루어 가면 소리도 없고 냄새도 없는 차원에 이른다는 것이다. 『중용』 말미에 『시경』 「문왕」편 "상천의 일은 소리도 없고 냄새도 없다[上天之載 無聲無臭]"를 인용하여 도의 은미함을 형용하고 있다.

40 那能有際期 나능유제기; 끝과 기한이 있을 수 있는가? 중용의 도가 포괄하는 것은 공간적으로는 지극히 커서 밖이 없고 지극히 작아서 속이 없다고 하고, 불초한 자도 행할 수 있고 성인이라도 다 알지 못하는 범위이며 부부간의 생활과 같은 비근한 일상사에서부터 천지에 존재하는 모든 것에 미친다고 하였으며, 시간적으로는 항구하여 그치지 않는다고 하였다.

주공·공자·안회·증참에 이어 자사(BC 492 - BC 431)를 도학의 연원에 넣었다. 공자의 손자인 자사는 조부의 사상을 『중용』에 잘 정리하여 담았다. 오랫동안 『예기』에 한 편으로 들어 있던 이것이 당대 이후 그 독자적 중요성이 인정되었고, 송대에 이르러 4서의 하나로 자리매김이 되었다.

『중용』 첫 머리 명제는 "하늘의 명령이 모든 존재의 본성이며, 그 본성을 따르는 것이 도(道)이고, 이 도를 닦는 가장 효율적인 방법을 교(敎)라고 한다"이다. 이어서 본성으로서의 치우침 없는 상태인 중(中)을 인간 세상에서의 큰 근본[大本]으로, 본성이 외부 사물의 자극을 받아 발동한 희·로·애·락·애·오·욕의 감정이 주어진 상황에 가장 알맞게 발현된 화(和)를 어디에서나 통용되는 길[達道]이라고 한다. 그 중과 화의 공부가 극치에 이른 결과로서 '천지가 각각 제자리를 잡고 그 안의 만물이 온전히 육성됨'을 말하고 있다.

이어서 이러한 강령을 요·순·문·무·주공·공자·안회의 다양한 사례를 들어 구체적으로 제시하고 친절하게 설명한다.

앞부분에서는 탁월한 처신의 도리로서 시중(時中)을 말하고 있고, 중반 이후는 천도로서의 성(誠)과 인도로서의 성을 논하고 있다. 지극한 성실의 경지에 이르면 천지의 조화(造化)에 참여하고 도울 수 있게 되며, 그 때에 인간은 천지와 더불어 삼재(三才)의 위치에 이르게 된다고 하였다. 천인합일에 도달할 수 있는 관건을 진실무망의 성(誠)에 두고 있다.

마지막에서는 앞에서 펼쳐 놓은 것을 다시 첫머리처럼 묶어서 매듭을 짓고 있는데 만물의 본원을 추구하니 그것은 결국 '소리도 없고 냄새도 없는' 경지라고 하였으며, 그 포괄하는 바는 공간적 끝도 없고 시간적 기한도 없음을 모두 담아낸 것이 되었다.

알기도 어렵고 행하기도 어려운 '중용'의 내용과 방법은 모든 성인들의 가르침과 행위에 들어 있는데, 이것을 자사는 마치 손바닥 위에 올려놓고 보여주는 것처럼 알기 쉽고 친절하게 설명하였다는 평을 듣는다.

　＊우옹은 1679년 3월 11일 장기에 있을 때 문인 이동보가 제기한『중용』
의 난점에 대하여 편지로 답한 일이 있다.[41] 이동보가 제기한『중용』이라는
책 이름을 지은 자가 누구인가, '자왈(子曰)'이라 하고 또 '중니 왈'이라고
한 것은 무슨 이유인가, 『중용』은 모두 몇 대절로 나누어야 하는가에 이르
기까지 수십 개의 질문에 친절히 응답하고 있다. 유배 중에 있어 사사로운
서간의 왕래가 금지된 상황에서 학문적 문답의 내용이라 조심스레 오간 서
간이었다. 이런 일이 있었기에 시의 제목을『중용』에서 이해가 되지 않는
부분에 대한 탐구라고 할 수 있는 수미음이 쓰여진 것이다.

41　『송자대전』권95,「이동보에게 답함」1679년 3월 11일

65
맹씨를 추존함 [推尊孟氏]

우옹은 시 읊기 좋아하지 않네	尤翁非是愛吟詩
시는 맹가를 추존할 때 읊지	詩是推尊孟氏⁴²時
호연지기를 기를 때 도의가 충일해지면	浩氣養時充道義⁴³
태산 높은 곳에서 무지개를 굽어보고	泰山高處俯虹霓⁴⁴
변경 방어의 방숙과 사직 안정의 소호가 되네	悍邊寧社⁴⁵爲方召⁴⁶
6율과 곱자 버리고 사광과 이루가 되겠는가	捨律抛規作曠離⁴⁷
우왕 주공 공자가 이어왔는데 누가 다시 이을까	三聖⁴⁸繼來誰復繼
우옹은 시 읊기 좋아하지 않네	尤翁非是愛吟詩

---

42 孟氏 맹씨: 맹가(孟軻 BC 372-BC 289)이다. 그의 자는 자여 또는 자거이다.

43 充道義 충도의: 『맹자』「공손추·상」"감히 묻습니다. 무엇을 호연지기라고 합니까? 말하기 어렵다. 그 기는 지극히 크고 지극히 굳세다. 곧음으로 기르는 데 방해를 받지 않으면 천지 사이에 가득 찬다. 그 기는 의리와 도덕을 짝으로 한다. 이것이 없으면 마치 굶주린 것과 같다[敢問何謂浩然之氣？曰 難言也. 其爲氣也, 至大至剛, 以直養而無害, 則塞于天地之間. 其爲氣也, 配義與道. 無是, 餒也]."

44 虹霓 홍예: 虹蜺로도 쓴다. 무지개이다.

45 悍邊寧社 한변영사: 변경을 지키고 사직을 안정시킨다는 뜻이다. 우옹의 원주: "주자가 말하기를 맹가가 양주 묵적을 배척한 것은 변경을 방어한 공적이고, 4단을 밝힌 것은 사직을 안정시킨 공이다.[朱子曰. 孟子闢楊墨. 是捍邊境之功. 明四端. 是安社稷之功]"

46 方召 방소: 주나라 선왕 때의 장수인 方叔과 召虎를 가리킨다. 이들은 변경을 방어하고 사직을 안정시킨 탁월한 공적이 있다.

47 曠離 광리: 춘추시대 진(晋)나라의 악사 광과 황제 때의 눈이 밝았다는 이루이다. 『맹자』「이루·상」"이루의 밝은 눈과 공수자의 기교로도 규구가 없다면 방과 원을 이루지 못한다. 사광의 밝은 귀도 6율이 아니면 5음을 바로잡지 못한다. 요·순의 도도 인정이 아니면 천하를 고르게 다스리지 못한다.[孟子曰 離婁之明, 公輸子之巧, 不以規矩, 不能成方圓. 師曠之聰, 不以六律, 不能正五音. 堯舜之道, 不以仁政, 不能平治天下]"

맹씨는 맹가(孟軻 BC 372-BC 289)이다. 그는 전국시대의 약탈적 공격
전쟁이 이어지는 상황에서 인정(仁政)을 표방하였고, 백성이 군주보다 귀
하다고 주장하였다. 그의 사상은 당시 제후들에게는 물론 오랜 세월이 지
나도록 통치자나 일단의 학인들에게 외면당했고 배척당했다. 그가 주목을
받은 것은 한의 사마천(BC 145?-BC 86?), 양웅, 조기(趙岐 108-201),[49]
당의 한유에 의해서이며, 북송대의 정호·정이 형제와 남송의 주희 등이 집
중적으로 그의 사상을 연구하여 드러냈다.

양웅은 맹가가 양주·묵적을 배척하여 바른 길을 열었으며, 왕도를 높이
고 패도를 낮춘 그 공적이 우왕에 못지않다고 하였다. 한유는 공자의 도가
맹가에게 전해졌는데 맹가가 죽고 나서는 전해지지 못했다고 함으로써 당
시까지 평판이 높았던 순자와 양웅을 아류와 비정통으로 몰아내고 맹가를
정통의 자리에 놓았다. 북송의 정이는 공자는 인(仁)을 말했는데 맹가는 인
에 의(義)를 겸하여 말했고, 공자는 지(志)를 강조했는데 맹가는 양기(養氣)
를 자주 말했으니 이것이 유학사에서 큰 공적이라고 하였다. 또한 맹가가
성선과 양기를 말한 것은 이전의 성인들이 말하지 않은 것이라고 하였다.
원대에 들어서 그는 공자 다음의 아성의 위치가 확고해졌다. 이는 주희가
그 학문 사상을 높이고 드러낸 결과이다.

우옹은 우선 맹가의 '호연지기'에 주목한다. 그 기운은 지극히 크고 어느
것에도 꺾이지 않는 굳셈을 지니고 있으며, 곧은 마음으로 기르는데, 잘 길
러지면 천지에 가득 차며, 무엇보다 도와 의와 합하여져 서로를 돕는다. 도

---

48 三聖 삼성: 여기서는 우왕·주공·공자를 가리킨다. 맹가가 양주 묵적을 거부하고
배척한 것은 우왕의 홍수 다스림, 주공의 맹수 몰아냄, 공자의『춘추』저술에 해당한다
는 것이다.
49 조기(趙岐)는 후한의 관리이자 학자이다. 그의『맹자장구』가 십삼경주소에 수록되
어 있다.

와 의가 가득 채워진 강력한 기운, 그것은 힘이 뒷받침되는 정의라고 할 수 있다.

태산과 같은 높은 곳에 서서 무지개를 내려다볼 수 있는 기개를 지닌 인격을 맹가는 지향했다. "부귀가 그 마음을 흩지 못하고 빈천이 그 절조를 바꾸지 못하며 위무가 그 뜻을 굴복시키지 못하는" 대장부를 제창하였는데 이는 바로 호연지기를 지닌 사람이다.

'변론하기를 좋아한다'라는 기롱을 들으면서도 맹가는 양주·묵적을 극력 배척했는데, 이는 마치 주나라 때 변경을 방어한 방숙의 공적에 해당하며, 그가 사단(四端)을 밝힌 것은 소호가 사직을 안정시킨 공에 해당한다는 평가가 있다.

그는 선한 정치의 객관적 기준을 제시하였다. 악사 광(曠)처럼 귀가 밝아도 6율이 없으면 오음을 바로잡을 수 없고, 이루(離婁)처럼 눈이 밝아도 곱자가 없으면 방(方)과 원(圓)을 이루어 낼 수 없듯이 인정(仁政)의 기준이 없으면 요와 순이라 해도 천하를 다스릴 수 없다고 했다. 그가 제시한 인정의 기준이 되는 일단은 50세 노인이 명주옷 입고 70세 노인이 고깃국을 먹는 것이다.

우가 홍수를 다스리고, 주공이 이적을 물리치며, 공자가 『춘추』를 지어 그 사업을 이어왔는데, 맹가는 바로 이 세 성인의 사업을 잇고 있다고 하였다.

66
순경·양웅의 도를 배반함을 물리침[攘斥荀揚反道]

우옹은 시 읊기 좋아하지 않네	尤翁非是愛吟詩
순경·양웅의 도를 배반함을 물리칠 때 읊지	攘斥荀揚反道時
요행히 말세라서 방자함이 용인되었으나	幸在季時容放恣[50]
맹가를 만났다면 곧 시들어 떨어져 버렸을 터	如逢孟子卽離披
원수 갚기와 겁박이 분서의 기반이 되었고	報仇行劫基秦火[51]
누각 투신은 아첨이 여름 밭일보다 힘들어서지	投閣[52]全身病夏畦[53]
논의가 정상하지 못하다는 건 가벼운 처벌이니	議不精詳[54]眞失出[55]
우옹은 시 읊기 좋아하지 않네	尤翁非是愛吟詩

---

50 순경은 전국시대 말기에, 양웅은 서한 말기와 신나라에 걸쳐 살았다. 그래서 우옹은 이 시기를 말세라고 하였고, 그들의 언행이 방자했다고 보았다.

51 報仇-行劫 보구-행겁: 소식『소식집』권9「순경론」"그 아비가 살인을 하여 원수를 갚으니 그 자식은 반드시 겁탈을 행한다[其父殺人報仇 其子必且行劫]" 순경은 그 말에서 자기를 크게 내세웠는데 이것이 한 번 전하여 이사의 분서갱유가 되었으니, 그 말의 유폐가 이에 이르렀다는 것이다.

52 投閣 투각: 양웅은 그의 제자 유분(劉棻)이 지은 죄에 연좌되어 군사들이 그가 근무하는 천록각으로 다가오자 스스로 아래로 몸을 던졌으나 죽지는 않았고, 왕망이 양웅의 죄를 묻지 않았다. 그러나 당시 "적막을 자청하더니 누각에서 투신했다네"라는 그의 처신에 대한 조롱이 유행했다.

53 病夏畦 병하휴:『맹자』「등문공·하」에 "어깨를 옹크리고 아첨하며 웃는 것은 여름에 밭에서 일하는 것보다 더 괴로운 일이다[脅肩諂笑 病于夏畦]"라고 한 증자의 말이 있다. 양웅이 누각에서 투신한 것은 여름에 밭에서 일하는 것보다 더 괴로운 일이었기 때문이라고 했다.

54 議不精詳 의불정상: 한유는 「원도」에서 "순경과 양웅은 공자의 도를 선택은 하였으나 정밀하지 못했고, 공자의 도에 대하여 말은 하였으나 상세하지는 못했다[荀與楊也. 擇焉而不精. 語焉而不詳]고 평하였다.

55 失出 실출: 어떤 죄에 대하여 고의 또는 실수로 법조문보다 가볍게 판결하는 것을

진·한대는 순경(荀卿 BC 298-BC 238)과 양웅(揚雄 BC 53-18)에 대한 평판이 높았다. 순경은 성악설을 주장하고 예의를 표방하며 각각의 직분에 맞는 사회를 제창하였다. 법가의 종주로 추앙되었고, 경전을 전한 공이 있다는 평가를 받는다. 양웅은 사마상여 이후 서한 시대의 가장 빼어난 문장가로 평가된다. 그는 『법언(法言)』『태현(太玄)』 등을 저술하였으며, 『노자』의 '현(玄)'을 최고 범주로 삼아 우주의 생성 도식을 구성하고 사물의 발전 규율을 탐색하였다.

우옹은 그들이 요행히도 말세의 인물이었기에 그 방자함이 용납되었지만, 만일 맹가의 시대에 살았더라면 모두 양주와 묵적처럼 배척당하는 처지가 되고 말았을 것이라고 한다.

순경에 대하여 소식(蘇軾)은 "아비가 원수를 갚으려고 사람을 죽이면 자식은 강도짓을 하게 마련"이라고 하면서, 순경의 논조에 영향을 받은 이사가 나와 분서갱유 사태를 일으켰다고 보았다.

양웅은 왕망이 한나라를 찬탈하여 신나라를 세우자 일찍이 사마상여가 지은 「봉선문」을 모방하여 진시황을 비판하고 신나라의 공덕을 찬미하는 내용의 글 「극진미신론(劇秦美新論)」을 지었다. 이 글로 후대 학자들에게 지조 없는 학자로 비난 조롱의 대상이 되었다.[56] 그는 또한 왕망 밑에서 천록각교서라는 자리에 있었는데 그의 문인과 연루된 죄로 군사들이 체포한다는 소식에 자살하려고 누각에서 뛰어내린 일이 있다. 우옹은 이를 "어깨를 옹크리고 아첨하며 웃는 것은 한여름에 밭에서 일하는 것보다 더 괴로

말한다. 이와 반대로 무겁게 판결하는 것은 실입(失入)이라 하였다. 『주례』에 "죄가 무거운데 벌이 가벼우면 실출이라 하고, 죄가 가벼운데 벌이 무거우면 실입이다[罪重而罰輕者. 謂失出. 罪輕而罰重者. 謂失入]"라고 하였다. 정자는 순경과 양웅에 대한 한유의 논의가 지나치게 너그러웠다고 하였다.

56 명의 초횡(焦竑 1541-1620)은 「양자운시말변」을 지어 양웅이 왕망 밑에서 벼슬한 일이 없고 「극진미신」도 양웅이 지은 것이 아니라 곡자운이 지은 것이라고 주장하였다.

운 일이다"라는 증참의 말에 해당한다고 하였다.

한유(768–824)는 「원도(原道)」에서 순경과 양웅에 대하여 "성인 공자의 도를 선택하였으나 정심하지 않았고, 성인의 도를 말했으나 상세하지 않았다"라고 하였다. 그가 순경 양웅에 대하여 비판은 하였지만 그들을 부분적으로 인정하는 것에 정이가 '실출(失出)에 해당한다'고 비판하였는데 이는 '선택과 말이 정상하지 못한 것은 죄는 큰데 처벌은 가벼운 것'을 뜻한다.

＊순경·양웅에 대한 비판이 한유에 의하여 제기되었고, 이런 기조가 북송의 이학자들에게로 이어지면서 두 사람의 유학사적 지위에 현저한 변화가 생겼다. 즉 순경·양웅이 이단이나 비주류로 낙인되어 정통의 위치에서 비껴나게 된 것이다. 시작에 있어서의 털끝만 한 어긋남은 결과에 있어서 천리(千里)에 걸치는 오류를 빚는다는 생각은 도학자들이 지니고 있던 경각심이었다.

67
왕통과 한유의 장단점 [王韓長短]

우옹은 시 읊기 좋아하지 않네	尤翁非是愛吟詩
시는 왕통과 한유의 장단점을 논할 때 읊지	詩是王韓[57]長短時
상자 속에 간직한 옥은 싼 값에 팔 필요가 없고	韞櫝不必輕衒玉[58]
담을 넘느니 차라리 아내가 없는 게 낫지	踰墻寧可逐無妻[59]
두 분의 도는 참으로 맞서기 어려우나	二公有道誠難匹[60]
석 달 벼슬 없음에 스스로 슬퍼함은 지나쳤네	三月無君過自悲[61]
성학의 도통은 비록 그러하나 기댈 바는 있으니	聖緒雖然猶有賴[62]
우옹은 시 읊기 좋아하지 않네	尤翁非是愛吟詩

---

57 王韓 왕한: 왕통(王通)과 한유(韓愈)이다. 왕통은 문중자로 수나라 때의 학자이다.
그의 저작은 『속서』『속시』『원경』『예경』『악론』『찬역』의 6부작이 있는데 당나라 때
전부 없어졌고, 제자가 모아놓은 『문중자설』만 남아 있다. 수의 양제로부터 부름을 받
았으나 응하지 않았다. 한유는 '창려선생'으로 불리고 시호는 문공이다. '당송팔대가'의
가장 먼저 꼽힌다. 문벌도 배경도 없던 그는 여러 차례 과거에 낙방 끝에 천거되었다.
불교의 법통에 대항하여 요·순·우, 탕·문·무·주공·공자·맹가로 이어지는 유가의 도
통론을 내세웠다. 문집 『한창려선생집』이 있다.

58 韞櫝-衒玉 온독-현옥: 韞은 감추다이고 衒은 자랑하다, 늘어놓다이다. 『논어』
「자한」편 "子貢曰. 有美玉於斯. 韞櫝而藏諸. 求善賈而沽諸. 子曰. 沽哉沽哉. 我待賈
者也"

59 踰墻-無妻 유장-무처: 『맹자』「고자·하」에 "동쪽 집 담장을 넘어 처녀를 취하면
아내를 얻고 그렇지 않으면 아내를 얻을 수 없다면 끌어당겨야 하느냐"는 말이 있다.
예에 따르는 삶이 욕망에 따르는 것보다 더 중요하다는 말이다.

60 二公有道誠難匹 이공유도성난필: 왕통은 숨어 살았고 한유는 천거되기를 구하였
다. 제3구 '상자 속의 감춘 옥은 싼 값에 팔 필요가 없지[韞櫝不必輕衒玉]'는 왕통을 두
고 쓴 것이고 제4구 '담을 넘느니 차라리 아내가 없는 게 낫네[踰墻寧可逐無妻]'는 한유
를 가리킨다. 이 두 사람의 도에 맞수가 되기 어렵다는 뜻이다.

61 三月無君過自悲 삼월무군과자비: 한유가 재상에게 올린 글에 "옛 선비는 석 달 벼

왕통(王通 584-617)과 한유(韓愈 768-824) 두 사람에 대하여 그 장점과 단처를 구별하고 있다. 그들이 도학에 도움을 끼쳤지만 해악도 있다는 것이다.

좋은 옥을 가졌을 때 이것을 상자에 감추어 두기보다 좋은 값에 파는 것이 좋으며 살 사람을 기다린다는 것은 공자의 말이다. 이는 우옹이 왕통의 처신을 두고 가져온 비유이다. 왕통은 좋은 가문에서 학문을 익혀 상당한 식견과 재능을 지녔음에도 자신을 드러내지 않으려 했고, 수양제가 불렀음에도 나아가지 않았다.

이웃집 담장을 넘어 들어가 강제로 처녀를 취해야만 아내를 얻을 수 있다면 차라리 장가드는 일을 그만두는 게 낫다는 것은 『맹자』에 나오는 말로서 우옹은 이 말로 한유를 지칭했다. 한유는 매우 한미한 집안에서 태어났지만 뛰어난 재능과 근면성으로 학문을 익혀 주목을 받았다 그러나 여러 차례 과거에 응시하였으나 낙방하였고 겨우 진사가 되었으나 본과에서도 자주 떨어졌던 경험을 가졌다. 출세를 위한 그의 적극적 태도를 우옹이 비판한 것이다.

왕통과 한유는 나름대로 성취한 도가 크다. 그래서 이 둘과 맞설 만한 사람을 찾기 쉽지 않다. 나서지 않은 왕통에게는 순경이나 양웅이 말하지 못한 격언이 많다. 가볍게 처신했다고 할 수 있는 한유는 맹가 이후 크고 높은 견식을 지닌 호걸적 인물이라는 평판이 있다. 그럼에도 우옹은 한유가 재상에게 올린 글에 "옛 선비는 석 달 벼슬하지 않으면 서로 위로한다"라는

슬하지 않으면 서로 위로한다[有古之士. 三月不仕則相弔]"라는 말이 있다. 『수차』에 설명이 있다.

62　聖緖-有賴 성서-유뢰; 왕통과 한유가 성인의 도통을 이었다고 할 수는 없어도 도움 되는 부분은 있다는 뜻이다. 『문중자』에 있는 격언은 순경이나 양웅이 말하지 못한 것이고, 한유 역시 근세의 호걸로서 맹가 이후 크고 높은 견식을 지닌 자를 찾는다면 곧 한유를 봐야 한다는 평가가 있다. 『수차』 참조함.

말이 있는데, 이는 재능 발휘의 기회를 구하는 한유 자신의 심정을 표현한 것으로서, 쓰이지 못하는 상황을 슬퍼한 것을 지나치다고 하였다.

두 사람 다 비록 단점을 지니고 있어도 이들이 성학의 도통을 이어오는 데 일정한 기여를 했다. 그래서 우옹은 그들의 장단점을 함께 생각한 것이다.

*노자·장자·순자·양웅과 더불어 제자백가 5자 중 하나로 불렸던 왕통은 6경에 대한 연구가 깊어 많은 저술을 남겼으나 대부분 없어졌고, 제자가 모아 놓은 『문중자설(文中子說)』이 남아 있다. 『오경』 연구서와 더불어 계몽적인 저서 『삼자경(三字經)』으로 평판이 높다. 인간 본성의 선함과 '삼교합일'을 주창하고, 인심도심의 문제 등에 관심을 가졌던 그는 성리학 형성 이전 그 선하를 형성한 인물의 하나이다.

문장에 있어 '당송팔대가'에 가장 먼저 꼽히는 한유는 화려한 기교를 자랑하는 변려체를 배격하고 한대 이전의 자유스러운 형식을 표본으로 하는 의고(擬古)체를 제창하여, 유가 사상을 기초로 한 이른바 재도(載道)문학론, 곧 문장은 도리를 담고 있어야 한다는 주장을 내세웠다. 그가 지은 빼어난 문장으로 「사설(師說)」이 있다.

우옹은 한유와 왕통에 대하여 누가 더 훌륭하냐는 문인 김간의 물음에 대하여 "왕통이 낫다. 주자가 한유를 '첨유(諂諛)하고 희예(戲豫)한 사람이다' 하였다. 이미 '첨유·희예'라 하였으니, 다시 무엇을 더 말할 나위가 있겠느냐"[63]고 대답한 일이 있다. 첨유는 아첨이고 희예는 놀면서 안일하게 지냄이다.

---

63 『송자대전』 부록, 권15 語錄, 金榦錄

68

천지의 개벽을 다시 봄 [再見乾坤開闢]

우옹은 시 읊기 좋아하지 않네	尤翁非是愛吟詩
천지의 개벽을 다시 볼 때 읊지	再見乾坤開闢[64]時
하늘이 염계옹을 보내어 모든 것 부탁하니	天降濂翁[65]全付託
쇠퇴한 세상에 상제는 얼마나 상심하고 슬펐으랴	帝監衰世幾傷悲
『통서』와 『태극도설』은 앞의 모든 성인과 연관되고	通書太極[66]關千聖
큰 작용과 강령이 하나로 모였네	大用宏綱[67]會一齊
비낀 달 맑은 바람 같은 참된 기상이니	霽月光風[68]眞氣象
우옹은 시 읊기 좋아하지 않네	尤翁非是愛吟詩

---

64 開闢 개벽; 통로를 열다. 창립하다. 고대 신화에서 반고씨가 개천벽지(開天闢地)라고 한 데서 줄여서 개벽이라 한다.

65 濂翁 염옹; 주돈이(周敦頤 1017-1073)이다. 자는 무숙(茂叔)이고 호는 염계(濂溪) 또는 염옹이다. 염계라는 호는 1072년 강서성의 여산 아래 냇가에 서당을 짓고 살면서, 그 내를 염계라 한 데서 비롯되었다. 그는 정호·정이 형제를 문하에 거두었다. 성리학의 틀을 만들고 기초를 닦은 인물로 평가된다. 도가와 불교의 주요 체계와 개념들을 받아들여 우주의 원리와 인성에 관한 새로운 이론을 개척했다. 훈고학을 거치며 끊어졌던 성과 도에 관한 논의를 되살려 유학을 새롭게 부흥시킨 인물이다.

66 通書太極 통서태극; 주돈이의 저서 『통서』와 『태극도설』을 말한다. 『통서』는 주희에 따르면 모두 41개 장이다. 주요한 개념은 인극이다. 『태극도설』은 『역』 「계사」를 바탕으로 주돈이가 그의 우주관을 펼친 것이다. 오행은 하나의 음양으로 음양은 하나의 태극이라고 한다. 이 글은 후세에 미친 영향이 컸고 판본도 다양하다. 주희가 『통서해』와 『태극도설해』를 지었다.

67 大用宏綱 대용굉강; 주희가 쓴 「통서후기」에 "그 넓은 대강과 큰 쓰임[宏綱大用]을 돌아보면 진과 한나라의 학자들이 미칠 바가 이미 아니다." 하였다.

68 霽月光風 제월광풍; 비가 그친 뒤의 맑고 깨끗한 달과 맑고 서늘한 바람이라는 뜻으로, 흉금이 툭 터지고 인품이 고아한 것을 가리킨다. 송나라 황정견의 「염계시」 서문에 "용릉 땅 주무숙은 인품이 매우 고아하여, 그 쇄락한 흉중이 마치 광풍제월과 같다"

북송대에 도학이 펼쳐짐을 우옹은 새 하늘과 새 땅이 열리는 것으로 보았다. 주돈이(周敦頤 1017-1073)의 학문은 동아시아 학술사에서 마치 천지가 새로 개벽한 것과 같은 의미를 갖는다는 평가를 받는다.

하늘이 주돈이를 세상에 보내 끊어진 도통을 이으라고 했다는 것이 이후 학자들의 공통된 견해이다. 그를 이학의 비조로 삼는다. 주돈이의 주저는 『통서(通書)』와 『태극도설(太極圖說)』이다.

『통서』는 '성(誠)'과 '신(神)' 그리고 '기(幾)'를 인간의 모든 덕과 행위의 근본 규범으로 강조하였다. 고요하고 흔들리지 않는 상태인 성(誠)을 순수 지선으로 보고, 그것을 완전하게 체득하면 인·의·예·지·신 5상의 덕도 완성할 수 있다고 하였다. 그는 『역』 건괘와 문언, 「계사」에서 취하여 우주 간 사물의 변화와 규율을 성으로 말하고, 이 성의 경지에 도달하려면 주정(主靜)과 무욕(無慾)의 태도가 필요하다고 하였다.

『태극도설』은 모두 249 글자와 다섯 개의 그림으로 되어 있는데 『역』 「계사」를 바탕으로 하여 쓰고 제작이 된 것이다. 이 짧은 글에서 주돈이는 인간과 우주의 원리를 태극도를 중심으로 설명하고 있다. 무극과 태극이 하나이며, 태극이 음양으로 나뉘고, 음양이 다시 오행의 화·수·목·금·토로 분화된다고 한다. 이를 바탕으로 선·악과 오상을 설명했다.

우옹은 주돈이의 위의 두 책이 이전의 모든 성인의 사상과 긴밀하게 연관되어 있으며, 이상적 사회를 이끌어 가고 설명하는 데 필요한 모든 구조의 완벽함과 쓰임의 극대화를 담고 있다는 주희의 평가에 동의한다. 동시에 거기에는 성인을 지향하는 주돈이의 기상(氣像)이 광풍제월처럼 나타나 있다고 평하였다. 이후 성리학자들의 수양에 있어서 기상은 중요한 개념이 되었다.

라고 한 데서 그를 나타내는 표현으로 굳어졌다. 『송사』 「주돈이전」

＊구한말 민중들은 기존의 세상에 염증을 느끼고 새로운 질서, 새로운 가치가 지배하는 세상을 염원했다. 민중들의 이러한 염원은 개벽의 도래라는 개념으로 표명되었다. 그들은 사회적 질서는 물론이고 자연 질서까지도 바뀔 것을 기대하였다. 일부 김항은 "음을 억제하고 양을 높이는[억음존양(抑陰尊陽)]의 시대가 가고, 음양을 조율[조양율음(調陽律陰)]하는 시대가 올 것"이라고 하였고, 또 『서경』『역경』으로 대표되던 가치 체계로부터 벗어나 인간의 본성에 따르는 세상이 된다고 하였다.

69
순공 정명도를 칭송하고 찬탄함 [頌歎程純明道]

우옹은 시 읊기 좋아하지 않네   尤翁非是愛吟詩

순공 정명도를 칭송하고 찬탄할 때이지   頌歎程純明道⁶⁹時

안회의 화풍과 경운을 전한 사람은 이 분인데   顏氏風雲⁷⁰傳者是

염옹의 광풍제월 그 기상은 누구에게 있을까   濂翁光霽在于誰

연원은 순과 우와 주공과 공자를 겸하였고   淵源姚姒⁷¹周兼孔

천서천질인 군신 부자 부부의 도리였네   敍秩⁷²君親子若妻

진중한 문언박이 명도선생 묘라고 썼지   珍重潞公題墓⁷³字

우옹은 시 읊기 좋아하지 않네   尤翁非是愛吟詩

---

69 程純明道정순명도: 정호(程顥 1032-1085)를 지칭한다. 그의 호는 명도, 시호는 순공이다. 아우 정이와 함께 주돈이에게 학문을 익히고 곧 노장사상 및 불교에 마음이 이끌렸으나, 나중에는 다시 6경으로 돌아왔다. 만물은 음양 두 기운의 교감에 의해 생성된다고 생각하고, 그것을 하나의 기로 통일시키고자 했다. 또한 만물에 차이가 있는 것을 음양 교감의 과정에서 적절 수준에 맞거나 치우침이 있기 때문이라고 생각했다. 그는 본성에 선악의 구별을 하지 않고 선악을 후천적인 이유로 보았다. 주목받는 그의 글에 「정성서(定性書)」와 「식인편(識仁篇)」이 있다.

70 顏氏風雲안씨풍운: 정호는 안회를 평하여 온화한 바람 상서로운 구름[和風慶雲] 이라 하였다.

71 姚姒요사: 요는 순의 성이고, 사는 우의 성이다. 『법언』 권5 「문신」. 정호가 지닌 학덕의 연원이 순과 우에 있다는 것이다. 한유의 『한창려집』 권12 「진학해」에 "위로 요사를 엿보건대 심오하여 끝이 없다.[上規姚姒 渾渾無涯]" 하였다.

72 敍秩서질: 천서천질(天敍天秩)이라고도 한다. 천서는 태어남에 선후가 있는 것이고 천질은 하늘이 정한 품질 등급으로 예법제도를 말한다. 『서경』 「고요모」.

73 潞公題墓노공제묘: 노공은 문언박(文彦博 1005-1096)이다. 정호가 죽자 문언박이 중론을 널리 수합하여 그 무덤 비에 명도선생이라고 썼다. 『송사』 권427 「정호열전」 문언박은 동중서문하평장사를 지냈고 노국공에 봉해졌다. 부필 등과 함께 영종의 옹립에 진력하였고, 신종 때 왕안석의 시역법이 국체를 흔들면서 민원을 일으킨다며 반대하

정호(程顥 1032-1085)는 아우 정이와 함께 성리학 형성에 크게 기여한 북송 시대 학자이다. 그들과 주희의 학문을 합쳐서 정주학이라고 부를 정도이다. 형제는 주돈이에게 학문을 익히고 장재 소옹 등과 교류하였다.

정호는 만물은 음양 두 기운의 교감에 의해 생성된다고 생각하고, 그것을 건원(乾元)의 일기(一氣)로 통일시키고자 했다. 또한 만물의 차이는 음양의 교감 과정에서 정도에 치우치거나 올바름이 있기 때문이라고 생각했다.

그는 본성을 안정시키는 방법과 내용을 담은 「정성서(定性書)」와 인을 천지만물과 내가 일체가 되는 경지로 설명하는 「식인편(識仁篇)」을 지었다. 그는 옛 의학서에서 손발이 마비되는 것을 불인(不仁)이라고 하는 것을 가져와 인을 설명하는 데 적절히 활용하였고, 참으로 적절한 이름이라고 하였다. 사람이 만약 만물을 자신의 몸으로 여기지 못한다면, 자기와 만물이 서로 상관없게 될 것인데 이는 마치 손발이 마비되면 기(氣)가 이미 통하지 못하여 손발이 제 몸에 붙어 있어도 제 몸이 아닌 것처럼 느껴지는 것과 같다고 하였다.

정호의 품성은 안회에 가까웠다. 안회에 대하여 '온화한 바람 상서로운 구름'이라고 평하였는데 그 자신 또한 남들로부터 봄바람 같다는 평을 들었다.

그에게는 주돈이의 '비 갠 후의 시원한 바람과 밝은 달의 기상'이 있었다. 그는 순과 우, 그리고 주공과 공자를 본받으려 하였다.

그가 추구한 것은 하늘의 순서로서의 오륜이고, 지키려고 한 것은 하늘이 규정한 품질 등급으로서의 귀천과 존비였다. 그에게 있어서 천서의 으뜸은 부자유친이고, 천질의 으뜸은 군신의 의리이다. 그는 일생 이에 엄정

여 쫓겨났다가 철종 초에 사마광의 추천으로 평장군국중사가 되었다.

한 태도를 견지하였다.

그에게 도를 밝혔다는 뜻의 명도(明道)라는 호가 주어졌는데, 이는 당시의 명품 재상이었던 문언박이 여러 의견을 수합하여 그의 묘 비석에 새긴 것이다. 참으로 깊고 거룩한 뜻을 담은 칭호가 사후에 그에게 주어졌다.

70
정이천의 엄숙 공경 [伊川肅敬]

우옹은 시 읊기 좋아하지 않네	尤翁非是愛吟詩
시는 정이천의 엄숙 공경을 생각할 때 읊지	詩是伊川⁷⁴肅敬時
이천 선생에게 일어난 일을 알고자 하면	欲識先生身上事
모름지기 그가 쓴 형의 행장을 보아야지	須看伯子墓前題⁷⁵
안타까워라! 철종 시대 군자를 원수로 삼음이여	堪嗟紹聖⁷⁶仇君子
부주에서 『역전』을 찬술한 것 크게 감사하네	多謝涪州贊皡羲⁷⁷
자와 먹줄 같은 몸가짐 어찌 우왕 아래이리오	規矩準繩⁷⁸寧禹下
우옹은 시 읊기 좋아하지 않네	尤翁非是愛吟詩

74　伊川 이천: 정이(程頤 1033-1107)이다. 정이의 시호는 정(正), 이천은 호이다. 형 정호와 함께 주돈이에게 배웠고, 형과 더불어 '이정자'라 불린다. 철종 초에 사마광·여 공저 등의 추천으로 국자감 교수가 되었다. 왕안석·소식 등과 뜻이 맞지 않고, 당화 에 휘말려 사천성 부주로 귀양을 간 일도 있다.

75　墓前題 묘전제: 묘전제라고 하였지만 묘지명이 아니고 행장이다. 우옹이 착각한 듯하다. 정이는 장역에게 "나는 일찍이 명도행장을 썼다"고 말했다. 더불어 "훗날 나를 알고자 하면 내가 쓴 형의 행장을 보라"고 했다. 1085년에 쓴 「명도선생행장」은 현재 『이천선생문집』 권7에 들어 있다.

76　紹聖 소성: 송 철종의 연호. 1094-1097. 철종의 친정이 시작되면서 구법을 버리고 신법을 채용하였고 재상에는 장돈을 임명하였다. 이때 많은 구법당 관료가 추방되고 신 법당 관료가 등용되었는데 정이도 1096년에 신당에 반대하는 '간당'의 일원으로 지목 되어 사천성 부주에 유배되었다.

77　皡羲 호희: 복희씨를 가리키는데 여기서는 그가 지은 『역』을 지칭한다.

78　規矩準繩 규구준승: 주희는 이천 정이의 「화상찬」에서 이 말을 사용하였다. 『주자 대전』 권85 「육선생화상찬, 이천선생」 "規圓矩方, 繩直準平, 允矣君子, 展也大成. 布帛 之文, 菽粟之味, 知德者希, 孰識其貴."

형인 명도 정호에 이어 아우 이천 정이를 도학의 흐름 속에서 언급하고 있다. 이천에 대하여 우옹이 가진 가장 강한 인상은 엄숙과 경건이다. 형제 철학자에 대하여 사람들은 곧잘 형은 봄바람 아우는 가을 서리, 형은 정좌(靜坐) 아우는 거경(居敬)궁리, 형은 안회 아우는 증참, 형은 직관 아우는 분석의 경향이 강하다고 대비하곤 한다.

사람들은 형과 아우의 구별을 중시하는 성향을 보였지만 이천은 '나의 길은 명도 선생과 같으니 훗날 나를 알고 싶으면 내가 지은 형님의「행장」을 찾아보라'고 하였다.「행장」속에 담긴 내용이 곧 자신에게도 해당한다는 취지의 말이었다.

그의 시대는 북송의 문치가 창달하는 때였지만 개인적으로 어긋나는 사람이 많았다. 특히 자유분방의 성정을 지닌 소식(蘇軾 1037–1101)과 엄숙 공경의 자세를 견지한 그는 종종 부딪치며 갈등하였고, 왕안석 신당과는 정책적 노선의 차이로 대립을 넘어 반목이 심했고, 그로 인하여 재상 장돈의 무리로부터 사천성 부주로 유배를 당하기도 하였다.

유배 기간 중에 정이는『역』의 연구에 집중하여 그 결과를『역전』으로 펴냈다. 의리를 중심으로『역』을 풀이한 이 책은 훗날 주희가 상수의 부분을 보완한『역본의』와 함께 묶여『역전의대전』으로 편찬, 출간되어 후학들의 연구에 근간이 되는 교재로 쓰였다.

유배에서 돌아온 정이를 만난 제자들은 풍토가 다르고 거주 환경이 혹독한 상황에서 그가 초췌하기는커녕 오히려 이전보다 훨씬 더 의연하고 좋아진 풍채에 놀랐다고 한다. 그의 이런 모습은 남송 시절 채원정이 당금(黨禁)과 위학(僞學) 소동으로 유배를 떠날 때 얼굴에 전혀 노여움이나 아쉬움 등의 기미를 보이지 않은 것과 함께 유자가 보이는 의연함의 표상으로 꼽히곤 한다.

그의 몸가짐은 컴퍼스로 그은 원과 곱자로 만든 네모, 먹줄로 튕겨 그은 반듯함과 수평기로 맞춘 평평함[繩直準平]이라는 평을 듣는다. 주희가 정이의 화상찬에서 "컴퍼스처럼 둥글고, 자처럼 반듯하며, 먹줄처럼 곧고, 대패처럼 평평하니, 진실로 군자로다. 참으로 크게 이루었도다. 비단 같은 문장이요, 숙속 같은 맛인데, 이 덕을 아는 이가 적으니, 누가 그 진귀한 것을 알겠는가" 하였다. 그의 언행이 한 치도 법도에 어긋나지 않음을 두고 하는 말이다. 이 때문에 우옹이 정이를 엄숙이라 표현한 것이다.

　＊정이는 부주(涪州) 유배 중에 제자들과 그곳 사람 초정(譙定 1023-?)의 도움으로 북암(北岩)에서 강학하였고, 강학당 이름을 '구심당(鉤深堂)'이라 하였다. 정이의 『역전』은 1099년 66세 때 완성되었는데, 이 부주 유배 기간에 집중적으로 연구 저술되었다. 그는 "체와 용은 하나의 근원이며 뚜렷이 드러난 것과 은미한 것에 사이가 없다"고 『역전』의 서문에서 선언하였다. 수양론에 있어서 형인 정호가 정좌(靜坐)를 주장하였으나, 그는 '거경궁리(居敬窮理)'를 강조하였다.

71
요부의 안락을 자나 깨나 생각함 [寤寐堯夫安樂]

우옹은 시 읊기 좋아하지 않네	尤翁非是愛吟詩
요부의 안락을 자나 깨나 생각할 때 읊지	寤寐堯夫[79]安樂[80]時
제·패·황·왕은 자잘한 일들이고	帝伯皇王[81]些子事[82]
바람·꽃·눈·달은 조화옹이 한 일	風花雪月化工爲[83]
그의 태극 선천을 다룬 학문이 없었다면	如無太極先天學[84]
누가 문왕의 『역』 「계사」의 의미를 알았겠나	誰識文王易繫辭[85]
중요한 것은 복희를 직접 만난 다음이라는 것	最是伏羲親見[86]後
우옹은 시 읊기 좋아하지 않네	尤翁非是愛吟詩

---

79 堯夫 요부; 소옹의 자가 요부이고 자호는 안락선생 또는 이천옹 등이다. 시호는 강절이다. 주돈이, 장재, 정호, 정이 등과 더불어 '북송 5자'로 불린다. 각고의 노력으로 독서를 하고 천하를 유람하였다. 李之才를 좇아 하도 낙서와 복희 팔괘를 배워 대성하였다. 저서에 『황극경세』『관물내외편』『선천도』『어초문대』『이천격양집』 등이 있다. 38세 이후 낙양에 살면서 교수로서 생업을 이어갔고 한가함과 안락을 추구하였고 복희 선천학, 황극과 경세를 탐구하였다.

80 安樂 안락; 소옹은 자기의 집을 '안락와'라고 하였고, 안락을 주제로 많은 시를 지었다. 궁몽인(1623-1713)이 편찬한 『독서기수략』 권24 「인부, 강절삼혹」에 "나이 들었는데도 쉬지 않고, 편안한데도 즐겁지 않고 한가한데도 맑지 않은[年老不歇, 安而不樂, 閒而不淸]" 것을 세 가지 미혹이라 하였다.

81 帝伯皇王 제패황왕; 소옹은 역사를 황의 시대, 제의 시대, 왕의 시대, 패의 시대로 구별하였다. 복희 헌원은 황, 요와 순은 제, 탕·무는 왕, 환공·문공은 패에 속한다.

82 些子事 사자사; 정자는 소옹에 대하여 "그는 곧 이런 일들을 곧 요·순 삼대와 같다고 여겼다"라고 하였다.

83 化工爲 화공위; 주희는 소옹에 대하여 "눈·달·바람·꽃을 품평하지 않음은 모든 사물에는 천지에 의한 지극한 조화가 있음을 말함이다[雪月風花未品題. 言事物皆有造化]"라고 하였다.

84 太極先天學 태극선천학; 주희는 "처음 아직 팔괘를 그리지 않았을 때 6획 가득하게

요부는 소옹(邵雍 1011-1077)이다. 그는 일생 의연하게 안락과 맑은 한
가로움을 누리고 즐긴 인물이다. 세속의 부귀 명예에 얽매이지 않고 자유
로운 삶을 산 사람으로 그와 「귀거래사」로 잘 알려진 도연명을 꼽아 도소
(陶邵)라고 한다. 이 시의 주제도 '자나 깨나 요부의 안락을 생각함'이라 하
였듯이 우옹도 그에게서 안락을 배우고자 하였다.

요즘의 용어로는 행복이라는 말로 옮길 수 있는 요부의 안락은 청한(淸
閑)이 뒷받침되는 것이었다. 한가로움은 맑음이 전제되어야 하고 편안하더
라도 즐거워야 한다는 생각을 갖고 있었다. 이를 다시 압축하면 그의 즐거
움은 맑은 즐거움이다. 그런 즐거움은 소옹을 아는 사람들에게는 그들이
조정에 있든 산림에 있든 유배지나 감옥 등 어디에 있든지 오매불망의 추
구 대상이었다. 안락과 더불어 우옹이 소옹에게서 주목하여 본 것은 다음
의 것들이다.

소옹은 황·제·왕·패로 상고대의 시대를 나누어 그 가치 평가를 하였다.
그리고 3황, 5제, 3왕, 5패를 주제로 삼아 그 포폄의 내용을 각각 여러 편의
시로 읊었다.

그는 자연 물상 가운데 눈·달·꽃·바람[雪月花風]을 즐겨 시의 주제로
삼았는데, 이 네 가지 가운데 어느 것이 더 낫다고 하지 않았다. 모두가 조

말한 것이 소자가 말한 선천학이다"라고 말하였다. 또 "소옹이 선천을 말한 것은 복희
가 획을 그은 역이다. 후천이란 것은 문왕이 부연한 역이다"라고 하였다. 주희집 「답원
기중서」.

85 통상 문왕이 괘사를 쓰고 주공이 효사를 지었다고 한다.

86 伏羲親見 복희친견: 주희는 「답원기중논계몽시(答袁機仲論啓蒙詩)」에서 "만약 무
속에 유의 모습을 머금고 있음을 안다면, 그대가 복희를 직접 보았음을 인정하겠네[若
識無中涵有象, 許君親見伏羲來]"라고 하였다. 「답원기중서」에서는 "복희역은 애초에 문
자가 없었다. 다만 하나의 그림만 있을 따름이었다. 천지 만물의 이치는 종시 음양의
변화를 갖추었다 운운[伏羲之易 初無文字. 只有一圖. 而天地萬物之理. 終始陰陽之變.
具焉云云]" 하였다.

물주의 지극한 작품이라고 보았기 때문이다. 소옹은 그의 수미음 제1수에서 "황왕제패는 포폄을 거쳤으나[皇王帝伯經褒貶], 설월풍화는 품평하지 않았네[雪月風花未品題]"[87]라고 하였다.

소옹은 선천(先天)의 세계를 말했다. 그가 말하는 선천은 복희의 시대를 말한다. 그 시대는 언어문자의 시대가 아니고 순전한 마음으로 서로 소통하는 시대이다. 선천의 상대는 후천(後天)이고 이 시대는 문왕에 의하여 인류의 삶의 틀이 규범화되고 정리되었다. 역학으로는 복희역이 선천역이고, 문왕역이 후천역이 된다.

소옹은 남이 못 디딘 선천 세계를 탐구하고 그 세계에 대하여 벅찬 감동을 느끼다가 문득 고개를 돌려보니 복희가 이미 다녀간 발자국이 있더라고 하였다. 복희가 8괘로, 문왕이 64괘도와 문자로 드러내기 이전의 세계, 이른바 '획전역(畫前易)'의 세계를 주목하고 있었다. 그는 처음 『역』을 그린 복희를 직접 만나본 듯했다.

---

87 題品 품제; 내용을 品으로 나눈 편장의 제목, 품을 나누거나 제목을 붙임. 품은 계단을 정하거나 평가를 하는 것을 말한다.

72
중성명자 장재를 살펴봄 [夷考中誠明子]

우옹은 시 읊기 좋아하지 않네	尤翁非是愛吟詩
중성명자 장재를 살펴볼 때 읊지	夷考[88]中誠明子[89]時
일·대·청·허는 참으로 오묘할 따름이니	一大淸虛[90]誠妙耳
손자 오자 불교 노자를 모두 노복같이 보았네	孫吳佛老盡奴之[91]
『정완』은 이미 성인의 일이지만	訂頑旣是淸人事[92]
명도는 용녀에게 부인복 입히는 것 비판했네	明道嘗非龍女衣[93]
맹가, 이윤, 백이와의 대비는 아직 모르겠으니	孟與伊夷論未定[94]
우옹은 시 읊기 좋아하지 않네	尤翁非是愛吟詩

---

88 夷考 이고; 고찰, 살펴봄의 뜻이다.

89 中誠明子 중성명자; 장재의 시호가 명성중자(明誠中子)이다. 시에서의 中誠明子 표기는 오류로 보인다. 그의 자는 자후이며, 호는 횡거이다. 그는 『역』과 『중용』을 중심으로 연구하고, 우주의 근원적 존재를 '기, 태허'라고 하고, '리는 기 속에 있다'고 주장했다. 저서에 『정몽』, 『횡거역설』, 『경학이굴』, 『장자어록』 등이 있는데, 후대에 『장자전서』로 편집되었다.

90 一大淸虛 일대청허; 정호·정이 형제는 장재의 철학을 청허일대(淸虛一大)로 규정하고, 이것이 사람들로 하여금 다른 길로 가게 만들었다고 했다. 여대림의 『동견록』에 보인다.

91 孫吳佛老盡奴之 손오불로진노지; 한유의 「원도」에 "들어오면 주인으로 삼고 나가면 노비로 삼는다[入者主之 出者奴之]"라고 하여 어느 종교나 당파에 가입하면 그것을 주인으로 삼아 존중하고, 거기서 나오면 노예로 삼아 배척한다고 했다. 장재는 손자 오자 불교 노자에 한때 심취하였다가 『중용』, 그리고 6경으로 돌아왔다.

92 淸人事 청인사; 『수차』에 따르면 여기의 淸은 聖자인 듯하다고 한다. 정이는 『서명』을 장재 문장의 정수라고 여겼는데 "덕이 있는 사람의 말은 성인이 성인의 일을 말한 것과 같고, 조도(造道)의 말은 마치 현자가 성인의 일을 말하는 것과 같다. 『서명』은 곧 품덕 수양을 제고하는, 조도의 말이다"라고 하였다.

93 明道嘗非龍女衣 명도상비용녀의; 『수차』에 따르면 장재가 지례원(知禮院)일 때 용

중성명자(中誠明子)는 장재(張載 1020-1077)이다. 장재의 문인들이 스승에게 부여한 시호가 명성중자(明誠中子)이다. 여기서는 明자와 中자의 위치가 바뀌었다. 횡거(橫渠)라는 호로 잘 알려진 장재의 주저는 『정몽(正蒙)』이다.

정호·정이 형제는 『정몽』에 담긴 사상을 '청(淸)' '허(虛)' '일(一)' 대(大)' 네 글자로 압축하였다. 장재가 신(神), 태허(太虛), 기(氣)를 논급할 때 이들 용어를 갖고 많이 설명했기 때문이다. 우옹은 이를 참으로 오묘하다고 평했다.

장재는 초기에 서하(西夏)에 의하여 고통받는 변경의 사정을 보고 『손자』 『오자』의 병법과 군사에 관심을 가졌다가 범중엄의 권고에 따라 이를 버리고 『중용』의 연구에 침잠하였고, 다시 불교와 『노자』의 연구에 기울어졌다가 6경 연구로 돌아왔다.

「정완(訂頑)」은 「서명(西銘)」이라 불리는 것으로, 인(仁)과 효(孝)를 통하여 하늘을 섬기고 사람을 섬기는 도리를 명백하게 깨우친 것이다. 이는 이일분수(理一分殊)─만물을 지배하는 이치는 하나로 같고, 각자가 받은 분깃은 다르다는 도리를 밝힌 것이라는 평가를 받는다. 현자가 성인의 일을 말한 것으로 덕을 높이는 말이라는 평판을 듣는다. 이황은 이를 그의 『성학

녀를 선제부인(善濟夫人)에 봉하면서 부인의 품복에 따랐다. 정이가 짐승에게 사람의 의관을 입힐 수는 없다고 비판하자 장재가 대꾸를 못했다고 한다. 황하의 제방에 용녀 삼낭자묘가 있는데 지극히 신령하여 응험이 있었다고 한다. 황하의 범람으로 위기가 닥치면 관에서 제사와 기도를 드렸다고 한다. 『정씨유서』에 따르면 장재를 비판한 것은 정호 명도가 아니라 정이 이천이다.

94 孟與伊夷論未定 맹여이이논미정; "횡거를 맹자 이윤 백이 등과 견준 논의는 아직 확정할 수 없다."『주자어류』권93 88조 "橫渠之於程子, 猶伯夷伊尹之於孔子" 又曰. "孟子宏闊. 橫渠嚴密" 又曰 "孟子平正. 橫渠太高"

십도』 제2도에 배치했다.

장재에 대한 정이의 비판의 일이 있었다. 황하가 자주 범람을 하므로 홍수를 다스리는 신으로 용녀(龍女)를 섬기는 오랜 신앙이 당시인들에게 있었다. 장재가 예원(禮院)의 책임자로 있을 때에 용녀를 선제부인(善濟夫人)에 봉하면서 예법에 따른 부인의 품복을 시행하였다. 이를 두고 정이가 "용은 짐승이다. 사람의 의관을 입힐 수는 없다. 또한 용이 무슨 공이 있는가?" 하니 장재가 침묵하였다고 한다.

우옹은 장재와 정호·정이의 관계는 마치 백이 이윤과 공자와의 관계와 같다고 주희가 말한 것, 그리고 그가 다시 맹가와 횡거를 대비하여 "맹가는 크고 활달하며 횡거는 엄밀하다"거나 "맹가는 고르고 바르며 횡거는 지나치게 자만하다"고 말한 것이 『주자어류』에 보인다. 이러한 평가에 대해서 우옹은 확정적 신뢰를 유보하고 있다.

* 장재는 다음과 같은 말을 남겼다.

천지를 위하여 마음을 세우고[爲天地立心]
생민을 위하여 명을 세우고[爲生民立命]
옛 성인을 위하여 끊어진 학문을 잇고[爲往聖継絶学]
만세를 위하여 태평을 연다[爲萬世開太平]

이 말은 이후 배우는 사람들이 뜻을 세움에 있어서 그 규모와 지향의 향방을 가늠하게 하는 지남(指南)의 역할을 하였다.

73
속수 사마광을 따르며 본받음 [追宗涑水]

우옹은 시 읊기 좋아하지 않네	尤翁非是愛吟詩
시는 속수 사마광을 따르며 본받을 때 읊지	詩是追宗[95]涑水[96]時
그때 여자 요·순이 그를 존경하고 신뢰하여	時際女堯舜[97]敬信
그 인이 억만의 사람들 마음에 깊이 스며들었고	仁淪百萬億肝脾
생애 마지막 일 년 사업은 참으로 비할 데 없네	一年事業[98]誠無比
역대 성인들의 정미한 도로 인정받지 못했지만	千聖精微[99]不許知
창주의 사당에 종사된 일이 있지	而有滄洲從祀事[100]
우옹은 시 읊기 좋아하지 않네	尤翁非是愛吟詩

---

95 追宗추종: 쫓고 따르며 모방하고 본받음

96 涑水속수: 사마광(司馬光 1019-1086)의 자는 군실(君實)이고 호는 우수(迂叟)이다. 산서성의 속수 출신이어서 속수선생으로 불렸다. 용도각직학사를 역임하였고 문하시랑에 이르렀다. 부필 한기 등과 친분이 두터웠고 소옹과 두터운 교제를 나누었다. 왕안석의 변법에 반대하다가 15년간 조정을 떠나 있었다. 『자치통감』을 편찬하였고, 온국공에 봉해졌다.

97 女堯舜여요순: 여자 가운데 요·순으로 곧 현성한 부녀를 일컫는 말이다. 송 영종의 고황후가 매우 현명하여 '여자 요·순'이라고 했다. 그는 철종 원년에 사마광을 불러 정사를 맡겼다.

98 一年事業일년사업: 소식이 쓴 사마광 비명에 "정치에 종사한 일 년 동안 질병으로 누워 지낸 것이 절반이었다. 이룬 공적은 많았다. 일백 년간 그리워할 것이다[爲政一年. 疾病半之. 功則多矣. 百年之思云]"하였다. 1년이라 함은 그가 1085년 3월에 신종이 죽은 다음 태후의 부름으로 조정에 돌아와 문하시랑으로 일하며 신법을 폐지하는 등의 일을 하다가 1086년 철종 원년 9월에 죽었기 때문이다.

99 精微정미: 정밀함과 은미함. 『중용장구』 제27장 "故君子尊德性而道問學, 致廣大而盡精微, 極高明而道中庸, 溫故而知新, 敦厚以崇禮"

100 滄洲從祀事창주종사사: 주희가 1184년 죽림정사 낙성식을 올린 다음 석채(釋菜)의 예를 행할 때 주돈이·정호·정이·장재·소옹과 더불어 사마광·이통 등 일곱 선생을

속수는 사마광(司馬光 1019-1086)으로 북송 시대 저명한 재상이었으며 『자치통감』의 저자이다. 이학(理學)에 있어서 선구자의 하나로 꼽히며, 검소함과 위민의 행정에 있어서도 존경의 대상이다.

사마광은 왕안석의 신법에 대립하며 구법당의 정신적 지주 역할을 하였고 그로 인하여 15년간 조정을 떠나 있었다. 철종 원년에 그를 존경하고 신뢰하던 태후가 불러 올려 혼란을 빚던 조정을 다시 안정시켰다. 태후는 여성 가운데 요·순으로 칭송을 받을 만큼 인품과 안목이 훌륭하였다.

다시 국정을 맡아 일한 지 일 년 남짓 뒤에 죽었지만 참으로 크고 귀한 일들을 그 짧은 기간 안에 이루어 냈다.

그가 펼친 어진 행정은 모든 백성들의 피부 깊숙이, 아니 그들의 간장 비장에까지 스며들었다. 백성들의 뜨거운 호응이 일어났다.

소식은 사마광이 그 마지막 일 년의 절반을 병으로 누워 있었어도 100년간 그리워할 만한 업적을 쌓았다고 평하였다.

역사 속의 성인들이 보인 정미한 심법과 학술적 성취를 후인들이 다 알 수는 없다. 빛나는 업적을 이룬 훌륭한 재상이었음에도 사마광이 보인 몇 가지 아쉬움이 있었음을 주희가 지적했다. 대표적인 것은 그가 한나라 다음 위를 정통에 넣은 것을 들 수 있다.

주희는 사마광을 비록 『연원록』에 넣지 않았어도 죽림서원에서 그에게 석채(釋茶)의 예를 거행하여 존숭하였다. 우옹도 사마광을 따르며 본받고 있음을 밝히고 있다.

＊사마광은 『태현주(太玄註)』, 『법언주(法言註)』와 『잠허(潛虛)』를 저술하

종사하였다. 죽림정사는 나중에 창주정사로 이름을 고쳤다. 그러나 주희는 사마광을 『연원록』에 넣지 않았다.

였다. 앞의 두 권은 그가 존중한 한대 양웅의 저서에 주석을 가한 것이고 『잠허』는 양웅의 『태현』을 모방하여 지은 것이다. '허(虛)'를 만물의 본원으로 삼아 『잠허』라고 하여 숨어 있고 비밀스런 본원을 탐색한다는 뜻을 담았다. 그러나 그의 이런 양웅 관련 저술은 후대의 성리학자들이 양웅과 더불어 외면하였다.

그는 또 『서의(書儀)』 10권을 저술하였다. 이는 예의 의식을 두루 논한 것인데 표문(表文), 상주문, 공문, 사적인 편지, 가족끼리 주고받는 편지 등을 다룬 것이 1권이고 관의(冠儀)가 1권, 혼의(婚儀)가 2권, 상의(喪儀)가 6권이다. 이 책은 예제(禮制)에서 옛날의 의미나 형식에 얽매이지 않았고 『의례』를 근거로 하여 주석을 하였으며 여러 전문가의 견해를 두루 취하였고 현실적으로 실천 가능한 것을 미루어 밝혔다.

주희는 사마광의 이 『서의』를 십분 참고하여 사대부와 서인의 가정의례서인 『가례』를 편찬하였다.

74
장강·한수와 가을볕 같은 회보 [江漢秋陽晦父]

우옹은 시 읊기 좋아하지 않네	尤翁非是愛吟詩
장강·한수와 가을볕 같은 회보를 생각할 때 읊지	江漢秋陽[101]晦父[102]時
상제가 선생을 보내 공자의 사업을 닦게 했으니	帝遣先生修孔業
몸은 오로지 원기로서 천기를 운행했고	身專元氣運天機
이룬 것은 여러 음악의 조리를 꿴 듯하였고	成如衆樂[103]摠條貫
맡은 일은 모든 유학자의 도지휘자였네	職作諸儒都指揮
그 광채에 위학과 역당으로 몰린 것 탄식하니	歎息光華輪僞逆[104]
우옹은 시 읊기 좋아하지 않네	尤翁非是愛吟詩

---

101 江漢秋陽 강한추양: 장강·한수와 가을볕. 『맹자』「등문공·상」에 증자가 공자의 도덕과 인품이 환하고 깨끗함을 표현하여 "장강과 한수로 씻은 것과 같으며, 가을볕으로 말리는 것과 같다[江漢以濯之 秋陽以暴之]"라고 한 구절이 있다. 장강은 양자강이라고도 한다. 한수는 장강의 지류인데 원류는 섬서성에서 발원하여 동으로 흘러 한중 지역에 이르면 여기서부터 한수라고 한다. 한수는 늘 장강, 회하, 황하와 나란히 일컬어져 '강·회·하·한'이라 불렸다.

102 晦父 회보: 주희(朱熹 1130-1200)에 대한 존칭이다. 주희의 자는 원회 또는 중회이고 호는 회암인데 만년에는 회옹이라 했다. 봉사직에 있으면서 일생 강학과 저술에 전념하였다. 훗날 휘국공에 봉하여지고 시호는 '文'이다. 이학의 집대성자로 불린다. 그의 학문은 영향이 커서 원·명·청 세 왕조에서 관학이 되었다.

103 衆樂 중악: 상고대부터 내려오는 여러 음악을 말한다. 『상촌집』 권9 「도사의 연위사로 의주에 가는 지봉을 보내다[送芝峯以都司延慰使往義州]」에 "뭇 음악은 함지와 오영을 원조로 삼는다[衆樂祖咸英]"의 구절이 있다. 여기서 함영(咸英)은 황제가 만든 함지(咸池)와 제곡이 만든 오영(五英)을 가리킨다.

104 僞逆 위역: 위학(僞學)과 역당(逆黨). 송 영종 때인 1196년 한탁주가 도학을 위학으로, 주희 조여우 채원정 유정 등 59인을 역당으로 몰아 모두 파직하고 금지시켰다. 이를 경원당금이라 한다.

증참은 스승 공자의 가르침을 "장강과 한수로 베를 씻은 것과 같으며, 가을볕으로 그 베를 말리는 것과 같다"고 했다. 우옹은 이 표현을 빌려다 주희에 대한 묘사로 사용하였다. 그는 주희를 지극히 존중하고 신뢰하였으니 그 행동거지 하나하나 그의 언론 한 구절 한 마디 모르는 것이 없고 동의하고 실천하지 않은 것이 없을 정도이다.

우옹의 시각에 주희는 상제가 공자의 사업을 이으라고 세상에 보낸 인물이다. 주희의 몸은 온통 원기 자체였으며 그것으로 하늘의 기밀, 천기(天機)를 운행하였다고 믿는다.

그가 학문적으로 성취한 것은 마치 모든 음악의 조리를 꿰뚫어 낸 것 같으며, 그가 맡은 직책은 모든 유학자를 총괄 지휘하는 것 같다. 그를 일러 이전의 모든 현자(賢者)를 모아 크게 이루어 냈다고 한다. 그래서 그에게 공자에 이어 다시 집대성(集大成)이라는 칭호를 부여했다.

주희의 학문이 높아지고 덕이 커져 영향력이 확대되니 그에 대한 비판자 적대자들이 나왔다. 일찍이 진량과는 사공 의리의 관점의 대립으로, 육상산 형제들과는 무극태극 등의 개념에 대한 논란이 있었지만 이는 학문적 논변의 틀 안에 있었다.

그러나 한탁주 등은 1196년 "탐욕스럽고 방탕함은 사람의 참된 정(情)이고 청렴하게 하고 수신하는 것은 모두 사람을 속이는 것이다" 하면서, 주희와 그 학파의 학문을 위학(僞學)으로, 주희를 비롯 조여우(1140-1196), 채원정(1135-1198), 유정(留正 1129-1206) 등 그의 무리 59인을 '역당(逆黨)'으로 몰아 파직하고 도학을 금지시켰다.

＊주희는 만년 역경 속에서 지내다가 1200년에 죽었다. 그러나 주희의 학문과 위상은 오래지 않아 복원되었다. 1210년에 그에게 문공의 시호가 주어졌고, 1227년 태사(太師)가 추증되었으며 이어 휘국공(徽国公)에 봉해

졌다. 그가 집대성한 도학은 이후 원·명·청조에서 통치 학술이 되고 과거
시험의 표준 답안이 되는 등 700여 년 동아시아 국가 사회를 이끄는 지도
적 주류 사상이 되었다.

　우옹은 일생 주희의 학문을 정학(正學)으로 보았고 그 학문을 현창하면
이단 사설이 저절로 멈추게 된다는 신념을 견지하였다.『주자대전차의』
『주자언론동이고』등의 편찬을 자신의 필생의 사명으로 삼았다. 정조는 주
희와 우옹을 양현(兩賢)이라 부르고 둘의 학문을 압축한『양현전심록(兩賢
傳心錄)』을 편찬하였다.

강한루와 추양재; 대로사(大老祠)는 여주 남한강변에 1779년 정조가 여주 유생들의 요청을 받아들여 건립한 송시열의 사당으로 왕이 친히 '대로(大老)'라는 사액을 내리고 비명을 지었다. 고종 때 서원 철폐령에 이름을 강한사(江漢祠)라 고치고 존속하였다. 부속건물에 추양재(秋陽齋)가 있다. 여기 보이는 강한(江漢) 추양(秋陽)은 모두 증참이 공자를 그리고 우옹이 주희의 학덕을 칭송할 때 사용된 글자이다.

75
선공 장식의 벗 사귐[宣公取友]

우옹은 시 읊기 좋아하지 않네	尤翁非是愛吟詩
시는 선공 장식이 벗 사귈 때를 읊지	詩是宣公¹⁰⁵取友時
호안국 연원의 적통을 이었지만	文定淵源¹⁰⁶雖正適¹⁰⁷
회옹과의 절차탁마가 정미를 다했네	晦翁磨切¹⁰⁸儘精微¹⁰⁹
사문의 큰 책무 하늘이 내렸고	斯文丕責天須降
실지 회복의 좋은 계획 손으로 지어 올렸네	恢復良籌¹¹⁰手自持
다소간의 술 쏟으며 지은 명과 찬과 서가 있네	多少酹辭銘贊序¹¹¹
우옹은 시 읊기 좋아하지 않네	尤翁非是愛吟詩

---

105 宣公선공; 장식(張栻 1133-1180)의 자는 경부, 흠부, 낙재이고 호는 남헌이다. 시호는 '선(宣)'이어서 후세에 장선공으로 불렸다. 사천 면죽(綿竹) 출신이다. 악록서원의 교육을 주관하여 수천 명의 제자를 양성하였으며, 호상학파의 기반을 쌓았다. 48세 되는 1180년 효종이 우문전수찬에 제수하였으나 병으로 강릉부에서 죽었다. 저서에『논어설』,『수사언인』,『제갈충무후전』남헌선생문집』등이 있다.

106 文定淵源 문정연원; 문정은 호안국(胡安國 1074-1138)의 시호이다. 호안국은 복건성 무이산 사람이며 일생 성인을 목표로 학문을 하였으며, 주로『춘추』를 연구하였다.

107 正適 정적; 정적(正嫡), 적자(嫡子). 適는 '嫡'과 통용한다. 장식은 호안국의 아들 호굉의 문인이다. 따라서 장식은 호안국의 적통이라 할 수 있다.

108 磨切 마절; 절차탁마(切磋琢磨)이다. 뼈나 상아나 옥돌로 물건을 만들 때, 끊고 다듬고 쪼고 가는 순서를 밟아 품격이 높은 물건으로 만들어 내는 것을 말한다. 이는 학문을 닦고 수양을 쌓는 데도 같은 과정을 거쳐 보다 높은 경지로 나아가야 한다는 뜻으로 쓰인다. 이는『시경』「위풍·기욱(淇澳)」에 나온다.『논어』「학이」편에 자공이 이를 인용한 것이 나온다.

109 儘精微 진정미;『중용장구』제27장 "그러므로 군자는 그 학문이 지극히 넓고 크며 극진히 정심 미묘하다.[故君子 … 致廣大而盡精微]"

110 恢復良籌 회복양주; 장식은 효종 원년 1163년 직비각에 보임되었고, 그는 효종에게 북벌을 건의하였다.『주자대전』권89,「좌문전수찬장공신도비」

주희의 교우 관계에서 뺄 수 없는 사람이 장식(張栻 1133-1180)이다. 아
니 학문적으로 가장 큰 영향을 주고받은 사람이 장식이다. 그의 호는 남헌
(南軒)이다.

장식은 호안국 호굉 부자를 학문의 연원으로 하고 위로 정호·정이 형제
의 사상을 계승하였다. 악록서원(岳麓書院)의 책무를 총괄하며 교수하여 많
은 제자를 양성하였다.

30세에 주희와 처음 만났고 이후 두 사람은 절차탁마에 정심함과 미세
함의 극치를 보였다. 특히 『중용』의 미발(未發) 이발(已發)론과 중화(中和)
론에 두 사람은 깊이 있는 논변을 주고받으며 상호 영향을 미쳤다. 이들의
만남으로 인하여 성리학은 새로운 단계로 나아갔다고 할 수 있었다. 장식
은 악록서원을 중심으로 호상학파를 이끌면서 민학의 대표인 주희 등과 돈
독한 관계를 계속 유지하며 서로의 서원에서 번갈아 강의했다.

장식은 1166년 그의 부친 장준이 추밀사에 임명되어 군사를 이끌고 북
벌을 시행할 때 막부에서 주선하여 안으로 은밀한 모의를 돕고 제반 서무
에 참여하였다. 이 무렵 그는 효종을 만나 "위로 국가의 원한과 치욕을 생
각하고 아래로 중원이 도탄에 빠진 것을 긍휼히 여겨 마음에 경각심을 갖
고 진작하여야 한다"의 건의를 하였다.

송 효종은 북벌을 통하여 이적을 물리치고 중원을 회복하자는 그의 건의
에 감격하여 뜻을 같이하였다. 장식은 1178년 강릉부사에 부임하자마자 군
정을 정돈하여 하루에 14인의 탐관오리들을 제거하고 적과 내통하는 관리
전부를 탄핵하는 등 적극성을 보였다.

장식은 1180년 병으로 관직에서 물러났고 이 해 48세로 세상을 떠났다.

111 酹辭銘贊序 뇌사명찬서: 주희가 장식을 위하여 지은 「장경부화상찬」(권85), 「제
장경부전찬문」(권87), 「장남헌문집서」(권76) 등을 말한다. 뇌는 술을 땅에 붓는 것으
로 제사나 선서를 할 때 행한다.

그의 죽음에 주희는 정성을 다하여 그의 화상찬과 문집 서문 등 그를 기리는 여러 편의 글을 짓고 추모의 술을 따르는 의식을 거행하였다.

   * 우옹은 효종에게 기축년에 올린 13개 조항의 봉사에 '내정을 잘 추슬러서 이적을 물리치자'는 주장을 담아 북벌을 강조하였다. 여기서 그는 장식의 말 곧 '나라를 다스리는 자는 늘 농사짓는 수고를 생각하고 후비(後妃)는 길쌈하는 노고를 잊지 않아야 할 것입니다.'를 인용하면서 "이 말이 참으로 격언"이라고 하였다. 효종은 우옹과 북벌 계책 등을 논하기 위해 1659년 시종을 다 물리고 단독 대화를 나눈 일이 있는데 이는 송 효종의 선례를 따른 것이다. 이때 나눈 대화를 우옹이 기록한 것이 있는데 이를 악대(幄對)설화라고 한다. 이는 역시 송 효종이 장식을 유악(帷幄) 안으로 불러 북벌에 대한 대책을 토론할 적에 주변을 모두 물리쳐 한 사람도 없었던 고사가 있어 우옹이 이렇게 이름 붙인 것이라 한다.

76
성공 여조겸이 벗을 얻음[成公得友]

우옹은 시 읊기 좋아하지 않네	尤翁非是愛吟詩
시는 여조겸이 벗을 얻었을 때를 읊지	詩是成公[112]得友時
이어진 못 서로 윤택하듯 공부가 더욱 향상되고	麗澤滋資[113]功益進
한천에서 편집한 『근사록』은 이치 남김이 없네	寒泉編錄[114]理無遺
중원의 문헌에 사천과 북방을 겸하였으나	中原文獻[115]兼川朔[116]
『대사기』는 『춘추』 같은 자부심 걸 수 있지	大事工夫[117]可罪知[118]
퇴로당에 그에 대한 진상찬이 있으니	退老堂[119]中眞像贊
우옹은 시 읊기 좋아하지 않네	尤翁非是愛吟詩

---

112 成公성공; 여조겸의 시호이다. 그의 자는 백공이며, 절강성 금화 사람이다. 45세에 죽었고 송 영종 때 '성(成)'의 시호가 주어졌다가 나중에 '충량(忠亮)'으로 바뀌었다. 그는 주희, 장식과 나란히 '동남삼현'으로 불렸다. 저서에 『동래집』『역대제도상설』『동래박의』가 있고 주희와 함께 『근사록』을 편찬하였다.

113 麗澤滋資 리택자자; 연결된 못이 서로 습윤하게 한다는 뜻이다. 『역』「태(兌)괘 상전」"麗澤 君子以 朋友講習"

114 寒泉編錄 한천편록; 이는 주희와 여동래가 한천에서 『근사록』을 편찬한 것을 말한다. 한천은 맑고 차가운 샘물이다. 이곳은 지금의 호남성 기양현 안에 있다. 주희가 1170년 1월에 건양현 천호의 양지쪽에 모친 축부인의 장례를 모시고 그곳을 한천으로 이름을 짓고 정사를 세웠다. 그 이름을 한천정사라고 한다.

115 中原文獻 중원문헌; 진덕수가 여조겸에 대하여 '公이 전한 것은 중원의 문헌이요, 천명한 것은 하락(河洛)의 미언(微言)이었다. 끊어진 도학을 붙들어 세웠으니 천년에 전해갈 공훈이 있고, 영재를 교육시켰으니 수십 세대를 흐를 은택이 있다'고 하였다.

116 兼川朔 겸천삭; 천당(川黨)과 삭당(朔黨)이다. 천당은 사천성을 중심으로 하는 문학으로 소식을 영수로 하였고, 삭당은 왕암수와 유안세를 영수로 하는 북방문학이다.

117 大事工夫 대사공부; 여동래는 『대사기(大事紀)』를 저술했는데 이는 『좌전』에 실려 있으나 『통감』에 실려 있지 않은 일들에 대한 기록이다. 우옹은 이를 여조겸의 필생의 저작으로 보고 그 공과를 이것의 성패에 둔다. 우옹이 이 책을 개인적으로 소장했는

성공은 주희의 또 다른 친구로 당시 동남 삼현의 하나인 여조겸(呂祖謙
(1137-1181)의 시호이다. 그의 호는 동래(東萊)이다.

여조겸과 주희의 관계를 우옹은 이택자자(麗澤滋資)로 표현하고 있다.
둘의 관계가 마치 두 개의 못이 연결되어 있어 서로 물을 공급함으로써 마
르지 않고 윤택하게 하는 효과에 비유하였다. 『역』「태(兌)괘 상전」에서는
이를 '붕우강습(朋友講習)'하는 모양이라고 하였다. 앞서 주희와 장식의 관
계는 절차탁마(切磋琢磨)로 묘사하였는데, 선택한 용어는 달리 했으나 의미
는 다르지 않다.

여조겸은 한천정사(寒泉精舍)에서 주희와 더불어 『근사록』을 편찬하였
는데, 이는 후학들에게서 4서를 공부하는 사다리로 평가되었고, 16세기 이
후 조선유학자들에게 있어 필독의 문헌이었다. '근사(近思)'라는 말은『논
어』의 '절실하게 묻고 비근한 것들을 생각하라[切問而近思]'에서 취한 것
이다.

여조겸은 중원(中原)의 문헌을 전한 공이 있고 하도(河圖)낙서(洛書)의
은미한 이치를 밝힌 공이 있다는 칭송을 듣는다. 동시에 소식을 영수로 하
는 사천성의 문헌과 왕암수·유안세 등 북방 출신 삭당(朔黨)의 문헌을 모
두 겸하여 통달했다고도 한다.

그는 『대사기(大事紀)』를 저술하였다. 이는 『좌전』에는 있으나 『자치통
감』에는 빠져 있는 역사적 큰 사건을 중점적으로 탐구하여 뽑아 편집한 것

지 여부는 알 수 없으나 『오주연문장전산고』에 따르면, 이 책은 한국에는 전해지지 않
아 학자들의 관심이 적었다고 한다.
118 可罪知 가죄지: 공자가 자신이 저술한 『춘추』를 두고서 "나를 알아준다면 춘추 때
문일 것이고 나에게 죄를 준다면 춘추 때문일 것이다[知我者其惟春秋乎！罪我者其惟
春秋乎！]"라고 하였다. 『맹자』「등문공·하」에 보인다.
119 退老堂 퇴로당: 여동래의 문인 반숙도를 가리킨다. 그는 여동래의 초상을 퇴로당
에서 그렸는데, 이 초상에 주희가 찬을 지었다. 『주희집』권85, 「여백공화상찬」

인데, 이 책은 조선에는 전해지지 않았다고 한다.

여조겸의 화상을 문인 반숙도가 그렸는데 여기에 주희가 쓴 찬이 있다.

"한 몸에 4기의 조화를 갖추었고, 한 마음에 천고의 비밀을 머금었다. 그 지닌 것을 미뤄보면 군주를 높이고 백성을 보호하기에 족하고, 그 남은 것을 내놓으면 풍속에 모범되고 세상에 교훈이 되네. 그러나 모습은 중인을 넘어서지 않고 의관은 유속에 어긋나지 않네. 맞이하자니 어디서 왔는지 모르겠고 따르자니 그 자취를 볼 수가 없네."

77
하남 정호·정이 문하생을 상상함 [緬想河南門下]

우옹은 시 읊기 좋아하지 않네	尤翁非是愛吟詩
하남 정호·정이 문하생을 상상할 때 읊지	緬想[120]河南門下[121]時
여럿이 모여 앉으면 훈훈한 바람이 불고	座上坐時風習習
문전에 서성이다 눈이 한 자나 쌓였네	門前旋處雪垂垂[122]
행위는 평상하고 말은 비근하여 이해하기 쉬운데	行常言近知之易
집은 넓고 담장은 높아 들어가는 사람 드물었네	宮廣墻高[123]入者稀
애석하게도 문인 다수가 선학을 좇아갔으니	可惜多從禪學去[124]
우옹은 시 읊기 좋아하지 않네	尤翁非是愛吟詩

---

120 緬想면상; 멀리 떨어진 곳의 상황을 상상하는 것을 말한다.

121 河南門下하남문하; 이는 정호·정이의 문하생을 가리킨다. 훗날 정호와 정이의 학설을 구별하기도 하지만 당대에는 형제의 학문은 구분이 어려웠고 또 문인들도 서로 왕래하였으며 정호가 먼저 죽자 그 문인들이 대거 정이의 문인이 되기도 하였다. 이 형제는 당초 문집도 하나로 묶였고, 늘 이정(二程) 또는 정자(程子)라고 칭하여 굳이 구별하지 않으려 했다. 그러나 훗날 형제의 학문적 성향에 차이가 있다고 하여 구별하게 되었으며 우옹도 『정서분류(程書分類)』를 편찬하였다.

122 雪垂垂설수수; 눈이 계속 내려 쌓이는 모양 垂垂는 점점, 천천히, 아래로 떨어지는 모양을 나타내는 말이다.

123 宮廣墻高궁광장고; 집은 넓고 담장은 높다. 이 말은 『논어』 「자장」편에 보인다. 자공이 자신의 집과 숙손무숙의 대궐을 대비하여 말했지만 실은 자신과 스승 공자를 대비한 것이다. 주희는 자공에 대하여 '담장은 낮고 내실은 얕다[牆卑室淺]'고 하였고, 공자에 대해서는 '담장은 높고 궁은 넓다[牆高而宮廣]'고 하였다.

124 從禪學去종선학거; 정호·정이 형제의 문인들 가운데 유작, 양시, 사량좌 등은 초기에 선을 배운 바 없는데 나중에 선을 익혔다. 그래서 주희는 그 문인들 다수가 선으로 흘러갔다고 평했다.

도학의 연원을 논함에 있어서 이제 큰 스승의 문하생을 논한다. 먼저 다른 하남의 문하생이란 정호와 정이의 제자들이다. 이들 형제 학자들의 문하에서 탁월한 학자들이 많이 나왔다. 각각의 문하생들은 두 스승을 교차하여 모시곤 하였고, 아우보다 한 살 많은 형이 죽고 나자 그 문인들 상당수가 아우를 찾아가 섬겼다.

이들 문인하의 양시(楊時 1053-1135), 유작(游酢 1053-1123), 여대림(呂大臨 1046-1092), 사량좌(謝良佐 1050-1103) 등을 정호·정이 문하의 4대 제자라고 하는데, 이들은 정호·정이 형제와 주희 사이에서 그 연결고리 역할을 했다.

정호·정이 형제와 그 문하생들 사이의 분위기는 매우 훈훈했던 듯하다. 이를 보여주는 대표적인 사례가 있다. 정호의 제자였던 양시와 유작이 스승이 죽은 후 정이를 스승으로 섬기려고 찾아갔을 때 마침 정이는 정좌 명상 중이었다. 이를 방해할 수 없다고 생각한 두 사람은 문밖에 서서 조용히 기다렸는데 눈이 내리기 시작했다. 정이가 수련을 마치고 밖으로 나와 보니 이미 눈이 한 자나 쌓였는데 두 사람은 그때까지 그곳에 서 있었다. 이를 '정문입설(程門立雪)'이라고 한다.

이들을 가르친 스승의 행동은 평상하였기에 제자들이 따르기 쉬웠고, 스승이 하는 말과 예로 드는 것들은 매우 비근하여 제자들이 이해하기 쉬웠다고 한다.

그러나 평상하고 비근한 언행 속의 담겨 드러나는 스승의 경지는 마치 높은 담장에 넓은 집과 같아 아름답고 장엄한 것들이 많으나 그 문 안에 들어가 제대로 살펴본 자가 매우 드물었다고 우옹은 평한다.

게다가 문하생들 가운데 사상채와 같이 훗날 선불교로 넘어가 버린 경우가 많이 생겼다.

＊궁광장고(宮廣墻高); 숙손무숙이 대부들에게 '자공이 공자보다 더 낫다'고 하자 이 말을 자복경백이 자공에게 알렸다. 그러자 자공은 "대궐의 담장에 비유한다면 나의 담장은 어깨 높이이기에 집안의 좋은 것들을 들여다볼 수 있지만 숙손무숙의 담장은 몇 길이나 되어서 그 문으로 들어가지 않으면 아름다운 종묘와 많은 관리들을 볼 수가 없다. 그 문으로 들어갈 수 있는 자는 적을 것이다. 숙손의 말이 또한 당연하지 않은가?"라고 하였다.[125] 자공이 자신의 집과 숙손무숙의 대궐을 대비하여 말했지만 실은 자신과 스승 공자의 학문과 인격을 대비한 것이다.

---

125 『논어』「자장」"叔孫武叔語大夫於朝, 曰 子貢賢於仲尼. 子服景伯以告子貢. 子貢曰 譬之宮牆, 賜之牆也及肩, 窺見室家之好. 夫子之牆數仞, 不得其門而入, 不見宗廟之美, 百官之富 得其門者或寡矣. 夫子之云, 不亦宜乎"

78

멀리 주문의 여러 선생을 찾아 [遠溯朱門諸子]

우옹은 시 읊기 좋아하지 않네	尤翁非是愛吟詩
멀리 주문의 여러 선생을 찾을 때에 읊지	遠溯朱門諸子[126]時
다양한 방법으로 공자의 가르침을 함께 이었으니	多術共承洙泗教[127]
자하·자유처럼 스승을 돕는 한 마디씩 누가 했나?	一言誰贊夏游[128]辭
자리이다 또 섬돌이다 하는 가르침 모두 보존하고	皆存席也又階也[129]
씻어내고 말려주듯 하는 가르침 함께 외웠네	公誦濯之兼曝之[130]
얽매이고 지리해짐은 본원에서 멀어진 뒤이지	繳繞支離源遠後
우옹은 시 읊기 좋아하지 않네	尤翁非是愛吟詩

---

126 錢穆은 역사상 가장 많은 문인을 거느린 학자로 주희를 꼽는다. 주희의 문인에 대해서는 전목의 『주자신학안』과 구경평의 『주자문인여주자학(朱子門人與朱子学)』(2017년 12월, 중국사회과학출판사)이 상세하고 깊이 있는 연구를 보여준다.

127 洙泗教 수사교: 공자가 만년에 제자들과 6경 편찬 등의 일과 더불어 교학했던 장소가 수수와 사수가 교차하는 지역이어서 이를 공자의 원형적 가르침을 나타내는 용어로 사용한다. 수사학이라고도 한다.

128 夏游 하유: 공자의 제자인 자유, 자하의 병칭으로, 공자가 "문학에는 자유와 자하였다[文學:子游, 子夏]"라고 한 데서 온 말이다. 이들은 시 등을 잘 이해하여 이를 인용하여 반문을 하는 등으로 공자를 기쁘게 하였다. 『논어』「선진」

129 席也階也 석야계야: 『논어』「위령공」 "악사인 면이 공자에게 나오며 계단에 이르자 공자가 '계단이다' 하였고 자리에 이르자 '자리이다' 하였다. 모두 자리에 앉자 공자가 그에게 '누구는 여기 있고 누구는 저기 있다'고 하였다. 악사 면이 나가자 자장이 묻기를 '악사와 더불어 말씀하신 것이 도입니까' 하자 공자가 '그렇다. 참으로 악사를 돕는 도이다'라고 하였다.[師冕見, 及階, 子曰, 階也. 及席, 子曰, 席也. 皆坐, 子告之曰, 某在斯, 某在斯. 師冕出. 子張問曰, 與師言之道與? 子曰, 然, 固相師之道也]" 악사 면은 눈이 먼 사람이었기에 공자가 그렇게 일러준 것이다.

130 濯之兼曝之 탁지겸폭지: 증자가 공자를 일컬어 "장강과 한수의 물로 세탁하고 가을볕으로 쪼이는 것 같다"고 하였다. 여기서는 주희와 문인과의 관계를 공자와 그 제자

근래의 연구 조사에 의하면 주희에게 직접 가르침을 받은 문인으로 이름 있는 학자만 해도 492명에 이르고, 학술 활동이 활발하고 저술 기록이 있는 경우가 108명, 아직까지 그 저술이 남아 있는 경우가 적어도 29명에 이른다. 황간(黃榦 1152-1221)처럼 오랫동안 가까이 모시면서 배운 경우도 있고, 진순(陳淳 1159-1223)처럼 두 차례 만난 다음 서신 왕래로 가르침을 받은 경우도 있다.

주희의 문인들은 다양한 방법으로 공자의 가르침을 이어받았다. 스승이 살아 있을 때는 문답을 하며 경전 주석 작업을 도왔고, 죽은 다음에는 황간이 예서(禮書)를, 채침이 『서경』을, 장흡(張洽)이 『춘추』의 주해를 완성하였듯이 스승의 미완의 사업들을 이루어 냈다.

주희가 만년에 경원당금(慶元党禁)으로 역당으로 몰리고 그 학술이 위학(僞學)의 누명을 썼지만 문인들은 그의 「행장」 등의 집필을 통하여 그의 억울함을 풀어내고 그 학문의 진실성과 체계의 위대성을 다시 세웠다. 문인들의 이런 다양한 방법과 노력으로 주희는 도학의 계보에서 돌출적 지위를 확보하였으니 공자의 직접 가르침을 받은 제자가 아니면서도 공자묘에 배향되었다.

공자의 제자인 자하와 자유가 스승의 가르침에 대하여 『시경』을 인용하는 등 적절한 반응을 보임으로써 스승을 기쁘게 하였듯이 주희에게 도움이 되고 계발이 되는 질문을 하는 제자들도 많았다. 현존하는 『주자어류』는 이런 내용으로 가득 차 있다.

공자가 제자들 앞에서 눈먼 제자에게 자리이고, 섬돌이라고 친절하고 자상하게 이끌었던 것처럼 주희 역시 그 제자들을 그 수준과 재능 및 여건에 따라 적실하게 이끌고 따뜻하게 훈도하였다. 문인들은 이를 모두 기록으로

사이로 비유한 것이다. 『맹자』 「등문공·상」

남겨 보존하였다.

제자들은 스승의 가르침을 소리 내어 함께 외우고 장강과 한수의 맑은 물로 씻어내듯 또 가을 햇살로 말리듯 충분히 익히고 깊이 있게 변하여 갔다.

주희의 가르침이 시간으로 오래되고 공간으로 멀어진 다음에 일부 그 학술이 뒤엉키고 갈래갈래 찢어지고 흩어지는 현상이 나타났다. 그리하여 훗날 그 학문이 지리(支離)하다거나 공소(空疏)하다고 하는 비판이 일어났는데 이는 스승의 의도에서 벗어난 문인들의 책임이다.

＊주희의 문하의 많은 제자들 가운데 대표적 인물로 황간과 진순을 들 수 있다.

황간은 호가 면재(勉齋)인데, 주희는 그와 더불어 예서를 편찬하였다. 예서 편찬을 마치지 못한 상태에서 1200년 주희가 병이 중했을 때 황간에게 예서의 저본을 수습하여 완성하라고 하였다. 황간이 완성한 책이 『의례경전통해속(儀禮經傳通解续)』이다. 그는 주희의 「행장」도 지었는데 주희의 학문을 당대와 후세에 전파함에 있어 첫째가는 인물이다. 주희의 학문을 신봉하고 이를 보급한 일세대는 모두 그의 문하에서 나왔다.

진순(陳淳)은 그 자가 안경(安卿)이고 북계(北溪)선생으로 불리는, 주희 만년의 제자이다. 주희가 "남쪽으로 내려온 이래 나의 도는 진순이 얻었다" 고 말했다. 그는 평생 육구연의 심학을 배척하고, 진량의 사공(事功)학도 비판하였다. 대표적 저작은 『북계자의(北溪字義)』인데 이 책은 도학의 주요 개념을 해설하고 있다.

제5단락

우리의 역사

이 단락에서는 우리나라를 바둑판만 한 작은 나라라는 인상에서부터 삼한·삼국시대, 고려 시대, 그리고 조선왕조로 나누어 읊고 있다.

79

부모와 내 나라가 바둑판같이 작지만 [父母吾邦小若棊]

우옹은 시 읊기 좋아하지 않네	尤翁非是愛吟詩
부모와 내 나라가 바둑판같이 작지만	父母吾邦小若棊¹
공자가 거처하고자 했으니 무슨 누추함이 있는가	宣聖欲居何陋有²
은의 태사가 펼친 「홍범」은 바로 무위이니	殷師敍範³正無爲
중화에 풍요 이적에 인색하다는 말 잘못됐네	華豐夷嗇⁴言殊妄
동쪽의 순 서쪽의 문왕에서 그 도를 엿볼 수 있고	東舜西文道可窺⁵
노나라가 약소해도 『주례』에 방해될 것 없었네	魯國不妨周禮在⁶
우옹은 시 읊기 좋아하지 않네	尤翁非是愛吟詩

---

1 小若棊 소약기; 나라를 바둑판에 비기는 것은 소옹에게서 잘 드러난다. 한편 당나라 장열이 현종 앞에서 이필을 시험하기 위해 '방원동정(方圓動靜)'을 설명하면서, "모난 것은 바둑판과 같고 둥근 것은 바둑돌과 같으며, 움직임은 바둑돌이 살아 있는 것과 같고 고요함은 바둑돌이 죽어 있는 것과 같다[方若棋局 圓若棋子 動若棋生 精若棋死]"고 하자, 이필(李泌)이 그 즉시 "모난 것은 의를 행함과 같고 둥근 것은 지를 쓰는 것과 같으며, 움직임은 인재를 초빙하는 것과 같고 고요함은 뜻을 얻음과 같다"라고 대답하였다는 이야기가 전해진다. 『신당서』 권139 「이필열전」

2 『논어』 「자한」에서 공자는 구이에 가서 살고 싶다고 하였고, 누군가가 "누추한 곳에서 어찌하시려구요." 하니 "군자가 살고 있으니 어찌 누추한 곳이겠는가"라고 하였다. [子欲居九夷. 或曰, 陋如之何? 子曰, 君子居之, 何陋之有?]

3 殷師敍範 은사서범; 은사는 은나라의 태사 기자(箕子)를 가리킨다. 기자는 은나라 주왕(紂王)의 숙부로 이름이 서여(胥餘)이며, 기(箕)는 봉해진 나라의 이름이고, 자(子)는 작위이다. 서범은 「홍범」을 펼친 것을 말하는 것으로 보인다. 그러나 『삼국지』 「위서·동이전」과 『후한서』 「동이전」에는 기자가 조선에 와서 8조의 교법을 만들어 백성을 교화시켰다고 기록되어 있고 홍범에 대한 이야기는 없다. 우옹은 「포은신도비명」에서 "기자 이후로는 팔교가 점차 침체되어[父師之後 八敎漸微]"라고 하여 팔조교법에 대한 인식을 보이고 있다.

4 華豐夷嗇 화풍이색; 중국엔 넉넉하고 이적에겐 궁색하다. 김일손의 「조의제문」에

우옹은 부모의 나라요 내 나라인 조선이 규모에 있어서 마치 바둑판처럼 작다는 것을 의식한다. 땅덩어리와 인구 및 물산의 종류와 산출량에 있어 중국에 비하여 작다는 것은 부인할 수 없다.

그러나 이 작은 나라는 공자가 와서 살고 싶어 한 군자의 나라로서 결코 누추하다고 할 수 없다. 어디 그뿐인가! 이 나라는 은나라 말기의 기자가 와서 「홍범」을 펼치고 황극의 도를 갖고 무위의 통치를 보인 나라임도 의식한다. 기자와 공자라는 성현에 연원을 두는 문명의 나라라는 자긍심은 영토 규모가 작다는 제약을 이내 넘어 버린다.

따라서 '중국은 풍요롭고 이적은 인색하다'는 말은 망언으로서 용납할 수 없다. 즉 하늘이 사람에게 부여하는 오상과 같은 가치의 원천은 지역이나 민족에 따라 풍성함과 인색함의 차이가 있을 수 없다는 것이다.

우옹은 다시 진리와 인류의 문명은 동서의 공간적 제약을 받지 않음을 말한다. 동이족에서 대효(大孝)의 성인 순이 나왔고, 서하족에서 지덕(至德)의 문왕이 나왔음을 거론하여 도와 진리는 동서의 지역도 중화 이적의 종족도 구별하지 않음을 보였다.

그는 다시 주공이 일찍이 작은 노나라에 봉해졌고 그가 제작한 『주례』가 그곳에서 시행되었음을 환기한다. 나라 규모의 작음이 『주례』가 시행되는 데 아무런 문제가 되지 않았다는 것이다. 바둑판만 한 작은 나라라 할지라

다음의 구절이 있다. "하늘이 사물의 법칙을 부여해 사람에게 주었으니 그 누가 4대와 5상을 준행할 줄을 모르리오. 중화엔 풍부하고 이적엔 인색한 게 아니거늘 어찌 옛날에만 있었고 지금엔 없으랴…[惟天賦物則以予人兮 孰不知其遵四大與五常 匪華豐而夷嗇兮 曷古有而今亡…]"

5 東舜西文동순서문: 순은 저풍(諸馮)에서 태어난 동이 사람이고, 문왕은 기주(岐周)에서 태어난 서이 사람이라 한다. 『맹자』「이루·하」에 보인다.

6 『주례』가 『역상(易象)』과 함께 노나라에 비밀문서로 보관되어 있었는데, 노나라가 주공 단에게 봉해진 나라이기에 이것이 특별히 제공되었다고 본다.

도 이 땅 이 나라에 인륜과 도의의 문화가 꽃피기에 아무런 장애가 되지 않는다는 것이다.

＊최치원은 '진리는 사람에게서 멀리 떨어져 있지 않고, 사람은 이방인이 따로 없다[道不遠人, 人無異國]'라고 하였다.

우옹 이후 그 문하에서는 조선이 비록 나라는 작을지라도 인륜 문명의 중심이라는 자부심과 이를 지키고 유지해야 한다는 사명을 표방하였다. 이른바 조선중화론이라고 하는 이 의식은 우리 민족이 역사상 드물게 세상에 우뚝한 도덕 문명의 담지자로 자처했던 경험적 자산이다. 인근 강대국에 비교하면 영토도 좁고 인구도 많지 않으며 부존자원 또한 특별할 것 없을지라도 도와 문명을 이루고 시행하는 데는 이런 것들이 아무런 장애가 되지 않는다는 강화된 그의 신념이 잘 드러나 있다.

80
삼한·삼국을 탄식함 [歎息三韓三國]

우옹은 시 읊기 좋아하지 않네	尤翁非是愛吟詩
삼한·삼국을 탄식할 때 읊지	歎息三韓[7]三國時
하나같이 주국과 등국처럼 작은 나라인데다	一似邾滕[8]褊小已
또 제나라 초나라처럼 티격태격했네	還同齊楚戰攻之[9]
영토를 부지함이 행운이라 할 것인데	扶持土地猶云幸
수와 당을 패주시킨 것 도리어 의심스럽네	敗走隋唐[10]却可疑
전사한 해골이 산같이 쌓여 천백 년을 이어왔으니	戰骨如山千百載
우옹은 시 읊기 좋아하지 않네	尤翁非是愛吟詩

---

7 三韓 삼한; 고구려·백제·신라의 삼국시대 이전 한반도 중남부지방에 형성되어 있었던 정치집단을 통칭한 것으로 마한·진한·변한을 가리킨다. 마한은 경기·충청·전라도 지역, 진한과 변한은 경상도 지역으로 추정한다. 중국 측 사료에 따르면 마한은 54개의 작은 국가, 진한과 변한은 각각 12개 소국으로 구성되었다. '한(韓)'이라는 명칭이 사용되기 시작한 시기와 유래에 대해서는 한씨 성을 가진 고조선 준왕(準王)의 남쪽 이주와 결부시키거나, 간(馯)이라는 종족명에서 근거해 후한대부터 '한'이라는 정치집단명이 사용되었다는 견해가 있고 또 '크다, 높다'의 뜻을 가진 알타이어의 '한(khan)'이라는 말에 대한 한자식 표기라는 주장도 있다.

8 邾滕 주등; 둘 다 춘추전국시대 산동에 있는 작은 제후국이었다. 주는 주의 무왕 때 봉해진 조성(曹姓)의 제후국인데 산동 추성에 있었으며 노의 속국으로 자작의 나라였다. 등국(BC 1046–BC 296)은 지금의 산동성 등주시 경내에 있었고, 군주는 희성(姬姓)이었고 후작이었다. BC 414년에 등나라는 월왕 주구에 의해 멸망당했다가 이내 회복하였으나 BC 296년 송에 의하여 소멸했다.

9 齊楚戰攻之 제초전공지; 강대국 제나라 초나라 사이에 끼어 공격을 받는 것을 말한다. '간어제초(間於齊楚)'라고도 한다. 등(滕)의 문공이 맹가에게 "약소한 등나라가 강성한 제나라와 초나라 사이에 끼었으니 제나라를 섬겨야 합니까, 초나라를 섬겨야 합니까?" 하고 물었다. 맹가는 "이는 내가 미칠 수 있는 것이 아니다. 한 가지 방법이 있다. 못을 파고 성을 쌓고 백성들과 함께 죽음의 각오로 지키면 백성들은 떠나지 않을 것이

우옹은 우리의 고대국가인 마한·진한·변한의 삼한과 고구려·백제·신라의 삼국시대에 대하여 탄식을 토한다.

우선 삼한 삼국이 마치 중국의 춘추와 전국시대 산동에 있는 약소 제후국이었던 주(邾), 등(滕)과 같이 규모가 작은 나라이다. 그런데 이들 삼한 삼국은 제(齊)와 초(楚) 사이처럼 늘 서로 공격적 약탈 전쟁을 벌였다.

그 멈춤 없고 치열한 전쟁 과정에 영토와 주권을 외적에게 탈취당하지 않고 부지한 것이 오히려 요행이라 할 만하다.

그런데 삼국시대에 믿기 힘든 놀라운 사건도 있었다. 거대한 제국 수의 양제가 삼십만 대군을 이끌고 고구려를 공격하다가 을지문덕에게 평양에서 삼십 리 거리에 있는 살수에서 크게 패하고, 그로 인하여 수나라가 소멸되었다. 당의 태종이 이끄는 대군도 안시성에서 양만춘에게 괴멸되었다.

이런 영웅적 면모도 보였던 민족이지만 천 년에 이르도록 삼한 삼국 사이에 전란이 계속되어 백골이 산같이 쌓였다. 그 정경을 헤아리면 안타까움과 한숨이 절로 나올 수밖에 없다.

* 우옹은 「기축봉사」에서 효종에게 북벌을 강조하면서 조선이 청을 물리칠 수 있는 근거로 수와 당 제국을 패주시킨 역사적 사건을 제시하였다. "오늘날 의론자들은 모두 병력이 약하기 때문에 해볼 수 없다고 하지만, 고구려는 조선의 삼분의 일 정도의 땅으로 수·당의 백만 대군을 물리쳤고, 또 당 태종 같은 영웅도 안시성에서 곤욕을 당했습니다. 저 오랑캐는 개나

다" 하였다. 『맹자』「양혜왕·하」

10 敗走隋唐 패주수당; 수양제가 재위 8년에 고구려 정벌에 나섰는데 을지문덕이 살수에서 이를 격멸시켰다. 요동을 건너온 수의 군사가 삼십 만이었는데 돌아간 자는 이천칠백여 명에 불과했다고 한다. 당의 태종이 고구려 공격에 직접 나섰는데 요동의 안시성을 공격하였으나 성이 험하고 병사들이 정련되어 있었고 성주인 양만춘의 견고한 수성으로 실패하였다.

양 가운데 걸출한 놈에 불과하니 어찌 감히 당 태종의 만분의 일이라도 되겠습니까. 하물며 우리나라의 포수는 바로 천하의 정예병으로서 저들에게는 아직 없는 것이 아닙니까. 오늘날의 급선무는 오직 군사를 훈련시키고 장수를 택하고, 군량을 비축하고 군율을 엄격하게 하는 데 있을 뿐입니다."

81

고려 오백년의 시작과 끝 [終始高麗五百]

우옹은 시 읊기 좋아하지 않네	尤翁非是愛吟詩
고려 오백년의 시작과 끝을 보고 읊네	終始高麗五百時
삼국의 혼란이 이어지다 전쟁이 끝나니	三國[11]混來爭戰已[12]
만민은 휴식하며 우물 파고 밭갈이했네	萬民休處鑿耕爲[13]
유가의 덕에 의한 교화는 오히려 폐하여지고	儒家風敎乍還廢[14]
불교의 윤회설을 믿어 의심치 않았지	釋氏輪廻信不疑[15]
한 시대의 종사 포은 정몽주가 있었으니	一代宗盟[16]輪圃老[17]
우옹은 시 읊기 좋아하지 않네	尤翁非是愛吟詩

---

11 三國 삼국; 여기의 삼국은 태조 왕건이 통일한 후삼국을 지칭하는 것으로 보인다.

12 爭戰已 쟁전이; 고려시대 전쟁이 없었던 것 아니다. 거란과의 전쟁이 있었고 또 몽고의 침략이 있었다. 여기서는 후삼국의 각축 전쟁이 종식되고 오랜만에 평화가 온 것을 말한다.

13 鑿耕 착경; 분열로 인한 전쟁이 종식되고 이제 백성들이 우물 파서 물 마시고 밭을 갈아 농사지어 곡식으로 밥을 먹으며 격양가를 부르면서 휴식과 안정을 취하게 되었다는 뜻이다. 태조 왕건의 고려 건국을 말한 것이다.

14 儒家風敎乍還廢 유가풍교사환폐; 평화가 왔지만 유가의 덕에 의한 교화는 오히려 폐하여졌다는 말이다. 고려태조 왕건은 「훈요십조」를 남겼는데 이는 삼한의 통일이 신불에 의탁한 바가 많다는 내용을 기조로 하고 있다. 이후 고려왕조는 불교를 통치의 근간으로 삼았다. 광종 때 과거를 실시하는 등 유학이 통치 사상에서 배제된 것은 아니지만 불교에 비하여 상대적으로 우월하지 못했다.

15 輪廻信不疑 윤회신불의; 고려 시대 불교에서 지배적 교리의 하나는 윤회 사상이다. 이는 상하 계층 구별 없이 독신하는 것이었다. 정도전의 불교비판서 『불씨잡변』에서 이 윤회 사상을 집중적으로 다루고 있다.

16 宗盟 종맹; 천자와 제후의 맹약 모임, 가솔과 도당을 말하기도 한다. 여기서는 집단의 우두머리 또는 조종으로 삼는 스승 곧 종사(宗師)의 의미로 쓰였다.

17 圃老 포로; 농사짓는 노인. 여기서는 포은 정몽주를 가리킨다. 우옹은 "고려 말엽

삼한·삼국시대에 이어 고려왕조 오백년을 읊는다. 고려왕조는 태조 왕건이 918년에 창업하여 1392년에 이성계에게 역성혁명으로 멸망했다. 474년간의 왕조였으니 대체적인 수로 500년 왕조라고 한다.

고려 태조 왕건에 의하여 통일되고 전쟁이 종식되고 평화가 왔다. 백성들은 휴식을 취하며 우물 파고 밭갈이하여 격양가를 불렀다. 참으로 오랜만의 태평이 찾아왔다.

평화의 이 시기에 유학의 풍교는 오히려 사라졌다. 상하 모두가 불교의 윤회설을 믿어 의심치 않았다. 고려태조는 그의 자손들에게 남긴 「10가지의 긴요한 유훈」에 국가의 대업이 부처들의 보호와 지덕(地德)에 힘입었으니 불교를 잘 위할 것, 절이나 신앙 단체를 쟁탈하거나 함부로 만드는 것을 금할 것을 우선으로 강조하였는데, 이후 고려는 불교를 통치의 근간으로 삼는 나라가 되었다. 최승휴나 최충 같은 유학의 인물이 없었던 것 아니지만 큰 흐름에서 보면 고려왕조 통치이념의 근간은 불교였다. 도학적 사관으로 본다면 앞의 삼한·삼국시대는 공격적 약탈 전쟁의 시대였고, 고려 오백년 왕조는 우옹의 시각에 이단 사설의 시대였다.

우옹의 관심은 당연히 고려 말에 포은 정몽주가 유학을 다시 일으켜 한 시대의 유종이 된 것에 있다. 동방 이학의 조종으로 추앙받는 정몽주는 유학과 불교의 차별화를 시도하며 도학적 이념에 의한 국가를 추구하였다. 정몽주를 한 시대의 종사로 추존하는 것은 역시 그가 도학의 순정성과 대의에 충실했기 때문이다.

＊우옹이 정몽주에 대하여 지닌 생각은 그가 1659년에 쓴 「포은선생시

에 정몽주가 태어나 중국의 학문을 가져와 우리나라를 교화하여 대의가 밝아졌으며, …" 라고 하였다.『송자대전』권19, 「대의를 논하면서 … 진달하는 소」, 정묘년 1월 28일.

집서」에 잘 드러난다.

"은나라 태사인 기자가 태어난 것은 은나라의 복이 아니라 우리나라의 복이었고, 포은 선생이 태어난 것은 고려의 복이 아니라 조선의 복이었다. 우리나라의 문치가 이토록 융성한 것은 하늘이 이렇게 계도한 것이니, 만일 그러한 하늘의 조짐이 없었다면 선생 같은 분이 고려 시대에 태어나지 않았을 것이다. 이는 이치가 그런 것이다."

그는 또 정몽주의 신도비문도 1675년 69세 장기 유배지에서 썼다.

82
조선왕조의 만세를 노래함 [歌誦王家萬世]

우옹은 시 읊기 좋아하지 않네	尤翁非是愛吟詩
조선왕조의 만세를 노래할 때 읊지	歌誦王家萬世[18]時
동이의 풍속이 주의 예악으로 교화되고	俗化變夷周禮樂
제왕들이 전한 법은 순이 말한 인심도심이네	聖神[19]傳法舜危微[20]
인은의 덕택은 저 미물인 곤충들도 입었으며	仁恩德澤昆蟲被[21]
『논어』『맹자』『시경』『서경』은 노복들도 아네	論孟詩書僕隸知
다만 한스러운 것은 지금 제의 관중이 없음이니	只恨今無齊管仲[22]
우옹은 시 읊기 좋아하지 않네	尤翁非是愛吟詩

우옹은 자신의 시대 조선왕조의 만세 번영을 노래한다.

---

18 王家萬世 왕가만세; 여기서는 우옹이 조선 왕가의 만세를 축원하는 것이다.

19 聖神 성신; 성스럽고 신령한 지도자. 성자신손(聖子神孫). 여기서는 조선의 역대 왕들을 지칭한다.

20 舜危微 순위미; 순이 우에게 천하를 전하면서 당부한 말이 "인심은 위태롭고 도심은 은미하니 오직 정심하고 전일한 공부로써 진실로 그 중을 잡으라"이다. 이는 『서경』 「대우모」에 있다.

21 昆蟲被 곤충피; 이는 은덕에 대한 상투적 예찬의 표현이다. 이를테면 "살리기 좋아하는 덕이 멀리 곤충에게까지 미치고 죽이기 싫어하는 인덕이 새와 물고기에게까지 흘러간다[好生之德 遠被昆蟲 惡殺之仁 爰流翔泳]"와 같은 표현이다.

22 今無齊管仲 금무제관중; 춘추시대 제나라 관중이 환공을 패자로 만들었는데 내용에 있어 구주를 하나로 크게 통합하였으며 존주(尊周) 곧 주 천자국을 높이고 이적을 물리친 공이 있어 그렇게 말한 것이다. 또한 관중은 백성의 의식을 넉넉하게 한 공이 있다. 우옹 당시는 조선이 청나라에 시달리고 있었고, 가뭄, 홍수 등이 자주 일어나 민생이 피폐하였으므로 이적 청나라 세력을 몰아내고 백성의 입을 것과 먹을 것을 넉넉히 해줄 지도자가 절실히 요청되었다.

조선왕조의 창업은 이적의 생활양식을 주(周)의 예악으로, 불교적 삶에서 유학적 삶으로 바꾸어 놓았다. 초기의 통치 체제를 보여주는『경국대전』은『주례』의 육전 체제를 바탕으로 당시 조선의 현실에 맞게 조정한 통치 전장이었다. 그리고 유학의 숭상과 불교의 억제는 조선왕조 통치의 지향을 보여주는 표어였다.

조선의 역대 제왕들은 순이 우에게 말한 "인심은 위태롭고 도심은 은미함을 깨닫고 정심(精審)하고 전일(專一)한 자세로 중용을 취하는 심법"을 전하고 이어받으며 이를 통치의 원리로 삼았다. 경연에서 가장 강조되었던 항목도 이 부분이었다.

세종과 성종 같은 현군에게서 잘 나타났듯이 인은(仁恩)과 덕택(德澤)이 일반 백성들은 물론, 미물들인 곤충들에게까지 미쳤고,『논어』『맹자』『시경』『서경』 등 유가 성현의 가르침은 저 아래 미천한 신분의 노비들까지도 알고 있을 정도의 도학의 나라가 되었다.

그러나 우옹이 미흡하게 또는 안타깝게 여기는 부분이 있다. 조선에 제나라 재상 관중 같은 탁월한 지도자가 없었다는 것이다. 아니 이는 그의 시대에 절실히 필요하다는 것으로 볼 수 있다. 이는 조선이 패권 국가가 되지 못함에 대한 안타까움 때문에 나온 말이 아니다. 이적을 물리치지 못한 것, 이방 문화에 오염되는 것을 막지 못하는 것, 백성이 굶주림 등을 구제하지 못하는 것에 대한 안타까움의 토로로 보인다.

*17세기의 조선은 왕조가 이미 창업 수성을 지나 중쇠기에 들어 있었고, 변통과 경장을 하지 못한 상태에서 왜란과 호란을 겪어 그 참혹한 폐해로 정치 기강의 붕괴와 사회윤리의 퇴폐와 민생의 곤궁은 야만을 방불하는 시대였다. 외적에 의한 폐해와 상처가 미처 복구되지 못한 상태인데 거듭된 기근이 이어졌다. 특히 1670년과 이듬해에 닥친 가뭄과 한파 등 '경신(庚申)대기근'으로 백성들이 자식을 내다 팔고 인육을 먹는 지경에 이르렀

고, 굶주림과 질병으로 한 고을 전체 주민이 죽는 일도 발생하였다. 『실록』
에 따르면 이때 100만에 가까운 인명의 손상이 있었다고 한다. 그는 그 참
혹한 정경을 직접 겪었다.

　이 참담한 기근은 우옹이 이 일련의 시를 짓기 8년 전에 일어났고, 따라
서 제나라 관중 같은 지도자를 아쉬워했다. 북방 오랑캐도 물리치고 기근
으로 고통을 받는 백성이 먹고 입을 거리를 충족시킬 수 있는 그런 탁월한
대책의 지도자가 절실했던 것이다.

제6단락

도학의 문헌 경부(經部) 및 사·자부

83.『상서』를 소리 내어 읽음[尙古之書誦讀]

84. 육의 편장『시』를 풍영함[六義篇章諷詠]

85.『역』을 읽음[讀易]

86.『춘추』를 이해하지 못함[筆削之書不識]

87.『예』를 읽음[讀禮]

88.『악』의 결락을 깊이 안타까워함[深嗟樂缺]

89.『대학편』을 숙독함[大學之篇熟讀]

90.『논어』에 침잠함[沈潛論語]

91. 아성의 책을 쾌독함[亞聖之書快讀]

92.『중용』을 경건히 대하여 탐구하고 풀이함[敬對中庸玩繹]

93. 역사서를 읊음[詠史]

94. 제자서를 개의치 않음[諸子之書不管]

동아시아의 전통적 도서 분류는 경(經)·사(史)·자(子)·집(集)의 4부 분류법이다. 여기서는 6경과 4서를 읊은 10수와 사와 자 각각 한 수씩이 있어

모두 12수이다. 도학의 문헌적 성격상 경과 집 부분이 많고 자와 사는 많지
않다.

83
『상서』를 소리 내어 읽음 [尙古之書誦讀]

우옹은 시 읊기 좋아하지 않네	尤翁非是愛吟詩
『상서』를 소리 내어 읽을 때이지	尙古之書¹誦讀時
이미 있던 복희 헌원의 일은 수록하지 않고	已有羲軒事不取²
단지「요전」「순전」으로 시작하니 무슨 의도인가	只從堯舜典胡爲
봉이 날아왔다는 대목에 밝게 눈을 뜨고	鳳凰來處³明開眼
못과 숲의 악인들이 모이는 곳에 자주 찡그리네	淵藪萃⁴時亟皺眉⁵
진 목왕이 서약한 말을 수록한 뜻은 무언가	秦穆誓言⁶收錄意
우옹은 시 읊기 좋아하지 않네	尤翁非是愛吟詩

---

1 尙古之書 상고지서; 옛날을 숭상하는 책 곧 『상서』이다. 『서경』이라고도 한다.

2 羲軒事不取 희헌사불취; 복희 헌원씨의 일을 수록하지 않았다는 뜻이다. 『상서』에 본래 소호(少昊), 전욱(顓頊), 고신(高辛)의 3전(三典)이 더 있는데 지금은 모두 제거하고 다만 「요전」「순전」만 있다.

3 鳳凰來處 봉황래처; 『서경』 「익직」 "순이 창작한 음악인 소소 아홉 악장을 연주하자, 봉황이 찾아와서 춤을 추었다. [簫韶九成 鳳凰來儀]"

4 淵藪萃 연수췌; 『상서』 「무성」편의 주석에 은의 주왕이 세상에서 달아나고 도망 다니는 악한 사람들의 주인이 되어 그에게 모여듦이 "마치 물고기가 못에 모이고 짐승이 숲에 모임과 같았다 [如魚之聚淵. 獸之聚藪也]"고 하였다.

5 皺眉 추미; 두 눈썹을 찡그림. 불만이나 기쁘지 않음. 근심을 표시함

6 秦穆誓言 진목서언; 진(秦) 목공(穆公 ?-BC 621)은 영성(嬴姓), 조씨이고 이름은 임호이다. 진(秦) 덕공의 아들이고, 선공, 성공의 아우이다. 진 제9위의 국군(BC 659-BC 621 재위)으로 '춘추오패'의 하나이다. 목공은 왕위에 오른 후 백리해, 건숙을 참모로 중용하고 정치에 진력하여 진국을 격파하고 혜공을 포로로 잡았으며, 양국, 예국, 활국 등을 멸망시켰다. 이후 진국 회복을 도와 양국 간 우호를 실현하였고, BC 627년 중원을 공격하였다. BC 623년에는 서쪽으로 발전하여 유여위를 모사로 임용하고 융인 국가를 멸망시켜 천자가 상으로 내린 금으로 된 북[金鼓]을 받았고, 촉국과 함곡관 서쪽의 국가를 공격하고 국토 천여 리를 개척하였다. 그래서 주 양왕으로부터 '서방의 지

『상서』는 상고지서(尙古之書)라는 글자 뜻대로 옛날을 숭상하는 책이다. 이는 『서경』으로도 불린다. 우옹은 『상서』를 읽으며 특별한 감흥을 지녔다.

『상서』의 첫머리에 「요전(堯典)」「순전(舜典)」이 있다. 전(典)은 모범으로 삼을 만한 가르침을 가리키는 것인데, 요와 순의 가르침 가운데서 본보기가 될 만한 일과 가르침을 뽑아 가장 먼저 앞에 수록했다. 복희 헌원 등 이전의 일은 수록하지 않았다. 이 책의 성격이나 저술의 취지를 보여주는 것이다. 도학자들이 도통을 논할 때 입을 열면 반드시 요·순을 일컫는 것과 연관이 된다.

우옹은 이 책에서 상서로운 동물 봉황이 언제 누구 때 어디로 내려오는지 눈 밝히 뜨고 살펴볼 일이라고 한다. 하늘과 인간은 서로 상응한다는 오래된 신념은 특별히 통치자에게 선을 권하고 악을 멀리하게 함에 효용성 높은 이데올로기였다.

상서로운 현상 못지않게 유념할 일은 악의 결집 현상이다. 우옹은 물고기가 모여들고 짐승들이 모여드는 곳을 뜻하는 연수(淵藪)를 거론하면서 은의 마지막 왕이었던 주(紂)왕에게로 악인들이 달아나거나 도망간 현상에 대해서도 사람들이 눈살 찌푸리게 되는 것을 놓치지 말라고 한다. 비슷한 부류는 서로 꼬인다고 하듯 세상에는 선한 것에 상서로운 것들이 모여들고 악한 것에 앙화가 집중되는 현상이 벌어지는데 그 까닭을 잘 헤아려 유념하라는 것이다.

『상서』의 마지막 편은 「진서(秦誓)」이다. 이는 춘추시대 다섯 패자 가운데 하나였던 진의 목공(穆公)이 현자 건숙(蹇叔)의 충간을 듣지 않고 일을 벌이다가 실패한 다음에 자신의 허물을 뉘우치고 신하들에게 맹세하고 경

———————

도자[西伯]'의 칭호를 받았다.

계한 말을 기록한 것이다. 그 내용은 다음과 같다.

1. 충신의 간언을 듣지 않아 실패하는 일이 있는데, 가장 두려운 것은 기회가 다시 오지 않을 수 있음이다.

2. 뜻이 높은 사람은 좀처럼 함께하지 않으려 하고, 함께하려는 사람은 대부분 이익을 위해 아부한다.

3. 몸의 힘보다는 마음의 덕이 더욱 중요한 가치를 지닌다.

4. 재능과 지혜를 시기하면 지도자가 되기 어렵다.

5. 국가의 안위는 한 사람에 말미암는다는 것을 유념하라.

＊『상서』에 담긴 내용에 대하여 경학자들은 그 핵심이 '소통하여 먼 곳까지 다스리는 것, 일을 말함, 정치에 크게 도움이 됨, 널리 의견을 들음, 다스림의 기술을 말하는 것' 등으로 평가하고 있다.

그런데 맹가는 『상서』에 담긴 내용을 다 믿는 것은 『상서』가 없는 것만 못하다고 하면서 특별히 「무성」편을 예로 들었다. 주 무왕이 은나라 주왕(紂王)을 정벌하여 목야(牧野)에서 싸울 적에 "피가 흘러서 절굿공이가 떠내려갔다[血流漂杵]"라는 글이 있는데, 맹가는 어진 자는 세상에 필적할 자가 없는데 지극히 어진 사람이 지극히 어질지 못한 사람을 치는데 어떻게 피가 흘러서 절굿공이가 떠내려갈 수 있겠는가라고 비판하였다.[7] 이는 내용에 대한 해석의 문제이기도 하고 문헌 비판의 정신이 작동하는 것이라고도 할 수 있다. 성인의 말씀으로서의 경에 대한 태도와, 기록을 액면 그대로 다 믿을 것이 못된다는 엄밀한 비판 정신이 충돌하는 지점이다.

---

7 『맹자』「진심·하」"盡信書 則不如無書 吾於武成 取二三策而已矣 仁人無敵於天下 而至仁伐至不仁 而何其血之流杵也"

84
육의 편장 『시』를 풍영함[六義篇章諷詠]

우옹은 시 읊기 좋아하지 않네	尤翁非是愛吟詩
육의 편장 『시』를 풍영할 때 읊지	六義[8]篇章[9]諷詠時
「노송」경편 '사무사(思無邪)'로 전 편을 포괄하니	有魯駉[10]言皆蔽蓋
공자의 손을 거치고 나니 광휘가 더하여	經宣聖手益光輝
「문왕지십」「청묘지십」은 은미한 뜻을 밝혔고	文王淸廟[11]微言闡
「탕지십」의 「민천」은 대도가 무너짐을 말한 것	蕩帝旻天[12]大道虧
주씨의 『시전』이 그간의 어지러움 정리하였지	整釐紛挐朱氏傳[13]
우옹은 시 읊기 좋아하지 않네	尤翁非是愛吟詩

8　六義 육의: 『모시(毛詩)』 「대서(大序)」에서는 "시에는 풍(風)·부(賦)·비(比)·흥(興)·아(雅)·송(頌) 육의가 있다"고 하고 "풍은 풍자, 아는 바로잡음, 송은 신에게 고함"이라고 해설하고 있다. 풍·아·송은 주로 용도에 따른 양식의 구별이며, 부는 신의 말씀을 전하거나 찬양할 때 직접적으로 이를 서술하는 서사시이고, 흥은 신과 사람을 매개하는 사물을 빌려 기원·축계·불운을 말하는 데서 비롯된 것으로 상징적 의미로 통용되며 서정시가 이로부터 전개되고, 비는 흥에서 발전한 수사 기교의 비유라고 한다.

9　篇章 편장: 『시경』의 편은 모두 311편인데 그중 6편은 표제만 있고 내용이 없다. 6편의 제목은 「남해」「백화」「화서」「유경」「숭구」「유의」이다.

10　魯駉 노경: 노경은 『시경』「노송·경」편이다. 여기에 '생각에 사특함이 없다[사무사(思无邪)]'라는 구절이 있는데 공자가 이를 인용하여 "시 삼백 편을 한마디로 포괄하여 생각에 사특함이 없다고 하겠다[詩三百, 一言而蔽之, 曰思无邪]"(『논어』「위정」)라고 했다.

11　文王淸廟 문왕청묘: 「문왕지십」「청묘지십」이다. 『시경』의 대아와 송의 편명. 문왕의 덕을 노래한 것 10편이 문왕지십이고 문왕의 사당을 노래한 것이 10편이 청묘지십이다.

12　蕩帝旻天 탕제민천: 대아의 탕지십의 「召旻」에 "하늘이 포악하여, 하늘이 혹독하게 죽음을 내려, 우리를 기근으로 곤궁하게 하고, 백성들이 모두 흩어져 도망가고, 우리 서울과 변방이 모두 황폐하다[旻天疾威 天篤降喪 瘨我饑饉 民卒流亡 我居圉卒荒]"라

『시』는 서주 초기부터 춘추 중엽까지의 약 500년간의 시가를 모은 311편으로 그중 6편은 표제만 있고 내용이 없다. 시가의 작자는 드러나지 않는다. 진나라 이전에는 그냥 『시』 또는 『시삼백(詩三百)』이라 하였고, 한 무제 때에 유가의 경전이 되어 비로소 『시경』으로 불렀다. 『시』의 소재는 노동, 사랑, 전쟁, 요역, 핍박, 저항, 풍속, 혼인, 제사, 연회로부터 별자리, 산천의 형세, 동식물에 이르기까지 여러 가지이다.

이는 내용과 양식상 풍(風)·아(雅)·송(頌)의 셋으로 구분된다. 풍은 주대 각 제후국의 가요이고, 아는 주나라의 아악이며 송은 주 황실과 귀족들의 종묘제사에서 연주한 음악이다. 여기에 수사상의 분류 부(賦)·비(比)·흥(興)을 더한 것이 이른바 육의(六義)이다.

『시』「노송(魯頌)·경(駉)」에 '그 생각에 사특함이 없다'라는 말이 있는데 공자는 이를 인용하여 『시경』의 종지를 개괄하였다.

『사기』「공자세가」에 따르면 고대의 3,000여 수의 시가 공자에 이르러 중복된 것을 제거하고 예와 의에 부합되는 것 300여 편을 취하여 공자가 이를 모두 현악기로 노래하였다고 하고 구소와 대무 아송에 부합되는 것을 추구하였다고 한다. 이는 이른바 공자의 산시(刪詩)설의 근거이다. 공자의 손을 거친 다음에 오늘의 『시경』이 되었다는 것이다.[14]

고 하였다. 『맹자』「만장·상」에 "만장이 '순 임금이 밭에 가서 하늘에 부르짖으며 우셨으니 어찌하여 부르짖으며 우신 것입니까?'라고 묻자 맹가가 '원망하고 사모하신 것이다'라고 하였다." 이를 주희는 "인으로 덮어주어 아랫사람들을 가엾게 여김을 민천이라 이른다"라고 풀이하였다. 민천은 가을하늘을 가리키기도 한다.

13 整釐紛挐朱氏傳정리분나주씨전 ; 『시경』에 대하여 모형의 『시경고훈전』, 정현의 『시보』, 왕통의 『속시』, 구양수의 『모시본의』를 비롯 많은 학자들이 다양한 견해를 피력하였던 것이다. 주희의 『시집전』에서 한당 이래 학자들의 잡다하게 얼크러진 내용과 이론들을 정리하였음을 말한다.

14 사마천의 주장에 대하여 의심하는 사람도 있다. 당의 공영달은 『시보서소』에서 "만일 『사기』의 기록대로라면 공자 이전에 시편이 많았다. 생각건대 『서전』에서 인용한

『시』의 대아와 송의 편명으로 문왕의 덕을 노래한 10편이 「문왕지십」이고 문왕의 사당을 노래한 10편이 「청묘지십」이다. 이들 시는 깊고 은밀한 뜻을 밝혀낸 것이다. 탕왕의 덕을 노래한 「탕지십」의 「소민(召旻)」에 "하늘이 포악하여, 하늘이 혹독하게 죽음을 내려, 우리를 기근으로 곤궁하게 하고, 백성들이 모두 흩어지고 도망하여, 우리 서울과 변방이 모두 황폐하다"가 있는데 이는 이미 통치의 도가 허물어졌음을 표현한 것이다.

『시』의 편집 차례와 내용 그리고 명물(名物) 등에 대하여 많은 이설이 있다. 모형(毛亨), 정현, 왕통, 구양수를 비롯 많은 학자들이 참으로 다양한 견해를 피력하였다. 그런데 주희의 『시전(詩傳)』이 한당 이래 잡다하게 얼크러진 여러 견해들을 정리하였다고 우옹은 평가한다.

시는 현재 남아 있는 것이 많고 잃은 것은 적다. 공자가 기록한 것은 열에 아홉을 버린 것이다. 사마천이 3,000여 편이라 한 것은 믿을 수 없다"고 하였다. 청대의 최술은 공자의 때에 『논어』에 나오듯이 시는 300편이었고 공자가 산정한 다음에 300수가 된 것이 아니라고 한다.

85
『역』을 읽음 [讀易]

우옹은 시 읊기 좋아하지 않네	尤翁非是愛吟詩
시는 우옹이 『역』을 읽을 때 읊지	詩是尤翁讀易時
지극한 이치는 은미하면서 뚜렷하니	至理有微還有顯[15]
성인은 무엇을 근심하고 다시 걱정하는가	聖人何慮復何思[16]
복희는 꼭 용마를 보고 나서 팔괘를 그린 것 아닌데	皇羲不必因龍畫[17]
정이는 하필 토끼를 보고서 팔괘를 알았는가	程氏何須見兔[18]知
주공 공자 소옹에 주자의 학설을 겸하니	周孔邵兼朱子說[19]
우옹은 시 읊기 좋아하지 않네	尤翁非是愛吟詩

　많은 도학자들이 『역』을 읽고 나서 그 느낌과 소회를 시로 표현하곤 했다. 『역』이 도학의 내용 구성에서 특히 우주론과 심성론에서 가장 중요한 근거 이론을 제공했기 때문이다.

15　有微還有顯 유미환유현: 『역』「계사」에서 "드러난 것을 은미하게 하고 그윽한 것을 밝힘[微顯而闡幽]"이라 했고, 또 정이는 그의 『역전』「서문」에서 '드러난 것과 숨어 있는 것 사이에 틈이 없고 체와 용은 근원이 같다[顯微無間 體用一原]'라고 하였다.

16　何慮何思 하려하사: 『역』「계사」에서 "세상에 무엇을 생각하고 무엇을 염려하는가[天下何思何慮]"라고 하였다.

17　皇羲不必因龍畫 황희불필인룡획: 정자는 '복희는 꼭 용마로 인하여 괘를 그린 것이 아니다[伏羲不必因龍馬而畫卦]'라고 하였다.

18　程氏何須見兔知 정씨하수견토지: 정이가 시장에서 파는 토끼를 보고 지목하여 말하기를 '저것 역시 괘를 그릴 수 있음을 보라'하였다.

19　周孔邵朱 주공소주: 이는 『역』에 대한 학설로 말한 것이다. 역학이 주공, 공자, 소옹, 주희에 의하여 그 해석과 운용이 이어졌기 때문이다.

우옹은『역』의 이치는 지극히 은미하며 동시에 뚜렷이 드러난다고 한다.

성인은 '세상의 모든 일이 하나로 일치하지만 생각은 다양하고, 같은 지점으로 돌아가지만 길은 다를 수 있다'는 것을 알기에 '무엇을 염려하고 무엇을 근심하겠는가'라고 한 것은『역』의 이치의 은미함과 동시에 현저함과 연결된다.

복희씨는 황하에서 나온 용마(龍馬)의 그림을 보고서 팔괘를 그렸다고 하지만 그가 8괘를 긋기 전에 이미『역』의 이치와 그 상을 알고 있었다고 한다. 정이는 시장에서 팔고 있는 토끼에서도 8괘의 상을 읽을 수 있다고 하였다. 이는 어떤 물상에서도『역』의 이치를 볼 수 있다는 신념을 드러낸 것이다.

『역』은 복희 문왕은 물론이고 주공이 효사를 지어 구체적 지침과 길흉을 드러냈고, 공자가『십익(十翼)』으로 찬술하여 그 이치의 보편성을 널리 알렸으며, 소옹이 복희역과 문왕역을 선천 후천으로 구별하고 선천역을 강조하였으며, 이를 다시 주희가 이어서 음양론에 따른 길흉 판정의 점서가 『역』의 본의를 밝혔다.

이 흐름 속에 우옹은 역학사에서 소옹의 위치를 분명하게 정립하고, 의리역의 정이와 그『역전』을 간과하고 있음에 주목할 필요가 있다. 그렇다고 해서 그가 의리역을 배제했다고 해석할 필요는 전혀 없다.

　* 우옹 역시『역』에 관한 연구가 깊었다.『우암역설』이라는 표제의 저술이 있는데 이는 상수를 통해 의리를 밝힌다는 원칙 아래서 래지덕의 해석을 참고하여『역』경문을 해석하고 있다. 이것이 우옹의 직접 쓴 것인지의 여부에 논란이 있지만 그의『역』해석 내용 및 태도와 무관하지 않다는 것은 분명하다. 우옹은 두 편의『역』관련 시가 더 있다.

「역을 읽고 읊음」²⁰

성인이 사물을 여는 것이 『역』만 한 것이 없고

복희의 뜻은 유리의 고난으로 인하여 전해졌네

사물의 본성과 역사 흥망의 이치를 모두 알지만

하늘의 좋아하고 싫어하는 권도는 깨닫지 못하겠네

통(桶)을 만드는 사람도 미제괘를 알거니와²¹

구슬놀이 하는 그 누가 다시 선천을 탐구할까

별들이 북극성에 둘러 있듯 이천의 전이 있고

다시 주희의 체용이 온전함을 얻게 되었네

「역전(易傳)을 읽고」²²

염여²³의 배 안에는 성(誠)과 경(敬)이 있고

부주성 안에서 상과 효가 펼쳐졌네

이런 세상 어찌 없었겠는가?

다만 이 같은 사람이 없었을 뿐이네

칠푼이나 밝힌 이치²⁴ 누구에게 줄 것인가?

천 년간 어지러웠던 실마리 다스릴 수 있네

---

20 『송자대전』 권4, 「독역음」 "聖人開物無如易. 義旨曾因羑里傳. 雖通物性興衰理. 未悟天心好惡權. 箍桶猶能知未濟. 弄丸誰復玩先天. 星陳拱極伊川傳. 更得閩翁體用全."

21 정이가 유배지인 부릉에서 『역전』을 저술할 때 통을 만드는 사람이 『역』 「미제」 괘가 어찌하여 남자의 끝이냐고 물었다. 정이가 대답을 못하고 되묻자 그는 양이 제자리를 잃었기 때문이라고 대답하였다고 한다.

22 『송자대전』 권4, 「독역전」 "灩澦舟中誠敬在. 涪州城裏象爻陳. 何嘗不有如斯世. 只是曾無似此人. 七分理明誰與授. 千年緒亂却堪綸. 可憐正值膏肓日. 空使神丹未壽民."

23 灩澦 염여: 灩澦堆(염여퇴)의 줄임말이다. 배를 타고 무사히 건너기가 거의 불가능할 정도로 험하다는 양자강 구당협(瞿塘峽)의 여울물 이름이다.

24 정이는 「역전」을 저술하고 난 다음 문인들에게 "이것은 단지 7푼의 글이다"라고 했다. 나머지 3푼은 읽는 자들이 각자 스스로 터득해야 한다는 의미이다.

가련하다 병든 시절을 만나
신단(神丹)으로도 백성을 오래 살리지 못하네

정이가 『역전』에서 7푼 정도 이치를 밝혔다고 한 것이 주의를 끈다. 이는 나머지 3푼은 읽는 사람의 몫이라는 것이다.

86
『춘추』를 이해하지 못함 [筆削之書不識]

우옹은 시 읊기 좋아하지 않네	尤翁非是愛吟詩
필삭의 책 『춘추』를 이해하지 못할 때 읊지	筆削之書[25]不識時
자기 생각 갖고 다투어 경전을 풀이하는데	爭把意來經上說
공자의 노비가 무덤에서 돌아오면 어쩔 것인가	奈如奴自塚中[26]歸
호안국이 상주한 글은 중흥하자는 취지이며	秦篇胡作中興義[27]
주석을 하지 않은 주희는 후학의 규범이네	不註朱爲後學規[28]
봉황이 오고 기린이 오는 것은 같은 이치	鳳至麟來[29]一般理
우옹은 시 읊기 좋아하지 않네	尤翁非是愛吟詩

---

25 筆削之書 필삭지서; 『춘추』를 가리킨다. 이 책은 그 문자가 간략하기 때문에 이에 대한 풀이가 계속 나왔다. 그 가운데 좌구명의 『좌씨전』, 공양고의 『공양전』, 곡량적의 『곡량전』을 합하여 『춘추삼전』이라 하고 이를 유가경전에 포함시켰다. 『곡량』 『공양』은 '은미한 말 속에 담긴 큰 의리'를 드러내는 것에, 『좌전』은 역사의 세부적 사항을 보충하는 데 중점을 두었다고 평가된다.

26 奴自塚中 노자총중; 『주자어류』 권83 "『춘추』를 배우는 사람들은 견강부회가 너무 많다. 『후한서』 권10 「오행지·사부생」 주에 '한나라 말기에 곽광의 사위 범명우가 가노의 무덤을 판 일이 있었는데 가노가 그때까지 살아 있었다. 그 가노가 곽광 집안의 일과 황제를 폐위시키고 즉위시켰던 일을 말했는데 그중에 『한서』의 기록과 부합하는 것이 많았다'는 말이 있다. 내가 예전에 『춘추』를 배우는 사람에게 '지금 이처럼 견강부회하는 것은 문제될 것이 없겠지만, 어느 날 땅속에서 공자의 노비가 나와 당시 공자의 뜻이 그렇지 않았다고 말할까 걱정될 뿐이다'라고 했다."

27 秦篇胡作中興義 주편호작중흥의; 호안국이 상주하여 "『춘추』는 곧 공자의 친필로서 참으로 경세의 대전(大典)입니다. 폐하께서 반드시 참람한 반란을 평정하기를 원하시고 황제의 지위를 이겨내시며 난신적자로 하여금 두려워 일어나지 못하게 하시려면 마음에 공자의 『춘추경』을 두시는 것만 한 것이 없습니다. 시강에게 명하시어 오로지 『춘추』를 진강하게 하시지요" 하였다. 주희의 저서인 『명신언행록』에 들어 있다.

28 不註朱爲後學規 부주주위후학규; 『춘추』에 대하여 주희는 늘 '공자의 의리는 정밀

『춘추』는 편년체의 노나라 역사에 공자가 가필과 삭제를 하여 이루어졌다. 그래서 '필삭의 책'이라고 하였다. 공자는 "나를 알아줄 사람이 있다면 『춘추』 때문일 것이고, 나에게 죄를 물을 사람이 있다면 이 또한 『춘추』 때문일 것"이라고 하였다. 이는 자기 일생의 공적과 과실을 여기에 걸었다는 말이다.

『사기』에 따르면, 공자는 만년에 자신의 말이 쓰이지 않고 도가 행하지 않을 것을 알고는 더 이상의 행도를 위한 여정을 멈추고 곡부로 돌아가 노나라 242년간 역사의 시비를 가려 천하의 본보기로 삼고, 천자를 비판하며 대부를 성토하여 왕이 해야 할 일을 밝히 드러내려고 하였다. 이때 그가 사용한 언어가 매우 간략하며 어떤 글자에는 암암리에 칭송과 나무람의 뜻을 담고 있다. 이를 후대에 '춘추필법' '미언대의(微言大義)'라고 한다. 우옹은 그의 일생 사업과 지향이 춘추대의의 구현에 있다는 평가를 받았다. 경전으로서의 『춘추』에 대하여 우옹은 다음과 같은 소회를 드러낸다.

많은 학자들이 역사에 대한 각자의 다양한 견해를 『춘추』를 통하여 입증하거나 정당화하려고 했다.

『춘추』를 해석하는 사람들이 견강부회가 심했다. 이를 주희가 안타깝게 여겨서 '어느 날 갑자기 공자의 노비가 무덤에서 살아나와 당시 공자의 뜻이 그렇지 않다고 말할까 걱정될 정도'라고까지 말했다.

호안국이 상주한 글에 군주가 만일 "참람한 반란을 없애거나 평정하기를

하고 인은 난숙의 경지에 이른 저울'로 인정하여 감히 자신이 잘 알지 못하는 것에 대하여 해석하지 않겠다고 하였다. 5경에 대한 주석 가운데 주희는 『춘추』에 대해서만 주석을 하지 않았다.

29 鳳至麟來 봉지린래: 용과 봉황 거북 기린은 태평 시대에 등장하는 4대 상서로운 동물이다. 순의 음악 구소를 연주하니 봉황이 내려와 춤을 추었으며, 주 문왕 때 기산에 봉황이 내려와 춤을 추었다고 한다. 공자가 『춘추』를 집필하다가 서쪽에서 사냥 중 기린이 잡혔다는 소식에 절필하였다고 한다.

원하고 난신적자로 하여금 두려워 일어나지 못하게 하려면 마음에 『춘추』를 두는 것 만한 것이 없다"고 한 것을 유념할 필요가 있다.

주희는 그 스스로 『춘추』에 대한 주석을 하지 않았다. 잘 알지 못하는 것에는 함부로 주석하지 않는 것은 경전에 대한 올바른 자세라는 그의 태도는 특히 『춘추』를 해석함에 있어서 후학들이 규범으로 삼아야 한다고 우옹은 생각한다.

봉황이 내려오거나 기린이 나타나는 것은 동일한 이치라고 하였다. 『춘추공양전』을 전공한 동중서는 역사에서 재이(災異)와 상서(祥瑞)가 나타나는 것과 인간 세상 특히 제왕의 선덕과 악행을 연결하여 천인상응설을 추출해 냈다. 역대 학자들은 이것으로 왕조의 흥망을 논하고, 군주의 전횡을 규찰하고 경계하는 데 효율적으로 활용하였다.

*사마천은 "『춘추』는 예의의 대종(大宗)이다. 예는 일이 발생하기 전에 막는 것이요, 법은 이미 이루어진 다음에 시행하는 것이다. 법의 쓸모는 쉽게 알 수 있으나 예의 예방 역할은 알기가 어렵다"고 하였다. 『춘추』가 군주를 시해하는 난신과 아비를 죽이는 적자를 막는 기능을 염두에 둔 표현이다.

우옹은 『춘추』가 난신적자를 직필로 주벌하여 대의(大義)를 밝히고 있다고 믿고 이를 실현하는 것을 자신의 첫째 사업으로 삼았다. 그렇다고 해서 그가 『춘추』에 담긴 내용을 모두 문자 그대로 믿고 받아들인 것은 아니다. 이미 주희가 그런 태도를 표명하며 이해되지 않는 부분이 많아 주석을 포기했을 정도였다. 상당한 정도로 의심나는 부분이나 확신이 서지 않을 때에 판단을 유보하거나 제쳐 놓는 태도를 취한 것이다. 『춘추』에 세 가지 해석서가 있음도 이것의 난해함에 대한 증표가 될 것이다.

87
『예』를 읽음 [讀禮]

우옹은 시 읊기 좋아하지 않네	尤翁非是愛吟詩
시는 우옹이 『예』를 읽을 때 읊지	詩是尤翁讀禮[30]時
한 번 내리고 올림의 의례는 모두 지극한 이치이고	一降一升皆至理
삼천의 곡례와 삼백의 경례가 모두 실과 같네	三千三百[31]儘如絲
일찍 죽음은 자유에게 깊이 제시한 것 알겠고	極知遄死深提偃[32]
어긋나면 안 된다고 번지에게만 말한 것 아니니	莫說無違獨語遲[33]
핵심은 민옹께서 『통해』를 지은 의도에 있지	最是閩翁通解[34]意
우옹은 시 읊기 좋아하지 않네	尤翁非是愛吟詩

---

30 讀禮 독례; 예서는 『주례』 『의례』 『예기』를 예의 삼경이라 한다. 『주례』는 주공이 편찬한 것으로 주나라 전장제도 국가 체제를 다룬 것이고, 『의례』는 국가와 대부·사인에 이르기까지 국가 단위 또는 황실에서 행하는 오례의(五禮儀)와 사인의 관혼상제를 비롯한 제반 의식을 다룬 예서인데 통상 이를 예경이라 한다. 『예기』는 『의례』에 대한 문화철학적 해설이다. 전국시대 이후 한대에 걸쳐서 여러 사람에 의하여 쓰인 것으로 본다.

31 三千三百 삼천삼백; 위의는 삼천 개이고 예의는 삼백 개라고 한다. 『중용장구』 27장 "優優大哉! 禮儀三百, 威儀三千" 예의를 경례, 위의를 곡례라고도 한다.

32 遄死深提偃 천사심제언; 천(遄)은 빠르다, 빠르게의 뜻이다. 공자가 자유에게 "사람으로서 예가 없다면 일찍 죽는 것만 못하다"고 지극하고도 심각하게 말했다. 『예기』「예운」편에 나온다.

33 無違獨語遲 무위독어지; 노나라 대부 맹의자가 공자에게 효에 대하여 묻자 공자가 '거슬리지 않는 것이다'라고 하였다. 공자가 자기의 수레를 모는 번지에게 이를 말하면서 살아 있을 때와 죽어 장례할 때, 그리고 제사 지낼 때 모두 예로써 하여야 한다고 부연 설명하였다. 『논어』「위정」 "孟懿子問孝. 子曰 無違. 樊遲御, 子告之曰 孟孫問孝於我, 我對曰無違. 樊遲曰 何謂也? 子曰 生事之以禮, 死葬之以禮, 祭之以禮"

34 通解 통해; 『의례경전통해』이다. 이 책의 처음 이름은 『의례집전집주』였다. 만년에 수정하여 현재의 이름을 사용하였다. 『가례』 5권, 『향례』 3권, 『학례』 11권, 『방국례』

예(禮)라고 하면 얼른 허례허식이나 예송이라는 부정적 표현을 떠올린다. 예를 다룬 경을 예경이라 하는데, 이 시를 쓰고 있는 거제 유배지는 우옹이 예로써 나라를 그르쳤다는 죄목으로 와 있는 것이니 예경에 대한 그의 소회가 남다를 것이다. 예경과 관련하여 우옹은 이 시에서 다음의 다섯 가지를 거론한다.

사람의 모든 문화적 행동 양식, 모든 절차와 행동, 음식 남녀에는 지극한 이치가 담겨 있다. 이러한 일상적 행위들은 성인이라도 면할 수 없다. 문제는 이 비근한 일상사 속에 담겨 있는 지극한 이치를 의식하여 구현하는 자와 이를 무시하고 행하지 않는 자로 그 사람됨이 나뉜다는 것이다.

예의(禮儀) 삼백 개이고, 위의(威儀)는 삼천 개라고 하듯 예의 원리들과 의식의 자잘한 세부 절목들은 다양하지만 하나의 실처럼 연결되어 있다. 이들이 큰 강령과 세부 절목으로 나뉘지만 서로 연결되어 통하는 이치이다. 이는 도리가 지극히 큰 데에도 닿고 지극히 작은 데에도 스며들어 있음을 표현한 것이다.

'사람으로서 예가 없다면 일찍 죽는 것만 못하다.'고 공자가 자유에게 말했다. "예는 선왕이 이에 의하여 하늘의 도를 깨닫고 이를 사용하여 사람의 정을 다스린 것이다. 예를 알고 있으면 살아갈 수 있지만 예를 잃고는 살아갈 수 없다. 『시경』에서 이르기를 '쥐도 오체(五體)가 있지만 예를 모른다. 사람이 예를 모르면 오체를 갖추고 있어도 쥐와 같다. 사람으로서 예를 몰라서야 되겠는가? 사람이 예가 없다면 일찍 죽는 것만 못하다' 하였다." 이 말은 『예기』 「예운」편에 나온다.

노나라 대부인 맹의자(孟懿子)가 공자에게 효에 대하여 묻자 공자는 '이치에 어긋나면 안 된다'고 대답하였는데 이 말을 공자는 수레를 모는 번지

4권 모두 23권, 42편이다.

에게 부연하여 설명하기를 "살아 있을 때 예로 섬기고 돌아가시면 예로 장례를 치르고 제사 지내는 것도 예로 하라는 뜻이다"라고 하였다. 우옹은 공자가 번지에게 말했다는 것은 곧 모두에게 말한 것으로 이해한다.

주희는 만년에 『의례경전통해』를 편찬했다. 이 책은 『의례』를 경으로 삼고 『예기』에서 그리고 경전과 역사 및 여러 책에 들어 있는 예에 대한 언급들을 모두 본경의 아래에 붙여두고 주소 및 여러 학자들의 견해를 나열하여 대략 단서가 있게 한 것이다. 이는 주희가 만년에 가장 힘을 기울인 것으로 미처 끝내지 못하고 죽었는데 유촉받은 제자들이 완성하였다.

＊예학, 예송의 시대에 권위 있는 의견을 내곤 했던 우옹의 예론은 대부분 『의례경전통해』를 전거로 삼고 있다. 이 책에는 주희 제자들의 노력에 의하여 보완되었음에도 많은 미비점이 있는데 이를 우옹의 재전제자 한원진이 대폭 수정 보완하여 완결에 가까운 『의례경전통해보』 11권 7책을 1742년에 간행하였다.

88
『악』의 결락을 깊이 안타까워함 [深嗟樂缺]

우옹은 시 읊기 좋아하지 않네	尤翁非是愛吟詩
시는 『악』의 결락을 깊이 안타까워할 때 읊지	詩是深嗟樂缺[35]時
태고의 「승운」과 「오영」은 원래 이해할 수 없고	上世雲韺[36]元莫理
주나라의 「대함」「대무」 또한 누가 알겠는가	周家咸武[37]亦誰知
혜강의 「광릉산」은 오히려 핍박을 초래했고	嵇康廣散[38]猶徵逼[39]
악와의 「신구」는 속임수임이 확실하네	渥水神駒[40]定是欺
다행히도 채원정이 지은 두 권의 악서가 있네	幸有西山書兩卷[41]
우옹은 시 읊기 좋아하지 않네	尤翁非是愛吟詩

---

35 樂缺 악결: 악경이 없어져 6경에서 빠짐을 말한다.

36 雲韺 운영: 승운(承雲)과 오영(五韺)이다. 승운은 전욱 시대의 음악이고, 오영은 제곡 시대의 음악이라 한다.

37 周家咸武 주가함무: 함은 대함(大咸)을 말하며 요가 만들었다고 하고, 무는 대무(大武)를 말하는 것으로 무왕의 음악이다. 『주례』「춘관·대사악」에 보인다. 주왕조 때 이것이 다 연주되었다고 한다.

38 嵇康廣散 혜강광산: 혜강(嵇康 224-263)은 삼국시기 조위 사람으로 완적 등과 함께 현학의 새바람을 일으키고 명분의 가르침을 넘어 자연에 맡겨야 한다고 주장하였다. 광산은 「광릉산곡」으로 고대 10대 거문고곡의 하나인데 혜강이 이 곡을 잘 연주했다고 한다. 『태평광기』에는 유령(幽靈)이 「광릉산곡」을 그에게 전하며 다른 사람에게 가르치지 말라고 했다 한다.

39 徵逼 징핍: 혜강이 「광릉산곡」을 연주하며 은거의 삶을 살다가 찾아온 종회를 하대한 일이 있는데, 종회가 그를 참소하여 죽게 되자 「광릉산곡」을 연주하면서 이제 곡이 끊어지게 되었다고 말하고 죽었다 한다. 결국 「광릉산곡」이 혜강을 죽게 만들었기에 핍박을 초래했다고 했다.

40 渥水神駒 악수신구: 악수는 악와(渥洼)로 감숙성 돈황시 양관진에 있다. 『사기』「악서」에 "또 일찍이 신마를 얻었으니 악와의 물속에서이다. 이를 제단에 바치고 다시 '태일지가(太一之歌)'를 바쳤다"는 기록이 있다.

『악경』은 6경 가운데 하나라는 기록이 『장자』「천하」편 등에 산재하지만 현재 남아 있지 않다. 통상 『악경』이 있으면 「악기(樂記)」가 있는데 이것도 분서 때 함께 사라졌고 그 일부가 『예기』「악기」에 들어 있다고 한다. 악관(樂官)은 남았으나 그들은 다만 연주할 수 있을 뿐 이론을 말할 수 없었다고 한다. 그러나 『주례』「춘관종백(春官宗伯)」장의 「대사악(大司樂)」이 『악경』이라거나 애초에 『악경』 자체가 없었다는 주장도 있다.

상고의 전욱 때에 승운(承雲)의 음악이 있었고, 제곡 시대에 오영(五韺)의 음악이 있었다고 하는데 남아 있지 않아 그 실체를 알 수가 없다.

주나라 때 함지(咸池)와 대무(大武)의 음악이 있었다고 하지만 역시 이에 대하여 상세히 아는 사람이 많지 않다.

위진 시대 광릉산곡(廣陵散曲)이라는 고대 거문고곡의 하나가 있었는데 혜강이 이 곡을 잘 연주했다고 한다. 『태평광기(太平廣記)』에는 유령(幽靈)이 「광릉산」을 혜강에게 전하며 다른 사람에게 가르치지 말라고 했다 한다. 그러나 이 역시 후대에 전해지지 못했다.

한의 무제가 악와(渥洼)에서 신마(神馬)를 얻어 천마가(天馬歌)를 지어 교묘(郊廟)에 제사하였다고 하는데, 우옹은 이를 속임수라고 본다. 당시 명신이었던 급암(汲黯 ?-BC 112)이 "천마와 신작(神雀)을 선제께서 어찌 알겠는가"라고 기롱한 것을 염두에 둔 듯하다.

주희와 사우 관계인 채원정(蔡元定 1135-1198)은 악서 『율려신서』 2권을 지었다. 1187년에 지은 이 책은 고대부터 송대까지의 악률론에 대해 심도 있게 집약했다. 「율려본원」은 음악 이론의 원론적인 문제를 논의한 것이라면, 「율려증변」은 그 이론을 뒷받침하는 근거를 내세우고 이에 대해 논증

---

41 西山書兩卷 서산서양권; 서산은 채원정(蔡元定 1135-1198)이다. 그는 악학의 책인 『율려신서』 2권을 지었다. 하나는 『율려본원(律呂本原)』 13편이고, 다른 한 권은 『율려증변』 10편이다.

하는 방식으로 서술되었다. 고대 악학 이론에 대한 공헌이 크다는 것이 정평이다. 주희가 이를 『통해종율의편(通解鍾律義篇)』에 실었고 그 서문을 썼다.

  *공자 사후 유학은 8파로 나뉘었다고 한다. 그중에 중량씨(仲良氏)[42]의 유학이 들어 있다. 도잠의 『성현군보록(聖賢群輔錄)』[43]에 "중량씨가 악을 전했는데 그는 풍속을 옮기고 바꾸는 유자이다"라고 했다.

  『효경』「광요도(廣要道)」장에 공자가 "풍속을 옮기고 바꾸는 것으로 음악보다 나은 것이 없다"[44]고 하였다는 기록이 있다. 풍속을 교화하는 것이 음악을 논하는 핵심 관점임을 알 수 있다.

---

42 중량씨(仲良氏): 공자 사후 유가 내부의 8개 유파의 하나라고 한다. 『한비자』·「현학」: "공자가 죽은 다음에 자장씨, 자사(子思), 안씨(顏氏), 맹씨(孟氏), 칠조씨(漆雕氏), 중량씨(仲良氏), 손씨(孫氏), 악정씨(樂正氏)의 유자들이 있었다."
43 『군보록(群輔錄)』은 진(晋)의 도잠(陶潛 365-427)이 편찬한 전기로 『성현군보록(聖賢群輔錄)』이라고도 한다. 고대 성현을 보좌한 선비들의 사적을 기록한 것이다.
44 『효경』「광요도」, "子曰 … 移風易俗, 莫善于樂"

89

『대학편』을 숙독함 [大學之篇熟讀]

우옹은 시 읊기 좋아하지 않네	尤翁非是愛吟詩
『대학편』을 숙독할 때 읊지	大學之篇[45]熟讀時
정호·정이가 표장하여 깊은 뜻이 드러났고	程氏表章[46]深意見
주희의 주해는 생각이 지극했네	閩翁註解[47]極思惟
세 현자와 한 성인이 서로 전하고 받았으니	三賢一聖[48]相傳受
백 가지 오류 천 가지 과실 과감하게 시비했지	百謬千差敢是非
윤돈은 반년 만에 이 책을 터득할 수 있었네	和靖[49]半年方看得
우옹은 시 읊기 좋아하지 않네	尤翁非是愛吟詩

『대학편』은 본래 『예기』의 한 편으로 전해져 왔다. 저자는 증자로 알려

---

45 大學之篇 대학지편: 『대학』은 본래 『소대예기』의 제42편에 있었기에 대학지편이라 하였다. 저자는 증자로 알려져 있다. 청대의 최술은 『수사고신록』에서 문제를 검토하여 『대학』을 전국시대 작품이라 하였다. 명덕·신민·지선을 3강령으로, 격물·치지·성의· 정심·수신·제가·치국·평천하를 8조목으로 하여 수기와 치인을 공부의 방법과 목표로 삼았다. 송, 원 이후 『대학』은 학관의 교과서로 과거시험 준비의 필독서였다.

46 정호·정이는 5경을 '대경(大經)'이라 하고 4서를 '소경(小經)'이라 했다. 그는 "『대학』은 공자의 유서이며 초학자가 덕에 들어가는 문이다"라고 하였다. 이들 형제의 『대학』에 대한 연구는 주희의 『대학장구집주』 편찬에 큰 도움을 주었다.

47 閩翁註解 민옹주해: 민옹은 주희이다. 그는 고본 곧 『예기』에 한 편으로 들어 있는 『대학』을 자기 나름의 관점으로 장구로 나누고 독창적 해석을 시도하고 기존의 주석을 모아 나름의 체계를 수립하였다. 주희가 가장 많은 공력을 기울인 경전이 『대학』이라고 할 수 있다.

48 三賢一聖 삼현일성: 여기서 삼현은 증참, 정이, 주희이고, 일성은 공자이다.

49 和靖화정: 윤돈(尹焞 1071-1142)의 호가 화정이다. 그의 자는 언명 또는 덕충이고 낙양 사람이다. 그는 정이의 제자이다. 주요 저서로 『화정선생집』 및 『논어해』가 있다.

져 있고, 모두 1,751자로 된 문헌이다. 3강령, 8조목을 공부의 방법과 목표로 삼아 유학의 정체성을 뚜렷하게 제시하였다.

　경학사에서『대학』의 위상을 두드러지게 높인 것은 북송의 정호·정이 형제이다. 이들은 "『대학』은 공자가 남긴 글이며 초학자가 덕(德)으로 들어가는 문"이라고 하였고, 구절구절에 탁월한 견해를 제시하여 그 깊은 의미를 드러내고 확장하였다.

　주희는 이들 형제의 학문을 이어『대학장구집주』를 저술하였는데 이는 그가 최후까지 최대의 공력을 기울인 것으로서, 그의『중용장구』『논어집주』『맹자집주』와 더불어 4서집주로 호칭되며 경으로서 확고한 자리매김을 하게 되었다.

　『대학』은 그 형성 과정에서 한 분의 성인 공자, 그리고 증참-정호·정이 형제-주희 세 분의 현자들이 전하고 받은 것이다.『대학』의 경 1장은 공자가 한 말이고, 전 10장은 증참이 풀이한 것이며, 이를 풀이하고 드러낸 것은 북송의 정씨 형제이고 이어서 주희가 장과 구로 나누고 이에 관련 주석을 모으고 풀이를 하여 도학의 이론적 토대와 정체성 및 이상과 방법론으로 그 위상을 굳혔기 때문이다.

　이러한 과정에서 현자들이 혼신의 노력을 기울였으니 그간에 나타난 온갖 다양한 견해와 오류들이 엄정하게 논변되어 바로잡히게 되었다. 주희는 장구를 나누고 글자의 해석을 새롭게 하였으며 특히 격치(格致)에 대한 전문이 누락되었다고 보고 이에 대한 보전(補傳)을 지어 넣기까지 과감한 시도를 하였다. 따라서 그만큼 확신 속에 필생의 공력을 쏟았다.

　정이의 제자인 윤돈(尹焞)은 6개월 만에『대학』을 다 터득하였다고 한다. 주희는 "그가 반년 동안『대학』과『서명(西銘)』만을 읽었을 뿐인데, 지금 사람들은 반년 동안에 많은 책을 읽으려 한다"고 했다. 그의 특별한 열정과 재능을 거론한 것이지만 누구든지 전력을 집중하면 그리 많은 시간이 걸리지 않음을 말한 것이기도 하다.

 *4서 중에서 『대학』을 첫머리에 놓은 것은 주희가 제시한 독서의 차례를 따른 것이며, 이 차례는 이황, 이이 등 조선 유자들 대부분이 수용하고 있다.

 우옹은 "『대학』은 성학(聖學)의 큰 규모를 드러내 보이고 있는데, 반드시 격물치치(格物致知)를 우선으로 삼았다"고 하고 또 문인들에게 "주 선생의 일평생 공력이 『대학』과 『역학계몽』에 있었다"고 거듭 강조하였다.

90
『논어』에 침잠함 [沈潛論語]

우옹은 시 읊기 좋아하지 않네	尤翁非是愛吟詩
시는『논어』에 침잠할 때 읊지	詩是沈潛論語[50]時
큰 성인의 말씀 모두 서술되어 있고	大聖人言都撰序[51]
여러 문인들의 일 또한 알 수 있네	諸門人事可聞知
책 전체에서 마음 붙들어 보존하는 이치를 알고	全書見得操存[52]理
「향당」편에서 성인의 모습을 그려냄을 보네	鄕黨看他畫出時[53]
늙도록 그 내용이 쓰일 수 있음을 알지 못하니	到老不知爲可用[54]
우옹은 시 읊기 좋아하지 않네	尤翁非是愛吟詩

---

50 『논어』는 공자의 제자와 재전제자가 공자 및 그 제자와 당시 사람들과 주고받은 말과 행위를 기록하여 편집한 것이다. 책이 이루어진 것은 전국시대 전기이며 모두 20편 492장의 어록체로 되어 있고 일에 대한 서술 형식이 보조적으로 사용되고 있다. 3종의 판본이 있었는데, 제(齊)나라 사람들이 전한 제논어, 노(魯)나라에서 전해 온 노논어, 그리고 공자의 옛집 벽 속에서 나온 고문(古文)의 논어이다. 현재 전해지는 것은 전한 말의 장우(張禹)가 노논어를 중심으로 편찬한 것을 교정한 것이다. 20편으로 편명은 각 편의 머리 두 글자를 딴 것이다.

51 撰序 찬서; 여기서는 서문을 짓다가 아니라 찬술과 같다. 공자의 제자들이 스승의 말씀을 기술한 것을 말한다.

52 操存 조존; 마음을 잡아 보존한다는 뜻이다. 『맹자』「고자·상」"孔子曰 操則存, 舍則亡. 出入無時, 莫知其鄕. 惟心之謂與？"

53 鄕黨－畫出時 향당－획출시; 정자는『논어』「향당」편은 분명 하나의 성인을 그려내고 있다고 말했다.

54 到老不知爲可用 도로부지위가용;『논어집주』편말에 있는 주석에 윤돈의 "배우는 사람은 어려서부터 책을 읽는데 늙어 한마디 말의 쓸모 있음을 알지 못하면 성인의 말씀을 모욕함에 가깝지 않은가"가 수록되어 있다.

지구상에서 『논어』만큼 많이 읽힌 책, 깊이 연구된 책이 많지 않다. 이 책은 공자의 사상을 알 수 있는 가장 신뢰할 수 있는 문헌이다. 편찬자에 대해서는 여러 가지 설이 있으나 제자들과 그 문인들이라고 한다. 책의 이름에 대해서도 여러 주장이 있는데 대체로 "'논(論)'이란 먼저 자세히 따지고 나서 채택한 것이라는 뜻이고 '어(語)'란 논란에 대해 대답하고 설명한다는 말"이라고 한다.

『논어』는 문인들이 스승 공자로부터 직접 들은 가르침을 모아 편집한 것이니 내용에 대한 진위 시비는 많지 않다. 성인의 말씀이니 납득이 안 되면 될 때까지 판단을 유보하며 연구하고 사색을 거듭하는 것이 『논어』연구의 기본적 자세로 자리 잡았다.

『논어』에는 또 여러 문인들의 일, 당시 정치 지도자, 은자들의 일도 알 수 있는 내용이 들어 있다. 이들 대화에서 다루어진 주요 주제는 인(仁), 군자, 도, 학(學), 명(命), 서(恕) 등이다.

우옹은 『논어』에서 가장 핵심이 되는 주제를 '마음은 잡으면 보존되고 놓아 버리면 달아나 버리고 마는 것'이라고 한다. 곧 사람 마음의 신령함과 예측 불가함을 논하면서 달아나 버린 마음을 거두어들이는 것이 바로 학문이라 한 맹가의 견해를 취한 것이다. 이는 『논어』를 마음공부의 책으로 본 것이다. 흔히 인이나 예를 꼽는 것과 차별성을 볼 수 있다.

「향당」편에서 알 수 있듯이 공자의 일상성과 그의 인격 됨됨이가 잘 묘사되어 있음도 말한다. 그 인격의 구체적 표현을 이 편에서 알 수 있기에 특별히 거론한 것이다.

『논어』를 읽고서도 늙도록 그 속의 한 마디 말씀이라도 삶의 과정 속에서 유용하다는 것을 깨닫지 못한다면 이는 성인의 말씀을 모독하는 것이 된다고 윤돈이 말했다.

＊이황은 "아아! 『논어』한 책으로 너끈히 도에 들어갈 것인데, 지금 사람은 이 책에 대해 다만 읽고 말하기만을 힘쓰고 도를 구하기를 생각하지 않는 것은, 이익에 유혹되어 마음을 빼앗겼기 때문이다"라고 하였다.

이이는 "『논어』를 읽어서, 인을 구하고, 자신의 완전성을 추구하는 학문을 하며, 근본과 원천에 해당하는 것을 함양하는 공부에 대해 하나하나 자세히 생각하여 깊이 체득하여야 한다"고 하였다.

우옹은 임종 시에 "83세가 되도록 '아침에 도를 들으면 저녁에 죽어도 좋다[朝聞道, 夕死可矣]'는 말을 끝내 제대로 깨닫지 못하고 죽게 되었다"고 한탄하였다.

91
아성의 책을 쾌독함 [亞聖之書快讀]

우옹은 시 읊기 좋아하지 않네	尤翁非是愛吟詩
아성의 책을 쾌독할 때에 읊네	亞聖之書[55]快讀時[56]
『중용』의 '천명을 본성이라 한다'는 부분을 밝히고	克闡中庸天命性
공자의 땀에 배인 옷 벗기려는 것이지	要除宣聖汗衫衣[57]
맹수를 몰아내듯 말로 물리침이 없었다면	倘微辭闢[58]同驅獸[59]
피행과 음사가 노루 떼 날뛰듯 하였겠지	抵此詖淫[60]似沸麏[61]
회옹이 장강·한수로 씻은 것을 볼 수 있으니	看到晦翁江漢口[62]
우옹은 시 읊기 좋아하지 않네	尤翁非是愛吟詩

---

55 亞聖之書아성지서: 도덕과 재능과 지혜가 성인 다음가는 사람을 아성이라 한다. 한나라 때의 조기의 『맹자제사해』에 "맹가(BC 372 추정-BC 289 추정)는 한 시대를 담당한 아성의 큰 재능이다"라고 하였다. 원나라 문종 때 맹가를 추국의 아성공으로 봉하였다. 여기서 아성의 책은 『맹자』를 가리키는데, 전국시대 중기에 맹가와 그 제자 만장, 공손추 등에 의하여 이루어진 저작으로 현재는 7편 14권이다.

56 快讀쾌독; 시원하게 또는 유쾌하게 읽음.

57 要除宣聖汗衫衣요제선성한삼의; 『논어』「공야장」편에 안연 자로 공자가 각자의 뜻을 말한 것이 있다. 자로는 "수레 말 가벼운 갖옷을 친구와 함께 쓰다가 해지더라도 유감이 없게 되고자 한다"고 했고 안연은 "자신이 잘하는 것을 자랑하지 않으며 공로를 과시하지 않고자 한다"고 했고 공자는 "노인을 편안하게 하고, 친구를 미덥게 하고, 젊은이를 품고자 한다"고 하였다. 이 세 사람의 경지를 두고 주희는 입고 있는 옷을 벗는 것으로 비유한 일이 있다. 『주자어류』권29 112조 "子路譬如脫得上面兩件塵糟底衣服了, 顔子又脫得那近裏面底衣服了, 聖人則和那裏面貼肉底汗衫都脫得赤骨立了"

58 辭闢사벽; 말하여 물리침.

59 驅獸구수; 『맹자』「등문공·하」 "주공이 이적을 겸병하고 맹수를 몰아내니, 백성이 평안해했다"고 한다. 맹가는 "나는 인심을 바로잡고 사설을 그치게 하고 치우친 행위를 거부하고 음탕한 말을 추방하여 세 성인을 잇고자 한 것이지 어찌 내가 변론을 좋아해서이겠는가? 나는 그만둘 수 없었다[我亦欲正人心, 息邪說, 距詖行, 放淫辭, 以承三聖

『논어』가 성인의 말씀을 담고 있는 책이라면『맹자』는 아성의 책이다. 우옹은 이미 65번째 음「맹씨를 추존함」에서 아성의 인격을 다루었고, 여기서 다시 4서의 하나인『맹자』에 담긴 내용을 언급하고 있다.

우옹이『맹자』에서 주목하는 것은 우선 저자 맹가가 자사의『중용』의 취지와 정신을 이었다는 점이다. 이는 곧 맹가가 '천명의 성'을 밝혔다는 것인데 이는 그의 '성선설'을 두고 하는 말이다.

다음으로는 맹가가 공자를 제대로 닮고자 함이었다. 자로 안연 공자가 각자의 뜻을 밝힌 일이 있는데, 이것을 두고 세 사람의 경지를 논하곤 했다. 주희는 "자로는 비유하자면 불결한 웃저고리를 벗는 것 같고, 안회는 위의 속옷을 벗는 것 같고, 공자는 속의 살에 닿는 땀이 밴 옷을 모두 벗어 맨몸이 된 것과 같다"고 하였다. 공자는 자신의 사사로움을 완전히 극복했다는 것을 설명하는 비유이다. 이런 성인을 드러내고 이어가고자 한 것이 맹가라는 것이다.

맹가는 '변론을 좋아한다[好辯]'는 평판이 있었는데, 그는 변론을 좋아하는 것이 아니라 '말하지 않을 수 없어 말한다'고 하였다. 그냥 놔두면 이단이며 사설인 양주·묵적의 말이 천하에 가득 차고 말 것이기 때문이라 하였다.

맹가는 스스로 '지언(知言) 곧 남의 말을 잘 알아듣는다'고 하였다. 그가 말한 지언이란 피사(詖辭)-치우친 말, 음사(淫辭)-남을 함정에 빠뜨려 힘

者. 豈好辯哉？予不得已也]"고 하였다.

60 詖淫 피음: 피행(詖行)은 치우친 말, 음사(淫辭)는 함정에 빠뜨려 힘을 빼는 말을 뜻하기도 한다.

61 沸麋 비미: 물이 끓듯 분란한 모양.『한서』「양웅전」. "上將太誇胡人以多禽獸. 雄從至上長. 揚賦云. 昔有强秦封豕. 其土豪俊. 麋沸雲擾"

62 江漢□ 강한□; □는 탈락한 글자이다. '탁(濯)'으로 추정한다. 증자가 공자를 찬양하여 "江漢濯之 秋陽曝之"라고 하였다.『맹자』「등문공·상」

을 빼는 말, 사사(邪辭)-남을 해코지하는 말, 둔사(遁辭)-논리와 정당성이
부족하여 이리저리 도망가거나 논점을 회피하는 말에 각각 어떤 폐단이 있
는지를 잘 안다는 것이었다. 우옹은 만약 맹가가 말로써 이단 사설을 물리
치지 않았다면 천하는 이단 사설이 어지럽게 횡행하고 있을 것이라고 하면
서 그의 논변의 공은 마치 주공이 맹수를 몰아내듯 하여 백성이 안심하고
생업에 종사할 수 있게 한 것과 같다고 평가하였다.

　주희는『맹자』에서 받은 교화가 '강수와 한수로 마음을 깨끗이 씻어냄과
같았다'고 하였는데 이는 동시에 우옹 자신이『맹자』에서 그렇게 감화를 받
았음을 표명한 것으로 보인다.

　* 우옹이『맹자』를 읊은 또 다른 시가 있다. 제목은「밤에『맹자』를 보다
가 느낀 감회」[63]이다.

땅은 궁벽하고 하늘은 추워 할 일 없으니	地僻天寒無一事
시 읊는 이외에 다시 무엇을 하겠나	沉吟之外更何爲
긴 밤에 외로운 등불 내 가장 좋아하는데	燈孤長夜吾偏愛
옛 책 속의 오묘한 이치 아는 이 없네	理奧陳編世莫知
증서[64]가 관중 부끄러워한 뜻 알려면	欲識曾西羞管意
어자[65]가 새 잡을 때를 보아야지	須看御者獲禽時
맹가의 이런 의리 묻히고 없어지는데	鄒輿此義因埋沒

63　『송자대전』권4, 칠언 율시 "地僻天寒無一事 沉吟之外更何爲 燈孤長夜吾偏愛 理
奧陳編世莫知 欲識曾西羞管意 須看御者獲禽時 鄒輿此義因埋沒 惟有江都信不疑"

64　증서 曾西는 증참의 손자이다. 그는 정도를 지키므로 관중의 패도를 부끄러워했
다. 『맹자』「공손추・상」

65　어자(御者); 여기서는 사냥할 때의 말몰이꾼. 사냥에 정도로 말을 몰면 새 잡기가
어렵고 속임수로 하면 많이 잡게 되니, 증서는 정도로 하여 새를 잘 잡지 못하는 격이
고 관중은 속임수로 많이 잡는 격이라는 의미이다. 『맹자』「공손추・상」

오직 강도[66]가 있어 의심치 않는구나   惟有江都信不疑

---

[66] 강도(江都); 동중서를 말한다. 한 무제 때 그가 강도의 재상을 지냈다. 그는 "그 의
리를 바르게 하고 그 이해는 도모하지 않으며, 그 도리를 밝히고 공업을 계산하지 않는
다"고 말했다. 『사기』 권121

92
『중용』을 경건히 대하여 탐구하고 풀이함 [敬對中庸玩繹]

우옹은 시 읊기 좋아하지 않네	尤翁非是愛吟詩
『중용』을 경건히 대하고 탐구하고 풀어낼 때 읊지요	敬對中庸[67]玩繹時
요·순·우가 전한 것은 자세하나	堯舜禹來傳仔細[68]
복희·염제·헌원 이래 도통은 어렴풋했지	羲炎軒下統依俙
삼달덕 오달도를 한 글자 성으로 개괄했는데	德三道五一誠蔽[69]
수많은 어긋남 흡사 일곱 성인의 길 잃음 같아	怪百差千七聖迷[70]
멀리 사려하고 깊이 근심하여 만세에 전했네	慮遠憂深[71]垂萬世
우옹은 시 읊기 좋아하지 않네	尤翁非是愛吟詩

---

67 『중용』은 '중용'을 도덕 행위의 최고 표준으로 본다. 또한 '지성(至誠)'을 인생의 최고 경계에 도달하는 것이며 '널리 배우고[博學], 살펴 묻고[審問], 신중히 생각하고 [慎思], 밝게 분별하고[明辨], 독실히 실천함[篤行]'을 학문의 방법으로 제시하고 있다. 송대에 4서의 하나가 되었고, 원대 이후 과거시험 준비 과정에서의 필독서가 되었다.

68 주희는 「중용장구서문」에서 도통의 내원을 요가 천하를 순에게 넘기면서 '진실로 그 중을 잡으라[允執厥中]'라고 하였고, 순이 우에게 넘기면서 '인심은 위태롭고 도심은 은미하니 정심하고 전일하여 진실로 그 중을 잡으라[心惟危 道心惟微 惟精惟一 允執厥中]'라고 한 것으로 삼았다.

69 德三道五一誠蔽 덕삼도오일성폐; 『중용장구』 제20장에서 3달덕과 5달도를 말한 다음 그것을 행하게 되는 것은 하나의 성(誠)이라고 했다.[曰君臣也, 父子也, 夫婦也, 昆弟也, 朋友之交也, 五者, 天下之達道也. 知仁勇 三者, 天下之達德也. 所以行之者一也]

70 七聖迷 칠성미; 『장자』「서무귀」 "황제가 방명·창우·장약·습붕·곤혼·활계 등과 함께 구자산으로 대외를 만나러 가다가 양성의 들에 이르러 일곱 성인이 모두 길을 잃었다. 마침 목동을 만나 구자산과 대외의 소재를 알았다.[黃帝由方明張諾朋昆閽滑稽 等扈從 欲赴具茨山 見大隗神 行至襄城原野 七聖迷失 無從問路 適遇牧馬童子 問塗焉 牧馬童子對答如流 黃帝贊許말 異哉小童 非徒知具茨之山 又知大隗之所存]"

71 慮遠憂深 려원우심; 주희 「중용장구서문」 "蓋其憂之也深, 故其言之也切, 其慮之也遠, 故其說之也詳"

우옹은『역』보다『중용』이 더 어렵다고 한 적이 있다. 앞의 64번째 시에서 우옹은「중용을 탐구하다 깨닫지 못함」을 읊었는데, 여기서『중용』을 공경히 대함[敬對]'이라고 하고 나서 '탐구하여 풀어냄[玩繹]'이라 함이 그런 생각과 태도를 보여준다. 그가『중용』에서 주의하여 읽어낸 것은 다음과 같다.

도통의 유래는 요가 순에게 전하고, 순이 우에게 전한 내용에서 시작한다. 이는『서경』「대우모」에 나오는 인심도심론과 윤집궐중(允執厥中)론을 말한다. 주희는「중용장구서문」에서 이것을 도통이 시작이라고 하였다.

요·순 이전에 3황인 복희·염제·헌원이 있다고 하지만 그 도가 어떻게 전해졌는지 역사적 전거가 희미하여 다루기 어렵다.

『중용』은 지·인·용의 3달덕과 오륜의 5달도를 말하고, 이것을 하나의 성(誠)으로 포괄한다. 달덕(達德) 달도(達道)라는 것은 고금에 걸쳐 어디서나 두루 통용되는 덕이고 도라는 뜻이다. 그런데 덕과 도로 구분하고, 셋으로 다섯으로 나누어 설명하지만, 핵심은 바로 진실 무망(无妄)의 하나의 성(誠)이라고 한다.

도통의 전승 과정에는 온갖 괴이한 일, 잘못된 일들이 있었다고 한다. 그 과정을 우옹은 마치 황제가 대외신(大隗神)을 찾으러 데려간 일곱 성인이 구자산으로 가다가 양성(襄城)의 들판에서 길을 잃은 것에 비유하였다.『중용』에 대한 해석에서도 많은 사람들이 혼란을 겪었다.

길 잃은 일곱 성인은 결국은 목자의 안내를 받아 목적지에 이를 수 있었다.『중용』도 그렇다고 보는 것이다. 유자들에게 길을 제대로 안내한 목동은『중용』을 저술한 자사이다.

주희는『중용』에 담긴 말들은 절실하고 자상하다고 하고, 그것은 저자가 성인이 죽은 지 시간이 흘러 그 진실된 가르침이 인멸될 것에 대한 근심이 깊었기에 그 말이 절실해졌고 사람들이 오해 없이 읽어 깨닫게 하겠다는

먼 배려에서 그 말이 자상해진 것이라 했다. 자사의 『중용』 집필의 자세와
지향, 곧 절실함과 자상함은 후학들의 저술에 있어서 지녀야 할 태도의 전
범으로 수용되었다.

93
역사서를 읊음 [詠史]

우옹은 시 읊기 좋아하지 않네	尤翁非是愛吟詩
시는 우옹이 역사서를 읊을 때 읊지	詩是尤翁詠史[72]時
현자 지자를 등용하면 그 치세를 누가 막겠는가	賢智用來治孰禦
기강이 붕괴되면 나라는 고치기 어렵네	紀綱壞後國難醫
공리를 누가 이익이라 하나 인이 이익이지	利誰利若爲仁利[73]
위태함은 방종함의 위험보다 심한 것 없네	危莫危於肆志危[74]
옛부터 지금에 이르기까지 동일한 법이니	從古訖今同一律
우옹은 시 읊기 좋아하지 않네	尤翁非是愛吟詩

---

72 詠史 영사 ; 여기서는 동아시아 고금도서분류의 경사자집의 사부(史部)에 대한 그의 감흥을 시로 읊은 것이다. 또 다른 의미의 영사는 역사 자체를 읊는 것이다. 사부에는 일반 사서를 비롯한 고실(故實)·전기·금석·지지·조령(詔令)·주의(奏議)·육직(六職)의 직관과 정서의 부류들이 모두 속한다. 일반 사서는 정사·편년사·기사본말사·별사류가 해당하고, 고실류는 위의 네 항에 분류되지 않는 정사와 군국에 관한 잡사류가 분류된다. 전기는 별전과 총전이고, 금석은 각종의 비문·명문 등이다. 역사 자체를 시로 읊는 것은 한나라 반고의 「영사(詠史)」에 와서 그 시체가 성립되었고, 남조 양나라 소통(蕭統 501-531)이 선진시대부터 양에 이르는 시기의 각 체의 문장을 38류로 분류하여 편집한 『문선』에서 비로소 시의 한 유형으로 드러났다. 소옹의 시에도 영사가 많은 부분을 차지한다.

73 利誰利若爲仁利 이수리약위인리 ; 맹가는 양나라 혜왕에게 인의가 이로움이라 했고, 『대학』 전10장에서는 "국가는 의를 이로움으로 알아야 한다[此謂國不以利爲利, 以義爲利也]"라고 하였다.

74 危莫危於肆志危 위막위어사지위 ; 사지는 방자함, 제멋대로 하는 것이다. 『소서(素書)』에 "편안함은 치욕을 참는 것보다 더한 것이 없고 … 위태로움은 의심되는 자에게 맡기는 것보다 더한 것이 없다[安莫安於忍辱 … 危莫危於任疑]"라는 말이 있다. 『역』「계사·하」에서 "이 때문에 군자는 편안할 때에 위태함을 잊지 않고, 보존될 때에 망하는

여기서의 영사(詠史)는 역사를 읊은 것이 아니라 4부 분류법의 문헌 가운데 사서(史書)를 주제로 읊은 것이다.

우옹은 역대 통치자가 현명한 사람과 지혜로운 사람을 등용한다면 국가가 바르게 다스려짐을 누가 막을 수 있겠는가 하는 물음을 던진다. 그의 시각에 기강의 붕괴란 현명한 사람, 지모가 있는 사람을 등용하지 못하는 결과이다.

기강이 일단 붕괴되면 나라는 고치기 어려운 것을 역사에서 볼 수 있다.

대다수의 통치자들은 부국강병을 이로운 것으로 알고 이를 최우선의 정책으로 표방한다. 그러나 노나라 대부 맹헌자는 채읍(采邑)을 가진 자는 가렴주구(苛斂誅求)하는 신하보다는 차라리 도둑질하는 신하를 둔다고 하였다. 백성에게 혹독하게 구는 관리보다는 왕실의 재산을 도둑질하는 관리가 차라리 낫다는 것이다.

선비로서 사마라는 낮은 벼슬이라도 하게 되면 닭이나 돼지를 기르는 일에는 관심을 보이지 않아야 한다고도 하였다. 이익보다는 인과 의를 우선적으로 추구해야 한다는 것이다.

증참은 나라를 다스리는 책임을 맡아 재용 확보에 힘쓰는 자들은 반드시 소인배들이었다고 하면서, 소인이 국가를 다스리면 반드시 재앙과 사고가 함께 이른다고 했다. 맹가가 양나라 혜왕을 만났을 때에도 이로움을 내세우는 왕에게 오직 인의를 추구해야 한다고 한 일이 있듯이 우옹은 역사서를 통하여 진정한 이익은 인의에서 온다는 사실이 고금에 걸쳐 통용됨을 확인한다.

위험을 잊는 것이 가장 위험함이고 망하지 않을까 우려하는 것이 망하지

일을 잊지 않고, 잘 다스려질 때에 혼란해짐을 잊지 않으니, 이런 까닭에 몸이 안전해지고 국가가 보존될 수 있는 것이다"라고 하였다.

않는 길이라 하듯, 막을 수 없는 위험은 뜻을 함부로 하는 것, 방종보다 더 위태로운 일이 없다는 것도 예로부터 지금에 이르기까지 동일한 법칙이라고 한다.

　＊우옹이 즐겨 읽었을 것으로 추정되는 역사서는『십팔사략(十八史略)』그리고『자치통감강목』이다.『십팔사략』은 송말 원초 시기의 증선지가 편찬한 중국의 역사서이다.『사기』『한서』에서 시작하여『신오대사(新五代史)』에 이르는 17종의 정사, 송대의『속송편년자치통감(續宋編年資治通鑑)』『소송중흥편년자치통감(續宋中興編年資治通鑑)』등 사료를 첨가한 십팔사의 사료 중에서, 태고 때부터 송나라 말까지의 주요 역사적 사실을 뽑아서 편찬한 것이다. 본래 2권이었으나 명 초기에 진은이 7권으로 하고 유섬이 주를 보충하여 간행한 것이 현행본이다. 최신의 기록에 따르면 우옹은 '내가 아홉 살 때에 사략(史略) 첫 권을 1백 번 읽고 문리가 통달하여 둘째 권에 이르러서는 남에게 물어본 적이 적었다'고 하였다.

　역사를 읊는 시라는 뜻의 영사(詠史)는 시의 장르에서 한 영역이다. 소옹의『격양집』에도 영사가 많은 부분을 차지한다. 역사를 시로 읊을 때는 역사적 사실의 전승을 위한 것, 역사에 대한 자신의 소회, 객관적 비평을 위한 것, 또는 노래로 만들어 보급하기 위한 것 등 다양한 동기가 있다.

94

제자서를 개의치 않음 [諸子之書不管]

우옹은 시 읊기 좋아하지 않네	尤翁非是愛吟詩
제자서를 개의치 않을 때 읊네	諸子之書[75]不管時
『여씨춘추』, 『태현경』이 어찌 연구할 만하랴	呂覽[76]雲玄[77]何足究
순경의 과고와 왕통의 참람은 해서는 안 되는 일	荀高王僭[78]不須爲
서한은 사마천과 사마상여를 헛되이 숭상했고	西京[79]空尙遷如作[80]
당에서는 이백과 두보의 시만을 종주로 삼았지만	唐世專宗李杜[81]詞
나는 낮추보지는 않으나 참으로 볼 겨를이 없네	我不鄙夷誠不暇
우옹은 시 읊기 좋아하지 않네	尤翁非是愛吟詩

---

75 사고전서의 자부(子部)에는 제자백가서를 비롯하여 경·사·집의 부에 해당하지 않는 주제들이 모두 속한다. 자부를 세분하면 유가·도가·불가·병가·농가·술수·보록(譜錄)·정음(正音)·역학(譯學)·잡가·류서·서학류 등이 된다.

76 呂覽여람; 『여씨춘추』의 별칭이다. 이 책은 진의 재상 여불위가 그의 문객들에게 각자 들은 바를 모아 편집하였다. 「유시람(有始覽)」·「효행록(孝行覽)」·「신대람(慎大覽)」·「선식람(先識覽)」·「심분람(審分覽)」·「심응람(審應覽)」·「이속람(離俗覽)」 및 「시군람(恃君覽)」의 8람이 있어 여람이라고 부른다.

77 雲玄 운현; 한나라 양웅의 『태현경』을 가리킨다. 양웅의 자가 자운이기에 자운의 운과 태현의 현을 취한 것으로 보이기 때문이다.

78 荀高王僭 순고왕참; 순자의 주장은 지나치게 고상하고, 왕통의 『속경』은 참람하다고 한 것이다.

79 西京 서경; 장안 또는 낙양을 지칭하는데, 여기서 서한을 가리킨다.

80 遷如 천여; 사마천과 사마상여이다. 사마천(BC 145?-BC 86?)은 무제의 태사령이 되어 기원전 91년 『사기』를 완성하였다. 사마상여(司馬相如 BC 179-BC 117)는 서한의 문인으로 『자허부』를 지었다. 그의 문학은 부에 있어 가장 아름답고 뛰어나, 초사를 조술한 송옥·가의·매승 등에 이어 '이소재변(離騷再變)의 적(賦)'이라고도 일컬어진다. 상상의 분방함, 다변적임과 세련된 어휘, 균제되고 화려한 구절이 특징으로 꼽힌다.

　제자(諸子)는 글자 그대로 여러 탁월한 사상가들이다. 성인으로 인정받지 못한 사상가들의 책을 제자서라고 한다. 제자들 가운데 다섯을 꼽을 때 대체로 순자·양웅·문중자·노자·장자를 든다. 그러나 이는 시대에 따라 유파에 따라 다를 수 있다.

　우옹이 꼽은 제자서는 『여씨춘추』 『태현경』 『순자』 왕통의 『문중자』, 사마천의 『사기』 사마상여의 『자허부(子虛賦)』 그리고 이백과 두보의 시이다. 『노자』, 『장자』는 아예 거론하지도 않는다. 그는 이들의 책을 읽지 못함이나 알지 못함에 대하여 전혀 개의치 않겠다고 한다. 각각에 대한 그의 소회는 다음과 같다.

　『여씨춘추』와 『태현경』은 연구할 만한 거리가 못된다.

　순경은 입언(立言)의 내용이 과격하고, 왕통의 『속경』은 내용과 태도가 참람하므로 꼭 보아야 할 책은 아니다.

　사마천과 사마상여는 한대에 쓸데없이 숭상했다. 도학자들은 공자의 사업은 『춘추』보다 더 큰 것이 없는데, 사마천 부자가 크게 두려워한 것은 오직 역사의 기록이 끊기는 데 있었다는 인식을 갖고 있었다고 여겼다.

　당나라 때는 이백과 두보를 문장의 종사로 삼았다.

　우옹은 이들 제자서들을 낮추어 평가하지는 않지만 읽을 겨를이 없다고 했다.

　*도학자인 우옹이 이단으로 규정되어 온 도가의 책이나 불경을 보지 않

81　李杜 이두: 이백(701-762)과 두보(712-770)이다. 이백은 시선(詩仙)으로, 두보는 시성(詩聖)으로 불렸다. 조선왕조에서 이루어진 두시 관련 출간서는 『찬주분류두시』가 5차례나 간행되었고, 성종 때는 유윤겸 등이 왕명을 받아 그의 시를 모두 한글로 번역했는데 『분류두공부시언해』가 그것이다. 이식의 『찬주두시택풍당비해』는 두보의 시가 한국에 들어온 이후 처음 나온 전문 연구서이다.

는 것은 문제될 것이 없지만 당시의 지식인 사회에서 여타 제자백가의 글을 모른다는 것은 학자로서 체면이 서지 않는 일이다. 지식인 사회에서 이백과 두보, 도잠을 모르고서는 시회에 참가하는 것은 물론이고 일반 담론에게 끼는 것도 어려웠다.

유가적 성향과 유사한 두보에 대해서는 고려 시대에 이제현·이색이 그 문학적 영향을 크게 받았다. 조선 초기부터 『두시언해(杜詩諺解)』가 조정의 사업으로 편찬 출간되어 보급될 정도였다. 그러나 도학자들은 제자학은 말할 나위 없고 일반 문인들과 달리 '사장학(詞章學)'에 대하여도 비판적이었고, 이를 읽거나 익히는 데 시간을 할애할 겨를이 없다는 것이 뚜렷한 흐름이었다. 우옹도 그러했다.

도학의 문헌, 집부(集部) 1;
북송5현의 문집

앞의 경·사·자에 이어 집부에 대한 소회를 피력하고 있다. 4부 분류법에 서 집부는 한시문(漢詩文)의 총집과 별집류를 비롯하여 특정 형식별로 모 은 것들이 분류된다. 그중 총집류는 2인 이상의 시문 합집이고, 별집류는 개인 문집이다. 시문의 특정 형식별 분류란 시문평(詩文評)·척독(尺牘)·사 곡(詞曲)·소설 등이다.

우옹은 우선 북송 시대 5현의 문헌을 다루는데 주돈이의 『태극도설』과 『통서』에서부터 정호·정이 형제의 『이정서』, 소옹의 『격양집』의 안락시편, 장재의 『정몽』과 『경학이굴』, 사마광의 문집 탐구를 읊었다.

95
주돈이 선생의 책을 극진히 연구함 [周子之書研極]

우옹은 시 읊기 좋아하지 않네	尤翁非是愛吟詩
주돈이 선생의 책을 극진히 연구할 때 읊지	周子之書研極[1]時
성리가 어두워진 후 아는 자 누군가	性理晦來誰識者
『태극도』와『통서』가 이루어진 다음 크게 밝아졌네	圖書[2]成後大明之
'어기면 흉하고 닦으면 길하다'는 말 외울 만하고	悖凶修吉[3]堪公誦
성실이 서면 밝고 통한다는 말 어찌 나를 속이랴	誠立明通[4]豈我欺
간결한 말씀 속에 광풍제월의 기상이 있으니	簡潔辭[5]中風月在
우옹은 시 읊기 좋아하지 않네	尤翁非是愛吟詩

도학의 연원에 속하는 문집의 첫 번째로 꼽은 것이 주돈이의 책이다. 우

---

1 研極연극: 극진한 데까지 연구함이다. 『역』「계사」에 '극심연기極深研幾' 곧 '가장
깊이까지 탐구하고 가장 은미한 순간의 움직임인 기미를 연구하는' 이라는 말이 있는데
그 극심과 연기에서 취한 것이라고 할 수도 있다. 『역』「계사·상」10 "夫易, 聖人之所
以極深而研幾也. 唯深也, 故能通天下之志, 唯幾也, 故能成天下之務" 또한 주돈이 사상
의 핵심 개념이 태극이니 '연극'은 태극에 대한 연구라고 할 수도 있다.
2 圖書도서: 도서는 하도와 낙서를 가리키는 경우가 일반적이다. 그러나 여기서는 주
돈이의 대표적 저서로『태극도설』과『통서』를 뜻한다.
3 悖凶修吉 패흉수길: 『태극도설』에서 "군자는 닦아서 길하고 소인은 어겨서 흉하다
[君子修之吉. 小人悖之凶]"고 하였다.
4 誠立明通 성립명통: 『통서』「성」제1장에서 "건도가 변화하여 각각 그 성과 명을 바
르게 한다. 여기에 성이 확립된다[乾道變化. 各正性命. 誠斯立焉]"고 하였고, 제2장
「성(聖)」장에서 "고요하고 비면 밝고, 밝으면 통한다[靜虛則明. 明則通云]"고 하였다.
5 簡潔辭 간결사: 이는 簡易潔靜간이정결의 말이라는 뜻이다. 『예기』「경해」에서 "깨
끗하고 고요하고 정밀하고 은미함은 『역』의 가르침이다[潔靜精微. 易之敎也]"라고 하
였다.

옹은 앞의 68번째 시에서 주돈이에 대해「천지의 개벽을 다시 봄」이라는 제목으로 그 도학사적 위상을 정립하였는데 여기서는 그의 책을 '극진히 연구[研極]'하였음을 술회하고 있다.

우옹은 맹가 이후 성리의 학문이 어두워졌는데 북송에 이르러 주돈이가 처음으로 이를 깨달아 알았고, 이를 밝게 드러낸 것이『태극도설』과『통서』라고 한다.

『태극도설』은『역』「계사전」에서 자극을 받아 태극 음양에 따른 만물의 조화(造化) 생성(生成)론을 피력하였다. '태극'은 우주 만물의 본원을 지극하게 탐구한 결과 최종적으로 도달한 곳, 곧 마치 식물에서의 뿌리와 같고 모든 흐르는 물에서의 샘과 같은 것이다. 인간은 만물의 영장이고, 그 인간 중에서 가장 빼어난 성인은 중정인의(中正仁義)로써 자신의 기를 안정시키고 고요함을 주로 하여 인간의 표준을 수립했다.

『태극도설』마지막 부분에서 "(이런 태극음양의 이치를) 군자는 닦아서 길하고, 소인은 이를 어기어 흉하다"고 하였는데, 우옹은 이를 모든 사람에게 공개적으로 천거할 만한 가르침이라고 하였다. 이후의 도학자들은 이 구절에 깊은 관심을 보였고 삶의 태도를 반성하고 다짐할 때 자주 인용하였다.

『통서』는 본래 이름이 '역통(易通)'이었다고 한다.『태극도설』과 표리 관계에 있는 책이다. 모두 41장으로 되어 있는데, 이 책에서 중요한 개념은 '진실하여 거짓이 없다는 뜻의 성(誠)'이다. 이 책에서 주돈이는 "성실 곧 진실무망이 확립되면 밝아지고, 밝아지면 두루 통하게 된다"고 하였다. 우옹은 이를 결코 속임이 없는 말씀이라고 한다.

주돈이의 글은 간결하고 명쾌하면서도 그 글 속에 '광풍제월의 기상', 곧 성인의 풍모가 담겨 있다는 평가가 있다. 주돈이의 두 책은 모두 주희가 해설했다.『태극해의』와『통서해』가 그것이다. 이 두 해석서는 주희 이후 이학자들이 역학과 태극을 이해하는 데 기본 도구서가 되었다.

96

하남 두 정선생의 문집 익히기[熟習河南二集]

우옹은 시 읊기 좋아하지 않네	尤翁非是愛吟詩
하남 두 정선생의 문집을 익힐 때에 읊지	熟習河南二集[6]時
오래구나! 경서를 많이 연구한 것이	久矣經書多所鑿
귀신에게 물어도 의심날 것 없네	質諸神鬼[7]可無疑
순공 명도의 학식은 두루 통하고 꿰뚫었으며	純公文字皆通透
아우 이천의 언사는 험하고 평이함이 있네	叔子言辭有險夷[8]
중요한 공로는 하나의 '경(敬)'자에 있으니	最是功存一敬字[9]
우옹은 시 읊기 좋아하지 않네	尤翁非是愛吟詩

6　河南二集 하남이집: 정호 정이 형제의 문집을 모아 놓은 것을 『이정전서』라고 한다. 주희가 편집한 『이정유서』 25권 부록 1권 (행장), 『이정외서』 12권, 양시가 편집한 『명도선생문집』 5권, 『이천선생문집』 8권, 『이천역전』 4권, 『정씨경설』 8권 및 『이정수언』 2권을 포괄한다. 두 형제는 리를 세계만물의 본체로 삼았다. 그것은 자연계 최고의 원칙인 동시에 사회 최고의 원칙이기도 하다.

7　質諸神鬼 질저귀신: 귀신에게 물어본다. 이는 하늘 또는 자연의 이법을 안다는 것을 의미한다. 『중용장구』 제29장 "故君子之道, 本諸身, 徵諸庶民, 考諸三王而不繆, 建諸天地而不悖, 質諸鬼神而無疑, 百世以俟聖人而不惑. 質諸鬼神而無疑, 知天也. 百世以俟聖人而不惑, 知人也"

8　險夷 험이: 험난함과 평탄함. 언어나 문장에서 어려움과 쉬움.

9　一敬字 일경자: 『예기』의 「곡례·상」에서 예(禮)를 "공경하지 아니치 말며(毋不敬)"라고 했다. 『논어』에는 "경으로 자신을 닦는다", "평상시 공손하고 일을 집행함에 경으로 한다", "행동은 돈독하고 공경해야 한다"고 했고, 『주역』의 「문언」에서 "군자는 경으로써 안을 곧게 하고, 의(義)로써 밖을 방정히 하여 경과 의가 확립되면 덕(德)은 외롭지 않다"고 했다. 정이는 "함양(涵養)에는 모름지기 경을 쓸 것이며, 학문의 향상은 치지(致知)에 있다", "경이란 하나를 주(主)로 함을 말한다"라고 하였다.

'하남 두 문집'이라 함은 하남의 정호와 정이 형제의 문집을 말한다. 『이
정전서』라고 하듯 두 학자의 문집은 하나로 묶여 있다. 형제의 철학은 같으
면서 다르고 다르면서 같은 점이 많았다. 앞에서 우옹은 「정명도를 칭송하
고 찬탄함」 「정이천의 엄숙공경」이라는 내용으로 두 형제의 학문하는 자세
나 인품을 술회하였는데 여기서는 두 형제의 문집에 드러난 글쓰기와 그
학술의 차이를 밝히고 있다.

형제는 경전에 대한 연구가 많고 오래고 깊었다. 우옹은 그들이 경전에
대하여 밝힌 내용은 귀신에게 질정해 보아도 전혀 문제가 없이 명백하다고
한다. 이 표현은 그들이 이미 하늘을 아는 경지에 이르렀다는 평가이다.

형인 정호의 글에 대한 후인의 평가는 명쾌하고 투명하며 봄바람같이 온
화하고, 통합의 기운이 있다고 한다. 한편 아우 정이의 글은 험하고 평탄함
이 있으며 추상같은 기상에 엄숙 명석한 태도가 있었다. 명도는 안회와 가
깝고 아우는 증자와 같다고 한다.

정이의 가장 핵심적인 사상은 경(敬)에 있다. 그는 용경(用敬), 경 공부를
강조하였는데, 이는 불교의 선정(禪定)이나 주돈이의 고요함[靜], 정호의
좌정(坐定)공부와 달리 도학적 수양의 특징을 드러내는 것으로 평가된다.
이 경 공부는 고요히 있을 때만이 아니라 움직일 때도, 드러난 곳뿐만 아니
라 아무도 없어 보지도 않고 듣지도 않는 곳에서도 행하는 공부이며, 마음
공부이고 동시에 행동의 공부이다. 경은 도학자들에게 있어서 가장 핵심적
인 수양론이 되었고, 그들의 학문적 정체성을 드러내는 관건이 되었다. 특
히 주희에 의하여 잘 정리되었으며, 조선유학에서는 이황, 조식 등이 특히
경 공부를 부각시키고 그 실천에 주력하였다.

  *정호·정이 형제의 발언이나 글은 하나의 문집으로 묶여져 있기에 이
문집을 편찬한 제자들이 두 사람을 모두 스승으로 모시기도 하였고 굳이
구별할 필요성을 갖지 않았다. 표기도 그냥 정자로 하곤 하였다. 그러다 후

대에 그 구별의 필요성을 느끼고 그 차이점을 드러내려는 노력을 하게 되었다. 한 문집 안에서 지향이 다른 글이 섞여 있음으로 인하여 혼란이 발생하곤 하였기 때문이다.

우옹도 이 구별의 필요성을 절감하여 이를 분류하는 작업을 했다. 『이정서분류(二程書分類)』가 그것이다.

우옹의 제자 권상하의 발문에 따르면, 1678년 1차본을 완성하였고, 거제도에서 해배된 1680년 그의 문인 최방언·이희조·권상하의 도움을 받아 마무리 지었다. 이후 교정을 한 후 1717년 이교악이 판각을 주선, 민진후가다시 수정을 가하고 재력을 보태어 간행하였다. 주제 항목 선정은 『주자어류』의 체제를 기본으로 하고, 『성리대전』과 『소학』의 목록을 참고하여 보충하였다. 경전에 대한 정호·정이 형제의 발언을 경전이 성립한 시대 순으로나열하였다. 이기(理氣)·성리·학·성현·역대(歷代)·치도(治道)·이단 등의순서로 『이정유서(二程遺書)』와 『이정외서(二程外書)』의 기록들을 정리하고, 문집의 시문들을 실었다.

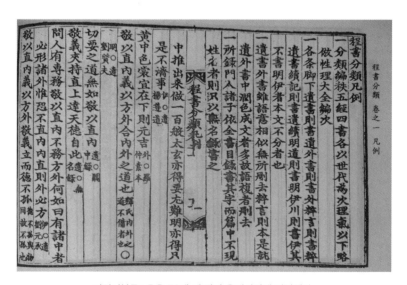

이정서분류; 우옹 72세 때 장기 유배시절에 편집했다.

97

안락시편에 무릎을 침[安樂詩篇擊節]

우옹은 시 읊기 좋아하지 않네	尤翁非是愛吟詩
안락시편에 무릎을 칠 때 읊지	安樂詩篇[10]擊節[11]時
차고 비움을 묵묵히 탐구하여 조화를 평론하고	黙觀盈虛評造化
현명함 여부로 안정과 위태를 경계하네	賸將賢否警安危[12]
바람 꽃 물 대나무는 청한의 벗들이고	風花水竹淸閒友
요·순·공자·맹가는 도덕의 스승이네	堯舜尼輿[13]道德師
천지도 오히려 하나의 작은 물건일 뿐	天地猶爲一小物[14]
우옹은 시 읊기 좋아하지 않네	尤翁非是愛吟詩

소옹의 『격양집』속에는 3,000여 수의 시가 들어 있다. 그의 시 대부분은 철리(哲理)가 담겨 있어 철리시로 분류된다. 이 『격양집』속에 안락을 주제로 읊은 시들이 다수 들어 있다. 우옹은 앞의 71번째 시에서는 자나 깨나

---

10 소옹의 『격양집』에 있는 안락와(安樂窩) 또는 안락을 주제로 읊은 시를 말한다.

11 擊節 격절: 무릎 치다의 뜻으로 좋다고 감탄할 때 나오는 행위를 가리킨다.

12 賸將賢否警安危 승장현부경안위: 賸은 剩과 같은 글자이다. 소옹의 『격양집』 2권 「승상 부필의 출사초청을 받고 나서 감사하여 읊은 시[謝富丞相招出仕]」에 다음 구절이 있다. "청렴하고 어진 이 조정에 늘어섬이 눈에 가득한데 늙은이가 나라의 안위에 무슨 쓸데 있으랴[滿眼淸賢在朝列 老夫無以繫安危]"가 있다. 이 시를 의식하고 쓴 것 같다. 나라의 안위는 온전히 조정 대신의 현명함 여부에 달려 있다는 말이다.

13 尼輿 니여: 공자와 맹가. 공자의 중니(仲尼)에서 尼를 맹가의 자 자여(子輿)에서 輿를 취하였다.

14 天地一小物 천지-소물: 소옹 「관물내편」 "以天地觀萬物. 則萬物爲萬物. 以道觀萬物. 則天地亦萬物. 蓋天地雖大. 旣爲形象. 終歸於化. 若夫道則無形象. 無終始. 無窮底物事. 而天地. 其中一塊小物"

요부의 안락을 생각함을 주제로 다루었는데, 여기서는 소옹의 안락시편을 무릎을 쳐가며 읽었다고 한다. 깊은 깨달음이 있고 동의하는 부분이 있었기 때문일 것이다.

하지 동지를 기점으로 태양은 그 일조량이 줄어들고 늘어난다. 초하루 보름을 기준으로 달은 영허(盈虛)의 현상을 보인다. 오랜 시간 이를 묵묵히 관찰하여 이로 인하여 전개되는 만물의 조화(造化)를 소옹은 주목하였다. 그의 철학은 따라서 시간을 배경에 둔 변화의 학문이라고 할 수 있다.

소옹은 안위(安危)에 대한 경계 여부로 그 사람됨의 현명함과 그렇지 않음을 판단하였다. 그가 일생 의미를 두고 추구한 것은 세상의 명예 이익으로부터 초연함이었다. 그것이 진정한 안락의 삶이라고 보았기 때문이다. 그는 '한가롭되 맑아야 하고, 편안하면서도 즐거움을 누릴 수 있어야 한다'고 하였다.

그의 안락시에서 주요 소재는 바람, 꽃, 눈, 달과 오동과 물과 대나무였다. 이들은 청한(淸閒)을 추구하는 그에게 있어 가장 훌륭한 친구들이었다.

그는 결코 자연에의 몰입으로 그치지 않았다. 역사에 깊은 관심을 가졌고 제요와 제순, 공자맹가를 도덕의 스승으로 삼았다. 소옹의 이러한 점을 정호와 이이는 높이 평가하여 내성외왕(內聖外王)의 도에서 정통의 위치에 있다고 하였다.

소옹은 사물을 살피며 탐구[觀物]할 때 '나의 관점으로 보는 것[以我觀物]' '이치로 사물을 보는 것[以理觀物]' '도로서 사물을 보는 것[以道觀物]'을 구별한다. 그에 따르면 "만일 도로써 만물을 보면 천지 역시 만물에 속한다. 천지가 아무리 크다고 해도 형상을 지니고 있고, 그것은 마침내 없어진다. 그러나 도는 형상이 없고 끝도 시작도 없으며 무궁하다. 그러므로 천지 또한 도로써 보면 만물 가운데 하나의 작은 덩어리에 지나지 않는다"[15]고 하였다. 그는 사물로 사물을 관찰하는 것[以物觀物]을 주장하였다. 사물

로 사물을 보는 것을 그는 반관(反觀)이라 했다. "이른바 반관이라고 하는
것은 자아로 사물을 관찰하는 것이 아니다. 자아로써 사물을 보지 않는다
는 것은 사물로 사물을 관찰하는 것이니, 이미 사물로 사물을 관찰할 수 있
다면 어찌 그 사이에 자아가 있겠는가."[16]

  * 소옹 『격양집』 속에 안락을 주제로 다룬 시가 수십 편이다. 그 가운데
「안락와에 있는 네 개의 으뜸가는 물건을 읊음[安樂窩中四長吟]」이 있다.

> 안락와 속의 쾌활한 사람
> 한가로이 네 개의 물건을 서로 친하게 지내네
> 한 편의 시가 한가롭게 꽃과 달을 거두고
> 한 질의 책이 귀신을 엄히 놀래키누나
> 한 자루의 향이 마음을 화기롭게 채우고
> 한 동이의 술이 담백 천진하네
> 태평하게 스스로 기뻐함이 얼마나 많은가
> 바라건대 군왕은 만 번의 봄을 누리소서[17]

  한 권의 시, 한 질의 책, 한 자루의 향, 한 동이의 술이 소옹의 안락와에
는 늘 있었다. 이것들과 더불어 쾌활하게 지냈다. 자신에게 주어진 시대가
태평함도 행복하게 여겼고, 위험한 곳에는 스스로 경계하여 가까이하지 않
았으며, 그저 군왕이 만세수 누리기를 빌 따름이었다.

---

15 소옹 「관물내편」12에서 눈·마음·이치·사물로 관찰하는 네 가지를 말했다. "夫謂
觀物者, 非觀之以目, 而觀之以心也, 非觀之以心, 而觀之以理也."
16 소옹 「관물내편」 "所謂反觀者, 不以我觀物, 而以物觀物也, 旣能以物觀物, 又安有
我於其間哉?"
17 소옹 『이천격양집』 권9 "安樂窩中快活人, 閑來四物幸相親. 一編詩逸收花月, 一部
書嚴驚鬼神. 一炷香淸沖宇泰, 一罇酒美湛天眞. 太平自慶何多也, 唯願君王壽萬春."

98
『정몽』·『이굴』을 탐색함 [探索正蒙理窟]

우옹은 시 읊기 좋아하지 않네	尤翁非是愛吟詩
『정몽』·『이굴』을 탐색할 때 읊지	探索正蒙[18]理窟[19]時
두 책의 문장은 경에 깃과 날개가 되고	文與古經爲羽翼[20]
큰 교훈으로 「동명」과 「서명」이 있네	銘爲大訓有東西[21]
만물에 있는 지극한 이치를 파초잎으로 읊었고	物皆至理題蕉葉[22]
백성의 제방인 예를 개미가 무너뜨림 두려워했네	禮以防民[23]懼蟻堤[24]
정씨보다 정밀하고 절실하다는 평 참된 말이니	精切於程[25]斯實語
우옹은 시 읊기 좋아하지 않네	尤翁非是愛吟詩

---

18 正蒙정몽; 장재의 주저로 1076년경 이루어졌다. 이 책은 불교와 도가사상을 비판하고 기일원론의 '일물양체(一物兩體)' 사상을 수립했다. 문인 소병이 그 책을 「태화」「참량」「천도」「신화」「건칭」등의 17편목으로 나누었는데, 나흠순, 왕정상, 왕부지, 대진 등이 모두 『정몽』의 사상을 계승 발전시켰다.

19 理窟이굴; 장재의 저서 『경학이굴』을 말한다. 『주례』를 십분 중시하고 그 내용으로 당시의 제도 특히 토지제도를 개혁하려고 하였다. 이 책은 『서명』1권, 『정몽』2권, 『경학이굴』5권, 『횡거역설』3권, 『어록초』1권, 『문집초』1권, 『습유』1권, 송·원의 여러 유자들이 언급한 것과 행장을 「부록」1권으로 했다. 편집자는 명나라 심자창이다.

20 羽翼우익; 깃과 날개. 통상 경의 뜻을 풀이하여 이해의 폭을 넓히고 그 보편성과 체계성을 확립하여 널리 수용되고 다른 사상으로부터의 공격을 막아낼 수 있는 해석서를 우익이라고 한다. 공자가 『역』에 대하여 쓴 해설서를 십익이라고 한다. 『노자익』『장자익』이라는 해설서도 있다.

21 銘爲大訓有東西 명위대훈유동서; 「동명」과 「서명」을 가리킨다. 원래 장재가 그의 서재 양쪽 출입문에 붙여두었던 명문으로, 본래 이름은 「폄우(砭愚)」와 「정완(訂頑)」이었다. 정이의 제안으로 「동명」과 「서명」으로 고쳤고 『정몽』에 편입되었다.

22 題蕉葉 제초엽; 파초를 주제로 삼다. 『장자전서』권13 잡시, "芭蕉心盡展新枝 新卷新心暗已隨 願學新心養新德 旋隨新葉起新知".

23 禮以防民 예이방민; 예는 백성의 욕망을 조절하는 제방과 같다. 『예기』「방기」에

　우옹은 도학의 연원적 인물을 논하면서 72번째 시에서 「중성명자 장재를 살펴봄」을 읊었는데, 여기서는 장재(張載)의 주저로 『정몽(正蒙)』과 『경학이굴』을 꼽아 평가하고 있다.

　『역』의 몽(蒙)괘의 단사에 "몽매함 이것을 보고 바르게 기른다. 성인의 일이다[蒙以養正 聖功也]"란 말이 있는데 '정몽(正蒙)'은 여기서 취한 것이다. 장재는 기(氣)를 세계의 본원을 삼는다. 그는 이것으로 불교의 '심법으로 세계를 생성 소멸시킨다'는 주장과 『노자』의 "유는 무에서 나온다[有生于无]"의 사상을 비판했다.

　장재의 문장은 경전에 우익(羽翼)의 역할을 하였다. 그는 『역』과 『중용』 등의 경을 탁월한 문장으로 해석하고 재구성하였다. 그의 문장은 마치 새의 날개가 공간 이동을 자유롭게 하고 때로는 몸을 보호하거나 적을 공격하는 도구가 되듯이 경전의 내용 이해를 돕고 그 사상을 지켜내는 데 효과적인 도구가 되었다는 평가이다.

　그의 글에 「동명(東銘)」과 「서명(西銘)」이 있다. 그의 서재 출입문 양쪽에 붙여두었던 것으로 본래 이름은 어리석음을 고친다는 뜻의 「폄우(砭愚)」와 완고함을 바로잡는다는 뜻의 「정완(訂頑)」이었는데, 정이의 제안으로 고쳤다. 「서명」은 '인(仁)과 효(孝)' 사상을 선양하고 있는데, 정호, 정이

"坊民之所不足者"가 있다. 장재 『정몽』, 「건칭」 제17 "上無禮以防其僞, 下無學以稽其弊. 自古詖淫邪遁之詞, 翕然並興. 一出於佛氏之門者千五百年, 自非獨立不懼, 精一自信, 有大過人之才, 何以正立其間, 與之較是非, 計得失！"

24　蟻堤 의제: 한유의 글에 '천 길의 제방도 개미구멍에 의하여 무너진다'가 있다.

25　精切於程정절어정: 주희는 장재의 말이 정이에 비교하면 정밀하고 절실한 곳이 있다고 하였다. 『주자어류』 권113, 24조 "先生謂廣曰 … 橫渠說做工夫處, 更精切似二程. 二程資稟高, 潔淨, 不大段用工夫. 橫渠資稟有偏駁夾雜處, 他大段用工夫來. 觀其言曰: '心淸時少, 亂時多. 其淸時, 視明聽聰, 四體不待羈束而自然恭謹; 其亂時, 反是.' 說得來大段精切."

와 주희가 이일분수(理一分殊)의 개념을 동원하여 높이 평가하였다.

장재는 만물에는 모두 지극한 이치가 있음을 파초를 소재로 읊은 일이 있다.

"파초의 속이 차서 새 가지가 뻗고 나면
새 속이 돌돌 말리면서 슬며시 벌써 따라오네
새 속을 보고 우리의 새 덕을 기르고
금방 따르는 새 잎을 보고 우리의 새 지식 일으키네"

웅강대(熊剛大)[26]는 "새 속을 보고 우리의 새 덕을 기른다"는 것은 덕성을 높이는 공부이고 새 잎을 따라 새 지식을 넓힌다는 것은 묻고 배움을 말미암는 공부라고 하였다. 이는 덕을 기르고 지식을 향상시키는 것을 주제로 하고 있다. 모든 사물에 지극한 이치가 들어 있음에 대한 신념의 한 표현이 이 시로 나타난 것이다.

＊우옹은 장재의 예 사상에도 주목한다. 장재는 "지도자가 예로써 거짓 행위하는 것을 막지 못하고 백성이 배움을 통하여 그 폐단을 상고하지 못한다면[上無禮以防其僞, 下無學以稽其弊]"바른 통치를 기대할 수 없다고 하였고, 이단의 폐해를 막을 수 없다고 보았다. 천길 제방도 개미구멍으로 무너지는 법이다. 예가 백성의 잘못을 막는 제방의 역할을 하지만 엄정한 예도 한순간 무너질 수 있음을 경계한 것이다.

---

26 웅강대는 송대 학자로 복건성 건양 출신이다. 건안 교수를 지냈고 학자들은 그를 고계(古溪) 선생이라 불렀다. 저서에 『시경주해』, 『성리군서구해』, 『성리소학집해』가 있다.

99

속수 사마광의 시와 글을 탐독함 [涑水詩書把玩]

우옹은 시 읊기 좋아하지 않네	尤翁非是愛吟詩
속수 사마광의 시와 글을 탐독할 때 읊지	涑水詩書[27]把玩時
피곤한 백성을 마치 병든 자식처럼 위로하고	慰諭疲氓如病子
신법을 변통함은 바둑 다시 두듯 했네	變通新法[28]若更棋
봉해 올린 글의 이치는 육선공의 상주문보다 낫고	封章理勝宣公奏[29]
『자치통감』은 천지의 조화와 그 공을 다투네	通鑑[30]功爭造化兒
문장이 위려한 왕안석과 소식을 무엇에 쓰겠는가	偉麗王蘇[31]何足用
우옹은 시 읊기 좋아하지 않네	尤翁非是愛吟詩

---

27 詩書시서: 사마광의 시와 글은 많다. 저술에 『자치통감』을 비롯 『통감거요력』 80권, 『계고록』 20권, 『본조백관공경표』 6권, 『한림시초』, 『주고문학경』, 『역설』, 『주태현경』, 『주양자』, 『서의』, 『유산행기』, 『속시치』, 『의문』, 『속수기문』, 『유편』, 『사마문정공집』 등이 있다.

28 變通新法변통신법: 사마광이 왕안석(1021-1086)의 신법을 중지시킨 것을 말한다. 왕안석의 신법은 국가의 재정 수입과 규모를 늘리며, 대지주와 대상인에 맞서 소농과 소상인을 보호하는 정책으로서 농민생활의 안정과 생산의 증가, 조세원의 개발을 목표로 한 부국책, 부병제의 회복을 통한 강병책, 과거제와 관료임명제도의 개혁을 통한 교육제, 관료제 개혁책 등이었다. 상당한 성과도 거두었으나 관료들의 무모함과 실정을 무시한 강제 등으로 도중에 농민들도 반대하였다.

29 封章理勝宣公奏봉장이승선공주: 사마광은 많은 정책적 건의문을 올렸다. 그 안에 담긴 내용은 시대의 요청에 맞고 백성의 아픔을 해결하는 것이어서 매우 훌륭하였기에 당나라 때 선공 육지(陸贄 754-805)가 올린 상주문보다 낫다는 것이다. 그의 상주문에 "백성은 나라의 근본이요, 재물은 백성의 마음이다. 그 마음이 상하면 그 근본이 상하게 된다[民者邦之本 財者民之心 其心傷則其本傷]"라고 했다. 서한의 명신 가의에 비견되곤 하는데, 소식은 그를 '왕좌(王佐)', '제사(帝師)'의 재능을 지녔다고 평했다.

30 通鑑통감: 『자치통감』이다. 이는 주(周) 위열왕 23년(BC 403)부터 송이 건국되기 바로 전인 오대십국 후주 현덕 6년(959)까지 편년체로 쓴 1,362년간의 통사이다. '정치

속수 사마광(1019-1086)의 시와 글을 도학자들이 즐겨 읽었다. 우옹은 앞의 73번째 시에서 「속수 사마광을 따르며 본받음」이라는 내용으로 사마광을 도학의 연원에 넣어 그 인격과 행적을 따른다고 하였는데, 여기서는 그의 시문과 상소문 그리고 저술을 높이 평가하고 있다.

우옹은 사마광에 대하여 우선 그가 백성을 병자처럼 돌본 것에 주목한다.

이어서 그가 왕안석의 신법을 폐기한 것을 꼽는다. 왕안석의 신법은 부국책, 강병책 등 포괄적인 개혁 방안으로 의미 있는 것이었지만 시행 과정에서 무리한 행정과 실정을 무시한 강제적 집행 등으로 많은 폐해를 드러내 농민들도 반대하는 상황이었다. 왕안석이 활동할 때 사마광은 낙양에 물러나 신법에 대한 반대 여론을 주도하고 있었다. 1085년 신종이 병으로 죽고 겨우 10살 남짓의 철종이 즉위하자 황태후가 섭정을 하면서 15년간 은거하던 그를 불러 올려 치국의 방략을 물었다. 나이가 67세였던 사마광은 우선 「언로를 열 것을 청하는 글」을 올리면서 빈곤하여 고통받는 농민에게 더 이상 가중된 부담을 지울 수 없다는 것과 왕안석의 신법은 반드시 폐지하여야 한다는 것을 주장하면서 신법에 반대하다가 쫓겨났던 유지, 범순인, 이상, 소식, 소철 등을 조정에 불러들이고 여공저, 문언박 등의 노신들에게도 조정의 중직을 맡겼다. 사마광이 행한 변통의 정책들은 마치 새로 바둑을 두는 것처럼 면모를 일신하였다.

이때 그가 올린 개혁의 정책들 이를테면 「폐해개혁을 요구하는 글」, 「신법을 경신할 것을 청하는 글」 등에서 왕안석의 개혁 법안을 독약에 비유하고 즉각 조치하여 모두 갱신하자는 내용이 담겼는데, 신법을 폐지하지 못

를 하는 데 자산이 되는 통시대적인 거울'이라는 말로 송의 신종이 직접 책의 이름을 짓고 서문을 썼다.

31 王蘇 왕소: 왕안석과 소식

하면 "내가 죽어도 눈을 감을 수 없다"고 탄식하면서, 재상으로서 권한으로 이들을 모두 폐지하거나 변통하였다.

그의 이런 정치적 건의와 생각은 당나라 때의 육지(陸贄 754-805)의 상주문보다 훨씬 훌륭하다고 우옹은 평가한다.

* 사마광은 재상으로서의 명성 못지않게 『자치통감』의 저자로도 이름이 높았다. 흔히 이 책은 공자의 『춘추』, 사마천의 『사기』와 더불어 3대 역사서라고 한다. 이 책을 축약한 『통감절요』나 『자치통감강목』 같은 책이 나와 많이 읽혔다. 김부식의 『삼국사기』도 『자치통감』을 본보기로 하였다. 이 책은 천지의 조화(造化)와 그 공을 다툴 정도라고 우옹도 높이 평가하였다.

이 책 속에 담긴 역사적 기능을 중시한 그였기에 단지 위엄 있고 화려한 문장에 능했던 당시의 문장가 왕안석과 소식을 무엇에 쓰겠냐고 한 것이다.

『자치통감』이 천지의 조화(造化)와 그 공을 다툰다고 극찬했지만 이에 대한 우옹의 평가는 존숭 일변도가 아니다. 우옹의 「기축봉사」에 다음의 글이 들어 있다. "조조는 한나라를 찬탈한 도적으로 누구라도 그를 죽일 수 있는데, 사마광은 『자치통감』에서 그를 제왕으로 다루고, 도리어 광명정대하고 우주·고금을 통하여 정충(精忠) 대절을 지닌 제갈량을 구적(寇賊)이라 말하였으니, 어찌 이렇게도 식견이 누추하나."

도학의 문헌, 집부(集部)2; 주희의 문집과 저술

115. 『이락연원록』에 믿음이 감[錄有淵源信及]

116. 『명신언행록』을 열람함[看閱名臣言行]

117. 『초사집주』를 봄[看到楚辭集註]

118. 무슨 일로『참동계고이』를 지었나[何事參同考異爲]

119. 『창려고이』를 상세히 연구함[詳究昌黎考異]

120. 『연평문답』을 깊이 음미함[深味延平問答]

121. 아침저녁으로『문공전집』을 대함[早夜文公全集]

122. 『주문어류』를 탐색함[探索朱門語類]

123. 자양의 글을 독실히 좋아함[惟紫陽書篤好]

이 단락은 우옹이 오로지 주희의 시문과 산문, 단편의 저술과 문집을 대상으로 그가 파악한 사상 그리고 감흥이 어떠했는지를 기술하고 있다. 모두 24수인데 4서의 『집주』와 『혹문』을 비롯하여 『주역본의』『시집전』『의례경전통해』『가례』와 이어서 『강목』『이락연원록』『명신언행록』『초사집주』『참동계고이』『창려집고이』『연평답문의』의 단행본 저술은 물론『문공전집』『어류』에 주자의 편지글에 대한 느낌과 평가까지 밝히고 있다. 주희의 저술 연관 문헌 거의 모두를 망라하고 있어 그에 대한 우옹의 지극한 존중과 신뢰가 드러난다.

100
회보의 시와 글을 강독함 [晦父詩書講讀]

우옹은 시 읊기 좋아하지 않네	尤翁非是愛吟詩
회보의 시와 글을 강독할 때 읊네	晦父詩書[1]講讀時
포괄함이 마치 만상을 머금은 바다 같고	包括似涵萬象海
배척함은 모든 냇물을 막아내는 제방 같네	觝排如距百川堤
바른 말은 모두 한 마음의 오묘함에서 나오고	正辭[2]都自一心妙
성대한 사업은 모든 성인의 지식과 부응했네	盛業還應千聖知
공자 이래 이런 분 자못 있지 않으니	由孔子來殊未有
우옹은 시 읊기 좋아하지 않네	尤翁非是愛吟詩

우옹은 주희의 시와 글에 대한 소회를 밝히고 있다. 그는 평상시 문인들에게 그리고 경연 등의 기회에서는 왕에게 주희의 사상과 사업은 당대의 조선에서 한 글자의 변통 없이 그대로 적용하고 실천할 수 있는 것이라고 피력하곤 했다. 그의 학문적 위상과 인격에 대한 그의 태도는 「강·한 처럼 씻고 추양처럼 말리는 회보」라는 표현을 통하여 공자와 같은 인물로 평가

---

1 晦父詩書회보시서: 주희의 시와 글. 서가 편지를 뜻하는 것으로 볼 수도 있지만 여기서는 시 이외의 모든 글을 뜻하는 것으로 본다. 주희의 저술은 현존하는 것이 모두 25종류에 600여 권이다. 주요한 것으로 『주역본의』『계몽』『시괘고오(蓍卦考誤)』『시집전』『대학중용장구』『사서혹문』『논어집주』『맹자집주』『태극도설해』『통서해』『서명해』『초사집주변정』『한문고이』『참동계고이』『중용집략』『효경간오』『소학서』『통감강목』『송명신언행록』『가례』『근사록』『하남정씨유서』『이락연원록』 등이고, 『문집』 100권과 『속집』 11권, 『별집』 10권, 문인들이 집록한 『주자어류』 140권이 있다.
2 正辭정사; 『역』「계사·하」 "재화를 다스리고 말을 바르게 하여 백성들이 잘못을 범하지 않게 하는 것을 의라고 한다[聖人之大寶曰位. 何以守位? 曰仁. 何以聚人? 曰財. 理財正辭 禁民爲非曰義]."

한 데서 잘 드러난다.

주희의 시와 글을 읽으면서 우옹은 그의 학문적 포용력에서 마치 모든 것을 포괄하고 머금고 받아들이는 바다의 이미지를 떠올렸다. 훗날 주희 학술에 대한 평가에서 뭇 현자들을 집대성했다는 표현을 사용하는데, 바다는 이와 같은 맥락의 이미지이다.

또한 온갖 내를 막고 있는 거대한 제방의 이미지를 떠올린다. 이는 그가 도교와 불교를 비롯한 이단 사설을 막아내고 유가의 도통을 확정했으며 스스로가 위학(偽學) 역당(逆黨)으로 지목되어 탄압을 받았음에도 결국 이를 이겨내어 그 학문의 흐름을 깊고 멀리 나아가게 한 것 등을 두고 얻은 느낌이다.

우옹은 주희 철학의 핵심을 일심(一心)의 오묘함이라 한다. 이는 그가 주희를 이해하는 주요 포인트이다. 통상 이(理)로 주희 철학을 규정하는 것과 미묘한 차이를 보이는 부분이다. 주희가 이루어 낸 성대한 사업은 이전의 모든 성인들이 알고 있는 것과 부응한다는 것이다. 곧 이전의 성인들이 그의 사업을 인정할 것이라는 믿음이다. 또한 공자 이후로 그만큼 크고 바르게 성인의 사업을 이어온 사람은 아무도 없다고 믿는다.

＊주희의 시는 문집 권1에서 권10까지 그리고 별집 권6에 수록되어 있다. 철리(哲理)시로 분류되는 이 시들은 그의 이학을 이해하는 데 도움이 된다. 이 가운데 「재거감흥(齋居感興)」의 20수[3]가 있는데 조선의 많은 학자

---

3 『주자대전』권4 「재거감흥(齋居感興) 20수」. 우옹의 후학 임성주가 「감흥시집람의 발문」을 지었다. 『녹문집』권21, "주 부자의 감흥시는 위로 음양과 性命의 오묘한 도리를 궁구하면서도 하학의 내용을 빠뜨리지 않았으며, 밖으로 치란과 흥망의 기요를 설파하면서도 이를 일심으로 돌이키는 등, 그 규모가 광대하고 그 공부가 엄밀하니, 선유가 이를 「태극도설」 「서명」과 똑같이 중시했던 것도 수긍이 간다."

들이 크게 관심 갖고 연구하며 즐겨 음송하였다. 우옹도 특히 「재거감흥시」
를 즐겨 읽었다.

주희의 편지는 그의 문집 24권에서 64권까지 모두 41권에 해당하는 분
량이다. 여기에는 문인들과 주고받은 학술 담론의 생생한 내용이 담겨 있
다. 조선의 학자들은 주희의 편지글을 학문에 있어 주요 독본으로 삼았다.
많은 사람들이 주희의 편지글을 발췌하여 강독하였는데 이황이 초록한『주
자서절요』가 대표적인 경우이다.

우옹은 평소 자신이 머무는 곳에서는 어디든지 주희의 문집을 휴대하여
읽고 또 읽었다. 특히 장기에 유배되었을 때 자손들과 더불어 문집 읽기에
전념하였고 특히『주자대전』의 난해처를 풀이하는 일에 매진하였다.

자양서당; 주희의 고향 건양현 오부리 소재. 자양은 주희의 호이다.

101
늙어가며 『소학』을 겸하여 봄 [老去兼看小學]

우옹은 시 읊기 좋아하지 않네	尤翁非是愛吟詩
늙어가며 『소학』을 겸하여 볼 때 읊지	老去兼看小學[4]時
『시』의 온유와 『예』의 공경의 일을 따르더라도	縱服溫柔恭敬[5]事
선과 사리의 구별이 성인과 범인의 갈라짐이지	須分善利[6]聖愚機[7]
가욕의 선에서 종욕의 불유구 경지를 바랄 수 있고	由茲可欲[8]希從欲[9]
양지를 길러서 이지에 이르게 되지	養此良知[10]至易知[11]
성인의 가르침이지 늙은이의 노망난 말이 아니네	惟聖之謨非我耄[12]
우옹은 시 읊기 좋아하지 않네	尤翁非是愛吟詩

---

4 『소학』; 이 책은 주희가 제자 유자징에게 명하여 편찬한 것으로 1187년에 완성되었다. 내편 4권, 외편 2권의 전 6권이다. 내편은 입교·명륜·경신·계고, 외편은 가언·선행으로 되어 있다.

5 溫柔恭敬 온유공경; 『예기』「경해」에 "온유와 돈후는 『시』의 가르침이고 공검과 장경은 『예』의 교훈이다"라고 하였다.

6 須分善利 수분선리; 『맹자』「진심·상」"孟子曰 雞鳴而起, 孳孳爲善者, 舜之徒也. 雞鳴而起, 孳孳爲利者, 蹠之徒也. 欲知舜與蹠之分, 無他, 利與善之間也."

7 聖愚機 성우기; 성인과 범인의 기틀. 주희는 「소학제사」에서 "성인의 성품은 드넓은 하늘과 같으니, 터럭 끝만큼을 더하지 않아도 모든 선이 충분하다. 범인은 물욕에 가리어져 그 벼리가 무너지고 자포자기에 빠져 버린다."고 하였다.

8 可欲 가욕; 『맹자』「진심·하」"浩生不害問曰 樂正子, 何人也? 孟子曰 善人也, 信人也. 何謂善? 何謂信? 曰 可欲之謂善, 有諸己之謂信. 充實之謂美, 充實而有光輝之謂大, 大而化之之謂聖, 聖而不可知之之謂神." 천하의 이치 가운데 선한 것은 바랄 만한 것인데 선한 이치를 바랄 만하다고 여겨 행하는 사람이 선인이라는 것이다.

9 從欲 종욕; 『논어』「학이」"七十而從心所欲, 不踰矩."

10 良知 양지; 사람이 생각하지 않고도 아는 것을 말한다. 『맹자』「진심·상」"孟子曰 人之所不學而能者, 其良能也. 所不慮而知者, 其良知也." 良은 본연의 선함이다.

11 易知 이지; 『역』「계사」에서 하늘의 이지(易知)와 땅의 간능(簡能)을 강조하고, 이

『소학』은 유학의 아동들을 위한 교육의 입문서이다. 물 뿌리고 빗질하고 어른의 부름에 대답하고 나아가 뵙는 것과 같은 기본적이고 필수적인 내용을 가려 뽑아 편집한 것이다. 주희가 제자 유자징에게 지시하여 편찬한 것으로 1187년에 완성되었다. 여기에 주희가 「소학제사(小學題辭)」를 썼다. 이는 『소학』의 취지를 설명한 글이다.

아동들을 위한 교재이지만 유학자들은 성인이 되어서도 이 책을 손에서 놓지 않았다. 이를 우옹은 늙어가면서도 다른 책을 보면서 겸하여 『소학』을 본다고 표현했다.

『소학』은 집을 지을 때 터를 닦고 재목을 준비하는 것이라면, 『대학』은 그 터에 재목으로 집을 짓는 것이 된다고 함은 주희가 쓴 비유이다. 통상 유자는 『시경』에서 온유를, 『예경』에서 공경을 익힌다고 말한다. 그러나 6경에서 배우는 이런 것들도 『소학』에서 배우는 공의의 선과 사사로운 이익의 분별이 그 근간이 되며, 여기서 성인과 범인의 기틀이 갈라진다고 생각한다. 맹가는 순과 도척을 구분하는 것은 다른 것이 없고 오직 아침부터 저녁까지 선을 좇는가 사익을 좇는가의 차이일 따름이라고 하였다.

근간이 되는 이것에 바른 훈련이 되어야 맹가가 말한 '선을 바랄 만하다고 여겨 추구하는 사람' 선인(善人)이 되고, 여기로부터 다시 공자가 말한 '마음의 바람대로 따라도 법도를 넘어서지 않음'의 경지에 이를 수 있다.

선천적으로 타고났기에 '생각하지 않고서도 이치를 아는' 양지(良知)를 한껏 발휘하는 것[致良知]이 이루어지지 않으면 천하의 이치를 '쉽게 아는 경지', 곧 지덕(至德)에 짝을 이루는 '이지(易知)'의 경지에 이를 수 없다.

「소학제사」의 마지막 문장은 "이것은 노망난 늙은이의 말이 아니라 성인

간(易簡)의 좋음은 지덕(至德)과 짝을 이룬다고 하였다.
12 非我耄 비아모; 주희의 「소학제사」 말미에 "아, 아이들아! 이 글을 공경히 배우라. 이것은 나의 노망한 말이 아니라 오직 성인의 가르침이시다."가 있다.

의 말씀이다"이다.

 * 유학의 아동교육서인『소학』을 도학자들은 늙어가면서도 손에서 놓질
않았다. 조선왕조 초기에 권근이『소학』공부를 강조하였고, 김굉필은 스스
로를 '소학동자'라고 불렀다. 김안국은『소학언해』를 발간하여 널리 보급하
였고, 이황은 주희의「소학제사」를 그림으로 그려『성학십도』제3도에 배
치하였다. 이이는「학교모범」에서 글 읽는 순서로『소학』을 먼저 배워 그
근본을 배양한 다음에 4서와 5경을 읽으라고 하였다. 우옹도 일생『소학』
을 곁에 두고 그 실천에 진력하였다.

102
『대학』을 오로지 『장구』에 의하여 공부함 [大學專依章句]

우옹은 시 읊기 좋아하지 않네	尤翁非是愛吟詩
『대학』을 오로지 장구에 의하여 연구할 때 읊지	大學專依章句[13]時
구를 분석하고 장을 나눔은 참으로 획기적 사건	析句分章[14]眞畫一[15]
마음과 이치를 미루어 밝힘에 의심이 없어졌네	推心明理[16]了無疑
처음엔 채찍 들고 섬기던 남무의 증참 같더니	初如執策[17]參南武[18]
끝에는 앞 소매 들어 올려 공자를 섬긴 것 같네	終似摳衣[19]侍聖尼
그렇다! 회옹 일생의 공력이 여기에 있구나	允矣一生精力在[20]
우옹은 시 읊기 좋아하지 않네	尤翁非是愛吟詩

---

13 大學章句 대학장구; 본래 『예기』에 들어 있는 한 편의 글 『대학』을 주희가 처음으로 경1장과 전10장으로 나누고 구절을 분석하였으며 주해하였다. 이를 『대학장구』라고 한다.

14 析句分章 석구분장; 주희는 그의 시에서 구를 분석하고 장을 나눈 것은 그 공이 작다고 하였다[析句分章, 功自小]. 이는 겸양의 말이기도 하지만 마음을 미루어 보고 이치를 밝히는 것을 통한 이학의 정체성 확립에 더 가치를 부여하는 까닭이다.

15 眞畫一 진획일; 주희가 『대학편』을 장구로 만들고 집주를 한 일은 일획을 긋는 사건이다. 즉 그는 고본대학에 독자적으로 장을 나누고 구를 나누며 해석을 보충하였는데 이는 과감하면서도 후학들로부터 폭넓은 지지를 얻어 이후 대학을 연구함에 있어 필독의 책이 되었다.

16 推心明理 추심명리; 주희는 『격물보전』에서 "사물에 나아가 그 이치를 탐구하면 내 마음의 앎의 능력이 다 발현된다"고 하였다.

17 執策 집책; 策은 『예기』「곡례·상」'수레나 말을 바치는 사람은 채찍과 고삐를 잡는다[獻車馬者執策綏]'라고 한 것과 같은 뜻이다.

18 參南武 참남무; 증참은 노나라 남쪽 무성(武城) 사람이다.

19 摳衣 구의; 의복의 앞 소매를 내미는 것. 옛사람이 공경히 맞이할 때 취하는 동작이다.

20 一生精力在 일생정력재; 『주자어류』 권14, 51조 "某於大學用工甚多. 溫公作通鑑,

우옹은 『대학』을 공부할 때 오로지 주희가 쓴 『대학장구』에 의존했다. 주희는 1189년에 쓴 『대학장구』 서문에서 '옛 대학에서 사람을 가르친 법' 이며, '이치의 탐구와 마음 바로잡기, 수기(修己)와 치인(治人)의 도를 가리킨 것'이라 하였다. 그는 또 한·당 이래로 유학의 경학이 '기억하고 외우고 문장을 다듬는 일'에 치우친 까닭에 도교의 허무와 불교의 적멸 사상이 널리 유포되었다고 하고, 맹가 이후 끊어졌던 도통이 정호·정이 형제의 노력으로 다시 이어졌다고 하였다.

주희가 『대학』의 장(章)과 구(句)를 나누고 그 의미를 밝힌 것은 유학의 경학사에서 참으로 획기적 사건이다. 『대학장구』가 나옴으로 당초 『예기』의 한 편에 지나지 않았던 『대학』은 일약 4서의 하나가 되었고, 유학사상의 정체성이 노·장 불교에 대하여 뚜렷이 드러나게 되었다.

『대학장구』는 마음과 이치를 미루어 탐구하고 밝혔다. 주희는 8조목의 하나인 격물에 대한 해석이 누락되었다고 보고 이를 보충하였다. 그가 쓴 '격물보전(格物補傳)'에서 '사물에서 그 이치를 탐구함'을 강조하였다. 그는 "마음의 허령함은 앎이 있지 않음이 없고 천하의 사물에는 이치가 있지 않음이 없으나 이치에 탐구되지 않음이 있어서 그 앎이 다 발현되지 못한다. 사물을 탐구하는 공부가 오래되면 하루아침에 탁 트이듯 꿰뚫리는데, 모든 물건의 안팎과 정밀한 부분과 전체의 윤곽을 모르지 않음이 없고, 내 마음의 완전한 본체와 큰 작용이 밝아지지 않음이 없다"고 하였다.

『대학』의 저자로 알려지고 있는 증참은 처음엔 노나라 무성에서 채찍 들고 말과 수레를 바치는 일을 했다. 그러다가 공자를 만나 마침내 공경히 소매 올려 예를 표하고 제자가 되어 섬겼다. 뿐만 아니라 공자 손자의 스승이 되었고, 공자의 종지를 후대에 전했다 하여 종성(宗聖)의 시호를 받았다.

言 '臣平生精力, 盡在此書', 某於大學亦然. 論孟中庸, 卻不費力."

『대학장구』는 첫 1장은 경 부분으로 공자의 말을 증참이 편집하여 수록한 것이고, 뒤의 전 10장은 삼강령 팔조목에 대한 해설인데 그것이 마치 앞부분은 증자의 모습이고 나머지는 공자를 모시고 있는 제자들 같은 인상을 준다.

주희 평생 최선의 노력이 『대학장구』에 응결되어 있다. 그 스스로 "나는 『대학』에 많은 힘을 쏟았다. 사마광이 『통감』을 지은 다음 '신의 평생 정력이 모두 이 책에 있다'고 하였는데, 내가 『대학』에 대하여 그러하였다." 이 말은 문인 우인(友仁)의 기록이고, 주희 69세 때의 말이다. 주희는 임종 전날에도 이를 개정할 만큼 마음을 기울였다.

주희의 후학들은 공부에 있어서 무엇보다 먼저 『대학장구』에 공력을 쏟았다. 우옹도, 우옹의 후학들도 그리하였다.

103
『대학』을 『혹문』과 함께 봄 [大學兼看或問]

우옹은 시 읊기 좋아하지 않네	尤翁非是愛吟詩
『대학』을 『혹문』과 함께 볼 때 읊지	大學兼看或問[21]時
선배들이 깨닫지 못한 것 많음을 알게 되니	看得儒先多未契
문답을 설정하여 그 잘못을 바로잡았네	設爲問答訂其非
두루 통하고 곡창함이 참으로 맑은 하늘같고	旁通曲暢[22]眞天朗
밤 지나고 아침 밝아 해가 환히 뜨듯하네	暗去明來睹日暉[23]
풀이를 한 나머지를 또 풀이하였으니	註脚之餘又註脚[24]
우옹은 시 읊기 좋아하지 않네	尤翁非是愛吟詩

『대학혹문』은 주희가 『대학장구』를 저술한 다음 학자들이 미처 이해하지 못하는 곳이 있음을 보고 문답의 형식을 빌려서 그 잘못 해석하는 부분을 바로잡은 것이다.

---

21 『혹문』은 주희가 『대학장구』를 지은 다음에 이해가 어려운 부분을 문답식으로 풀이한 저작이다. 그래서 『혹문』이라고 하였다. 이는 『대학장구』와 서로 표리 관계를 이룬다.

22 旁通曲暢 방통곡창; 말이나 글이 조리가 분명하고 명확하며 보편적 설득력을 갖추어서 두루 널리 통함을 뜻한다. 주희의 『중용장구』 서문에서는 '곡창방통(曲暢旁通)'이라 하였다.

23 暉 휘; 빛, 광채, 빛나다, 광채가 나다, 밝다.

24 註脚 주각; 본문의 아래에 풀이를 두는 것으로 각주라고도 한다. 주희는 "『대학장구』는 『대학』의 주각이고 『대학혹문』은 주각의 주각과 같다"고 하였다. 또 "큰 글자는 사람에게 몸이 있는 것과 같고 작은 글자는 사람에게 다리가 있는 것과 같다 [凡大字如人之有身. 小字如人之有脚]"고 하였다.

『혹문』을 보면 선유들이 어떤 부분에서 미처 깨닫지 못했는지를 알게 된다. 상당히 많은 문제가 그 안에 담겨 있음을 알게 된다.

설정해 놓은 물음과 그에 대한 답을 보면 그간의 잘못된 생각을 낱낱이 밝혀 놓아 이제까지 지녔던 모든 물음이 한꺼번에 해소되는 것이 마치 어둠이 물러가고 환한 빛 가운데 들어선 것 같게 된다.

주희는 『장구』는 『대학』의 주석이고 『혹문』은 『장구』의 주석과 같다고 하였다.

『장구』보다 『혹문』에서 보다 상세히 설명한 예로는 인(仁)과 서(恕)를 각각 '자기로써 남에게 미치는 것[以己及人]'과 '자기를 미루어서 남에게 미치는 것[推己及人]'으로 구별하여 설명한 것을 들 수 있다. '자기로써 남에게 미친다' 함은 내가 남을 위해 희생한다는 의미가 담겨 있다. 『논어』에서 '내가 서고자 하면 남을 세워준다'고 하는 것을 인이라고 하였는데, 남을 세워 주려면 나의 희생과 양보가 전제되어야 한다. 자기를 미루어 남에게 미친다 함은 타인에 대한 이해가 깊어짐을 의미하는 것이다.

이처럼 『대학』의 본문을 읽다가 연결되어 나오는 문제들을 명석하게 구별하고 풀어주는 것이 『혹문』이다. 이는 일상 중에서 제자들과의 문답에서 제기된 것들을 후세의 배우려는 사람을 위하여 정리해 놓은 것이라고 할 수 있다.

* 우옹은 『대학』을 공부함에서 『장구』와 더불어 늘 『혹문』을 함께 보았다. 그리고 논란이 있거나 의심이 나는 사항에 대해서는 『혹문』을 근거로 정론을 삼아 해결하였다. 하나의 예로 그는 격물(格物) 물격(物格)에 대한 논란도 이에 의거하여 해결하였다.

조선 성리학의 6대가의 하나로 꼽히는 임성주(任聖周 1711-1788)는 『대학혹문』에 대하여 "이를 읽는 동안 사람으로 하여금 사제 간에 친히 가르침을 받드는 듯한 느낌을 방불하게 하여 천 년의 먼 시간도 스스로 느끼지 못하였다"고 하였다.

104
『논어』를 오로지 『집주』로 공부함 [論語專治集註]

우옹은 시 읊기 좋아하지 않네	尤翁非是愛吟詩
『논어』를 오로지 『집주』로 연구할 때 읊지	論語專治集註[25]時
뭇 이치가 펼쳐지니 모두 성인의 뜻이요	衆理開陳皆聖意
여러 견해를 취사함은 쇠뇌 걸듯 신중하고	諸家去取若虞機[26]
앎의 지극한 곳은 표현도 지극하니	知之至處言之至
하늘을 속일 때 이것을 속일 수 있을 텐데	天可欺時此可欺
경연석상에서 누가 거짓 패설을 늘어놓았나	經席誰陳誣悖說[27]
우옹은 시 읊기 좋아하지 않네	尤翁非是愛吟詩

주희의 『집주』는 그의 40여 년 『논어』 연구의 최종적 정리이다. 주로 정호·정이 형제의 견해와 그 밖의 여러 학자들의 의견을 채택하였고, 또한

---

25 『논어집주』는 주희가 『논어』에 대하여 기존의 주석을 모으고 해설한 것인데, 그가 40여 년 노력을 기울여 최종적으로 정리한 저술이다. 역대 『논어』 연구 전문 서적은 3,000여 종에 이른다고 하는데 정현의 『논어주』가 한대 논어학의 집적이라는 평가를 받는다. 위(魏) 하안의 『논어집해』는 양한 삼국시대 『논어』연구의 결정판이다. 양(梁) 황간의 『논어의소』는 위진남북조시대 현학가의 『논어』연구이고, 송 주희의 『논어집주』는 송대 이학가의 정수이고, 청 유보남의 『논어정의』는 『논어』에 대한 고거학적 연구의 집대성이다. 이 네 종류가 『논어』의 연구 단계 및 방법을 대표한다.

26 若虞機 약우기: 『상서』 「태갑·상」 "无越厥命以自覆. 慎乃儉德, 惟懷永圖. 若虞機張, 往省括于度, 則釋" 우(虞)는 우인(虞人)으로 산림관리인, 또는 사냥 안내꾼이고 기(機)는 쇠뇌이다. 사냥꾼이 쇠뇌에 화살을 걸고 잡아당겨 목표물을 정조준하여 발사하면 적중하지 못하는 것이 없게 된 것을 말한다.

27 經席誣悖說 경석무패설: 윤휴가 경연석상에서 주자의 주를 강론하지 말라고 청한 일이 있었다. 『숙종실록』 2권, 숙종 1년 1675년 1월 18일 2번째 기사. 우옹은 윤휴의 이 같은 일들을 들어 그를 사문난적으로 규정하였다.

한·당대의 옛 주석을 이어받거나 늘리거나 줄이면서 본래의 의미를 탐구하고 의리를 드러내는 데 주력하였다. 결과적으로 훈고학과 의리학을 하나로 녹여내었다. 이는 역사상 가장 영향력 있는 저술로 평가받고 있다.

우옹은 『논어집주』에서 주희가 모으고 펼친 해석과 지향한 가치는 모두 성인 공자의 뜻에 온전히 부합하는 것이라고 믿는다.

주희는 역대 주석가들의 의견을 참고하여 그 학설을 취하고 버리기를 마치 사냥꾼이 짐승을 잡으려고 쇠뇌를 걸듯 하는 신중함을 보였다. 해설에 동원된 용어 하나하나가 그의 앎이 지극함만큼이나 적절하고 지극했다.

우옹은 사람이 하늘을 속일 수 있을 때 주희의 해설 내용을 속일 수 있다고 한다. 그만큼 주희의 학설은 명확 통쾌하여 누구도 시비를 걸거나 부정할 수 없다는 신뢰와 지지의 뜻을 표명한 것이다. 동시에 주희의 해석을 대체할 만한 것이 없다는 말이기도 하다.

주희에 대하여 이런 정도의 신뢰와 기대를 갖고 있기에 그는 주희의 주석을 비판하는 태도를 용납하지 않으려고 했다.

＊우옹 당시 조선의 학계에서 성리학에 대한 반발, 주희의 권위에 대한 도전이 나타나기 시작했다. 양명학에 집중하는 정제두나 노·장에 관심을 기울인 박세당도 있었고, 한대 유학에 기울어진 허목 등이 있었다. 그 가운데서 윤휴는 경연석상에서 주희의 주석을 반드시 읽을 필요가 없다고 하였을 뿐만 아니라 자신의 견해로 주희의 주석을 대체하려 하였는데, 한때 그를 따르는 학자들이 있었다. 우옹은 윤휴의 발언과 견해를 거짓이고 어긋난 것, 사문난적(斯文亂賊)이라고 하였다. 주희 학술에 대한 신뢰가 굳을수록 그에 대한 이견이나 반발에 대한 우옹의 미움과 변척 또한 강고했다.

105

『논어』를 『혹문』과 함께 봄 [論語兼看或問]

우옹은 시 읊기 좋아하지 않네	尤翁非是愛吟詩
『논어』를 『혹문』과 함께 볼 때 읊지	論語兼看或問[28]時
『정의』는 오로지 명도와 이천의 학설을 존중하고	精義[29]專尊純正[30]說
그 문인으로는 사량좌·양시를 인정하였네	門人猶許謝楊[31]知
은밀하고 미세한 논변은 털끝처럼 분석하고	密微論辨毫如析
취하고 버리고 저울질함은 귀신도 엿보지 못하네	取捨權衡鬼莫窺
『집주』와 차이가 있으나 모두 의미가 있으니	集註異同皆有義[32]
우옹은 시 읊기 좋아하지 않네	尤翁非是愛吟詩

---

28 或問 혹문; 『논어혹문』이다. 주희가 편찬한 것으로 20권이다. 『사고전서』 「총목제요」에서 "주자가 처음 이 책을 편집할 때 정호·정이의 학문에 근본을 두고 경전의 취지를 발휘하여 그 후 정화가 되는 것을 채집하여 『논어집주』 편찬을 완성했"고 하였다. 이는 1177년에 『논어집주』와 함께 편정한 것이다. 집주는 다시 수정을 더해서 더욱 정밀해졌으나 『혹문』은 바로 드러내 보이지 않았던 것이다.

29 精義 정의; 『논어정의』이다. 이 책은 주희가 정호·정이·장재를 중심으로 범조우·여계명·여대림·사량좌·유작·양시·후중량·윤돈 등 9인의 『논어』에 대한 강설을 모아 엮은 것이다. 이의 처음 이름은 『집의』였다. 이를 가지고 다시 『혹문』을 만들어 그 잘잘못을 밝혔다.

30 純正 순정; 형인 정호의 시호는 순(純)이고 아우인 정이의 시호는 정(正)이다.

31 謝楊 사양; 사량좌와 양시이다. 두 사람은 유작, 여대림과 함께 '정문4선생'으로 일컬어졌다. 사량좌는 자는 현도이고 시호는 문숙이다. 그는 인을 각(覺), 생의(生意)로, 성(誠)을 실리(實理)로, 경(敬)을 상성성(常惺惺)으로, 궁리(窮理)를 구시(求是)라고 주장했는데, 그의 사상은 선불교의 내용을 포함하고 있어 주희로부터 비판을 받았다. 『논어설』이 있다. 양시의 자는 중립이고, 호는 구산 시호는 문정이다. 저서에 『구산집』 42권과 『구산어록』 4권, 『이정수언』 2권 등이 있다.

32 集註異同皆有義 집주이동개유의; 주희가 「답손경보서」에서 "『집주』를 다듬고 고침이 나날이 더욱 정밀해지는데 『혹문』은 다시 바로 쓰지 못했다. 간혹 다른 점이 있다.

우옹은『논어』해석에서 주희의『집주』를 우선했지만 겸하여『논어혹문』
을 참고하였다. 20권으로 된『논어혹문』은 정호·정이의 학문에 근본을 두
고 당시 학자들의 의문점을 문답식으로 설정하여 그 정수가 되는 것을 모
아 편집한 것이다.

뿐만 아니라 여기에『논어정의(精義)』도 함께 참고하였다.『정의』는 주
희가 정호 정이와 장재 및 그의 문인들의『논어』·『맹자』에 대한 강론을 모
아 편집한 것으로서 처음 이름은『집의(集義)』였다.『정의』가 이루어진 다
음에 이를 바탕으로『혹문』을 만들어 그 잘잘못을 밝혔다. 우옹의 시각에
비친『논어혹문』과『논어정의』는 다음과 같다.

주희는『논어』해설에 있어서 정호·정이 형제의 제자들 가운데 사량좌
(謝良佐 1050-1103)와 양시(楊時 1053-1135)를 높이 평가하고 인정하여
그들의 의견과 학설을 많이 반영하였다.

그들 논변의 정밀하고 은미한 분야를 털끝을 나누듯 분석하였으며 그 논
변을 취하고 버림의 판단은 귀신도 엿볼 수 없을 만큼 정확하였다.

『혹문』과『정의』『집주』사이에는 다소간의 이동이 있다. 문자상으로는
차이가 있지만 각각 나름의 의미 맥락이 있어서 그러하다. 논변의 대상이
다르고 논점 자체가 다른 경우도 있고 말하는 시점이 다른 경우 등이 있기
때문이다.

＊ 우옹이 이 시를 쓸 때까지는 조선에는『혹문』만 있고『정의』는 없었
다.[33] 이런 상황을 그는 '마치 송사(訟事)의 기록에 수사 기록은 없고, 판결

그러므로 읽는 사람들은 많이 스스로 어긋나는 것을 느낀다."고 하였다.
33 우옹이『정의』를 일찍부터 구했으나 이 시를 쓸 때까지 얻지 못하다가 1686년에
이르러서야 이택지를 통하여 구하게 되었다.『송자대전』권72, 答李擇之 丙寅五月初三
日. 이를『혹문』과 함께 묶어 서로 참고하게 하고『논어』와『맹자』를 함께 묶었기에『논

문만 있는 것과 같았다'고 하였다. 논변 자료집 성격의 『정의』를 바탕으로 『혹문』이 이루어졌기 때문이다. 그러다가 1686년에 비로소 『정의』를 구하여 읽었고, 이를 『혹문』과 함께 편집하여 『논맹혹문정의통고』를 출간하였다. 우옹이 쓴 서문은 다음과 같다.

"우리나라도 『혹문』을 구해다가 간행한 지 오래다. 그러나 『정의』가 없으면, 『혹문』에서 논변하고 취사한 바가 무엇인가를 알 수 없어서, 마치 저울은 있어도 무게를 헤아리지 못하고 자[尺]는 있어도 길이를 재지 못하는 것과 같다. 내가 이것을 병통으로 여기고 『정의』를 구하려 한 지가 40년이 넘었으나 끝내 구하지 못하였고, 연경 저자거리에서 찾아보게 했지만 역관이 매번 두루 구했으나 얻지 못했다고 하였다. 그러다가 1687년 좌시랑 이선(李選)이 사신 차 갔다가 사왔으니, 사문에 크게 다행이다. 급히 뽑아서 『혹문』 각 조목 밑에 붙여서 읽는 이로 하여금 두루 고찰하기에 편리하도록 하였으니, 이는 『중용』의 『혹문』·『집략』과 같은 범례이다. 이런 뒤에야, 『혹문』에서 '아무개의 논설이 좋다고 이른 것은 이와 같기 때문에 취했고, 아무개의 논설이 의심스럽다고 이른 것은 이와 같기 때문에 버렸다.'는 말의 뜻을 비로소 알게 되었다 … 아! 『집주』가 매우 정밀하지만, 이 글로써 우익(羽翼)을 삼지 않으면 끝내 흡족하지 않아서, 마치 정자가 병통으로 여긴 바와 같을 것이다. 진실로 서로 교차 해설해서 점차 깊이 파고들면, 선생이 이 글을 편집해서 후학에게 좋은 선물로 남겨준 본뜻을 알게 될 것이다. 그런데 당시에 판목을 찾다가 두고, 세상에 내놓지 않았던 마음도 알지 않아서는 안 된다."[34]

맹혹문정의통고』라고 하였는데, 1720년에 간행되었으며, 우옹의 서문과 권상하의 발문이 있다. 목판본. 14권 10책.
34 『송자대전』 권139, 서. 「논맹혹문정의통고서」

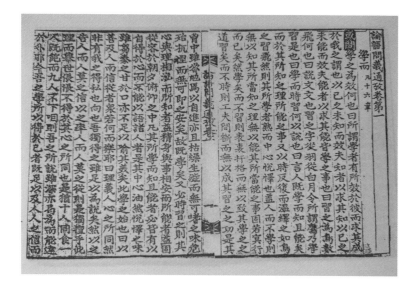

논맹혹문정의통고1: 우옹이 『논어』와 『맹자』의 중요 장구에 대한 주석 가운데 혹문과 정의를 분류하여 편집한 것으로 1720년에 간행되었다. 우옹의 서문은 1689년에 쓰였다.

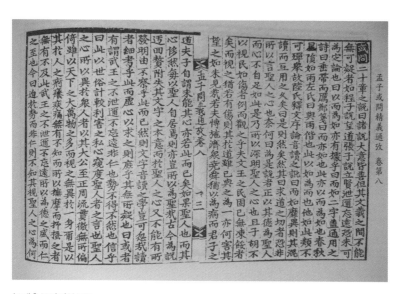

논맹혹문정의통고2

106
『7편주석』을 상세히 연구함 [詳究七篇註釋]

우옹은 시 읊기 좋아하지 않네 　　　　　　尤翁非是愛吟詩
『7편주석』을 상세히 연구할 때 읊지 　　　　詳究七篇註釋³⁵時
본래의 말씀 풀이가 필요한 곳 없는데 　　　本語自無容解處
주희 선생은 왜 다시 공을 들이셨나 　　　　先生何復下功爲
앞뒤의 주장이 비록 이와 같지만 　　　　　後先立說雖如此³⁶
고수가 신하 아니라는 말은 여전히 모르겠네 　瞽瞍非臣³⁷尙不知
경의 교훈이 더욱 밝아지니 참으로 싫증나지 않네 經訓愈明眞不厭
우옹은 시 읊기 좋아하지 않네 　　　　　　尤翁非是愛吟詩

『7편주석』은 주희의 『맹자집주』를 가리킨다. 『맹자』의 문헌적 지위는 곡절이 많았다. 전한 문제 때 처음으로 경의 위치에 올랐다가 이내 제자서의 하나로 떨어졌으며, 후한 때 왕충이 「자맹(刺孟)」편을 써서 호되게 비판했다. 당의 한유가 도·불의 이론을 대체할 수 있는 방안으로 『맹자』의 심성론을 추존하면서 정통임을 강조하였다. 송대 정호·정이 형제와 왕안석이 『맹자』를 존중하고 받들었다. 사마광의 『의맹(疑孟)』 등 비판적 저술이 이어

---

35 七篇註釋 칠편주석; 주희의 『맹자집주』를 가리킨다. 『맹자』는 모두 7편으로 되어 있어 7편주석이라고 하였다. 각 편은 상하로 나뉜다. 후한 말기에 조기가 『맹자장구』 14편을 만들었는데 이 체제가 이어져 오고 있다.

36 後先立說雖如此 후선입설수여차; 주희가 『맹자』 「공손추·상」 '호연장'에 대해 공들여 해설하고서도 "내가 맹가의 뜻을 알지도 못하고 말하는 것을 진정 하늘이 싫어하리라"고 하였다. 이처럼 그가 한 말에 선후가 다른 부분이 있음을 가리키는 것 같다.

37 瞽瞍非臣 고수비신; 고수는 순의 아버지이다. 『맹자』 「만장·상」에 천자가 된 순이 아비 고수를 신하로 삼지 않은 이유에 대한 맹가와 제자 사이의 대화가 있다.

졌다.[38]

주희가 편찬한 『맹자집주』의 특색은 『논어집주』의 경우처럼 경전의 해석을 빌려 새로운 철학 체계를 수립하고 또 한대 이래의 주석을 중시하고 경의 본래의 뜻을 추구한 것이다. 시대의 요청에 호응하면서 경전을 존중한 것이다. 『맹자집주』를 보는 우옹의 시각은 다음과 같다.

『맹자』에 담긴 내용은 더 이상의 해석이 필요한 곳이 없을 만큼 의리가 명확하다. 맹가는 호변(好辯)이라는 기롱을 들으면서까지 그는 말하고 또 변론하여 양주 묵적을 비롯하여 이단 사설을 물리쳤다. '말하지 않을 수가 없어 말한다'고 하였다.

이렇게 선명한 맹가의 말에 주희가 왜 다시 그 뜻을 풀이하는 데 많은 공을 들였는지 궁금하다고 한다. 이는 성현의 말씀을 이해하는 데에 신중에 신중을 기하여야 한다는 주희의 깊은 의도를 깨달아야 한다는 강조의 표현이다.

맹가의 말에 다소 의문을 남기는 부분도 있다. '순이 그 아비 고수를 신하로 삼지 않았다'는 말에 대해서 '땅 위에 사는 사람 치고 왕의 신하가 아닌 사람이 없다'는 『시경』을 들어 의문을 표하는 제자에 대하여 맹가는 『시경』의 시를 글자 그대로 믿으면 안 된다'고 하면서 글은 저자의 뜻을 정확하게 파악해야 한다고 대답했다.

이렇게 다소 의문이 남는 부분이 있을지라도 그는 『맹자』에 담긴 큰 교훈이 날이 갈수록 밝아져서 전혀 싫증이 나지 않는다고 하였다.

* 우옹의 『맹자』에 대한 열정적 공부를 엿볼 수 있는 부분이 그의 나이

---

38 맹가를 비난하고 매도한 것으로 풍휴의 『산맹』, 이구의 「비맹」, 조열지의 「저맹」 등이 있다.

68세(1674년)에 쓴 「호연장질의」에 있다.

"나는 열네 살 때부터 『맹자』를 읽었는데, 처음에는 그 뜻이 이해하기 어려운 것이 없다고 생각하여 매우 기뻐하며 매일 일과를 계속하였다. 그러다가 「호연장」에 이르러서는 망연히 그 말들을 이해할 수가 없었다. 그래서 진도가 나아갈수록 더 배우고자 하였으나 마치 단단한 나무처럼 알 수가 없었다. 어떤 때는 이마에 땀이 나기도 하고 어떤 때는 화를 내면서 '맹가가 무슨 이유로 이렇게 말을 하여 이해하기 어렵게 하였는가' 하기도 하였다. 이 말을 듣고 아버님께서는 웃으시며 '너는 이 장은 잠시 제쳐두고 다음 장을 읽는 것이 좋겠다.' 하셨다. 그래서 아버님 명을 따르기는 하였지만 마음 가운데 맺힌 의문의 응어리는 마치 죄 지은 놈의 마음과 같았다. 그 후 열일곱 살이 되어서는 개연히 탄식하며 '글에는 쉽고 어려운 것이 없고, 다만 나의 노력이 미진할 뿐이다.' 하고는 마침내 문을 닫고 들어앉아 책을 읽었다. 그래서 이 글을 5, 6백 번 정도를 읽고 나니 구절구절은 쉽게 읽혀지는데 의미는 조금도 알 수 없었다. 그 후 벼슬길에 나아가 조정에 있으면서도 틈만 나면 이 글을 읽었다. 그리하여 지금 이렇게 늙어서는 처음 읽을 때와는 다르지만 끝까지 '신을 신은 채 발등 가려운 곳 긁기'와 같은 안타까움이 있다."

107

『7편혹문』을 함께 익힘 [兼習七篇或問]

우옹은 시 읊기 좋아하지 않네	尤翁非是愛吟詩
『7편혹문』을 함께 익힐 때 읊지	兼習七篇或問³⁹時
심오한 곳 어찌 말을 많이 하지 않을 수 있으랴	奧處豈容辭不費
그 시원함이 마치 지붕꼭대기에 오른 것 같네	脫然⁴⁰如上屋之危⁴¹
정씨 형제와 장재의 주장에 비록 다름이 있으나	異同雖有程張說⁴²
이를 취하고 버림에 전혀 피차의 사사로움이 없네	取捨渾無彼此私⁴³
이 책이 『장구』와 더불어 우익이 되니	章句⁴⁴與之爲羽翼
우옹은 시 읊기 좋아하지 않네	尤翁非是愛吟詩

우옹은 『맹자』를 연구할 때 『맹자집주』와 더불어 『맹자혹문』을 참고하였다. 이는 『논어혹문』처럼 주희가 주로 정호·정이 형제의 이론을 취하여 편집하였는데, 자연 그들 형제 문하생들과 문답 형식 논변이 많이 들어 있다.

---

39 七篇或問7편혹문: 이는 『맹자혹문』이다.

40 脫然 탈연; 자유롭고 구속받지 않다. 무거운 짐을 벗어던진 듯 경쾌하다. 느긋하다. 느릿느릿하다. 병이 낫는 모양.

41 屋之危 옥지위; 『예기』 「상대기」. "中屋履危". 疏. 危屋; 이는 대들보에서 가장 높은 곳이다.

42 異同雖有程張說 이동수유정장설; 『맹자혹문』에는 정호와 정이 형제와 장재의 견해가 수록되어 있는데, 상호 간의 견해가 충돌하는 경우가 있다.

43 取捨渾無彼此私 취사혼무피차사; 『맹자정의』에서 논변이 이루어지는 부분에 대하여 주희는 그 견해를 취하여 『혹문』에서 누구의 견해가 옳다, 그르다 등 시비와 더불어 취하고 버리기를 하였는데 정작 그 본문은 수록하지 않았다.

44 章句 장구; 통상 장구는 주희에 의하여 이루어진 『대학장구』와 『중용장구』에 사용된다. 그러나 여기서는 『맹자정의』를 가리키는 것 같다. 『혹문』과 『정의』를 함께 갖추어 참고하는 것이 『집주』를 통한 『맹자』 이해에 도움이 크다는 말이다.

이 책에 대한 소감을 그는 다음 다섯 가지의 항목으로 표명하고 있다.

1. 심오한 의리에 대하여 많은 말이 필요하다는 것은 자연스럽다. 『맹자 혹문』에 어떤 부분은 상당히 많은 논변이 전개되고 있음을 말한 것이다.

2. 마치 지붕 꼭대기에 서 있는 듯한 시원함을 우옹은 『맹자혹문』에서 느꼈다. 평소 본인이 갖고 있던 의문점을 『혹문』 속에 담긴 학자들 사이의 문답에서 해소할 수 있었기 때문이다.

3. 이 책에 수록되어 있는 내용에 정호·정이 형제와 장재 사이에 사안에 따라 견해 차이가 있음이 그대로 드러나 있다.

4. 주희가 이들을 비롯하여 여러 학자들의 견해를 취하고 버림에서 피차에 어떤 사사로움이 개입되지 않았다. 정씨 형제는 낙학(洛學), 장재는 관학(關學)으로 분류하는데 그런 학파에 구애됨이 없이 이론과 견해를 취하고 버렸다는 말이다. 『맹자혹문』에는 『논어혹문』의 경우처럼 『정의(精義)』의 말을 인용하여 주희가 누구의 설은 좋고 누구의 설은 그르다는 평만을 싣고 그 사람의 말은 싣지 않았다.

5. 그는 『맹자혹문』과 『맹자정의』가 서로 깃과 날개가 된다고 하였다. 『맹자』를 연구함에 있어 『집주』를 활용하되 『혹문』과 『정의』 두 자료를 모두 함께 참고하여야 한다는 것이다.

　*앞서의 『논어정의』의 경우와 마찬가지로 우옹은 『맹자정의』를 『혹문』과 합쳐 편집하여 『논맹문의통고』라는 이름으로 출간하였다.

108
『중용장구』를 소리 내어 익힘 [誦習中庸章句]

우옹은 시 읊기 좋아하지 않네	尤翁非是愛吟詩
『중용장구』를 소리 내어 익힐 때 읊지	誦習中庸章句⁴⁵時
구절구절 천 년 전 성인의 오묘함과 회통하고	句句會通千聖妙
사람마다 열 벗에 거북도 어기지 못함을 얻음 같고	人人如得十朋龜⁴⁶
정미한 심법이 모두 서로 계합하니	精微心法都相契
다소의 절름발이나 맹인도 저절로 고칠 수 있네	多少跛盲⁴⁷自可醫
흰머리 어지럽게 날린다는 당일의 탄식이 있었으니	白首紛如當日歎⁴⁸
우옹은 시 읊기 좋아하지 않네	尤翁非是愛吟詩

주희는 1189년에 『중용장구』를 완성하고 그 서문을 썼다. 그 글에 다음
의 내용이 들어 있다. "정호·정이 형제가 천 년 동안 전해지지 않았던 도통

---

45 中庸章句 중용장구: 주희의 『중용장구집주』를 말한다. 그는 『예기』의 「중용」편을
33개의 장으로 나누고 다시 각장을 구로 나누어 주해하였다. 거의 30년에 걸쳐 9차에
걸쳐 수정 완성된 것이다. 그의 이 책은 도학의 사상 체계와 이후 4서학의 발전사에서
중요한 위치를 점한다. 주희의 『중용장구집주』는 송대의 『중용』 연구의 집대성이다.

46 十朋龜 십붕구: 『역』 익(益)괘 62효사, 손(損)괘 65효사에서 모두 "혹 더한다. 열
친구이다. 거북도 어기지 못한다[或益之 十朋之 龜 不克違]"라고 하였다. 열 명의 친구
가 와서 도와주는 상황이고 거북점을 쳐도 결과가 어긋나지 않는 상황을 말한다. 이 효
사는 학자에 따라서 구두점을 달리 찍는다. 물론 해석도 달라진다.

47 跛盲 파맹: 다리와 눈에 장애가 있는 사람이다. 『역』 이(履)괘 63효사에 "애꾸눈이
볼 수 있고 절름발이가 걸을 수 있다[眇能視 跛能履]"가 있다.

48 白首紛如當日歎 백수분여당일탄: 『수차』: 주희가 『중용』을 논하여 "어릴 때 익혔는
데 이제 흰머리 날림과 같다는 탄식이 있으니 아아 어찌 쉽게 말하리요[童而習之. 今猶
有白紛如之歎. 吁豈易言哉]"라고 하였다. 『중용』 마지막 장 소주(小註)에 보인다. 주
희가 사용한 '童而習之, 白紛如也'는 양웅의 『법언』 「오자(吾子)」에 나오는 말이다.

을 잇고, 도가·불가의 옳지 않음을 배척하였으니 그들이 아니었다면 자사가 『중용』을 저술한 뜻을 알지 못했을 것이다. 일찍부터 정호·정이 형제가 『중용』을 풀이한 글을 받아 읽으면서 침잠 반복하기를 여러 해가 지났는데, 하루아침에 환하게 요령을 터득한 것이 있어 여러 견해를 모으고 절중(折中)하여 『장구』 한 편을 만들어 후세 군자의 판단을 기다린다."

우옹은 주희의 『중용장구』에 있는 해설의 구절구절이 천 년 전의 성인의 오묘한 뜻과 부합된다고 한다. 이것은 주희가 「중용장구서문」에서 요·순·우가 서로 전한 심법의 핵심이 바로 중용이며, 여기서 도통이 유래되었다고 하였기 때문이다. 『중용』을 읽는 사람에게 마치 '열 명의 친구가 와서 도와주고 거북점을 쳐도 결과가 어긋나지 않는' 것과 같은 그런 도움을 주는 책이라고 한다. 『중용장구』가 나오기까지 많은 사람들의 도움이 있었으며 또한 그 결과적 취지에 사람도 귀신도 모두 호응한다는 뜻이다.

그것은 마치 절름발이가 걸으며 애꾸눈이 보는 것처럼 이제까지 『중용』을 읽으면서도 제대로 그 뜻을 알지도 못하고 실천도 충분하지 못한 사람들에게 이제 두발로 활발히 걸으며 두 눈으로 뚜렷이 식별하게 되는 데 크게 도움이 되는 책이라는 것이다.

주희는 스스로 젊은 날부터 시작하여 머리카락이 마치 흰 눈이 날리는 것 같은 나이가 되도록 일생 각고의 노력을 쌓아 『중용장구』를 완성했음을 토로한 바 있다. 공자가 후세에 누가 자신을 알아준다면 『춘추』 때문일 것이고 후세에 누가 자신에게 죄를 묻는다면 『춘추』 때문일 것이라고 하였듯이 주희 역시 그런 심정으로 『중용장구』에 공력을 기울였다.

109
『중용혹문』을 반복하여 읽음 [反復中庸或問]

우옹은 시 읊기 좋아하지 않네	尤翁非是愛吟詩
『중용혹문』을 반복하여 읽을 때 읊지	反復中庸或問[49]時
정이가 썼다가 태운 것은 미덥지 못함 때문이고	程氏焚之斯未信[50]
여대림은 해석이 지나쳐서 도리어 의심이 많네	藍田[51]解過却多疑[52]
터럭 나누고 올 쪼개듯 여러 학자들에 대한 평론	分毫析縷評諸子
찾아내고 건져 올려 공자의 뜻에 이르니	探賾鉤深[53]溯聖尼
뛰어난 기술자의 홀로 애쓰는 마음 새삼 깨닫네	更覺良工心獨苦[54]
우옹은 시 읊기 좋아하지 않네	尤翁非是愛吟詩

---

49 中庸或問 중용혹문; 주희가 『중용장구』를 편찬하는 과정에서 의심이 나거나 논란이 될 만한 부분을 문답 형식으로 모아 엮은 책이다. 원의 예사의가 여기에 다시 해설을 덧붙이고 주평중이 교정하여 간행하였다.

50 程氏焚之斯未信 정씨분지사미신; 정이는 『중용』에 대한 풀이를 한 책이 완성되었으나 스스로 그 뜻을 불만스럽게 여겨서 불살랐다고 말했다. 『주자대전』 권75, 「중용집해서」에 보인다.

51 藍田 남전; 여기서는 여대림을 가리킨다. 그는 정씨 형제 문하 출신 네 명의 큰 제자 가운데 하나이다. 저서에 『중용해』가 있다.

52 解過却多疑 해과각다의; 『중용장구』 첫장의 '率性之謂道'의 '率'에 대하여 여대림이 '성을 따라 행하는 것이다'라고 한 것에 대하여 해석이 지나쳤다는 것을 거론한 듯하다. 『주자어류』 권62 「중용 제1장」에서 "혹자는 '성을 따름[率性]'을 성명(性命)의 이치를 따르는 것이라고 하는데, 도를 이와 같이 말한다면 도리어 도가 사람으로 인하여 비로소 있게 된다"라고 하였다.

53 探賾鉤深 탐색구심; 복잡한 이치를 탐구하고 깊은 곳에 있는 것을 낚시로 걸어 올린다는 뜻이다. 『역』 「계사」 "探賾索隱. 鉤深致遠. 以定天下之吉凶"

54 更覺-心獨苦 경각-심독고; 두보의 시 「제이존사송수장자가(題李尊師松樹障子歌)」에 "이미 그대와 뜻이 맞는 것을 알고 있지만, 새삼 뛰어난 기술자의 홀로 애쓰는 마음 깨닫네[已知仙客意相親, 更覺良工心獨苦]"에서 취한 것이다.

주희는 "『중용장구』를 지은 다음에 또 논변하고 취사했던 뜻을 기록하여
따로 『혹문』을 만들고 이를 『장구』 뒤에 붙였더니 갈래가 나뉘고 마디가 풀
어지며 맥락이 관통하고 상세함과 간단함이 서로 바탕이 되고 크고 작음이
모두 거론되어 여러 주장의 같고 다름과 옳고 그름이 모두 곡진히 드러나
고 사방으로 통하게 되어 각각 그 취지가 다 드러나게 되었다"고 하였다.

우옹은 『중용』을 읽을 때 『중용장구집주』뿐만 아니라 『중용혹문』도 함께
읽었다. 그것도 반복하여 읽었다. 『중용혹문』에 대해서 그는 몇 가지 소회
를 거론한다.

정이가 『중용』에 대한 해석서를 써 놓고는 스스로 불만스럽게 여겨서 불
살랐음에 주목한다.

여대림도 『중용해』를 지었는데 과도한 해석을 함으로써 오히려 많은 의
문을 일으켰다. 그는 『중용장구』 머릿장 '솔성지위도(率性之謂道)'의 '率'에
대한 해석에서 "성을 따라 행하는 것이다"라고 했다. 이것을 주희는 그의
해석이 지나쳤다고 평했다. 주희가 "누구는 '성을 따름[率性]'을 성명의 이
치를 따르는 것이라고 하는데, 도를 이와 같이 말한다면 도리어 도가 사람
으로 인하여 비로소 있게 되는 것이 된다"는 의견을 피력한 것을 염두에 둔
말이다.

『혹문』에서는 여러 학자들의 견해에 대하여 털끝도 나누고 올 하나도 쪼
개는 작업을 하였는데 그것은 마치 『역』 「계사」에 "복잡한 이치를 찾고 숨
은 것을 찾으며 깊이 있는 것을 갈고리로 건져내고 멀리 있는 데까지 가닿
는다"에 해당하는 태도이며 수준이라는 것이다.

두보의 시에 "이미 그대와 뜻이 맞는 것을 알고 있지만, 새삼 뛰어난 공
인의 홀로 애쓰는 마음 깨닫네"에서 구절을 취하여 주희의 뛰어난 학덕과
더불어 마음의 외롭고 괴로움을 드러내었다.

　＊우옹은『중용장구』보다『중용혹문』이 주희의 최후 정론이라고도 하였
다. 그는 권사성과의 문답하는 서신 왕래에서 다음과 같은 견해를 피력하
였다. "『혹문』을 지은 것이 언제인지 확정되지 않았지만『장구』의 서문으로
살펴보면 마땅히 갑진년(1184) 다음이다. 그렇다면『혹문』의 내용이 또한
최후의 정론이 될 것이다."[55]

55　『송자대전』권39,「답권사성」1662년 壬午 9월 21일 "或問之作, 未知定在何年. 然
若以章句序觀之, 則當在甲辰之後. 然則或問, 又爲最後定論也."

110
『역』을 오로지 『본의』로 봄 [大易專看本義]

우옹은 시 읊기 좋아하지 않네	尤翁非是愛吟詩
『역』을 오로지 『본의』로 볼 때에 읊지	大易專看本義[56]時
억지로 현미롭게 하면 도리어 얕고 껄끄러우며	硬作玄微[57]還淺澁
곧장 점서로 보니 모두 평이하여	直爲占筮儘平夷[58]
여러 전문가의 천착을 모두 일소해 버렸네	諸家穿鑿都歸掃
정이 『역전』은 정당하나 생각이 많았으니	程傳[59]稱停[60]却費思
복희를 직접 만났다는 것 참으로 인정되네	親見伏羲[61]眞可許
우옹은 시 읊기 좋아하지 않네	尤翁非是愛吟詩

『본의』는 『주역본의(周易本義)』라고도 불리는데 주희의 저술 가운데 『사서집주』만큼이나 널리 읽히고 관심을 모은 것이다. 이 책은 역학에 관심을 가진 사람들에게 필독서가 되었는데 특히 정이의 『역전』과 함께 묶어 『주

---

56 本義본의: 주희의 『역』 해석서이다. 주희는 『역』이 본래 점서였다는 사실에 착안하여 정이의 『역전』에서 간과한 부분인 상수적 해석을 보완하여 해석하고 있다.

57 玄微현미: 위진 시대 왕필의 『역』 해석이 현학적 논리임을 말한다. 그는 한대의 상수적 해석을 일체 청소해 버렸다는 평을 받는다.

58 直爲占筮儘平夷직위점서진평이: 『역』을 복서(卜筮)의 책으로 보고, 상과 점으로 풀이하면 독해가 평이하다는 것이다. 주희의 관점이다.

59 程傳정전: 정이의 『역전』이다. 그는 모든 점사를 의리적으로 해석하고 있다. 따라서 다소의 견강부회가 보인다.

60 稱停칭정: 저울대가 평평하게 멈춘 상태. 매우 공정함을 뜻함. 문장의 글자 배열이 정당하다는 뜻으로도 쓰인다.

61 親見伏羲친견복희: 『역』을 연구하는 자는 8괘를 그은 복희를 직접 만나 그 취지를 알라는 권고이다. 주희의 「답원기중논계몽(答袁機仲論啓蒙)」의 "忽然夜半一聲雷, 萬戶千門次第開. 若識無中含有象, 許君親見伏羲來"에서 취한 것이다.

역전의』라고 불리고, 이후 이는 도학자들의 필독서처럼 인식되었다. 주희는 20여 년 동안의 각고 끝에 이 책을 완성하였다. 처음 여조겸의『고주역(古周易)』본을 권을 나누어 상·하경을 각 1권으로 하고 십익을 각각 1권으로 하여 모두 12권으로 하였다. 나중에 단전 상전 문언전 등을 각 괘효에 옮겨 붙였다.

『역』을 다소 현학(玄學)적으로 풀이한 학자들이 있다. 그들 중에 위진 시대의 왕필이 있는데, 그는 노·장의 이론으로『역』을 주석하면서 상수학적 해석을 일체 청소해 버렸다. 주희는 그의 해석에 동의하지 않고, 천박하고 난삽하다고 평가한다.

주희는『역』의 본래 취지를 찾으려는 노력을 시도하고 종래의 연구가 그 본래 의의를 잃어버렸다고 보았다. 즉『역』의 본래 용도가 점서였다는 관점에서 접근했다. 그리고 이렇게 볼 때『역』의 내용은 지극히 평이하다고 하였다. 이를테면 건괘 초효사인 '잠룡물용(潛龍勿用)'의 경우, 잠룡을 상(象)으로 삼고, 물용을 점(占)으로 본다. 괘를 펼쳐서 잠룡의 상을 얻은 사람은 마땅히 '쓰지 말아야 한다'는 것이다.『역』의 괘효를 이와 같이 보면 의미도 있고 조리도 있어 읽고 풀이하는 데 어려움이 없다는 것이다.

한대 이래의 여러 천착의 이론들에 대하여 주희 역시 모두 애매하고 현란하여 무슨 말을 한 것인지 알 수 없다고 하여 배제한다.

그는 유가의 의리로 해석을 시도한 정이의『역전』에 대하여 사용한 표현이 정확하고 논리가 물 샐 틈 없다고 칭찬하고 감탄한다. 그러나『역』의 본래 취지와 정이가 지향한 의리에는 역시 서로 관련되지 않는 병폐가 있다고 본다. 이는 정이가 점서의 책이라는『역』의 본래 용도를 제쳐 놓고, 해석에 있어서 상과 점을 분리하지 않은 때문이다. 정이의 해석이 비록 공정하고 정의롭기는 하지만 생각의 지나친 낭비이며, 천착이 있다고 본 것이다. 견강부회에 대한 염려인 것이다.

　주희는 『역』의 본래 취지를 제대로 알고자 한다면 복희씨를 직접 만나보는 것이 참된 해결책이라고 한다. 주희의 시에 "홀연히 한밤중에 한 번의 우렛소리 울리니, 만 개의 호(戶)와 천 개의 문(門)이 차례로 열리네. 만약 무(無) 속에 온갖 상[萬象]이 들어 있음을 안다면, 그대가 복희씨를 직접 만나봤음을 인정하리라."가 있다. 처음으로 팔괘를 그렸다는 복희씨를 직접 만나서 『역』의 진의를 확인하고 각자의 해석에 대한 인정을 받으라는 뜻이다. 역학사에서 복희의 심법을 직접 알아야 한다는 주장을 먼저 펼친 것은 소옹(1011-1077)이다.

　＊앞의 제31음에서 「포희씨를 직접 만남」을 읊었는데 여기서도 『역』의 이해에는 저자로 알려진 복희씨를 직접 만날 것을 권고하고 있다. 공자가 꿈에 주공을 만났듯이, 각 종교인들이 그 발상지를 성지로 여겨 고된 순례의 길을 나서듯이, 한글 학자가 꿈에 세종대왕을 만나듯이, 역학자는 복희를 직접 만나는 체험을 하여야 하며, 그리하여 그 본연의 뜻을 파악해야 한다는 것이 소옹, 주희, 그리고 우옹의 생각이다. 이는 『역』이 그만큼 이해하기 어렵다는 것을 표현한 것이라고 할 수 있다.

111
『시전』에 침잠하여 싫증내지 않음 [詩傳沈潛不斁]

우옹은 시 읊기 좋아하지 않네	尤翁非是愛吟詩
『시전』에 침잠하여 싫증나지 않을 때 읊지	詩傳⁶²沈潛不斁時
옛날에 『모시』와 『한시』가 있었으나 부회가 많고	舊有毛韓⁶³多傅會
한 때 정과 위의 음악을 높여 어긋나고 휘어졌네	時尊鄭衛⁶⁴轉離奇⁶⁵
아와 남을 이해하면 어찌 고루함을 근심하랴	雅南⁶⁶得理寧憂固⁶⁷
자하와 자공이 비록 멀지만 인정할 만하네	商賜⁶⁸雖遙可與歸
다시 밝은 창가로 향하여 우물을 읊조리니	更向明窓哦水井⁶⁹
우옹은 시 읊기 좋아하지 않네	尤翁非是愛吟詩

---

62 詩傳 시전; 『시집전(詩集傳)』이다. 『송사』· 예문지에 20권이 있다고 했는데 현재는 8권이 있다. 『시집전』에서 주희는 매 수의 제 1장 아래에 그 장을 해설하는 글을 두었다. 이는 독자에게 본문을 숙독할 것을 요구한 것이다.

63 毛韓 모한; 모장(毛萇)과 한영(韓嬰)으로 둘 다 서한 사람으로 『시외전』을 지었다.

64 鄭衛 정위; 춘추시대 정나라와 위나라의 민간 음악으로, 음탕하여 공자는 이를 추방하여야 한다고 하였다.

65 離奇 이기; 『사기』 권83 「추양열전·옥중상서」에 "뿌리와 가지가 구불구불 휘어진 나무도 임금의 총애를 받는 수가 있는데, 그 이유는 좌우에서 모시는 신하가 먼저 그 나무를 아름답게 꾸며주기 때문이다"라는 말이 나오는데 그 주에 '輪囷離奇는 屈曲盤戾也'라고 하였다.

66 雅南 아남; 『시경』의 「대아」 「소아」의 이아(二雅)와 「주남」 「소남」의 아남(二南)

67 憂固 우고; 固는 집체 고루이다. 『논어』 「양화」 "人而不爲周南召南 其猶正牆面而立也歟"

68 商賜 상사; 공자의 제자로, 자가 자하인 복상(卜商)과 자가 자공인 단목사(端木賜)를 병칭한 말이다. 시와 관련하여 『논어』 「학이」에 자공에 대한 칭찬이 있고, 「팔일」에 자하에 대한 칭찬이 있다.

69 哦水井 아수정; 哦는 '놀라다', '읊다'이다. 보통은 어기사로 많이 쓰인다. 『주자대전』 권4에 있는 시 「讀機仲景仁別後詩語因及詩傳綱目復用前韻」에 '解頤果値得水井 鑑

주희의 『시』 연구 결과물이 『시전(詩傳)』이다. 『시집전(詩集傳)』으로도 불리는 이 책은 한당 이래 『시』에 대한 잡다하게 얼크러진 이론과 견해들을 정리하였다. 우옹은 『시전』을 통하여 시를 읽고 이에 침잠하여 싫증을 느끼지 않는다고 한다.

『시전』에서 주희는 옛 서한 시대 모장(毛萇)과 한영(韓嬰)의 시 풀이는 부회가 심했다고 주장한다.

춘추시대 정나라와 위나라의 민간 음악은 매우 음탕하였고, 그래서 공자는 이것을 추방하여야 한다고 하였는데, 모장과 한영은 그렇지 않고 오히려 이를 높였다. 이러한 두 사람의 관점과 시에 대한 견해는 마치 "뿌리와 가지가 구불구불 얽히고 휘어진 나무와 같다"고 하였다. 견강부회라는 평도 가한다.

「대아」「소아」의 2아와 「주남」·「소남」의 2남을 알면 얽매임이나 고루함을 우려할 필요가 없다고 한다. 공자가 아들 백어(伯魚)에게 "사람이 되어서 「주남」과 「소남」을 배우지 않으면, 마치 담을 마주하고 서 있는 것 같다"라고 훈계하였다. 그 성정이 마치 담장을 마주 대하고 있는 것과 같이 무엇에 붙들리거나 막히거나 고루한 상태에 이르지 않으려면 『시경』의 「관저(關雎)」편 같은 것을 읽어야 한다는 것이다.

공자의 제자 가운데 자하와 자공은 시와 관련하여 칭찬을 받았다. 자공이 "가난하면서도 아첨하지 않고, 부유하면서도 교만하지 않은 사람은 어떠합니까?"라고 묻자 선생은 "좋기는 하지만 가난하면서도 즐기며 부하면서도 예를 좋아하는 것만은 못하다"라고 응대하였고, 자공이 얼른 '절차탁

___

古亦會朝宗川'이 있다. 주희 스스로 앞 구에 대해서 『시전』을 말한 것이고 뒷부분은 『강목』을 말한 것이라 했다. 여기서 취한 듯하다. "입을 벌림은 우물을 얻은 것 같고 옛것에 비추니 물이 한곳으로 흐름 같네"라고 한 것에서 미루어 보면 '哦水井'은 '우물을 읊다'이며, 여기서 우물은 『시전』에 수록된 시를 뜻하므로 결국 시를 읊는다가 된다.

마(切磋琢磨: 칼로 쪼개고 나서 다듬으며 쇠못으로 쪼고 나서 간 듯하다)'로 답을 하니 "자공과는 비로소 시를 함께 말할 수 있구나. 지나간 것을 말하여 주니, 오는 것까지 아는구나"라고 칭찬한 일이 있다. 자하는 스승이 '회사후소(繪事後素: 그리는 일은 바탕을 하얗게 한 다음이다)'라 하니 "예가 나중입니까" 물었고, 이에 대하여 "나를 흥기시켜 준 사람은 자하로다. 비로소 더불어 시를 이야기할 만하도다"고 칭찬한 일이 있다. 이들에 대하여 아직 수준이 크게 미치지 못하지만 인정할 수는 있다고 하였다.

　주희는 자신의 두 저서에 대하여 시로써 그 특징을 드러냈는데, 『시전』에 대하여 "입을 벌려 물을 얻는 우물을 노래할 만하다"고 하였고 『강목』에 대해서는 "옛날에 비추어 보니 물이 바다로 흐름을 알겠다"고 술회하였다. 우옹은 여기서 취하여 "다시 밝은 창가로 향하여 물이 있는 우물을 읊는다"고 하였다.

　＊주희는 『시』를 도학의 교재로 활용하였다. 그는 『시전』 「서문」에서 시를 공부하는 가장 좋은 방법으로 "장구를 강(綱)으로 삼고 훈고를 기(紀)로 삼으며, 풍영(諷詠)으로 노래하고 함유(涵濡)하여 체득하고 은미한 정(情)과 성(性)의 사이를 살피고, 추기(樞機)인 언행의 시초를 심리하면 몸과 가정을 수양하고 천하를 균평하는 도가 다른 데서 구할 필요 없이 여기서 얻어진다"고 하였다.[70] 『시경』의 본문에서 뜻을 구하고 남의 풀이나 관점의 영향을 받지 않으며 자신이 십분 절실하게 이해하라는 것이다.

70　주희 『시전』 「서문」 "章句以綱之, 訓詁以紀之, 諷咏以昌之, 涵濡以体之, 察之情性隱微之間, 審之言行樞機之始, 則修身及家平均天下之道, 其亦不待他求而得之于此矣."

112

전례를 오로지『의례경전통해』에 의거함 [典禮專依通解]

우옹은 시 읊기 좋아하지 않네	尤翁非是愛吟詩
전례를 오로지『의례경전통해』에 의거할 때 읊지	典禮專依通解[71]時
예법을 글로 농락하여 간인이 이익을 얻고	弄法舞文憸者利[72]
스승 의도 따르다 의리에 어긋나 도가 쇠퇴했네	師心悖義[73]道之衰
경을 전 위에 두니 크고 작은 벼리가 정리되고	以經乘傳綱維整[74]
일에 따라 문류를 나누니 서리들도 이를 아네	隨事分門吏胥知[75]
황간이 이루어 낸 속편은 그 공이 또한 크네	黃氏續編[76]功亦大
우옹은 시 읊기 좋아하지 않네	尤翁非是愛吟詩

---

71 通解 통해;『의례경전통해』이다. 이 책의 처음 이름은『의례집전집주』였다.『가례』5권,『향례』3권,『학례』11권,『방국례』4권 모두 23권, 42편이다.

72 弄法 농법;『수차』; 주희는 전례에 잘못이 있는 것이 아니라 도리어 간사한 자들이 문장을 꾸며서 법을 희롱하는 자료로 삼았기 때문이라 보았다.

73 師心悖義 사심패의; 후유들이 스승의 마음과 의도를 천착하고 의리에 어긋나게 풀이한 것이 많아서 수많은 예설과 예서가 나왔고, 그 결과 오히려 도가 쇠하여졌다고 보았다. 이것이 주희가『의례경전통해』를 편찬하게 된 이유이다.

74 以經乘傳綱維整 이경승전강유정;『의례』에 보면「사관(士冠)」「사혼례(士婚禮)」가 있는데『예기』에는「관의(冠義)」「혼의(昏義)」가 있다. 그러므로 주희가『의례경전통해』를 편찬할 때『의례』를 경(經)으로 앞에 두고『예기』의 각종 의(義)를 전(傳)으로 보아 그 뒤에 두었다. 다시 말하면 경이 전을 타고 있는 것처럼 했다. 이렇게 함으로써 그 취지의 맥락을 뚜렷하게 참고할 수 있고 조리가 정연하여 어지럽지 않다.

75 隨事分門吏胥知 수사분문이서지; 일의 성격에 따라서 가·향·방·국·왕 조례를 5편 60개로 문류 구분을 주희가 했는데 이렇게 함으로써 담당 서리들이 어렵지 않게 각 분야의 시행에 전문성을 갖게 되었다. 상·제례 두 편 30개의 문류 구분은 황간이 이어받아 한 것이다.

76 續篇 속편; 그는 생전에『의례경전통해』의 작업을 미처 완성하지 못했는데 그것을 황간에게 완성하라고 부탁하였다.

주희는 만년에 예서의 편찬에 집중하였는데, 그 결과가 『의례경전통해』
이다. 이는 『의례』를 경으로 삼고 『예기』와 그 밖의 여러 경전, 역사 및 여
러 책에 들어 있는 예에 대한 주장과 이론들을 경의 아래에 붙여두고 주소
및 여러 학자들의 견해를 나열하여 단서가 있게 한 것이다.

전례는 국가의 예식 또는 본보기가 될 만한 의식이다. 예학자 우옹은 일
반인의 관혼상제와 같은 예식은 『주자가례』를 중심으로 하였고 나라의 길
흉에 관한 공적 의식을 다룰 때는 『의례경전통해(儀禮經傳通解)』를 활용하
였다.

국가의 전례에 대하여 역사적으로 많은 논란과 사단이 생겼는데 이는 애
초 경에 담긴 전례 자체가 잘못된 것이어서가 아니라 이를 농단한 간사한
인사들의 잘못이다. 간인들이 멋대로 붓을 놀리고 문장을 억지로 꾸며 사
사로운 이해를 도모하려 했기 때문이다.

예학자들이 사실에 대한 고증 등 전거에 의하지 않고 그저 자신의 마음
의 판단에 의지하여 의리에 어긋나게 한 일도 많았다. 많은 종류와 분량의
예서들이 쏟아져 나왔지만 그것이 오히려 상당한 혼란을 일으켜 결과적으
로 정사를 어지럽히고 나라를 그르친 일이 많았다.

이것이 주희가 만년에 예학에 전념하여 『의례경전통해』를 편찬한 동기
이다.

주희는 이 책의 체제를 구성함에 있어서 의례에 있어서 경, 전, 그리고
의(義)를 구별하여 각각 그 위계를 정함으로써 뚜렷하고 정연하게 그 본래
의 취지를 이해하고 분별하게 하였다.

또한 일에 따라 문류(門類)를 분별하여 둠으로서 실제로 집행하는 관리
들이 혼란을 일으킴 없이 의전(儀典)을 수행할 수 있게 하였다.

주희는 생전에 이 일을 완수하지 못하게 되자 문인이며 사위인 황간에게
그 완성을 당부하였고, 황간이 이를 수행하였다.

  * 우옹은 효종에게 올린 「기축봉사」에서 『의례경전통해』가 국가에 하루
도 없어서는 안 될 책이므로 당시의 상장(喪葬)에 절실한 것을 상고하게 하
여 즉시 인쇄 간행할 것을 요청하였다. 이후원(1598-1660)[77]도 이의 간행
을 주청하여 1655년(효종 6)에 간행되었다.

  우옹의 재전제자인 한원진(1682-1751)[78]은 이 책에 여전히 미진한 부분
이 있다고 여겨 『의례경전통해보』를 저술하였는데, 11권 7책으로 1742년
에 간행하였다.

---

77 이후원(李厚源) 호는 우재. 김장생의 문인이다. 1650년(효종 1년) 효종의 북벌 모
의에 참모가 되어 전함 200척을 준비하는 등 북벌 계획에 앞장섰다. 그 뒤 1653년 도승
지로 『인조실록』 편찬에 참여하였고, 1657년 우의정 때 우옹을 이조판서, 송준길을 병
조판서에 임명하는 등 인재 등용에도 힘을 기울였다. 성품이 청렴하면서 절개가 곧았고
인화를 중히 여겼다.
78 한원진(韓元震)은 권상하의 문인으로 저술에 『의례경전통해보』 외에도 『주자언론
동이고』(1741) 『역학답문』 및 『장자변해』 등이 있다.

113
『한천4례』를 받들어 지킴 [敬守寒泉四禮]

우옹은 시 읊기 좋아하지 않네	尤翁非是愛吟詩
『한천4례』를 받들어 지킬 때 읊지	敬守寒泉四禮[79]時
수신·제가의 요령이 이를 벗어나지 않으며	修己齊家要不外
풍속 교화의 효과가 큼을 누가 알리	移風化俗效誰知
내용과 형식이 고금의 변화에 맞게 되었고	情文[80]旣適古今變
어울리는 맛과 채색은 단맛과 흰색이 바탕이지	和採尤宜甘白[81]姿
다시 수정하지 못했음은 참으로 불행이었네	味得再修[82]眞不幸
우옹은 시 읊기 좋아하지 않네	尤翁非是愛吟詩

---

79 寒泉 한천; 한천은 『시경』 「개풍」에 나오는 말로, 자식이 어버이를 잘못 섬긴 것을 자책하는 의미가 있다[爰有寒泉, 在浚之下. 有子七人, 母氏勞苦]. 이는 「시서(詩序)」에서 "일곱 자식이 효도를 극진히 하여 그 어머니 마음을 위로한 것을 찬미한 것"이라 하였다. 그래서 후세에는 '한천'이 모친에게 효경하는 자녀의 전거가 되었다. 주희가 모친의 장사를 치른 뒤에 세운 정사가 한천정사이다. 그가 세운 서원, 정사 가운데 첫 번째 사적인 교육기관이다. 그는 한천정사에서 『자치통감강목』, 『이락연원록』, 『근사록』, 『논어집주』, 『맹자집주』, 『논어혹문』, 『맹자혹문』 등을 저술하였다. 특히 1175년 여조겸이 갑자기 주희를 방문하여 두 사람이 주돈이, 정호, 정이, 장재의 서책을 연구하고 그들 학문의 크고 넓음과 깊고 정밀함에 감복하여 그 정화를 뽑아 후학들의 교재로 삼았는데 이것이 『근사록』이다.

80 情文 정문; 인정과 예문이다. 내용과 형식이라고 할 수도 있다.

81 和採-甘白 화채-감백; 『예기』 「예기(禮器)」편 "단맛은 온갖 맛을 조화시키며 흰색은 모든 색을 받아들인다. 충신한 사람이어야 예를 배울 수 있다.[甘受和 白受采 忠信之人 可以學禮]" 감(甘)을 감초로도 본다.

82 未得再修 미득재수; 『가례』가 40세경에 이루어졌는데 이를 어떤 아이가 훔쳐 갔고, 그것이 주희 사후에 비로소 나타났기에 주희가 미처 수정을 하지 못했다. 이 이야기는 문인 양복의 주에 나온다.

『한천4례』라고 하는 것은 『가례』 또는 『주자가례』로도 불린다. 주희는 1170년 1월에 모친 축(祝)부인을 복건성 건양현 뒷산 천호(天湖)의 양지쪽에 장사 지내고 그곳을 '한천오(寒泉塢)'라고 명명했다. 한천은 『시경』 「개풍(凱風)」에 나오는 말로, 자식이 어버이를 잘못 섬긴 것을 자책하는 의미가 있다. 이때 주희는 『가례』를 편집하였는데 어머니 장례를 치르면서 당시 상황에 맞는 예식의 필요를 느꼈기 때문이다. 가례는 관·혼·상·제가 중심이기 때문에 4례라고 했는데 이는 기본적으로 사·서인의 가정의례이다.

『가례』는 그 내용은 수기(修己)와 제가(齊家)의 요령을 벗어나지 않으며, 풍속을 바꾸고 교화하는 데 가장 효과가 큰 것이었다.

주희는 이 책을 편집하면서 전통 의례를 바탕으로 하면서도 당시의 실정에 맞게 내용과 형식을 바꾸었다.

『가례』는 그 바탕에 충(忠)과 신(信)의 덕을 두고 있다. "단맛이 모든 맛의 근본이라서 온갖 맛을 조화시키고, 흰색은 모든 색의 근본이라서 어떤 채색이나 받아들이듯이 오직 충실하고 신실한 사람이라야만 예를 배울 수가 있다"는 말이 「예기(禮器)」편에 있다. 맛에 있어서 단맛, 색깔에 있어서 흰색은 충과 신에 해당한다는 것이다.

이 책은 초고가 이루어진 상태에서 도난당했다가 주희가 죽은 다음에 나타났다. 30여 년 동안 숨겨져 있었던 것이다. 그래서 주희 생전에 수정이 이루어지지 못했고, 따라서 그 완결성이 다소 떨어지는 아쉬움이 있다.

*『가례』는 성리학과 더불어 고려 말에 전래되고 조선 시대 국가 정치와 교육의 기본 강령으로 수용되면서 그 준행이 강요되어 왕가와 조정 중신에서부터 사대부의 집안으로, 18세기 중엽 이후에는 다시 일반 서민에까지 보급되기에 이르렀다.

수용 확대 과정에서 이 『가례』가 당시 실정과 맞지 않는 부분이 많이 드

러나면서 예에 대한 많은 의문과 논란이 제기되고 나아가 예송(禮訟)이 빈
발하는 상황이 벌어졌다.

이 책은 예학과 예학파를 형성하게 하여 조선유학의 큰 특징을 이루기도
하였고 예와 효를 숭상하는 문화를 형성하는 데 크게 이바지하였다.

우옹은 병자호란 후 1637년 충청도 황간 월류봉 아래 초가 몇 칸을 짓고
은거하면서 한천이라는 이름의 정사를 지어 공부하고 찾아온 학자들과 강
학하였다. 훗날 문인들이 그곳에 한천정사(寒泉精舍)를 지었다.

월류봉과 한천정사; 병자호란 후 우옹이 영동군 황간면에 있는 월류봉 아래에 정사를 지어 놓고 학문에 전념했다. 훗날 문인들이 이곳에 사당을 지어 그의 학덕을 기렸다. 월류봉 아래 흐르는 물은 여름에도 매우 차가워 냉천(冷泉)이라 불리기도 하였으며, 정사의 이름은 주희의 한천정사를 본 뜬 것이다.

114
늘『통감강목』을 봄[常看綱目]

우옹은 시 읊기 좋아하지 않네	尤翁非是愛吟詩
시는 늘『통감강목』을 볼 때 읊지	詩是常看綱目[83]時
사마광과 호인에 근거하여 역사의 죄를 물었으니	據了溫胡輸有罪[84]
귀신에게 물어봐도 더 이상의 의심이 없네	質諸神鬼更無疑[85]
흥망과 선악에 상을 주고 벌을 주는 필법	興亡善惡褒誅筆[86]
왕도와 패도, 중화와 이적은 흑백의 바둑판	王伯華夷白黑棋
애석타! 책이 완성되어도 기린이 이르지 않은 것이	可惜書成麟不至[87]
우옹은 시 읊기 좋아하지 않네	尤翁非是愛吟詩

---

83 綱目 강목:『자치통감강목』을 말한다.『자치통감강목』은 주희가 제자인 조사연과 함께『자치통감』을 검토하고 그 밖의 역사서를 참고하여 오류를 시정하고 누락된 것을 보충하고 번거로운 것을 깎아내어 간략하게 하여 본래 294권이었던 것을 59권으로 만든 것이다.

84 溫胡 온호: 사마광과 호인(胡寅 1098-1156)이다. 사마광은『자치통감』을 저술했고, 호인은『독사관견(讀史管見)』을 저술했다. 그는 치당선생(致堂先生)으로 불렸고 호안국의 조카다. 주희는『강목』의 저술에 이 두 사람의 저술을 많이 비판적으로 참조하였다.

85 質諸鬼神更無疑 질저귀신경무의:『중용장구』제29장 "故君子之道 本諸身, 徵諸庶民, 考諸三王而不繆, 建諸天地而不悖, 質諸鬼神而無疑, 百世以俟聖人而不惑. 質諸鬼神而無疑, 知天也. 百世以俟聖人而不惑, 知人也."

86 褒誅筆 포주필:『강목』에서 주희가 공자의『춘추』의 경우처럼 역사적 흥망과 선악을 직필로 포폄하였다는 것이다.

87 麟不至 린부지: 공자가『춘추』집필 중에 기린이 잡혔다고 하는데, 주희의『통감강목』이 완성되었음에도 기린이 나타나지 않았음을 우옹이 애석해한 것이다. 이는 우옹이 공자의『춘추』와 주희의『강목』을 같은 수준으로 평가한다는 취지이다.

역사철학 분야에 있어 주희의 공헌은 『통감강목』의 저술이다. 이 저술은 사마광의 『자치통감』의 오류나 결락된 부분을 시정하고 보충한 것뿐만 아니라 강(綱)을 두어 빨리 보는 데 이롭고 목(目)을 두어 동일한 사건에 대하여 그 전후 인과관계를 살필 수 있게 했다. 주희는 구체적 사실에 대하여 구양수, 호안국, 범중엄, 양시 등의 평가를 취사하여 사실의 기록 뒤에 붙임으로써 독자들의 이해를 돕게 하였다. 이른바 강목체라고 하는 새로운 역사 기술 형식을 제공하여 독자가 일목요연하게 역사의 큰 흐름과 세부적인 내용을 체계적으로 파악하게 하였다.

이 책에서 주희는 『통감』의 저자인 사마광, 의견을 보탠 호안국에게 그 잘못을 묻고 있다. 『강목』은 누구나 다 읽기 쉽게 새로 편집한 것에 그친 것이 아니고, 그 잘못을 밝히고 시정한 것이다. 주희는 조조와 위(魏)를 정통으로 인정한 사마광에 대하여 『강목』에서 큰 글씨로 따로 써서 비판하고 역사의 정통성을 촉에 두었다.

『강목』 안에 담겨진 내용은 귀신에게 다시 질정해도 아무런 의심이 없을 만큼 확실하다고 우옹은 평가한다. 이는 주희가 하늘의 뜻을 잘 알고 있었다는 것이다.

역사 속에서 흥왕하고 멸망한 사실, 선하고 악한 일에 대한 엄정한 포상과 주벌이 가해졌으며 왕도와 패도, 중화와 이적의 가치가 마치 바둑판 위의 흑백의 돌처럼 선명하게 드러났다고 한다. 이는 그가 인사에 대하여 정확한 이해를 갖고 있었음을 인정한 것이다.

우옹이 애석하게 여기는 일이 있다. 공자가 『춘추』를 집필할 때 기린이 나타났고 그것을 계기로 집필을 끝냈다고 하는데, 주희의 『강목』 저술이 완성되었음에도 끝내 기린이 나타나지 않았기 때문이다. 이는 우옹이 주희의 『강목』을 공자의 『춘추』에 맞먹는 사업으로 평가하고 있음을 드러낸다.

  * 우옹은 '늘『강목』을 보았다'고 하였다. 이는 이 시를 짓기 이전을 말한
것이지만, 이 시를 쓰고 난 10년 후인 83세 되는 1689년 3월 제주에 유배되
어 위리안치 되었을 때도 매일 손자 주석과 함께 『주자대전』·『주자어류』·
『역학계몽』과 더불어 『강목』을 보았다고 하였다. 이는 그가 얼마나 역사적
사실에 대한 이해와 그 평가에 주의하였는지를 알게 하는 부분이다.

115
『이락연원록』에 믿음이 감 [錄有淵源信及]

우옹은 시 읊기 좋아하지 않네	尤翁非是愛吟詩
『이락연원록』에 믿음이 갈 때 읊지	錄有淵源[88]信及時
끊어진 학문을 다시 잇는 자 없음을 탄식함에	絶學[89]堪嗟無有繼
사문이 여기에 있음을 누가 알았으랴	斯文[90]誰識在於茲
빗장 뽑고 자물쇠 열듯 어리석음을 깨치며	抽關啓鍵開蒙吝[91]
도를 밝히고 저술한 것 공자에 이어졌네	明道立言接聖尼
연원이 멀어져 끝이 나뉨은 어찌할 수 없지	源遠末分[92]無可奈
우옹은 시 읊기 좋아하지 않네	尤翁非是愛吟詩

---

88 錄有淵源 녹유연원; 『伊洛淵源錄』을 말한다. 이 책은 주희가 1173년에 지은 책으로 14권으로 구성되어 있다. 주희의 「答呂伯恭書」에 따르면 선현의 사적들이 없어져서 문집을 모으고, 찾아내어 성학의 도를 번성하게 하기 위함이라고 그 동기를 밝히고 있다. 낙양 출신 정호·정이 형제 및 그 제자들의 학술 사상을 드러내고 이를 도학의 정통으로 삼기 위해 저술한 것이다. 신뢰할 수 있는 자료를 보존하고 있다는 평판을 듣는다. 『원사』의 「도학전」, 「유림전」은 이 책을 근거로 만들어졌다.

89 絶學절학; 학문이 끊어짐. 장재의 글에 "옛 성인을 위하여 끊어진 학문을 잇고[爲往聖繼絶學]"가 있다. 『장자전서』 권14 「근사록습유」

90 斯文사문; 유학을 가리키는 말이다. 『논어』 「자한」편에서 공자가 광 땅에서 일단의 무리에 포위되어 위기에 처했을 때 "하늘이 이 사문을 버리지 않는다면 광의 사람들이 나를 어찌지 못할 것이다[天之未喪斯文也 匡人 其如予何]"라고 하였다.

91 蒙吝몽린; 『역』 「몽괘」 94효가 "곤란함이 몽매 속에 있으니 부끄러움을 겪는다[困蒙, 吝]"이다.

92 源遠末分원원말분; 한유가 "공자의 도는 크고 능히 넓다. 문인 제자가 두루 보고 다 알 수가 없었다. 그 후 흩어져서 여러 제후국에 나뉘어 있었는데 각각 그가 배운 것으로 학문을 전했다. 그러므로 원류는 멀고 말단에서 더욱 나뉘었다[大而能博. 門弟子不能遍觀而盡識. 其後離散分處諸侯之國. 各以其所學授學者. 故源遠而末益分]"고 하였는데 여기서 취하여 도학의 연원과 그 말단의 관계를 말한 것이다.

　주희의 저술『이락연원록』은 선현의 사적들이 없어져 가는 상황에서 문집을 모으고, 찾아내어 그 흐름을 밝히기 위해서 편찬한 것이다. '이락'은 이수(伊水)와 낙수(洛水)가 흐르는 낙양을 가리키고, 이곳 출신인 학자들의 사상을 드러내어 성리학의 정통으로 삼기 위해서이다.

　이 책에서 다루고 있는 인물들은 주돈이, 소옹, 장재, 정호·정이를 비롯하여, 양시, 사량좌, 유작(游酢), 여대림 등 정호·정이 문하의 4선생, 그리고 범조우, 오희철, 호안국 등 이들과 교유하거나 문인 제자에 이르는 46인이다. 주희는 각 사람들의 사장(事狀), 행장, 연보, 묘지명 등의 문헌을 첨부하여, 그들의 생애를 서술하고 있다.

　성인의 학문이 끊어졌음에도 천여 년이 지나도록 다시 이어짐이 없음을 다들 안타까워했지만 주희가 이 책을 통하여 도학이 이어지고 있음을 밝혀냈다는 것이다.

　이 책을 본다면 누구라서 참다운 유학이 여기에 전해지고 있음을 모르겠느냐는 것이다.

　주희가 단단히 잠긴 대문의 빗장을 뽑아내듯 자물쇠를 열어젖히듯 사람들의 몽매함으로 인한 곤란함과 부끄러움을 깨쳐주었다고 믿는다.

　더불어 이들이 남긴 도를 밝히는 말씀들이 공자에 직접 닿아 있음을 알게 하였다.

　원천에서 솟은 샘물이 시간이 지나면서 여러 지역을 흐르게 되면 갈래가 생기기도 하고 다른 지류의 물이 합류하기도 한다. 공자로부터 이미 시간이 1,500년이 더 흘렀다. 유학에는 그 사이에 많은 이단과 사설이 등장하였다. 혼란이 생기고 변질이 되는 일도 피하기 어려웠다. 진실된 추종자도 있고 본연의 것이 어떤 것인지를 다시 드러내는 사람도 나타났다. 그들이 밝히고 그들이 설명한 말들이 주희에 의하여 체계적으로 또 통합적으로 편집되어 공부하는 사람들에게 편의를 제공하였다.

* 청대에 나온『사고전서총목제요』에서는 도학의 종파를 이야기한 것과 도학의 문호를 나눈 것이 이 책『이락연원록』에서 시작한다고 평하였다.

조선에는『동유사우록(東儒師友錄)』이 있다. 이는 삼국시대 설총부터 조선의 이이 성혼 등에 이르기까지 우리나라 도학의 사우(師友)관계 및 그 연원을 찾아 편집한 것이다. 『명현록(名賢錄)』으로도 불리는 이 책은 우옹과 교류가 깊었던 박세채(1631-1695)가 시작하여 그의 제자인 이세환(1721~?)의 보완을 거쳐 완성되었다.

또한『동유학안(東儒學案)』이 있다. 하겸진(1870-1946)이 우리나라 선현들의 학문과 연원을 체계 있게 정리한 이 책은 상·중·하편 3책으로 되어 있고 신라 고려시대의 유학자, 초기 성리학자, 이황과 그 문인 및 사숙학자, 조식과 그 문하생, 정구와 장현광, 유치명·이진상, 이이·성혼과 그 문하생, 호락학파, 실학파, 수도(守道)한 유학자, 청은(淸隱) 유학자 등으로 분류하고 그 학설을 수록하였다.

116
『명신언행록』을 열람함 [看閱名臣言行]

우옹은 시 읊기 좋아하지 않네	尤翁非是愛吟詩
『명신언행록』을 열람할 때 읊지	看閱名臣言行[93]時
그들이 펼친 재능을 화하의 백성이 신뢰하였고	啓創才能華夏賴
이루어 낸 치평의 공업은 짐승들도 아네	治平功業羽毛知
체와 용을 겸전한 경우가 드물고	雖然體用兼全[94]鮮
가끔 처음과 나중이 다소 의심스럽기도 하지만	或有初終多少疑
한기를 간기라고 한 것은 정이의 말이지	間氣韓公[95]程氏語
우옹은 시 읊기 좋아하지 않네	尤翁非是愛吟詩

---

93 『名臣言行명신언행』. 주희가 송대의 훌륭한 신하들의 선행과 가언을 뽑아 편집하여 『5조명신언행록』 10권, 『3조명신언행록』 14권을 지었는데, 이를 합쳐서 『주자대전』에서는 『팔조명신언행록』이라고 하였다. 여기에 이유무(李幼武)가 51권을 더 보완하여 모두 75권으로 만들었다. 북송 이래 남송까지 225인이 들어 있다. 초고는 1172년에 이루어졌다. 주희는 서문에서 "국조 명신들의 언행을 보니 세상을 교육하는 데에 도움이 되는 것들이 있다. 그것들이 여기저기 흩어져 있어 통일되지 못하여 시종과 표리의 온전함을 볼 수 없고 허탄한 이야기에 빠지기도 하였다. 내가 이것을 안타깝게 여겨서 그 요령이 되는 것을 취하고 모아서 이 기록을 만들어 보기 편하게 했다."고 했다.

94 體用兼全 체용겸전; 체와 용 둘 다 겸하여야 한다는 것이다. 전체대용(全體大用)이라 하듯 체는 완전하고 작용은 극대화되어야 한다고 주희가 말했다. 유학자에게 있어서 수신이 체 공부라면 치인은 용 공부에 속한다.

95 間氣韓公 간기한공; 간기는 영웅호걸은 위로 하늘의 별 움직임에 응하고 천지 사이의 특수한 기를 품수하였으며 오랜만에 세상에 나왔다고 여겨 쓰는 말이다. 한공은 송 인종·신종 때의 명재상인 한기이다. 명성이 높아서 인심이 귀의하고 조정이 의지하여 중하게 여겼다. 『송사』 「한기열전」에 어떤 사람이 이천에게 "위공 한기 같은 분은 배울 수 있습니까? 하고 물으니 '위공은 그대로 천지 사이의 기이다'"라고 대답하였다.

주희는 송대의 8조대에 걸친 명신들의 언행록을 편찬하였다. 그들의 언행과 자취들이 세상을 교화하는 데 도움이 되는 것들이 많으나 여기저기 문헌에 흩어져 있으므로 이를 한 곳에 모아 보기에 편리를 주기 위해서였다. 이외에도 그 자료들이 충분하지 못하여 '시작과 끝, 안과 밖의 완전함을 볼 수 없음'과 더불어 허탄한 이야기도 끼어 있었기 때문이었다.

수록된 인물들은 송대에 재능과 품격이 뛰어나 천하의 백성들이 칭송하는 관리들이다.

치국·평천하를 위해 애쓴 그들의 공적은 심지어 산야의 새들도 들짐승들도 인정하는 수준이라 한다.

그런데 여기에 수록된 명신들 가운데는 체(體)와 용(用)을 온전히 갖추었다고 하기 어려운 경우도 있다. 덕은 갖추었으나 실행의 도가 모자란 경우도 있고 때를 잘 만나 큰 업적은 이루어 냈으나 덕이 뒷받침하지 못한 경우도 있다.

처음과 나중에 그 행적과 말에 있어서 다소 의문이 있는 경우도 없지 않다. 몇몇은 후세에 논쟁이 일어나기도 했다. 왕안석, 조보(趙普), 여혜경(呂惠卿) 등은 그 행한 일과 풍격이 소인에 가깝다고 「사고전서총목제요」에서도 문제를 제기했다.

수록된 명신 가운데 한기(韓琦 1008-1075)는 정이가 천지의 맑은 기를 품수한 참으로 오랜만에 한 번 세상에 나오는 인물이라고 하였다.

* 주희가 『명신언행록』을 편찬할 때 중시한 것은 엄격하고 근실한 역사학적 태도와 세상을 교화하는 데 도움이 되는 것이었다고 하였다. 그들 개개인에 대한 주희 자신의 평가는 수록하지 않았다. 『명신언행록』을 조선에서는 1666년 호남관찰사로 있던 민유중이 중간(重刊)했다. 그 때에 우옹은 그 발문을 쓴 일이 있다. 이때 간행한 것은 이유무가 만든 『속집』이었다. 그

가『속집』에 수록한 주돈이와 정호 · 정이 이하는 주희가 당초에『명신언행록』에 넣지 않았다. 이들은『이락연원록』에 들어 있었다. 이것은 주희 나름의 깊은 뜻이 있는 것인데, 이유무가 이 책 끝에 함께 편집한 것을 우옹은 매우 안타깝게 여겼다. 이전 사람의 말과 행실을 많이 아는 것이 진실로 성학(聖學)의 요령이 되므로 그것을 거울로 삼아 경계함이 적지 않지만 이 책을 볼 때는 주돈이·정호·정이 이하는 따로『연원록』을 보아야 하고 이들을 조보(趙普)·조빈(曹彬)·문언박·부필의 서열에 섞이지 않게 하여야만 대일통의 의리에 또한 도움이 된다고 하였다. 주희는『이락연원록』과『명신언행록』을 편집함에 있어 한쪽은 도학의 이론적 학문적 측면을 기준으로 삼았고, 다른 하나는 도학의 실천적 측면을 고려했다.

117
『초사집주』를 봄 [看到楚辭集註]

우옹은 시 읊기 좋아하지 않네	尤翁非是愛吟詩
『초사집주』를 볼 때에 읊네	看到楚辭集註[96]時
굴원은 해와 별과 더불어 그 빛을 다툴 만하고	人與日星光可竝[97]
『이소』는 풍과 아를 겸하여 의의가 『시경』과 같네	騷將風雅[98]義差齊
왕일과 홍흥조가 오류를 이어 공수가 어려우나	王洪[99]承誤難攻守[100]
말의 이치가 진실하니 포위망의 곤경에서 풀렸네	辭理歸眞得解圍[101]
천 년 만에 다행히도 자신을 아는 자를 만났으니	千載幸逢知我者
우옹은 시 읊기 좋아하지 않네	尤翁非是愛吟詩

---

96 『초사집주』는 주희가 1198년에 편찬한 주석서로, 「초사집주(楚辭集注)」, 「초사변증(楚辭辨證)」, 「초사후어(楚辭後語)」의 세 부분으로 구성된다. 『초사집주』는 왕일과 홍흥조의 자구 중 뜻이 온당하지 못한 것에 자신의 견해를 첨가했고, 「초사변증」은 『장구』와 『보주』의 오류를 정정하여 실은 책이고, 「초사후어」는 북송의 조보지가 집록한 『속초사』, 『변이소』 두 책의 작품 52편을 수록한 것이다.

97 日星光可幷 일성광가병: 사마천이 『사기』 「굴원열전」에서 회남왕 유안의 말 "비록 해와 달의 빛과 다툰다 해도 된다[雖與日月爭光可也云]"를 인용하여 굴원의 『이소』를 평가한 것이다.

98 騷將風雅 소장풍아: 회남왕 유안은 『시경』의 국풍은 "호색하지만 음란하지 않음[好色而不淫]"이라 했고, 소아는 "원망하고 비방하나 어지럽지 않다[怨誹而不亂]"라고 하였는데, 『이소』는 이 두 가지를 겸하였다고 했다.

99 王洪 왕홍: 왕일과 홍흥조이다. 왕일의 『초사장구』는 가장 이른 시기의 완정한 주석본으로 후세에 대단한 존중을 받았다. 홍흥조의 저서에 『초사고이』, 『초사보주』, 『논어설』 등이 있다.

100 攻守 공수: 후한의 하휴가 『춘추』 삼전에 대한 3책 『공양묵수(公羊墨守)』, 『좌씨고황(左氏膏肓)』, 『곡량폐질(穀梁廢疾)』을 저술하였는데, 정현이 이를 읽고 논박하여 수정을 가하자 하휴가 "나의 방에 들어와서 나의 창을 잡고서[操戈入室] 나를 치는구나" 하고 탄식했다. 『후한서』 권35 「정현열전주」.

초사는 전국시대 초나라 시인 굴원이 창작한『이소』를 대표작으로 하는 새로운 시가 체재로서 초나라 지방의 특색이 있는 음악 방언 명물을 지니고 창작되었다. 서한의 유향(劉向 BC 79-BC 8)이 편집하여『초사집』이 이루어졌고, 동한의 왕일(王逸 ?-?)이 늘리고 보탰으며 장을 나누고 여기에 주석을 가하여『초사장구(楚辭章句)』를 이루었다.

『초사집주』는 주희가 왕일의『초사장구』와 송대의 홍홍조(1090-1155)의『초사보주(楚辭補註)』를 참고하여 1198년에 편찬한 주석서이다. 자구 중 뜻이 온당하지 못한 것에 자신의 견해로 주석하였고, 앞의 두 책의 오류를 정정하였다.

우옹은『초사집주』를 보고 사람이 해와 달과 더불어 그 빛을 다툴 만하다고 높이 평가한다. 이는 초사를 지은 시인들에 대한 예찬인데 특히 굴원을 지칭한다.

더불어『이소』는『시경』의 풍(風)과 아(雅)를 겸하였다는 회남왕 안의 평가를 인정한다. 곧 국풍은 "호색하지만 음란하지 않음"이라 했고, 소아는 "원망하고 비방하나 어지럽지 않다"라고 하였는데,『이소』는 두 가지를 겸하였다는 것이다.

왕일과 홍홍조에 대해서 그들 스스로가 오류를 이었으니 공격과 수비가 모두 어렵다고 하였다. 이는 주희가 그들의 무기로 그들을 공격하는 양상이라고 우옹이 본 것이다. 왕일 홍홍조와 주희의 관계는 마치 하휴와 정현의 관계와 같다는 것이다.

---

101 解圍 해위: 진(晉)의 왕헌지가 손님과 어떤 일로 토론을 하는데 손님에게 몰려 곤경에 처하게 되자, 그의 형 왕응지의 처 사도온이 "작은 서방님을 위하여 포위망을 풀어 드리겠습니다" 하고서 푸른 비단 장막을 쳐서 자기 몸을 가리고 왕헌지가 앞서 한 말을 이어 변론하니, 그 손님이 꺾지 못하였다고 한 데서 온 말이다.『진서(晉書)』권 96,「열녀열전」.

주희의 『초사집주』가 있음으로 인하여 초사의 이치가 그 바른 취지로 돌아가고 둘러싼 오해가 풀렸다고 우옹은 평가한다. 주희는 서문에서 왕일의 『초사장구』에 대하여 "당대에 펴지 못한 굴원의 답답한 심경이 또 매몰되어 후세에 밝혀지지 않았다"고 하였는데, 이는 그 한계를 지적한 것이다. 우옹의 시각에 따르면 굴원은 참으로 천 년 만에 자신을 아는 자, 주희를 만난 셈이 된다.

＊주희의 『초사집주』에는 성리학적 해석이 가미되어 있다. 그래서 조선의 문인들은 이를 적극적으로 수용하였다. 「독초사집주(讀楚辭集注)」를 쓴 성해응(成海應 1760-1839)이 대표적 인물이라고 할 수 있다.[102]

---

102 성해응 『연경재전집속집』 책14. 독서기, 「독초사집주」. 성해응은 자는 용여(龍汝)이고 호는 연경재(研經齋)이다. 규장각 검서관(檢書官)으로 시작 내각에 봉직하면서 이덕무·유득공·박제가 등 북학파 인사들과 교유하고 각종 서적을 광범위하게 섭렵, 학문의 바탕을 이룩하였다. 나중 금정찰방, 음성현감을 지냈다. 1825년 『존주휘편(尊周彙編)』의 편수를 마쳤다. 훈고·고증을 바탕으로 하면서 "한학과 송학의 요점을 잡아 박문약례의 교훈으로 돌아간다"는 주장을 펼쳤다. 『예기』와 『시경』에 대한 저술이 많다.

118
무슨 일로『참동계고이』를 지었나 [何事參同考異爲]

우옹은 시 읊기 좋아하지 않네	尤翁非是愛吟詩
무슨 일로『참동계고이』를 지었나	何事參同考異[103]爲
『역』의 이치는 그 포함한 것이 큰 바다 같은데	易理包函如大海
위백양의『참동계』가 삐져나와 웅덩이를 만들었네	魏書[104]橫出作洿池
곁에서 문자를 찾는 것은 오히려 사랑할 만하고	傍尋文字猶堪愛
성인의 문에 들어왔으면 내쫓을 필요 없지	置在門墻不必麾[105]
추흔이라는 자호는 참으로 멋진 희롱이지	自號鄒訢[106]眞善戲[107]
우옹은 시 읊기 좋아하지 않네	尤翁非是愛吟詩

---

103 參同考異 참동고이:『참동계고이』로 1권, 한 위백양이 지은『참동계』를 주희가 그 내용 등을 교정하고 해설한 것이다. 오대 때에 팽효(彭曉 ?-954)가 쓴『주역참동계분장통진의(周易參同契分章通真義)』의 서문에서 위백양에 대한 내용과 책이 이루어진 과정을 수용하면서도 팽효의 분장 주해의 방식에 동의하지 않았다.『참동계고이』는 장을 나누지 않았다.

104 魏書 위서; 후한 때 위백양이 지은『참동계』를 말한다.

105 置在門墻不必麾 치재문장불필휘; 양웅의「법언」「수신」에 "在夷貉則引之 倚門牆則揮之"가 있는데 이맥(夷貉)은 오랑캐이고 문장(門墻)은 문하, 문정과 같은 의미이다. 한유의「송부도문창사서」에 "이단의 학설을 주장하는 자가 사문에 들어와 있으면 쫓아버려야 하겠지만 오랑캐 땅에 있는 자라면 이끌어 들여야 한다[在門牆則揮之 在夷狄則進之]"라고 하였는데, 글자가 다소 달라졌다.

106 鄒訢 추흔; 주희는『참동계고이』발문 끝에 '공동도사추흔(空同道士鄒訢)'이라고 표기했다. 鄒訢은 주씨(朱氏)가 주(邾)에서 나왔고 대체로 邾는 모두 추(鄒)에 근본을 두고 있어 朱를 鄒로 쓴 것이고,『예기』의 '천지흔합(天地訢合)'을 정강성이 '흔창위희(訢敞爲熹)'라고 했기에 희를 흔이라고 한 것이다. 주희는 또「공동부」를 지은 적이 있는데 이는 양웅의 '공동무물(空同無物)'이라는 말에 근본을 두고 있다.

107 善戲 선희;『시경』「위풍·기욱」의 위 무공을 기린 시가 그 전거이다. "희롱과 해학을 잘하나 나쁘게는 하지 않는다[善戱謔兮 不爲虐兮]." '학(謔)'은 '言'과 '虐'을 따라

주희의 만년 저작 가운데 『참동계고이』가 있다. 이는 한대 위백양의 『참동계』를 풀어 설명한 것이다. 주희에 따르면 '참(參)'은 '섞인다[雜]'이고, '동(同)'은 '통한다[通]'이며, '계(契)'는 '합치한다[合]'이다. 『역』과 더불어 이치가 통하고, 의가 합치한다는 것을 말한 것이다.

주희의 해설은 간략하고 시원하고 분명하여 취할 곳이 많아 후세의 학자들이 자못 높이 평가하고 받든다.

우옹은 주희가 왜 『참동계』를 주석했는지 묻는다. 이는 이 책을 역학사에서 방계의 학술로 보기 때문이다.

그는 물음에 대하여 스스로 답을 내놓는다. 『역』은 큰 바다와 같고 『참동계』는 거기서 삐져나온 웅덩이와 같다는 비유이다. 『역』과 『참동계』가 근원을 같이하는 것으로 서로 규모의 차이가 있음을 말한 것이다.

『참동계』에서 훌륭한 문자를 찾는 일은 해볼 만한 일이라고 한다. 이는 주희가 『참동계』의 문장이 지극히 좋다고 칭송한 것을 두고 하는 말이며, 고서의 문장을 익히고자 하는 그의 의도도 수용하는 것이다. 주희는 『참동계』 원문에 대해서 "그 사이에 의심되고 밝히지 못한 곳이 있는데, 다 해소할 수 없다"고 하면서도 『참동계』를 칭찬하여 "문장이 지극히 좋다. 후한 시대의 문장에 능한 사람의 저작이다. 그 문자의 사용이 모두 고서에 근거를 두고 있어서 오늘의 사람이 풀어낼 수 있는 것이 아니다"라고 하였다.

일단 성인의 문에 들어왔으면 굳이 내쫓을 필요가 없다는 말로 주희 저술의 의도를 이해한다. 위백양이 도사이지만 단학(丹學)을 갖고 『역』의 이론으로 들어와 한 일이니 한유의 이단 대응 방식에 따라서 굳이 배제할 필요가 없다는 것이다.

글자가 만들어졌다. 무공의 해학은 정사에 해로운 것이 없었던 까닭에 "나쁘게 하지는 않는다" 하였다.

주희는 이 책의 저자명을 자신의 이름 주희(朱熹) 대신에 '공동도사 추흔
(空同道士鄒訢)'으로 하였다. 그가 「공동부(空同賦)」[108]를 지은 적이 있고 주
(朱)와 추(鄒), 희(熹)와 흔(訢)이 서로 연관을 갖고 있는 글자이기 때문이
다. 의도적으로 이름을 감춘 것이라고 할 수도 있는데 우옹은 이를 멋진 해
학이라는 시각에서 평한다.

* 우옹과 그의 문인 최신 사이에 『참동계』를 두고 나눈 대화가 있다.[109]

우옹: "주자께서 노경(老境)에 오래 살고자 하여 『참동계』를 공부하였으나
　　　장수하지 못한 것은 무슨 까닭인가?"
최신: "『참동계』는 이단이라 말할 수 없습니까?"
우옹: "신선설과 똑 같으니 이단이라 말하는 것이 옳다."
최신: "그러하다면 주자께서 몸소 『참동계』를 공부하신 것은 무슨 까닭입
　　　니까?"
우옹: "『참동계』의 '대낮에 하늘로 날아오른다'는 말은 신선술이라 할 수 있
　　　다. 그러나 모두 『역』의 이치로써 천지조화를 사용한 것이다. 주자께
　　　서는 학문과 도덕이 지극한 경지에 이른 뒤에 『역』의 이치를 통하고
　　　는 『참동계』 공부를 하셨으니 당연하지 않겠는가."

108 공동부(空同賦): 『주자대전』 권1. 주희가 공동산을 두고 지은 부이다. 공동산은
옛날 광성자(廣成子)가 살던 곳으로, 황제(黃帝)가 찾아가 그에게 도를 물었다 한다.
109 『송자대전부록』 권17, 어록, 최신록·상

119
『창려고이』를 상세히 연구함 [詳究昌黎考異]

우옹은 시 읊기 좋아하지 않네	尤翁非是愛吟詩
한유의『창려집고이』를 상세히 연구할 때 읊지	詳究昌黎考異[110]時
이적의 가르침이 사람을 빠뜨림이 홍수와 같은데	夷敎[111]溺人如洚水
한유가 풍속을 바꿈이 기량의 처와 흡사하네	韓公變俗似梁妻[112]
이전의 문자가 魚魯처럼 어긋난 것 아직 많은데	從前文字多魚魯
이로부터 사용된 문자가 공정하여 범위가 있었네	自是稱停有範圍[113]
작은 것도 부지런히 하니 현인 성자의 일이지	小物克勤賢聖事[114]
우옹은 시 읊기 좋아하지 않네	尤翁非是愛吟詩

---

110 昌黎考異 창려고이: 주희는 한유의 문집『창려집』의 주석서라고 할 수 있는『창려집고이』를 저술하였다. 한유(768-824)는 당대 고문운동의 창도자이다. 후인들은 당송 팔대가의 으뜸으로 꼽는다. '문장거공(文章巨公)'과 '백대문종(百代文宗)'의 칭호가 있다. 그와 유종원, 구양수와 소식을 합쳐 천고의 문장 4대가라고 부른다. '문도합일(文道合一)' '기성언의(氣盛言宜)' '무거진언(務去陳言)' '문종자순(文從字順)' 등의 산문 이론을 제시하였다. 후인들은 이에 상당한 영향을 받았다.『한창려집』이 있다. 많은 평판 높은 문장 가운데 도불을 배척하고 유학의 도를 선양한『원도』가 있다.

111 夷敎 이교: 이적의 교. 여기서는 불교를 가리킨다. 한유는『불골표』등을 지어 적극적으로 불교를 물리치는 일에 앞장섰다.

112 梁妻 양처: 제나라 기량의 아내.『열녀전』「정순(貞順)·제기량처전(齊杞梁妻傳)」에 그 사적이 보인다.

113 範圍 범위: 범은 틀이고 위는 테두리 또는 울타리이다. 이 용어는 본래『역』「계사·상」4에서『역』을 설명하는 가운데 "천지의 조화를 범위로 하여 벗어나지 않으며 만물을 곡진하게 이루어 버려두지 않고[範圍天地之化而不過, 曲成萬物而不遺]"라고 한 데서 나왔다.

114 小物克勤賢聖事 소물극근현성사: 사소한 것도 힘써 처리하는 것이 성현의 일이라 함은 앞서 제28음에서 다룬 사긍세행(思矜細行)과 같은 의미이다.

주희의 만년 저작물에 이채로운 것으로『초사고이』와『참동계고이』에 이어 한유(韓愈 768-824)의 문집『창려집고이』가 있다. 한유에 대한 주희의 평가는 다소 엇갈린다.

한유는「불골표」를 저술하여 극력 불교를 비판하고 황실의 태도를 바꾸려고 하였다. 그는 또 순경과 양웅을 비판하고『맹자』를 추존하며,『대학』을 높이 평가하였고, 유학의 도가 갖는 정체성을 노·불과 대비하여 규정한『원도(原道)』를 저술하였다.

당나라 때는 민간은 물론 왕실에서까지 불교 신봉이 늘어갔다. 그 기세는 유학자의 눈에는 마치 홍수에 사람을 비롯하여 모든 것이 휩쓸리듯 하였다. 황제는 황실에 불골 곧 부처의 사리를 안치하려고 할 정도였다.

이때 한유가「불골표(佛骨表)」라는 불교를 비판하는 상주문을 통하여 이런 흐름을 다시 유학으로 돌리려 노력하였다. 이 일은 황제의 노여움을 사서 그가 좌천되는 일로 이어졌다. 그런데 우옹은 이를 마치 기량(杞梁)의 처가 보인 영향력에 비유하였다.

춘추시대 제나라의 기량이 공성 전투에서 죽자 그 처가 남편의 시체를 안고 성 아래에서 통곡을 하니 행인들이 모두 눈물을 뿌렸다. 이에 자극을 받은 군사들이 용맹을 보여 10일 만에 성곽이 무너져 내렸다고 한다.

한유는 고문(古文)운동의 창도자였다. 사람들이 마치 魚(어)자와 魯(노)자를 혼동하듯 하는 것을 저울추가 물건의 경중에 따라 평형이 되는 눈금에서 정지하듯 말과 표현의 내용이 사실에 적확하게 부합되는 문자를 사용하게 하였고 그럼으로써 개념의 테두리를 바로 정했다고 한다.

고문에 관심이 깊은 주희는『창려집고이』를 통하여 이를 드러내었다. 문자의 오류를 바로잡는 것은 비록 작은 일이지만 이를 힘써 바로잡았으니 공자와 맹가와 같은 성현들도 중시한 일이라고 우옹은 판단한다. 이는 사긍세행(思矜細行)과 같은 의미를 주희의『창려집고이』편찬에 부여한 것이다.

120
『연평문답』을 깊이 음미함 [深味延平問答]

우옹은 시 읊기 좋아하지 않네	尤翁非是愛吟詩
『연평문답』을 깊이 음미할 때 읊지	深味延平問答[115]時
도맥의 흐름과 전승에 비록 시작이 있지만	道脈流傳雖有自
하늘이 낳은 최고의 지혜를 다시 누가 바꾸랴	天生上智更誰移[116]
어른 계신 곳에 나아가 일러주는 말씀 힘써 듣고	而趨丈席勤咨叩[117]
들은 말씀 경연에 나가 발휘하였는데	況赴經筵聽發揮[118]
수습하고 편집한 것에 깊은 뜻이 있으니	收拾編摩[119]深意在
우옹은 시 읊기 좋아하지 않네	尤翁非是愛吟詩

---

115 延平問答연평문답; 주희가 편찬한 것으로 연평 이통선생과의 문답한 내용으로 1
권, 『부록』 1권을 가리킨다. 주희가 쓴 본래의 제목은 『연평답문(答問)』이다. 이통을 학
자들은 연평선생이라 불렀다. 그는 정이의 제자인 양시와 나종언을 스승으로 섬겨 『춘
추』『중용』『논어』『맹자』의 경의를 이어받았고, 이후 은거하며 세상과 연을 끊고 연평
에서 40여 년을 지냈다. 『이연평집』 4권이 있고 이 속에 주희가 찬한 『연평답문』이 들
어 있다.

116 上智更誰移상지경수이; 『논어』 「양화」에 "가장 지혜로운 자 [上智]와 아주 어리석
은 자 [下愚]는 바뀌지 않는다"고 하였다.

117 咨叩자고; 가르침을 구하여 듣는 것이다.

118 經筵聽發揮경연청발휘; 주희가 1163년 효종의 부름을 받아 부임하려 하여 연평
을 찾아가 황제에게 고할 마땅한 말을 물었고, 그때 들은 말을 모두 사용하여 경연에
임했다. 이는 「주자연보」에 보인다.

119 編摩편마; 편집과 같다. 이는 주희가 스승 이통과 주고받은 편지를 수습하고 편
집하였다는 것을 말한다. 주희의 문인도 또한 주희가 평일 이통을 논한 것을 모았다.
뒤에 이통의 후손 보초(葆初)가 따로 이통의 모든 문서를 모아 한권으로 만들고 『연평
문집』이라 했다.

『연평문답』은 주희가 그의 스승 연평 이통(李侗 1093-1163)과 학문을 토론한 왕복 서신을 모은 책으로 1권 3편이다. 이는 이통의 이학 사상 및 사승, 연원과 전승 과정을 연구하는 데 중요한 자료이다. 주희는 24세 때 동안현 주부로 임명되자 연평으로 찾아가서 이통을 뵈었다. 31세 되던 겨울 동안현의 임무가 만료되자 다시 이통을 찾아가서 한 달여를 머물렀다. 이후로는 서신을 왕래하였는데 여기에 주고받은 문답이 많다. 후에 주희가 이를 집록하여 책으로 묶었으니 주희의 물음에 하나하나 이통이 대답한 내용을 묶은 편지들이다. 내용은 유가의 경전에 대한 뜻이다. 주희의 문인 또한 주희가 평일 이통에 대해 논한 것을 모았으니 이것이 『부록』이 되었다.

우옹은 『연평문답』을 보면서 도맥의 면면한 흐름이 저절로 이루어지지만 하늘이 최상의 지혜를 지닌 자를 낳았으니 누가 그 지혜를 바꾸겠는가 라고 하였다.

최상의 지혜를 지닌 주희가 배울 사람을 제대로 찾아갔으니 그 스승의 이름이 이통이다. 그에게서 그는 힘써 가르침을 받았다.

그는 그 받은 가르침을 경연에 나아가 발휘했다. 즉 주희가 송 효종 원년(1163)에 부름을 받자 이통에게 마땅히 황제에게 고할 말이 무엇인지를 물었는데 이통은 "오늘 삼강이 서지 않고 의(義)와 이(利)가 나뉘지 않았다. 그러므로 중국이 쇠퇴하고 이적이 읍성한 것이다. 사람들이 모두 이익 추구로 달려가고 의리를 고려하지 않으니…운운" 하였다. 주희가 경연에서 그 말을 모두 활용하였다. 우옹이 이 사실에 주목한 것은 당시 조선의 형세가 이통이 말한 것과 같다고 보았기 때문이다. 우옹의 상소문과 경연에서 한 말은 거의 대부분 주희의 그것에서 영향을 받았다.

주희가 스승의 가르침을 수습하고 편집하여 이 책을 꾸린 깊은 이유가 바로 여기에 있다고 믿었기에 우옹도 자신의 상소문을 작성할 때 언제나 주희를 본보기로 삼곤 하였다.

＊이황(퇴계 1501-1570)이 1554년 「연평답문발」을 썼다. 이 발문에서 이통을 안회와 비견되는 인물로 높이면서, "주희가 연평 선생을 만나기 전에는 불교와 도가의 학설에 드나들었는데, 선생을 뵙게 되면서 비로소 유학의 정통을 얻었다"고 하였다.

'천리 길 멀다 않고'라는 말은 맹가를 두고 양나라 혜왕이 쓴 표현이지만 흔히 스승을 찾아가 배우는 간절함을 나타내는 말로 자주 사용된다. 많은 현자들이 지혜를 얻기 위하여 멀리 험한 길을 떠났다. 우옹도 10대 때 충청도 옥천 구룡촌에서 연산의 김장생을 찾아갔고, 39세 때는 양주의 석실로 김상헌을 찾아가서 제자의 예를 갖추었다. 구도의 첩경은 좋은 스승을 찾아 나서는 것이다.

121
아침저녁으로 문공전집을 대함 [早夜文公全集]

우옹은 시 읊기 좋아하지 않네	尤翁非是愛吟詩
아침저녁으로 문공전집을 대할 때 읊지	早夜文公全集[120]時
의도를 깨달아 기쁠 때 다시 이치도 깨닫네	忻會意時還會理
책을 펼치고 싶은 곳에 이미 눈이 크게 열리고	欲開編處已開眉
내 목숨 어쨌거나 아침저녁의 일인데	吾生縱是朝昏事
이 즐거움을 어찌 곤경과 재앙이 바꿀 수 있을까	此樂何能困厄移
왕개미가 큰 나무를 흔들려 하니 한때 웃음거리지	大樹蚍蜉[121]時一笑
우옹은 시 읊기 좋아하지 않네	尤翁非是愛吟詩

『문공전집』은 『주문공집』, 『회암집』, 『주자대전』, 『주희집』, 『회암선생주
문공문집』, 『주자문집』, 『주자문집대전』 등으로 불린다. 본편 100권, 별집
11권, 속집 10권으로 되어 있다. 판본에 따라 별집 이외의 구성이 다소 다
르다. 이는 주희가 일생을 두고 저작한 시와 여러 학자 문인들의 질의에 대
해 회답한 편지들과 각종의 문예에 관한 저작들을 함께 모은 방대한 저작

---

120 文公全集 문공전집; 주희가 일생 여러 문인 학자들의 질의에 대해 회답한 편지들
과 시(詩)·기(記)·명(銘)·비문(碑文)·묘지(墓誌) 등 문예에 관한 저작들을 함께 모은
방대한 저작이다. 주희 사후 그의 문인들이 편찬한 것으로, 본편 100권은 보존되어 오
던 것을 모은 것이고, 별집 11권은 그의 문인 여사로가 모은 것인데, 속집 10권은 누구
의 손으로 이루어진 것인지 정확히 알 수 없다. 이것들을 모아 완전히 편찬한 것은
1265년이며 저자의 후손 옥(玉)이 교정하여 『주자대전집』이라는 이름으로 간행하였다.
121 大樹蚍蜉 대수비부; 비부는 왕개미이다. 본래의 성어는 비부감수(蚍蜉撼樹)이
다. 한유의 글 「조장적」의 "왕개미가 큰 나무를 흔드는데 스스로의 역량을 헤아리지 못
함이 가소롭다[蚍蜉撼大樹 可笑不自量]"가 전거이다. 우옹의 주석에 따르면 비부는
"중국에는 육상산 학문의 추종자와 우리나라의 윤휴"이다.

이다.

우옹은 일생『문공전집』을 늘 탐독하면서 글의 의도도 파악하고 성인적 기상에도 감격하며 깊은 의리도 깨달으면서 비할 수 없는 기쁨을 누렸다.

자연 읽고 싶은 곳을 펼칠 때마다 눈이 먼저 저절로 크게 뜨이곤 했다.

사람의 일생이란 것이 결국 아침저녁의 일이다. 잠깐이고 덧없는 일이다. 그런 삶이기에 우옹은『문공전집』을 읽을 때 누리는 즐거움을 어찌 곤경과 재앙이 바꿀 수 있을지를 스스로 묻는다. 어떤 상황에서도『문공전집』을 손에서 놓지 않고 읽을 것이며 따라서 그로 인한 즐거움을 어떤 곤경에서도 놓치지 않을 것이고 빼앗기지 않을 것이라고 다짐한다.

주희의 생존에 여러 사람이 주희를 비판하고 괴로움을 주었지만 그 가운데서 이론적으로 사상적으로 강력하게 대립했던 것이 육구연이었다. 아호의 회동과 상호 초청을 통한 강습의 기회를 가졌으나 두 사람은 끝내 합일점을 찾지 못하고 각자 제 길을 가게 되었다.

우옹의 생전에는 윤휴가 주희에 대하여 심하게 반발 비판하면서 그의 학문적 성과를 부인하려고 하였고, 따라서 우옹과 대립각을 세웠다.

한유는 "왕개미가 큰 나무를 흔드는데 자기 힘을 헤아리지 못함이 가소롭다"는 말을 한 적 있는데, 우옹은 이 시구를 들어 주희를 비판하는 자들을 비유하면서 저들이 아무리 노력하여도 한낱 웃음거리밖에 되지 않는다고 하였다.

*『문공전집』은『주자대전』으로도 불린다. 그 분량이 호한 방대하므로 학자들에 따라서 학술을 논한 주요 편지나 상소문을 뽑아 독본을 만들기도 하였다. 우옹은『주자대전』에 대한 독해를 돕고 오류를 바로잡기 위하여『주자대전차의(朱子大全箚義)』를 편찬하였다. 이는『주자대전』의 판수에 따라서 어려운 단어나 구절에 풀이를 한 것이다. 어구·인명·사건 등을 총망

라하였으며, 필요한 경우 원전이나 출전을 밝혀 설명하기도 하였다. 사람마다 주희의 글을 제대로 독해할 줄 알게 되면 사특한 학설이 저절로 멈출 것이며, 성학을 밝히고 세상을 교화하는 데 도움이 될 것으로 믿고 1675년 유배를 당해 어려운 처지에 있으면서도 전심하여 이 일에 집중하여 아침저녁으로 힘쓰며 중지한 적이 없었다.

또한 주희의 언론이 전후에 차이가 있고 대상에 따라서 표현과 내용에 차이가 있으므로 이를 두루 소통하여 이해하기 쉽게 하려고 『주자언론동이고』를 편집하였는데, 이는 그의 유촉을 받은 권상하가 다시 그의 제자 한원진에게 당부하여 완성하였다.

주자대전차의; 원집 100권, 속집 11권, 별집 10권, 합 17책.

122
『주문어류』를 탐색함 [探索朱門語類]

우옹은 시 읊기 좋아하지 않네	尤翁非是愛吟詩
주자 문하생의 『어류』를 탐색할 때 읊지	探索朱門語類[122]時
상세 친밀함은 모두 『논어』 향당체 같고	細密都如鄕黨體[123]
고정에 있을 때 소리와 용모를 황홀하게 대한 듯	聲容怳[124]接考亭時
마디마디 말과 용어가 한 책에 다 있고	一言一辭一書盡
온갖 이치와 일어난 일을 만세토록 알 수 있네	萬理萬事萬世知
기록에 차이가 있어도 오히려 가릴 수 있으니	記錄易差猶可擇
우옹은 시 읊기 좋아하지 않네	尤翁非是愛吟詩

주문어류(朱門語類)는 주희의 문하생들이 스승과 강학할 때의 주고받은 말들을 모아 분류하고 편집한 것으로 학계의 공식 명칭은 『주자어류』이다.

---

122 朱門語類주문어류; 주희가 제자들과 강학할 때의 어록을 모아 편집한 것이다. 주로 학술적인 문답으로 되어 있다. 이 책에는 주희의 만년의 깊은 사색이 담겨 있고, 이것은 주희의 전문 저작에 대한 보충이 될 수 있으며 사상과 품격을 다각도로 이해하는 데 큰 보탬이 된다.

123 鄕黨體향당체; 『논어』 제10편이 「향당」이다. 양시는 "성인의 이른바 도는 일용 사이를 벗어나지 않는다. 그러므로 선생의 평일의 일동일정을 문인들이 모두 세심하게 보고서 상세히 기록한 것이다"라고 하였고, 윤돈은 "심하다. 공자 문하 여러 사람들의 배우기를 좋아함이여! 성인의 낯빛과 언동에 있어서 삼가 쓰고 갖추어 기록하여 후세에 전하지 않음이 없네. 이제 그 글을 보고 그 일에 나아가 보면 뚜렷하게 성인이 눈앞에 있는 듯하네. 비록 그러하지만 성인이 어찌 구구하게 이것을 하려 하셨겠는가? 무릇 훌륭한 덕이 지극하여 행동과 주선이 저절로 예에 맞음일 따름이지 배우는 사람은 성인에 마음을 기울이려 하면 마땅히 여기서 구해야 할 것이다."라고 하였다.

124 怳 황; 어슴푸레하다, 분명하지 않다, 멍하다, 놀라서 바라보다, 놀라운 빛으로 보다의 뜻이다.

기록된 말들이 한결같지 않았고 다양한 판본들이 있는데 그 분량도 각각 달랐고 또한 내용도 편차가 있었고 분류에도 오류가 있었다. 1263년에 여정덕(黎靖德)이 여러 판본을 수집하여 중복된 것은 삭제하고 의심스러운 내용도 제거하여 26문(門)으로 분류하였다. 이 책은 1270년에『주자어류대전』140권으로 출판되었다.

우옹은『주문어류』를 읽으면서 그 상황의 세밀한 묘사와 드러나는 정감에서 마치『논어』의「향당」편에서 공자의 일상을 보는 듯한 느낌을 갖는다.
마치 주희가 생시에 살았던 고정(考亭) 곧 복건성 건양현 서남쪽에 있는 창주정사(滄洲精舍)에서 제자들을 가르치는 그의 목소리와 모습을 뵙는 듯하다는 것이다.
구어체 백화문체로 되어 있는 이 책은 마디마디 언사가 다 정감적으로 드러나며 문인들 나름의 정밀하고 여실한 기록에 온갖 일과 이치를 오래도록 알 수 있게 하였다.
문인들 사이에 질문의 논점이 다르고 이해의 수준이 다르기에 기록의 차이가 있다. 같은 시간 같은 말을 듣고도 문인에 따라 기록한 것이 조금씩 차이가 있기도 하다. 이 책은 친절하게 그것을 다 수록해 놓기도 하였다. 차이는 있지만 읽는 자는 누구든지 쉬 그 본래의 의도를 짐작하여 알 수 있고, 글자의 오류도 있지만 분별하여 옳은 것을 택하는 데 큰 어려움은 없다.

*『주문어류』에는 주희의 만년 사색이 담겨 있다. 그래서 주희의 전문 저술에 대한 보충이 될 수 있으며 사상과 품격을 다각도로 이해하는 데 큰 보탬이 된다. 주희의 제자 황간은 "기록된 말이 반드시 스승이 전해준 본질을 다 얻은 것은 아니다. 더욱이 서로 베껴 쓰면서 본래의 진짜 모습을 상실한 것도 많을 것이다"라고 했고, 또 "때에 따라 응답한 말을 가지고 평생을 거쳐 저작한 저서의 견해를 바꾸어서는 안 된다"고 주의를 나타내기도

하였다.

우옹은『주자어류』를 교감하고 항목을 재분류하였는데 이것이『주자어류소분(朱子語類小分)』이다. 그는 거제도 유배 시절에 손자 주석과 함께 이 일을 수행하여 30책으로 정리하였다. 그의 이 작업은 권상하, 이희조 등이 이어받았고, 그 문하의 많은 제자들이 참여하여 교정이 이루어졌다.[125]

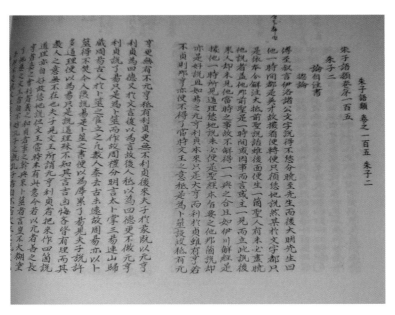

주자어류소분

---

125 정본『주자어류소분』이 충북대 우암학연구소의 노력으로 2010년 12월 심산출판사에서 출간되었다.

123
자양의 글을 독실히 좋아함 [惟紫陽書篤好]

우옹은 시 읊기 좋아하지 않네	尤翁非是愛吟詩
오직 자양의 글을 독실히 좋아할 때 읊지	惟紫陽書¹²⁶篤好時
이 하나에도 쉴 틈이 없겠구나 근심하는데	一此猶憂無暇給
다른 나머지는 감히 '저는 누구인가' 하는 것이네	他餘敢謂彼何誰¹²⁷
부친 교훈에도 책만 헛되이 헤진 것 스스로 웃네	熏帷自笑卷空破¹²⁸
상자를 샀으니 어찌 구슬을 가져오지 않겠나	買櫝安能珠不歸¹²⁹
후세의 양자운은 있지 않을 터	後世子雲無有爾¹³⁰
우옹은 시 읊기 좋아하지 않네	尤翁非是愛吟詩

---

126 紫陽書 자양서; 자양은 주희의 별호이다. 안휘성 자양산 남쪽에 주희의 부친 주송이 독서하던 곳에 주희가 자양서실이란 현판을 달았다. 그 뒤 후인들이 흡현(歙縣)에 자양서원을 세우고 방회가 기를 지었다. 주희는 1184년 복건 숭안의 무이산에 자양서원을 짓고 여기서 학문을 하였으며 자양은 그의 별호로 사용되었다. 자양서는 주희의 편지를 비롯한 글 전반을 가리키는 것으로 보인다.

127 彼何誰 피하수; 안회는 "순은 어떤 사람이고 나는 어떤 사람인가"라고 했다. 『맹자』 「등문공 · 상」 "顏淵曰 舜何人也? 予何人也?"

128 熏帷自笑卷空破 훈유자소권공파; 『수차』; 송근수는 훈유(熏帷)가 묵장(墨帳)을 말하는 것 같다고 하고, 비록 훈유의 공부가 있더라도 헛되이 종이만 뚫은 것을 스스로 웃은 것을 말한 것이라고 하였다.[熏帷. 猶言墨帳. 謂雖有熏帷之工. 而自笑其徒然鑽紙也.] 묵장은 부친이 남긴 검은 휘장으로 범중엄(范仲淹, 989-1052)이 둘째 아들 범순인(范純仁, 1027-1101)에게 검소한 가풍을 이어주려 한 것이다. 순인이 결혼하여 그 아내가 비단 휘장을 갖고 오려 하므로 이를 불사르겠다고 말하고 자신의 집에는 검은 휘장만 있다고 했다. 이후 부친의 가풍이나 부친을 가리키는 말이 되었다.

129 買櫝 매독; 춘추시대 초나라 사람이 옥으로 꾸미고 향기를 쐰 목란 상자에 보배 구슬을 담아서 정나라에 가서 팔자 어떤 정나라 사람이 상자만 사고 구슬을 돌려주었다는 고사에서 유래하였다. 『한비자』 「외저」. 근본은 모르고 가지나 끄트머리만 좇는 행위를 비유한 것이다.

여기서 말하는 자양서(紫陽書)는 주희의 일생 쓴 글 모두를 말하겠지만 주로 편지를 말하는 것으로 보인다. 『주자서절요』 같은 것을 가리키는 것일 수 있다.

우옹은 주희의 글을 읽으면서 우선 그 방대한 분량과 깊이 있는 내용에 이를 독파하려면 쉴 틈이 없겠다는 근심을 하였다.

더불어 주희가 도달한 경지에 이르고 그런 위업을 자신도 성취해야겠다는 의욕과 다짐을 갖게 되었다. 이는 옛날 안회가 성인 순에 대하여 '저는 누구이며 나는 누구인가'하며 지녔던 태도이다.

진귀하여 보배 같은 내용이 담긴 서책을 읽고는 그 말단만 취하고 본질은 버리는 어리석은 행동은 하지 말아야 한다고 하였다. 마치 옥이 담긴 상자를 사고는 옥을 주인에게 돌려주는 것과 같은 어리석은 짓은 말아야 한다는 것이다.

한대의 양웅은 자기의 글은 당대에는 알아줄 사람이 없고 후세의 양웅이 다시 나와야 알아줄 것임을 말한 적이 있고 송대의 소옹도 자신의 저술을 남이 알아주기를 기대하지 못하여 요부의 글을 요부에게 바친다고 하였다. 그러나 주희의 책은 비근하고 절실하여 그런 부류가 아니라는 것이 우옹의 생각이다.

　*우옹은 이황의 『주자서절요』가 주자의 편지글에서 도학에 긴요한 것을 뽑아내어 편집했음과 정경세의 『주문작해』가 주희의 편지 이외의 소(疏)·서(序)·기(記)·명(銘) 등의 장르에서 통치에 유용한 것들을 가려 뽑은

---

130 後世子雲 후세자운: 자운은 양자운 곧 양웅이다. 그는 『태현경』을 저술하였는데 사람들이 모두 이를 비웃자 세상이 나를 알아주지 않으나 해로울 것 없다. 후세에 다시 양웅이 나와 틀림없이 좋아할 것이라고 자부하였다. 『한유집』 권17 「여풍숙논문서」. 당시 유흠은 양웅에게 너의 저술은 결국 장독 덮개로나 쓰일 거라고 기롱하였다.

것임을 인식하고 이 둘을 합치고 또 빠진 부분을 보충하여 『절작통편』을 편찬 간행했다.

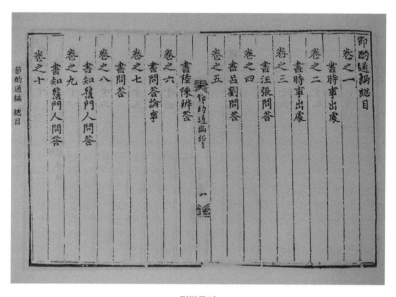

절작통편

제9단락

관물(觀物)과 함양(涵養)

이 단락은 도학자들에게 격물(格物)의 일환으로 중시되던 관물(觀物)과 함양(涵養)을 다루고 있다. 정이가 "함양은 모름지기 경(敬) 공부에 있고, 학문의 향상은 인식능력의 확장[致知]에 있다"라고 한 것과 같은 맥락이다.

124
절로 흥이 일어 [漫興]

우옹은 시 읊기 좋아하지 않네	尤翁非是愛吟詩
시는 우옹이 절로 흥겨울 때 읊지	詩是尤翁漫興時
은 말기에 세 사람은 스스로 바르게 처신했고	殷末三仁[1]惟自靖
구자산 앞의 일곱 성인은 길 잃은 적 없네	茨前七聖[2]未嘗迷
장부로는 옛날의 장의가 대단했고	丈夫在昔張儀[3]大
남자로는 당나라의 왕적이 기이했지	男子於唐王適[4]奇
이미 지나간 사람의 일들은 전혀 개의치 않으니	已往人事渾不管[5]
우옹은 시 읊기 좋아하지 않네	尤翁非是愛吟詩

'만흥'이란 저절로 일어나는 흥취이다. 전혀 애를 쓰지 않아도 저절로 생
각나는 것을 써 내려간 우옹의 만흥은 아래의 다섯 가지이다.

1. 은 말기 미자, 기자, 비간 세 사람이 스스로 바르게 처신했다는 것이

---

1 殷末三仁 은말삼인; 『논어』「미자」 "미자는 떠나갔고 기자는 노예가 되었으며 비간
은 간언을 하다가 죽었으니 은에는 세 사람이 있다[微子去之, 箕子爲之奴, 比干諫而
死, 殷有三仁焉.]" 미자는 주(紂)왕의 서형이고, 기자와 비간은 주의 숙부들이다.
2 茨前七聖 자전칠성; 황제(黃帝)가 구자산으로 대외를 만나보려고 갈 때 함께 간 일
곱 성인으로 방명(方明), 창우(昌寓), 장약(張若), 습붕(謵朋), 곤명(昆明), 활계(滑稽)
등이다. 『장자』「서무귀」
3 張儀(?-BC 309)는 전국시대 외교관으로 '연횡'의 책략을 펼쳤다.
4 王適 왕적; 왕적(?-814)은 당대 사람이다. 한유가 그 묘지명 「시대리평사왕군묘지
명(試大理評事王君墓志銘)」을 지었고, 그 생애와 사적을 상술하였다.
5 已往人事渾不管 이왕인사혼불관; 『논어』「미자」 "往者不可諫, 來者猶可追", 도잠
「귀거래사」 "悟已往之不諫, 知來者之可追"

다. 『논어』에서 공자는 "미자는 떠나갔고, 기자는 노예가 되었으며, 비간은 간언하다가 죽었으니, 은에는 세 사람이 있다"고 했다.

2. 황제를 따라 나선 일곱 성인이 구자산 앞 양성의 들에서 길을 잃었는데, 이내 목동을 만나 목적지를 제대로 찾아갔기에 이들이 길을 잃은 것이 아니다.

3. 옛날에는 장의(張儀(?-BC 309) 같은 사람을 대장부라고 했다는 사실이다. 그는 전국시대 연횡의 책략을 갖고 6국을 유세하다 진에 들어가 재상이 되었고 '합종'책을 논파하여 각국으로 하여금 진과 친선을 맺게 했던 인물이다.

4. 당나라의 기이한 남자 왕적(王適?-814)을 떠올린다. 그는 역경에 얽매이지 않았고 자칭 천하의 기이한 남자라고 하였다. 후고(侯高)의 딸이 현명한 것을 알고는 중매쟁이의 꾀를 좇아 '사기 결혼'을 한 일이 훗날 사람들이 즐기는 이야기가 되었다.

5. 이미 지나간 일은 전혀 신경 쓰지 않겠다는 명제이다. 『논어』「미자」에 "지나간 잘못은 탓할 수 없거니와, 앞으로의 일은 고칠 수도 있다"고 한 것은 초나라의 광자(狂者) 접여의 말이고, 도잠의 「귀거래사」에 "이미 지나간 잘못은 탓할 수 없음을 깨달았고, 앞으로의 일은 고칠 수도 있음을 알았네"라고 한 것 역시 한 번 잘못 벼슬길에 나간 것을 뉘우치면서 앞으로는 다시 나가지 않겠다는 의지를 나타낸 말이다.

이상 다섯 가지 내용은 어떤 연관성이 있는 것 같지 않다. 글자 그대로 우연히 뜬금없이 떠오른 생각이라 할 수 있다.

＊사마천은 장의를 교활한 속임수로 국가를 기울게 하고 엎어지게 한 사람이라는 뜻으로, 경위지사(傾危之士)라고 평했다. 우옹도 "공손연과 장의의 무리는 순종하는 것을 정도로 삼았으니 이는 첩부(妾婦)의 도를 행한

것"[6]이라고 하였다. 그러나 이런 장의 같은 사람을 세상은 장부로 보기도 했다는 것이다.

왕적(王適)은 금오위 대장군 이유간을 찾아가서 "천하의 기남자(奇男子) 왕적이 장군을 뵙고 드릴 말씀이 있습니다" 하였다. 그는 당시의 고아한 선비인 후고를 흠모하였고, 그의 딸이 현숙하다는 소문을 듣고 아내로 얻고자 했다. 그러나 후고가 자신이 곤궁하여 딸이 고생하며 컸다는 이유로 재력이 있는 관리에게 출가시키려 한다는 소문을 듣고는 왕적은 매파와 모의하여 거짓으로 관리인 척하여 마침내 후고의 허락을 받아 그의 딸에게 장가를 들게 되었다고 한다.

---

6 『송자대전』권129, 서,「답삼석」, 1677년 9월 21일 "人知之亦囂囂. 人不知亦囂囂. 正所以敎遊之之道也. 何以言不及遊說之道乎. 公孫衍, 張儀之徒. 以順爲正而爲妾婦之道者. 由不知此故也."

125
초목을 한가로이 바라봄 [閒看草木]

우옹은 시 읊기 좋아하지 않네	尤翁非是愛吟詩
시는 초목을 한가로이 바라볼 때 읊지	詩是閒看草木時
솔과 편백나무는 다행히 공자의 칭송을 받았고	松柏⁷幸蒙玄聖賞⁸
지초 난초는 공연히 굴원의 글에 들어갔네	芝蘭⁹空入楚臣辭¹⁰
봄 고와도 매운 계피는 아무런 관심이 없고	春妍辣桂¹¹無心意
바람이 세면 대는 부는 대로 휘어지네	風急脩篁¹²受指揮
만물의 본성이 이같이 다르니	物性不同如是矣
우옹은 시 읊기 좋아하지 않네	尤翁非是愛吟詩

여기서는 한가롭게 풀과 나무를 바라보며 일어나는 감흥을 읊고 있다. 그가 보는 풀과 나무는 소나무, 편백나무, 지초, 난초, 계피나무, 그리고 대

---

7 松柏 송백; 『논어』 「자한」 "추운 겨울이 지난 다음에야 소나무와 편백나무가 뒤늦게 시드는 것을 안다[歲寒然後知松柏之後彫]"

8 玄聖 현성; 현성은 큰 덕을 지니고서도 작위가 없는 성인을 가리킨다. 『장자』 「천도」편에 "이로써 위에 있으면 제왕 천자의 덕이고 이로써 아래에 있으면 현성 소왕의 도이다[以此處上, 帝王天子之德也. 以此處下, 玄聖素王之道也]"라는 말이 있다.

9 芝蘭 지란; 지초와 난초로서 덕행이 고상하거나 혹은 우정 환경 등이 좋은 것을 비유하였다. 출전은 『순자』 「유좌」, 『역림』 '췌지동인(萃之同人)'이다.

10 楚臣辭 초신사; 초나라 신하의 말이란 굴원의 초사를 말한다. 그는 『이소』에서 난혜(蘭蕙)를 노래하였다. 우옹은 지란이라 했는데 난혜와 혼동된 것 같다. 혜는 해발 700-3,000미터의 배수가 잘 되고 햇빛이 비치는 곳에서 자란다.

11 辣桂 날계; 계피나무의 껍질로 몸을 따뜻하게 하고 양기를 보충해 주면서 겸하여 폐의 기능을 좋게 하여 기침, 천식 등을 치료하는 약재이다. 육계라고도 한다.

12 脩篁 수황; 이는 수죽(修竹) 또는 장죽(長竹)을 말한다. 쭉쭉 뻗은 긴 대나무를 말한다.

나무이다. 이들은 소인 묵객들이 자주 즐겨 시의 소재로 삼은 것들이다.

우옹은 먼저 소나무 편백나무를 바라보며 추운 겨울이 지나야 비로소 이들이 뒤늦게 시든다는 것을 안다는 공자의 말을 회상해 낸다.

초나라의 신하이었던 굴원은 『이소(離騷)』에서 난(蘭)과 혜(蕙)를 즐겨 읊었다. 우옹은 이를 지란(芝蘭)이라고 하였는데 난혜의 착각일 수도 있고, 대중에 널리 알려진 것이 지란이므로 의도적으로 바꾸었을 수 있다. 지(芝)는 본래 영지(靈芝)를 가리키며 일종의 버섯이다. 나중에 향초(香草)의 뜻으로 쓰였다.

다음으로 거론한 것은 날계(辣桂) 곧 계피나무이다. 계피나무 껍질에는 매운 맛이 있다. 고운 봄에 매운 맛 지닌 계피나무가 무슨 특별한 의도를 갖고 있겠는가고 묻는다. 영지와 계피나무가 모두 방향(芳香) 식물인데 이것이 뜻과 행동이 고결한 사람을 비유하는 데 쓰였다.

마지막으로는 수황 곧 대나무를 거론했다. 이 역시 소옹이 즐겨 시재로 삼은 것이다. 정자는 "풍죽은 곧 감응하는데 무심으로 한다. 만일 남이 나를 노하게 하여도 마음에 남겨두지 않는 것을 바람이 대나무를 움직이는 것처럼 하여야 한다"고 하였음을 우옹이 염두에 두었던 것 같다.

＊우옹은 위에서 예로 든 몇 종류의 초목들에서 각각의 물성이 다름을 읽어낸다. 『역』에서는 "천도의 변화에 각각 그 성명을 바르게 한다"고 하였고, 『중용』에서는 중화(中和)를 이루면 '만물이 각각 그 타고난 성품을 모두 발휘한다'고 하였는데, 그 성정이 뚜렷하게 드러나는 몇 개의 초목에서 이를 읽어내어 드러낸 것이다.

126
곤충을 묵묵히 관찰함 [默察昆蟲]

우옹은 시 읊기 좋아하지 않네	尤翁非是愛吟詩
몇 종류의 곤충들을 묵묵히 관찰할 때 읊지	默察昆蟲[13]多少時
뉘라서 음양을 버리고 만물을 만들 수 있는가	熟捨陰陽能有物
모두 성정을 머금고 있기에 미물이라 못하지	均含情性莫云微[14]
때를 따라 울고 뛰는 것은 천기의 움직임이며	時鳴時躍天機動
열고 나오고 들어가 닫으니 한 해의 기후를 아네	或啓或坏[15]歲候知
함약의 때 모두 낙태는 없었지	咸若[16]之時皆不殰[17]
우옹은 시 읊기 좋아하지 않네	尤翁非是愛吟詩

『한서』에 '초목곤충(草木昆蟲)'이란 표현이 보인다. 시인들은 초목곤충을

---

13 昆蟲곤충: 요즘의 사전에서는 곤충은 절지동물문에 속하는 다리가 세 쌍인 벌레를 모두 가리킨다. 『재물보』에는 동물에 해당되는 것들은 깃 달린 것[羽蟲]·털 달린 것[毛蟲]·비늘 있는 것[鱗蟲]·껍질 있는 것[介蟲]·그리고 昆蟲의 5부류로 나누었다. 『물명고(物名考)』에도 또한 동물을 유충(羽蟲)·수족(獸族)·수족(水族)·곤충의 4부류로 나누었다.

14 莫云微막운미: 곤충들을 통상 미물이라고 하는데 이것들도 모두 자기의 성정을 지니고 있으며 음양의 기운에 의하여 만들어진 것으로 미물이라고 하면 안 된다는 뜻이다.

15 或啓或坏혹계혹배: 어떤 것은 열고 나오고 어떤 것은 잠자러 들어간다. 동면에서 깨어나는 것과 동면에 드는 것을 말한다. 여기서는 개미 같은 것을 말한다.

16 咸若함약: 옛날 제왕의 교화를 칭송한 것. 만물이 모두 그 성품을 따르고 그 때에 맞추어 그 마땅한 바를 이루는 것을 말한다.

17 不殰부독: 『예기』「악기」에 "태생자불독(胎生者不殰)"이 있다. 주석에서 '殰'을 '고기가 썩음[肉敗]'이라고 하였다. '胎에서 태어나는 것들이 죽어서 나오지 않았다'는 것을 뜻한다.

즐겨 시의 소재로 삼곤 했다. 우옹도 바로 앞에서 초목을 읊었고 이어서 곤충을 대상으로 삼았다.

우옹의 시재로서의 곤충은 서정적 정감의 대상에 그치지 않는다. 그것을 도학의 이론 체계에서 묵묵히 관찰하는 것이다. 도학적 관점에 따르면 만물은 음양을 떠나서는 생성도 존립도 불가능하다. 천지와 인간만이 아니라 미물인 곤충도 예외가 아니다.

모든 존재하는 것들은 감정과 본성을 지니고 있다. 이 역시 사람에게 국한된 것이 아니다. 미물에게도 적용되는 명제이다. 외부의 자극에 본성이 발동하면 감정이 된다. 감정은 소리, 냄새, 빛깔, 모양 등을 갖추게 된다. 그것들은 우리의 감각기관에 포착된다. 모든 존재의 본성은 결코 은미한 상태로만 있는 것이 아니다. 이런 것을 정이는 현미무간(顯微無間)–환히 드러난 것과 은밀하게 감추어져 있는 것에 간격이 없다고 했다. 본성은 은미하고 감정은 현저하다고 하지만 이 사이에 아무런 간극이 없다.

곤충들 가운데는 때를 따라 우는 것도 있고 폴짝폴짝 뛰는 것도 있으며, 나는 것, 기는 것도 있다. 이 모든 것은 천기(天機)의 작동이라고 본다.

그들은 한 해의 기후를 잘 안다. 그래서 나올 때를 알고 들어갈 때를 안다. 개미도 벌도 날씨가 차가우면 들어가 문 닫고 잠자거나 웅크리기도 하고 따뜻한 봄에는 기어 나와 활동을 시작할 줄 안다. 활동할 때를 알고 쉴 때를 아는 것인데 이 모두는 하늘과 땅 해와 달의 소식(消息)과 영허(盈虛)에 따른 삶이다.

옛날 거룩하고 밝은 제왕이 다스릴 때는 만물이 모두 그 성품을 따라 살고 그 때에 맞추어 그 타고난 특징이나 잠재적 탁월성을 온전히 구현하였으며, 태중에 있는 새끼가 유산하는 일도 없고, 태어난 생명체가 요절하는 일도 없었다고 한다. 우옹은 곤충을 묵묵히 관찰하면서 그런 세상을 꿈꾸고 있다.

＊소옹 이래로 관물(觀物)이라는 개념이 유학자들에게 널리 확산되기 시작하였다. 이는 격물(格物)론과도 무관하지 않다. 정치나 윤리 등 사회문제에 집중하던 유자들이 그 관심의 폭을 자연 물상으로 넓힌 것이다. 주희도 우리가 망각하고 있는 자연학자이다. 그는 당시 최고 수준의 자연과학서적이라 할 수 있는 심괄의 『몽계필담』을 탐독하였다. 도학자들이 도와 덕, 사회의 통치 윤리 문제에만 골몰했던 것이 아니다. 천지 만물을 함께 아우르는 이치의 탐구에 집중하였지만 개별자의 특성, 각각의 사물에 고유한 제자리 찾기에도 상당한 관심을 집중시켰다.

127
오곡의 파종 [播穀五穀]

우옹은 시 읊기 좋아하지 않네	尤翁非是愛吟詩
시는 오곡을 파종할 때에 읊네	詩是播穀[18]五穀[19]時
처음 사람을 낼 때 상제의 발자국에 놀랐지	肇厥生民款帝武[20]
좋은 씨앗 내렸으니 현묘한 하늘 뜻이네	降玆嘉種寔玄機[21]
『역』무망괘에 3년 된 좋은 밭이라 했고	羲經無妄畬三歲[22]
어진 정치에 이삭 두 갈래라는 노래『한서』에 있지	漢史施仁頌兩岐[23]
맑은 샘물 길어 솥에 죽 끓이고 밥을 짓네	瓦釜[24]泉甘[25]爲粥飯
우옹은 시 읊기 좋아하지 않네	尤翁非是愛吟詩

---

18 播穀 파우; 씨를 뿌리고 곰방메로 흙을 덮음이다.

19 五穀 오곡; 다섯 가지 곡식. 곧 쌀·보리·조·콩·기장. 또는 온갖 곡식을 통틀어 일컫는 말이다.

20 款帝武 흠제무;『시경』「소아·생민(生民)」"厥初生民 時維姜嫄 生民如何 克禋克祀 以弗無子 履帝武敏 款攸介攸止 載震載夙 載生載育 時維後稷" 여기서 무(武)는 발자국이고 민(敏)은 엄지발가락이며, 흠(款)은 움직임이니 놀람과 같고 개(介)는 큼이다. "상제의 발자국 엄지발가락을 밟으사 크게 여기고 멈춘 바에 놀라시어[履帝武敏 款攸介攸止]"를 취한 것이다.

21 玄機 현기; 현묘한 하늘의 기틀 또는 운행. 이 용어는 하늘의 뜻, 심오하고 미묘한 의리, 신묘한 계책, 천부적 영성 등을 가리킨다. 여기서는 현묘한 하늘의 뜻으로 쓰였다.

22 无妄畬三歲 무망여삼세;『역』「무망」, 62효사에서 "不耕穫, 不菑畬, 則利有攸往"이라 했는데『이아』에 치(菑)는 1년 된 밭이고 여(畬)는 3년 된 밭을 뜻한다. 치는 파종 전에 밭의 초목을 불사르는 일. 초목을 없애고 비료를 준 농지이고. 여는 3년간 휴경하여 지력을 한껏 높인 밭이다.

23 兩岐 양기;『수차』;『후한서』「장감전(張堪傳)」이 그 출처이다. 둘로 갈라짐인데 여기서는 "보리 이삭이 두 갈래로 나오네[桑无附枝, 麦穗兩岐, 張君爲政, 樂不可支]"의 뜻이다.

24 瓦釜 와부; 곧 도기로 만든 솥이다.

오곡은 쌀·보리·콩·조·기장을 가리키기도 하고, 곡식 모두를 가리키는 말로도 쓰인다. 농경 국가에서 농사의 풍년과 흉년은 그대로 백성과 왕조의 안녕과 직결되었다. 흉년이 들면 백성이 굶주리게 되고, 굶주림은 약탈과 전쟁으로 이어지고, 전쟁은 전염병의 만연으로 이어진다. 결국 흉년은 굶주려 죽음, 전쟁으로 인한 죽음, 역병의 창궐로 인한 죽음으로 이어진다.

농사는 파종으로부터 시작된다. 양질의 씨앗을 확보하는 일의 중요성은 말할 것도 없다. 파종하는 농부의 꿈은 풍요로운 수확이다. 백성은 먹는 것을 하늘로 삼는 것이니 농사의 중요성은 말할 나위가 없다.

농경의 시조는 후직(後稷)이라 한다. 주 왕실의 시조인 기(棄)는 제요 때 농업을 관장하였고 제순 때 후직이 되었기에 이후 후직이라 칭하게 되었다. 『시경』 「생민(生民)」 장에 따르면 염제의 후손인 강원(姜嫄)이 아들을 기원하는 제사를 지내러 교외로 나갔다가 상제의 발자국을 보고 그 엄지발가락을 밟고는 태기가 있어 주의 시조 후직을 낳았다고 한다. 농사 담당관을 맡은 후직 때로부터 좋은 씨앗이 내려왔다고 한다.

파종에는 좋은 씨앗뿐 아니라 기름진 밭도 필요하다. 옥답에 씨앗을 뿌려야 싹이 잘 나고 자라기 때문이다. 파종 전에 초목을 베어내고 불태워 땅을 기름지게 하는 것, 그런 밭을 갈아 3년간 가꾼 것을 여(畬)라고 하는데, 이런 밭에 씨를 뿌려야 한다는 것이다.

좋은 씨앗에 기름진 밭이 있으면 그다음에는 부지런한 농부의 손길이 필요하다. 후한 때 장감이란 사람이 어양태수가 되어 8천여 경을 개간하여 농사를 독려하니 농부들이 그를 칭송하여 "뽕나무는 곁가지가 없고 보리는 이삭이 두 갈래로 나오네"라고 노래하였다.

농사가 풍년이면 이제는 이를 잘 조리하여 먹는 일이 남아 있다. 취사용

---

25 泉甘 천감: 단물이 나오는 샘. 가도(779~843)의 시에 "우물 아래 감천이 있는데 솥 안은 바짝 말랐고, 저자에는 땔감이 산처럼 있는데 객사에는 차가운 연기도 없네[井底有甘泉 釜中嘗苦乾 市中有樵山 客舍無寒煙]"라 했다.

솥을 준비하고 우물에서 단물을 길어 수확해 둔 오곡으로 죽을 쑤고 밥을 지어 먹으며 태평하게 즐겁게 사는 것이다.

＊경신대기근(庚辛大飢饉): 조선 현종 11년(1670)과 12년(1671)에 걸쳐 조선에 큰 기근이 발생하였다. 우옹의 나이 64-65세 되던 해이다. 흉작과 병충해로 곡물 생산량이 급격하게 감소했고 이어진 강력한 태풍, 그리고 치명적인 전염병의 창궐로 서울을 비롯한 국토 전체에서 대량의 인명 피해가 발생하였다. 인명과 재물의 피해는 왜란과 호란의 폐해보다 더 컸다고 하는데,『실록』에 따르면 이때 백만 명이 굶어죽거나 병사했다고 한다.

128
털과 깃 달린 짐승을 훑어봄 [流觀毛羽]

우옹은 시 읊기 좋아하지 않네	尤翁非是愛吟詩
시는 털과 깃 달린 짐승을 훑어볼 때 읊지	詩是流觀毛羽[26]時
양육과 화육은 모두 본성을 구현하는 것	毒之亭之[27]皆性得
날고 달리는 짐승들은 무리지어 쫓는데	飛者走者以群追[28]
예법은 없으나 위엄과 품위가 있고	雖無禮法威儀在
게다가 군신부자의 도리를 알기도 하네	還有君臣父子知[29]
봉황과 추우의 출현은 주나라의 성덕을 나타냈지	鳳鳥騶虞[30]周盛德
우옹은 시 읊기 좋아하지 않네	尤翁非是愛吟詩

초목, 곤충, 오곡에 이어 이번에는 모우(毛羽) 곧 털 달린 들짐승과 깃 달

26　毛羽모우: 털 짐승과 깃 짐승, 주자(走者) 비자(飛者)와 같다.

27　毒之亭之독지정지: 정지독지(亭之毒之)로도 표현되며 줄여서 정독(亭毒)이라고도 하는데, 양육, 화육의 의미이다. 『노자』 "長之育之, 亭之毒之, 養之覆之", 『문선』 「유효표 변명론(劉孝标 辯命論)」에 "生之无亭毒之心, 死之 豈虔劉之志"가 있다. 이에 대한 이주한(李周翰)의 주석에서 "亭, 毒은 모두 양육이다"라고 하였다.

28　飛者走者以群追비자주자이군추: 식물이 군락을 이루듯 짐승들도 지역과 종류에 따라 모여살고 군집생활을 하는 것을 말함이다. 『역』 「계사・상」 1장에 "방향 지역에 따라 종류대로 모이고, 만물은 무리에 따라 분류되니, 여기에서 길하고 흉함이 생긴다[方以類聚 物以群分 吉凶生矣]"라는 말이 있다.

29　君臣父子知군신부자지: 호랑이는 부자의 의리를 알고 벌과 개미는 군신의 도리를 안다고 한다.

30　騶虞추우: 전설 속의 의로운 짐승이다. 신령스러운 상상의 짐승. 흰 바탕에 검은 무늬가 있고 꼬리는 길며, 살아 있는 풀은 밟지 않고 살아 있는 생물은 먹지 않는다고 한다. 성인의 덕에 감응하여 나타난다고 한다. 이밖에 천자의 정원에서 짐승을 맡은 관리, 옛날의 악곡의 이름, 『시경』 「소남」의 편명을 가리키기도 한다.

린 날짐승을 시재로 하였다. 한간(閑看) 묵찰(黙察)에 이어 여기서는 유관
(流觀)이란 표현을 사용하였는데, 앞의 58번째 음 '유관우주(流觀宇宙)'에서
나왔듯이 유관은 대충 훑어보는 것[泛觀], 간략하게 보는 것, 두루두루 살
펴보는 것, 곧 주류관람(周流觀覽)의 줄임말이다.

　우옹은 모든 털 달린 짐승과 각종 깃 달린 새들을 양육하고 화육(化育)하
는 것은 그 본래 타고난 본성을 구현하는 일이라고 한다.
　가만히 살펴보면 털이 있고 들판을 달리며 사는 짐승이나, 깃을 달고 하
늘을 나는 새들은 대부분 무리지어 산다.
　그들 짐승의 무리에 예법이 존재한다고 할 수는 없다. 그럼에도 군신의
의리가 있어 보이고 부자의 친함이 보이는 것들도 있다. 호랑이는 부자의
친함을 아는 듯하고 벌과 개미는 군신의 도리를 아는 듯하다. 까마귀는 효
도를 하고 수달은 하늘에 제사 지낼 줄을 알며, 원앙이나 기러기는 일생 해
로한다고도 한다.
　그뿐이랴! 그들 무리 사이에도 위엄 있는 자태가 갖추어져 있다. 공작새
가 꼬리날개를 펴는 일은 장관이다. 암탉을 거느리는 수탉의 울음소리나
날갯짓, 암사자 무리를 거느린 숫사자가 과시하는 갈기는 멋있고도 위엄이
있는 의용(儀容)이다.
　들짐승, 날짐승을 소재로 다루다 보니 기린과 봉황을 외면할 수 없을 것
이다. 이들은 유학에서 상서로운 동물이다. 태평 시대를 알리는 좋은 조짐
으로 이해하여 왔다. 인간 사회와 이들 금수의 세계에 상호 연관이 있고 서
로 호응하는 기제가 있다고 믿은 것이다. 지도자가 성덕(盛德)을 보이면 전
설 속의 상서로운 날짐승 봉황이 날아 내리고 전설 속의 의로운 짐승 추우
(騶虞)가 나타나기도 하였다고 한다.

　＊ 한대 동중서 이래 널리 유포된 천인상응설에 대한 신념은 많은 비판적

견해가 등장했음에도 불구하고 소멸하지 않았는데 그 이유의 일단은 그것이 통치자의 선한 정치를 담보하려는 장치였기 때문이며, 악정이 거듭될 때 지도자를 교체하고 싶은 민중의 바람이 강렬하고 절실했기 때문일 것이다.

　짐승들 세계에 군신 부자의 의리나 위의가 있느냐 없느냐와 주장에 대한 찬반 논쟁은 훗날 우옹의 문하에서 벌어진 인물성동이논쟁과 연관이 없지 않다. 이 논쟁은 본성에 대한 개념적 이해의 차이에 기인한 것이지만 인간과 그 밖의 존재들의 본성이 같으나 다르냐 하는 것은 한갓 관념적 논쟁에 그친 것이 아니라 당시 사회의 여러 현상들, 이를테면 인류 문화의 측면에서 큰 차이가 있는 이적들이나 서양인들을 똑같이 대우하여야 하는지의 문제로도 확대 적용되었던 것이다.

129
크게 보기 [大觀]

우옹은 시 읊기 좋아하지 않네	尤翁非是愛吟詩
시는 우옹이 크게 볼 때 읊지	詩是尤翁大觀³¹時
땅은 하늘에서 보면 하나의 물건이고	地在天中爲一物
하늘도 도에서는 도리어 하찮은 것이네	天於道裏却些兒
예나 이제나 세상의 운행은 새처럼 빠르고	古今運世忙如鳥³²
안팎의 산하 가늘기가 눈썹 같네	表裏山河細似眉³³
포부가 큰 남자가 있으니	許大心胸³⁴男子在
우옹은 시 읊기 좋아하지 않네	尤翁非是愛吟詩

'크게 본다'는 대관(大觀)이란 용어는 크고 먼[宏遠] 관찰의 뜻이다. 전체의 모양을 관찰하는 것의 뜻도 있다. 대관은 앞의 유관(流觀)과 대조를 이루는 용어이다. 우옹이 크게 본 것은 다음의 다섯 가지이다.

---

31 大觀 대관;『역』「관(觀)」괘에 대관이 있다. "大觀在上, 順而巽, 中正以觀天下. '觀盥而不薦, 有孚顒若', 下觀而化也. 觀天之神道, 而四時不忒, 聖人以神道設教, 而天下服矣". 象曰, "風行地上, 觀, 先王以省方觀民設教". 대관에는 크게 그리고 멀리[굉원(宏遠)] 관찰한다는 뜻이 있다. 전체의 모양을 관찰한다는 뜻도 있다. 우주선이나 비행기에서 내려다보는 세상 같은 것도 대관이라 할 수 있다.

32 忙如鳥 망여조; 시간의 빠르고 바쁨을 새가 눈앞에서 날아감에 비유한 것이다. 장경양(張景陽)의 시에 "홀연함이 마치 새가 눈앞을 지나감과 같네[忽如鳥過目]"라 했다.『문선』권15 잡시 10수

33 細似眉 세사미; 작기가 마치 눈썹 같다. 안팎에 있는 산하가 그리 작아 보인다는 말이다.

34 許大心胸 허대심흉;『근사록』권3 장재의 말에 "又曰 太宰之職 難看 蓋無許大心胸 包羅 記得此 復忘彼"가 있다.

땅은 광대하지만 하늘 속의 하나의 물건일 뿐이다.

하늘도 도에 있어서는 하나의 물건에 지나지 않는다.

세상의 운행은 마치 새가 홀연히 날아감과 같고,

안팎의 산하는 마치 눈썹처럼 작다.

세상에는 이처럼 큰 포부를 지닌 대장부 남자가 있다.

이 시는 만물을 싣고 있는 땅, 땅을 품고 있는 하늘, 하늘도 그 속의 하나에 지나지 않는 도의 관점으로 모든 것을 보려고 한다. 크게 보는 것이다.

공간적인 것 뿐 아니라 시간에 있어서도 우옹은 크게 보려고 한다. 작은 틈 사이로 말이 달려가는 것처럼 해와 달의 운행과 그로 인한 사계절의 변화 등도 순식간의 일일 수 있다.

옛사람들은 우주에서 지구를 바라본 것도 아니고, 위성으로 찍은 사진을 본 적도 없지만 그저 높은 산에 올라 멀리 바라보면 원근의 산과 들, 그것들을 가르며 흐르는 하천이나 산맥의 능선이 하나의 작은 눈썹처럼 보일 수 있다.

우옹은 이러한 대관(大觀)의 기상을 통해 그런 남자로 살겠다는 스스로의 다짐을 피력하고 있다.

* 공자는 동산에 올라가서 노나라가 작음을 알았고 태산에 올라가서 천하를 작게 여겼다. 바다를 본 사람은 작은 물이 되기 어렵고, 성인의 문하에서 공부한 사람은 함부로 말하기 어렵다. 높은 곳에 있을수록 그 아래 것이 작아지고, 본 것이 크면 작은 것은 볼 만하지 않게 된다.

한의 가의(賈誼)가 "지혜가 작은 사람은 자기의 생각과 이익만을 내세운다. 상대를 천히 여기고 자신을 귀하게 여긴다. 통달한 사람은 크게 본다. 대상에 대하여 옳게 여기지 않음이 없다[小智自私兮, 賤彼貴我. 達人大觀兮, 物无不可]"라고 하였다.

나무도 보고 숲도 보자는 말이 있다. 사물에 대한 우리의 인식과 대처가 그리하여야 좋다는 말이다. 경제학에서는 미시(微視)와 거시(巨視)라는 말을 사용한다. 우리의 공부와 실천은 광대(廣大)하면서도 정미(精微)하여야 한다. 널리 배우면서도 개별적 사안에 대하여 그 뜻이 독실하여야 한다. 나의 시각만이 아니라 남의 시각도 인정하여 내 것으로 만들어 써야 하고, 함께하여야 그 몸이 커지고 그 시너지 효과 역시 크게 얻을 수 있다.

130
큰 것을 말함 [語大]

우옹은 시 읊기 좋아하지 않네	尤翁非是愛吟詩
시는 우옹이 큰 것을 말할 때 읊지	詩是尤翁語大[35]時
태극이란 이름은 억지로 붙인 것	太極之名終始强[36]
성인도 이에 대해 알 수가 없지	聖人於此不能知[37]
지구는 지극히 크지만 이것을 싣기 어렵고	環區[38]至大猶難載
태산이 비록 높으나 이것보다 낮음을 이내 깨닫지	泰嶽雖高便覺低
1원 12회의 129,600년도 곧 한순간일 뿐	十二會[39]來曾一瞬
우옹은 시 읊기 좋아하지 않네	尤翁非是愛吟詩

세상에서 가장 큰 것, 가장 작은 것이 무엇인지에 대한 관심은 누구나 한

---

35 語大 어대: 『중용장구』제12장 "君子語大, 天下莫能載焉"『장자』「천하」"至大無外 至小無內"

36 太極之名終始强 태극지명종시강: 소옹은 "태극은 이름 붙일 수 없다. 그래서 억지로 이름 붙여 태극이라 했다"고 하였다. 유사한 표현이 주희의 글에서도 나온다.

37 聖人於此不能知 성인어차불능지: 『중용장구』12장에 다음의 말이 있다. "군자의 도는 쓰임은 넓고 실체는 은미하다. 어리석은 부부라도 알 수 있는 것이지만 그 지극한 경지에 있어서는 성인이라도 알지 못하는 것이 있다. 불초한 부부라도 실천할 수 있는 것이지만 그 지극한 경지에서는 성인이라도 또한 행할 수 없는 것이 있다.[君子之道費 而隱. 夫婦之愚, 可以與知焉, 及其至也, 雖聖人亦有所不知焉; 夫婦之不肖, 可以能行焉. 及其至也, 雖聖人亦有所不能焉.]"

38 環區 환구: 둥근 고리 안과 같은 곳, 여기서는 지구를 뜻한다. 소옹은 태극을 환구 (丸球)라고 표현하였다.

39 十二會 십이회: 소옹은 우주의 시간을 계산하면서 첫번째 개벽 이래의 시간을 129,600년이라 하고 이를 1원(元)이라 했다. 이 1원의 시간을 12로 나눈 것을 회(會) 라 하였다. 곧 1원은 12회가 된다.

번쯤은 가져봤을 것이다. 그리고 이 답에 접근하는 방법도 다양하다.

『중용장구』 제12장에서는 '군자는 큰 것을 말할 때는 세상에 그것을 싣거나 담을 것이 없을 만큼의 큰 것을 말하고, 작은 것을 말할 때는 세상에 그것을 깨뜨릴 것이 없을 만큼의 작은 것을 말한다'고 하였다.

도학자에게 있어서 지극히 큰 것, 그래서 바깥이 없을 만큼 큰 것은 태극이다. 그러나 그것을 형용할 수 있는 언어가 없다. 태극이란 말은 억지로 붙인 이름이며, 따라서 이름 아닌 이름, 방편적 이름이다. 소옹이 "태극은 이름을 붙일 수 없다. 그래서 억지로 이름 붙여 태극이라 했다"고 하였다. 우옹은 지구는 지극히 크지만 지구도 실을 수가 없이 더 큰 것이 있다고 한다.

태산이 높지만 그보다 높은 곳에서 보면 그것이 낮다는 것을 바로 알 수 있다. 우리가 즐겨 외는 시조 '태산이 높다 하되 하늘 아래 뫼이로다'가 있다. 이처럼 형상을 지닌 것들은 모두 상대적이다. 얼마든지 형상을 지닌 그것보다 더 큰 것을 상정할 수가 있다.

송대 이후 유학자에게 있어 큰 시간은 소옹이 말하는 12회(會) 곧 1원(元)이다. 이 1원은 129,600년이다. 이것을 12로 나누어 회라 하는데, 1세(世)는 30년, 1운(運)은 12세, 1회는 30운이다. 그는 이 1원의 시간을 눈 깜박할 사이에 지나지 않는다고 하였다.

＊형상을 지닌 구체적인 물체는 더 큰 것이 있고, 계산이 되는 시간에 있어서 더 긴 시간이 있다. 이것에 대하여 언어적으로 흠잡을 수 없는 정의가 필요하고 그에 대한 생각이 있어서 나온 것이 "큰 것을 말할 때 세상에는 그것을 실을 것이 없고, 작은 것을 말할 때는 그것을 깨뜨릴 것이 없다"라거나 "지극히 큰 것은 밖이 없고 지극히 작은 것은 안이 없다." 또는 '가장 큰 것은 밖이 없다'거나 '가장 작은 것은 속이 없다'와 같은 표현이다.

131
작은 것을 말함 [語小]

우옹은 시 읊기 좋아하지 않네	尤翁非是愛吟詩
시는 우옹이 작은 것을 말할 때 읊지	詩是尤翁語小[40]時
입언이 지나치게 높을 때 마음은 이미 풀렸고	言過高時[41]心已放
행동이 작은 일에 신중하면 큰 것 무너짐 없네	行矜細[42]後大無隳[43]
움직임과 멈춤이 모두 하늘의 몸임을 알지니	須知動息天皆體[44]
가늘고 작다 하여 귀신이 모른다고 하지 말라	莫謂纖微鬼不非
예의 삼백과 위의 삼천이 또한 높이 하늘에 닿네	三百三千還峻極[45]
우옹은 시 읊기 좋아하지 않네	尤翁非是愛吟詩

---

40 語小어소: 『중용장구』 제12장 "군자는 작은 것을 말하는데, 세상 누구도 그것을 깨뜨릴 수가 없다[君子語小 天下莫能破焉]"

41 言過高언과고: 『순자』 "순경의 입언이 지나치게 높다[荀子立言過高]"고 하는데, '言過高'는 이상이 지나치게 높아 현실에 맞지 않는 경우에 쓰인다.

42 行矜細행긍세: 『서경』 「여오(旅獒)」 "不矜細行 終累大德 爲山九仞 功虧一簣" 여는 서쪽에 있는 나라 이름이고 오(獒)는 큰 개이다. 주 무왕 때에 여나라에서 큰 개를 바치자, 소공 석은 이것을 받지 말 것을 당부하는 글을 지어 올렸는데 이것이 바로 「여오」편이다.

43 隳휴: 무너뜨릴 휴, 떨어질 타, 무너뜨리다, 훼손하다, 황폐해지다, 버려지다.

44 動息天皆體동식천개체: 『근사록』 「존양」에 "엣사람은 귀로 음악을 들을 때나, 눈으로 예를 볼 때나, 전후좌우로 기거 동작하는 데 있어서도 소반, 사발, 안석, 그리고 지팡이에까지 명을 새기고 경계의 말을 새겨서, 움직일 때나 쉴 때나 항상 마음을 기르는 바가 있었다[古之人 耳之於樂 目之於禮 左右起居 盤盂几杖 有銘有戒 動息皆有所養]"라고 하였다. "움직이고 멈춤이 모두 자연의 기틀이다[動息皆眞機]"라고도 한다.

45 三百三千還峻極삼백삼천환준극: 여기서 삼백 삼천은 예의와 위의를 가리킨다. 『중용장구』 27장 "大哉 聖人之道 洋洋乎發育萬物 峻極于天 優優大哉 禮儀三百 威儀三千"

가장 큰 것을 말했다면 자연스레 가장 작은 것도 묻고 찾게 된다. 『중용장구』12장에서 "군자가 말하는 작은 것은 세상에 그것을 깨트릴 것이 없을 만큼의 작은 것이다"라고 하였다. 장자(莊子)의 말로는 "지극히 작은 것은 안이 없는 것이다[至小無內]"이다. 이런 것은 실재하는 듯하지만 현실적으로는 없다.

우옹은 말이 지나치게 높은 사람으로 순경이나 육구연 왕수인 같은 사람을 지칭한다. 우옹은 이들이 이미 본연의 마음을 상실한 경우로 보았다. 생각이 지나치게 높은 것, 큰 것을 말하는 것의 폐단을 지적하려는 것이다.

반면 그는 작은 것의 중요성이나 현실적 중요성을 긍정한다. 자잘한 일에 마음을 신중히 하면 나중에 크게 망가지는 일이 없다는 것이다. "자그마한 행동이라도 신중히 하지 않으면 큰 덕에 끝내 누를 끼칠 것이니, 이는 마치 아홉 길의 산을 만들 적에 한 삼태기의 흙이 부족하기 때문에 그 공이 허물어지는 것과 같다"라는 교훈이 『서경』「여오(旅獒)」에 나온다.

하늘은 움직이기도 하고 멈추기도 한다. 이는 움직임만이 하늘의 실체요, 그 기능이라고 여기면 안 된다는 것이다. 하늘도 멈추고 때로는 쉰다. 큰 것만이 중요한 것 아니고 작은 것도 귀하며, 음이 아닌 양만을 하늘이 주재하는 것이 아니라 음도 하늘의 영역이라고 하는 것이다.

섬세하다 하여 귀신이 외면하지 않는다. 크고 작음은 사람의 시각에 따른 판단이다. 귀신은 작다고 하여 버리지 않고 크다고 하여 겁내지 않는다.

큰 강령이 되는 예의(禮義)가 3백 가지요, 세세한 절목이 되는 위의(威儀)가 3천 가지에 이르는데, 강령과 조목의 크고 작음이 있지만 이것들이 만물을 양육하고 규제하는 효과와 그 경지는 높은 하늘에까지 닿는다.

＊도학자들은 수양에 있어서 음과 양, 안과 밖, 발현된 곳과 은미한 곳, 남에게 배울 때와 스스로 생각할 때, 움직일 때와 멈추어 있을 때 모두 경

(敬)의 집중력을 보여야 한다고 한다. 그 상대적인 것이 모두 하나의 양면이고 서로의 존립 근거이며 하늘과 도의 존재 양태이기 때문이다. 둘로 구별한다고 하더라도 또 억음(抑陰)존양(尊陽)이라 하여 음은 억압하고 양은 존중한다고 하더라도 그것이 어느 한쪽에 극단적으로 기울어짐을 말하는 것이 아님을 유념해야 한다. 음양과 동정이 모두 하늘의 몸이라는 표현에 주목할 필요가 있다.

132
홀로 있을 때 삼감 [謹獨]

우옹은 시 읊기 좋아하지 않네	尤翁非是愛吟詩
시는 홀로 있을 때 삼감을 읊지	詩是尤翁謹獨⁴⁶時
무리 중에서 허물 적은 자 굳이 찾을 것 없지만	不必衆中求寡過⁴⁷
긴급한 곳에서는 작은 허물도 집어내야지	須於急處摘微疵
사람 공부가 절실하면 사사로움이 다 사라지고	人功密切私旋盡
천리의 유행은 어떤 물건도 빠뜨리지 않으니	天理流行物莫遺
세월이 물과 같이 흐르기에 다시 근독을 요구하네	逝者如斯⁴⁸還要此
우옹은 시 읊기 좋아하지 않네	尤翁非是愛吟詩

---

46 謹獨 근독: 홀로 있을 때, 남이 보지도 않고 듣지도 않는 곳에서 삼감. 『중용장구』 제1장 "道也者, 不可須臾離也, 可離非道也. 是故君子戒愼乎其所不睹, 恐懼乎其所不聞. 莫見乎隱, 莫顯乎微, 故君子愼其獨也."

47 不必衆中求寡過 불필중중구과과: 여기서의 중(衆)은 무리 곧 보통 사람이다. 『중용장구』 제13장에서 『시경』 「빈풍·벌가」편에 대하여 "그러므로 군자는 사람으로 사람을 다스리다가 고치면 멈춘다[故君子以人治人, 改而止]"라고 해설하였는데 이에 대하여 주희는 "사람으로 사람을 다스리는 것은 사람됨의 도가 그 사람의 몸에 있기 때문이다. 애초에 피차의 구별이 없다. 그러므로 군자가 사람을 다스릴 때에 곧 그 사람의 도로써 그 사람의 몸을 다스리는 것이다. 그 사람이 능히 고치면 곧 그치고 다스리지 않는다. 알 수 있고 행할 수 있는 것을 나무라는 것이지 사람에게서 멀리 있는 것으로 도를 삼으려는 것이 아니다. 장재가 '보통 사람으로 그에게 기대하면 좇기가 쉽다'고 한 것이 이것이다[若以人治人, 則所以爲人之道, 各在當人之身, 初無彼此之別. 故君子之治人也, 卽以其人之道, 還治其人之身, 其人能改, 卽止不治. 蓋責之以其所能知能行, 非欲其遠人以爲道也. 張子所謂 '以衆人望人則易從' 是也]"라고 하였다.

48 逝者如斯 서자여사: 『논어』 「자한」 "공자는 냇가에서 '가는 것이 이와 같다. 밤낮이 없다'고 하였다.[子在川上曰 逝者如斯夫 不舍晝夜]"

근독은 신독(愼獨)으로도 쓰인다. 『중용』 머릿장에서 '본성을 좇는 것을 도라고 한다'고 하였다. 본성은 언제나 우리 몸에서 잠시라도 떠날 수 있는 것이 아니기에 도 역시 늘 우리 몸이 있는 곳에 있다. 따라서 도를 구현하기 위해서는 특별히 남들이 보지 않고 듣지 않는 곳에서 경계하고 삼가며 두려워하고 조심해야 한다. 탁월한 사람, 지혜로운 사람은 어두운 곳보다 더 잘 드러나는 곳이 없고 미세한 것보다 더 뚜렷한 것이 없다는 신념을 갖고 있기에, '홀로 있을 때 삼간다'고 했다.

사람은 누구라도 허물이 없을 수는 없다. 공자는 『역』을 배워 허물이 적기'를 추구하였다. 남을 교화시키거나 그의 허물을 고치려고 할 때는 평범한 수준의 사람에게 기대하는 것을 그에게 요구하면 가르치는 자의 요구에 쉽게 따라올 수 있다. 장재가 "보통 사람에게 바라는 것을 그에게 요구하면 그가 따르기 쉽다"라고 말했다. 우옹은 평범한 사람에게서 허물이 적을 것을 구할 필요는 없다고 하였다. 범인은 누구나 다 허물이 있기 마련이기 때문이다.

사람이 과실로부터 자유롭지 못하다고 할지라도 작은 허물이라 하여 방치해서는 안 된다. 긴요한 곳, 핵심적이라고 여겨지는 곳에서는 미세한 허물도 집어내야 한다.

수양의 공부가 절실하고 극진해지면 어떤 사사로움도 다 없앨 수 있다는 신념을 갖고 있어야 한다. 한 치의 오차도 용납하지 않겠다는 엄밀한 태도, 한순간도 놓치지 않겠다는 엄숙한 자세가 요구된다.

하늘의 이치는 어느 물건에서도 그리고 언제나 유행한다. 세월은 흐르는 물처럼 지나간다. 우리는 아무리 작은 것도 찰나적 짧은 시간에서도 삼가고 삼가 그때 그곳에서 유행(流行)하는 천리를 놓치면 안 된다.

천지 사이에서 이루어지는 조화는 한순간도 멈춤이 없다. 해가 지면 달이 뜨고 추위가 지나면 더위가 온다. 사물은 생겨나서 끝이 없다. 모두가 도와 더불어 그 몸이 된다. 이것이 도 본연의 모습이다.

배우는 사람은 때때로 성찰하여 털끝만큼도 이치, 도, 본성과 사이가 벌어지거나 끊어지는 일이 있어서는 안 된다.

＊익명성이 보장되는 공간, 남이 나의 정체를 알아보지 못하는 장소가 도덕의 취약 지대이다. 따라서 어두운 곳, 나를 인식하지 못하는 곳, 나 홀로 있는 곳이나 그런 때 더더욱 자신을 삼가, 사사로움의 함정에 빠지지 말아야 한다는 것이 현자들의 가르침이다.

한편 권위는 변화에 취약하다. 특정 상황 속에서 위력을 갖는 가르침이나 존재는 상황이 바뀌게 되면 대체로 힘을 잃어버린다. 이것이 기득권자가 보수적 성향을 띠게 되는 이유이기도 하다. 그러나 세상은 결코 고정 불변의 상태를 용납하지 않는다. 지난날 절대적 또는 상당한 권력을 지닌 일체의 것들이 지금도 그 권위를 지니고 있다고 생각하는 것은 어리석다. 가치도 권위도 그 상황에서 새로 창출되는 것이다.

133

경계하고 두려워함 [戒懼]

우옹은 시 읊기 좋아하지 않네	尤翁非是愛吟詩
시는 우옹이 경계하고 두려워 할 때 읊네	詩是尤翁戒懼⁴⁹時
선과 악이 갈라질 때 비록 힘을 쓰지만	幾善惡⁵⁰時雖用力
함양처에 이르러서 더 무엇을 하랴	到涵養⁵¹處更何爲
텅 비고 밝으니 물결이 일지 않을 게고	虛明莫遣波瀾起
고요하고 은밀하니 어찌 귀신이 알겠는가	靜密⁵²何曾神鬼知
천리는 늘 있으니 오래 보존하면 오묘하다	天理常存⁵³存久妙⁵⁴
우옹은 시 읊기 좋아하지 않네	尤翁非是愛吟詩

---

49 戒懼 계구: 『중용장구』 제1장 "君子戒愼乎其所不睹, 恐懼乎其所不聞"

50 幾善惡 기선악; 움직임의 기미에서 선악이 갈라진다. 주돈이 『통서』 "기미에 선악이 있고, 성은 무위이다[幾善惡 誠無爲]"

51 涵養 함양: 마음을 보존하고 본성을 기르는 것을 함양이라고 한다. 정이가 "함양에는 모름지기 경으로써 해야 하고 배움을 진전시키는 것은 인식능력을 극대화시킴에 달려 있다[涵養須用敬 進學在致知]"라고 말했다. 『성리대전』 권46과 『주자어류』 권95 「정자지서(程子之書) 1」. 『근사록』 권2 「위학류(爲學類)」. 주희가 이 말을 인용하여 "아무 일이 없을 때에는 보존하여 기르는 도리가 그 속에 있으니, 자신을 일깨우고 각성시켜 방자하게 되지 않도록 해야 할 것이요, 강습하거나 응접할 때에 이르러서는 의리를 생각하고 헤아려야 할 것이다[無事時 且存養在這裏 提撕警覺 不要放肆 到講習應接時 便當思量義理]"라고 설명했다.

52 精密 정밀; 『시경』 「주송·호천유성명」 "成王不敢康, 夙夜基命宥密". 주희는 『시전』에서 "기(基)는 아래에 많이 쌓아 위의 것을 이어 받드는 것이다. 유(宥)는 크고 깊음이요, 밀(密)은 고요하고 은밀함이다[基, 積累于下, 以承藉乎上者也. 宥, 宏深也. 密, 靜密也.]"라고 풀이하였다. 이에 따르면 "성왕께서 감히 편안히 계시지 못하시어 밤낮으로 명을 다지기를 크게 하고 치밀히 하셨습니다"가 된다.

53 天理常存 천리상존; 천리는 언제나 어디에나 존재한다. 이 천리를 잃지 않고 또 발현을 막는 장애물이 끼어들지 않게 하는 공부가 늘 필요하다. 『역』 「계사·상」 7장 "이

'계구'는 '계신공구(戒愼恐懼)'의 줄임말이다. 계신은 남이 보지 않는 곳에서 도가 그 몸에서 떨어지지 않게 하는 마음의 공부이고, 공구는 남이 듣지 않는 곳에서 도가 몸에서 벗어나지 않게 하는 태도이다.

본성은 곧 이치라는 명제를 신념으로 갖고 있는 도학자들은 언제 어디서나 도를 실현할 수 있다고 믿는다. 그러나 우리는 종종 실성(失性)하는 사람을 본다. 실성했다면 그는 도를 실현할 수가 없게 된다. 남이 보지도 않고 듣지도 않는 곳에서 우리는 종종 본연의 성을 따르는 데 실패하곤 한다.

외부 사물의 자극을 받아 본성이 움직여 방향을 잡으려고 하는 그 때 선과 악이 갈라진다. 따라서 이때 바짝 공을 기울여야 악으로 흐르지 않고 선으로 향할 수 있다.

그렇게 되기 위해서는 본성을 함양할 수 있는 공부가 있어야 한다. 도학에서는 경(敬) 공부가 바로 함양을 이루어 내는 것이라고 한다. 함양이 이루어지면 우리의 마음 상태는 파란이 일어나지 않는다.

마음이 텅 비어 있으니 사물이 다가오면 있는 그대로 받아들일 수 있다. 마음이 밝으니 사물의 실체를 분명하게 파악할 수 있다. 마음을 고요하고 은밀하게 지니면 우리 몸에는 늘 천리가 있게 된다.

이 천리를 오래 몸에 보존하고 보존하면 어느 순간 자신도 모르는 사이에 시야가 탁 트이듯 모든 사물의 이치가 꿰뚫리는 오묘한 경지[활연관통(豁然貫通)]에 이르게 된다.

루어진 본성을 보존하고 보존하는 것이 도의의 문이다.[成性存存, 道義之門]"

54 存久妙 존구묘: 정이는 "오래 보존하면 오묘하다[存久則妙]"라고 하였다. 주희는 "정자가 후학들에게 공을 끼친 것 중 가장 중요한 것은 '경' 자를 집어내 놓은 것이다[程子有功於後學. 最是拈出敬字]"라고 하였다.

결음(結吟)

134. 하나의 원두에 이르러 말이 없음[到一原頭不語]

수미음의 마지막 단락이고 한 수로 되어 있다.

『중용장구』첫 장에 "하늘이 명한 것을 본성이라고 한다"가 있다. 제23장에서는 "자신의 본성을 다 구현하면 남의 본성을 다 구현할 수 있다"고 하였다.『주자대전』권24에 다음의 문답이 있다.

물음: 천명을 성이라 한다는 것은 원두에서 말한 것인지요?
[問天命之謂性, 此只是從原頭說?]
대답: 아니다. 만물이 모두 다만 같이 이 하나의 원두일 따름이다.
[否曰萬物皆只同這一箇原頭]

자신에게 부여된 천명을 다 실현하였다면 그는 다른 사람의 천명도 구현할 수 있다. 본질적으로 같은 명이기 때문이다.

우옹은 공부의 최종 지점을 모든 다양성을 합일, 환원시키는 하나의 원두에 도달함으로 설정하고 그 경지는 어떤 언어문자로도 표현할 수 없으며, 또한 그런 수단이 필요하지 않는 곳임을 밝히고 있다. 우옹에게 있어서 그리고 도학자들에게 있어서 최후의 하나의 원두 그것은 천명이고 본성이다.

134
하나의 원두에 이르러 말이 없음 [到一原頭不語]

우옹은 시 읊기 좋아하지 않네	尤翁非是愛吟詩
하나의 원두에 도달하여 말하지 않을 때 읊지	到一原頭¹不語時
그 속에 물고기 솔개의 뛰고 낢이 활발하지만	個裏鳶魚²雖活潑
애초에 소리도 냄새도 없는데 하물며 광휘이랴	初無聲臭³況光輝
극치는 끝내 형용할 수 없음을 참으로 알고	固知極致終難狀
또한 잠깐도 떠날 수 없음을 알아야 할 것이니	要識須臾不可離⁴
하나의 '예'라는 말 많다 하면 이는 망상이네	多一惟司⁵還是妄
우옹은 시 읊기 좋아하지 않네	尤翁非是愛吟詩

---

1 原頭 원두; 들머리, 절지동물의 머리, 일의 출발점 등을 가리킨다. 샘과 같은 물줄기의 출발을 가리킬 때는 원두(源頭)로 표기한다. 『주자어류』 권62, 46조에서 주희는 "만물은 모두 다만 같은 이 하나의 原頭를 갖고 있다 성인이 자기의 본성을 다 구현하면 남들의 본성도 다 구현하고 만물의 본성도 다 구현하게 되는 것은 동일한 원두로 말미암기 때문이다"라고 하였다. 여기서 말한 원두는 '천명을 성이라고 한다[天命之謂性]'를 가리킨다. 태극, 성, 천명 등이 원두에 해당한다.

2 鳶魚 연어; 솔개와 물고기. 『중용장구』 제12장에 『시경』 「대아·한록」의 "솔개는 날아서 하늘에 오르고, 고기는 연못에서 뛰어오르네[鳶飛戾天 魚躍于淵]"를 인용하여 군자의 도의 쓰임이 상하로 넓게 드러남을 설명하였다. 정자는 "이 1절은 자사가 매우 긴요하게 사람들을 배려한 곳으로, 생기가 충만하다" 하였다.

3 初無聲臭 초무성취; 『중용장구』 제33장에 "상천에서 일어나는 일들은 소리도 없고 냄새도 없다"를 인용하고 있다. 이 시는 『시경』 「대아·문왕」에 들어 있다. 하나의 원두는 감각기관으로 접근하거나 이를 표현할 수가 없다는 말이다. 이를 우옹은 '말하지 않음[不語]'으로 표현하고 있다.

4 須臾不可離 수유불가리; 『중용장구』 수장에서 "도는 잠깐도 떠날 수 없다. 떠날 수 있다면 도가 아니다"라고 하였다.

5 惟司 유사; 惟司는 唯詞로 된 곳도 있다. 증참은 공자가 말할 때 예[唯]라고 한 적이 많다.

이 한 수는 맺는 음이다. 134개의 주제 가운데 우옹이 최후에 배치한 것이 '하나의 원두(原頭)'이다. 여기서 원두는 본원(本原, 本源), 또는 근원(根源)으로도 표기한다. 주희는 태극론을 '극본궁원론(極本窮源論)'이라고 규정하였다. 이는 마치 물에 샘이 있고 나무에 뿌리가 있는 것과 같이 만물에는 그 샘과 뿌리에 해당하는 것이 있는데 이것을 끝까지 캐내고 찾아간다는 말이다. 이 최후 원두의 경지는 일체의 말이 없어진다.

뿌리나 샘 같은 것을 갖고 있는 각각의 존재자들은 마치 '못에서 물고기 뛰고 하늘에 솔개가 날듯이' 활발발한 양태를 보이지만, 만물의 본원에 해당하는 그것은 소리도 없고 냄새도 없어 우리의 눈이나 귀와 같은 감각기관으로는 포착이 가능하지 않다.

『논어』에서 공자는 "나는 말하지 않겠다[無言]. 하늘이 무슨 말을 하는가? 사계절이 질서 있게 운행하고 만물이 생육 번성한다"고 하였다. 장자도 "말을 잊은 사람을 만나서 그와 말하고 싶다"고 하였다. 사물의 종국적 지점은 인간의 언어문자를 넘어서는 곳이라는 뜻이다.

이 궁극의 지점에 해당하는 것은 감각적으로 포착할 수가 없고 형용이 불가능하다. 그러나 그것은 언제나 우리 몸 안에 있고 언제 어느 곳에서나 유행하고 있는 것이기에 우리는 한순간도 그것으로부터 벗어날 길이 없다.

공자가 "나의 도는 하나로 꿰뚫었다"라고 하였을 때 제자들 가운데 오직 증참만이 '예' 하고 대답하였다. 문인들이 무슨 뜻이냐고 묻자 "선생님의 도는 충서(忠恕)일 뿐"이라고 말한 적이 있다.

주희의 문인 서자융이 이에 대하여 "애석하다 증참이여! 번번이 한마디 '예'라 하네. 어리석은 사람 같던 안회만 못했네[可惜曾參多一唯 不如回也只如愚]"라는 시를 쓰고 스스로 대견히 여긴 적이 있다. 이때 주희는 "증참의 '한 마디 예[一唯]'도 제대로 이해하지 못하면서 어떻게 그 위의 단계로 나아가려 한단 말인가"라고 나무랐던 일이 있다.[6]

스승의 말에 그저 '예'라는 한마디 말로 반응을 보인 증참의 태도에 대하여 우옹은 매우 성실한 것으로 이해하였다. 다양함 속에서 하나의 본원적 그 무엇을 찾을 줄 아는 신실한 증참을 높이 평가하며 그를 본받고자 함을 표명함이다.

＊우옹의 이 시가 그 운을 취한 소옹의 수미음 134번째는 다음과 같다.

요부는 시 읊기를 좋아하지 아니했네	堯夫非是愛吟詩
시는 바로 요부가 칼을 자랑할 때 읊지	詩是堯夫詫劍時
단련해야 할 때 힘 있고 우뚝하게 하네	當煆煉時分勁挺[7]
칼을 갈 때는 광휘가 발하지	到磨礱處發光輝
큰 뱀 멧돼지의 흔들고 어지럽힘을 막고	長蛇封豕[8]休撩亂
교활한 토끼 요망한 여우의 현혹함을 막네	狡兔妖狐莫陸離
이 기구 길러온 세월이 이미 오래이니	此器養來年歲久
요부는 시 읊기를 좋아하지 아니했네	堯夫非是愛吟詩

소옹의 수미음 마지막 수의 소재는 칼이다. 칼은 쇠를 단련하여 만든다. 형체를 이룬 칼은 숫돌에 갈아 날카롭게 다듬는데 그렇게 간 날을 햇빛에 비치면 광채가 난다. 이렇게 강하고 예리한 칼로 큰 뱀이나 멧돼지 같은 탐욕스럽고 포악한 무리들을 차단하고, 교활한 토끼와 요망한 여우 같은 무리들이 함부로 날뛰지 못하게 한다. 지도자는 이런 도구를 오래도록 다듬

---

6 『주자대전』권58「답서자융서」
7 勁挺 경정: 힘 있고, 강하고, 우뚝하다.
8 長蛇封豕 장사봉시: 큰 뱀과 멧돼지처럼 포학하고 탐욕스러운 무리를 뜻한다. 『춘추좌전』정공(定公) 4년 조의 "오나라는 멧돼지와 큰 뱀으로서 상국을 침범하고 있다[吳爲封豕長蛇 以荐食上國]"라는 말에서 나온 것이다.

고 가꾸어 늘 몸에 지녀야 한다.

우옹과 소옹의 수미음 마지막 수의 각 운은 시(時) 휘(輝) 리(離) 시(詩)임을 다시 확인한다. 이렇듯 굳이 134수의 운을 차례에 따라 그대로 좇을 필요가 있는가 생각할 수 있지만 이 또한 자기 제약이며 상대에 대한 존숭의 표현임을 어렵잖게 알 수 있다.

장기 유배 문화촌에 재현한 우옹의 적려; 우옹은 장기성 동문 밖 마산리 사인(士人) 오도전의 집에서 위리안치 상태로 유배생활을 하였다.

우옹 송시열의 수미음 134수

1. 도학과 우옹

중국 송대에 출현한 새로운 성격의 유학은 도학(圖學), 이학(理學), 송학 (宋學), 신유학(新儒學) 등으로 불린다. 이들은 모두 다른 시대의 사람들이 같은 대상에 대하여 지녔던 그들 나름의 인식에서 비롯되어 나타난 칭호이 다. 이 가운데 도학과 이학은 송대 학인들이 스스로 지은 용어이다. 도학은 왕개조(王開祖 1035-1068)가 처음 사용하였는데, 그는 "요순의 도를 펼치 고 문무의 다스림을 논하며, 음험하고 사특한 길을 막고 황극의 문을 여는"[1] 것이 그 내용이라 하였다. 이학은 유가학설을 중심에 두고 도·불 양가의 이론을 취하여 강상과 명분의 가르침이 지니는 합리성과 항구성을 논증하 는데, 이를 심성의리의 학문이라고도 하며, 그 중심에 이(理) 또는 천리가 자리하고 있다. 유학자들에게 송 이전에는 경학이 있었고, 이후부터 이학

---

1 金沛霖 주편 『四庫全書子部精要』 "孟子以来, 道学不明, 我欲述堯舜之道, 論文武之 治, 杜淫邪之路, 闢皇極之門"

이 있게 되었다. 도학과 이학이 용어는 다르나 지칭하는 것은 상당 부분 겹친다. 송대 유학자들은 중국 전통의 인정(仁政)과 덕치(德治)의 정치 이상을 구현하려고 하였다. 주돈이가 그 개창자이고 장재, 소옹, 정호, 정이를 거쳐 주희에 이르러 집대성되었다.

송대에 도학이 생겨난 것은 도덕, 신념 체계, 그리고 민족의 위기라는 사회적 정황과 연관이 있다는 것이 통설이다. 초월적 의리, 인간과 만물이 존재하는 이유의 탐색, 이성의 자유 획득, 마음의 안녕 등을 갈망하게 되었고, 우주 필연의 이치를 끌어와서 사람이 행할 당연의 규범을 수립하는 것이 도학가들의 공동의 이론적 방향이었다. 이것이 주희를 중심으로 하는 도학의 내재적 지향이고, 동시에 공자, 맹자, 주돈이, 정호, 정이 등의 지향이었다. 도학가는 노·불을 막아내는 것을 자신들의 중요한 책무로 삼았다.

송대 이래 '성현기상(聖賢氣象)'은 도학의 핵심 화제가 되었다. 이는 '성인은 배워서 도달할 수 있다'는 신념과 연관이 있다. "사람마다 요가 될 수 있다"[2]는 신념과 성인을 배우는 효과적인 방법은 바로 성인을 실제로 본받는 것임을 확신하는 것이 도학의 핵심에 속한다. 이해나 관조에 머무는 것이 아니라 실천 또는 학습을 강조한다.

도학은 조선조 500년의 주류 또는 지배적 사상이었다. 많은 도학적 현자들이 출현하였다. 이미 알려져 있듯이 그들 가운데서 우옹 송시열이 있다. 그는 도학의 정수가 주희에게서 집대성되었다고 보고, 그것을 정학으로 높이고 돈독하게 신봉하였으며, 이를 밝히고 지키는 데 심혈을 기울였고, 실제로 광범위한 영역에 심대한 영향을 미쳤다. 그는 후인들로부터 '송자(宋子)'로 불렸고, 정조는 그가 주희와 대등한 위상을 갖는 것으로 여겨 『양현전심록』이라는 책자를 편집하여 널리 보급했다.

---

2 『맹자』「고자·상」 "子服堯之服, 誦堯之言, 行堯之行, 是堯而已矣."

2. 우옹의 유배와 소옹시 읽기

우옹은 이른바 2차 예송에서 나라의 예를 그르쳤다는 죄를 입어[3] 1675년 정월 함경도 덕원에 유배되었다가 그 해 여름 경상도 장기로 옮겨졌고 이곳에서 4년 가까이를 지냈다. 조정에서는 정적들이 어떻게 해서든지 그를 죽이려고 획책하고 있었다. 그들에게 그는 어떻게 해서든지 제거해야 할 대상이었다.

조정은 그에 대한 처리를 두고 혼란 분요했으나 이 유배 시기는 우옹에게 있어서 오히려 학문과 수양에 전념할 수 있는 좋은 기회였다. 시끄러운 세상사에서 다소 떨어져 있었기 때문이다. 그는 유배지로 따라온 자손들과 더불어 『주자대전차의』와 『이정서분류』, 『주자어류소분』 등의 작업에 매진하였고, 한편 안락(安樂)의 철인 소옹의 시를 즐겨 읽고 그 내용과 운을 취하여 시를 썼다.

1657년 그의 나이 51세 때 효종이 『주자어류』와 함께 소옹의 『격양집』 한 부를 선물로 내려주었다. 각별한 의미를 부여하고 있었을 것이다. 첫 유배령이 내려졌을 무렵 그는 소옹의 시집을 휴대하였고, 아침저녁 한가할 때마다 보고, 좋은 구절을 만나면 입에 올려 조용히 읊조리며 지냈다.[4] 장

---

3 우옹 송시열은 기해년 효종의 죽음에 인조의 비가 기년복을 입어야 한다고 주장해 이것이 채택되었다. 장자세습제 아래에서 부모는 맏아들에 대해서는 그가 가통을 잇는다는 이유에서 3년복을, 둘째 이하에 대해서는 1년복을 입는 것이 예법인데, 우옹은 효종이 왕권을 이었지만 소현세자에 이어 둘째 아들이고, 소현세자가 이미 장성하여 아들까지 두었고 그가 죽었을 때 이미 3년 복을 입었으니 효종에 대해서는 1년복을 입어야 한다고 주장했다. 1674년 갑인년에 효종의 비 인선왕후가 죽자 이로 촉발된 제2차 예송에서 자신의 예론을 추종한 학자 관료들이 9개월복을 주장하자 이것이 채납되지 않아 예를 그르친 죄로 양사의 탄핵을 받아 파직, 삭출되었고, 1675년 정월 원찬의 명을 받아 함경도 덕원으로 유배되었다.

4 『송자대전』권75, 「答金元會 1675년 1월 13일」 "此來適得邵子詩一冊, 早晚開閱. 又得一句, 可喜. 時時上口幽吟, 居然有無禮不恭意思. 此知舊之所當防戒也." 『송자대전』권

장기의 우옹의 적려를 재현한 것.

기 유배 시에 소옹시에 대한 연구가 집중되었다.

장기의 적소는 기성 동쪽 바닷가 가까이에 있었으며 사인 오도전의 집을 빌린 것이었다. 거처에는 가시울타리가 높이 둘러쳐져 외부인과의 접촉이 차단되었다.[5]

이곳에서 그는 4년을 보냈는데, 조정에서는 정적들이 그를 죽이려는 획책이 계속되고 있었다. 귀양, 안치(安置), 천극(栫棘)[6]을 넘어 이제 종묘에

43.「答趙士達 1675년 8월 30일」, "康節詩云 '欹枕看兒戱', 又曰 '洛陽城裏眼慵開.' 皆是玩世意也. 此正所謂無禮不恭者也."

5 『숙종실록』 1년 6월 18일: 집의 남천택, 장령 이복이 송시열을 절도에 위리안치할 것을 청하다.

6 천극(栫棘)은 유배지의 죄수가 있는 방 주변에 가시울타리를 두르는 엄혹한 조치이다.

그 죄를 고하자는[告廟] 것과 법률로 그 죄를 논하자는[按律] 논란이 계속되는 정황이었다.[7] 고묘나 안율하자는 것은 사실상 극형에 처하자는 의미였다. 이런 정황 속에서 그는 소옹의 『격양집』을 되풀이 읽으며 갈등과 위기의 나날을 견뎠다. 1677년 말 장기에서의 귀양살이가 3년이 지나갈 무렵 문인에게 보낸 글에 다음의 내용이 있다.

"근래 소자(邵子)의 시를 읽으니 비록 조롱과 해학으로 세상에 뜻이 없어 보이는 듯한데, 그가 의리를 변별한 것, 선악을 분별한 것은 털끝의 오차가 없으니 안목이 고명하고 흉금이 쇄락하며 기세가 등등하고 자재(自在)하여 그로써 평생을 보냈으니 참으로 천고의 호걸이라 할 수 있다. 그 규모와 기상이 회옹과 다름은 어찌된 까닭인가? 회옹은 저렇게 되고자 해도 불가능했는가? 아니면 하고자 했으나 부족하여 하지 않았는가? 아는 사람에게 물어보고자 했으나 할 수 없었네."[8]

이 편지는 계속해서 병증이 일어나고 신음을 토하는 중에 목숨이 바람 앞에 등불 같은 처지에서 쓴 것이다. 이 시기에 지은 시문에 소옹시의 차운작이 집중적으로 보인다.

1679년 3월 하순 그는 장기에서 다시 거제로 유배지가 옮겨졌다. 이제 유배 5년차였고 나이는 73세였으며 건강이 쇠잔한 상태였다. 그의 문인 송상민의 스승에 대한 변호를 담은 상소 책자가 숙종과 반대파의 반발을 불러 상황이 악화된 것이다. 송상민은 역률로 다스려져 처형되었고[9] 이는 우

---

7 『숙종실록』1년 10월 24일: 안전이 송시열·유필명을 안율할 것을 투소하다. 『숙종실록』3년 6월 20일, 고묘를 거행하자고 청한 전 판결사 조사기의 상소문.
8 『송자대전』권82,「與申聖時 1677년 12월」, "近看邵子詩, 雖詠諧縱謔, 若無意於人世, 而其辨析義理, 分別善惡處, 有毫釐不差者. 所以眼目高明, 胸襟灑落, 騰騰自在, 以送平生, 眞可謂千古之豪傑也. 然規模氣象, 與晦翁不同何也. 晦翁欲爲彼而不能耶? 抑以爲不足爲而不爲也. 欲質於知者, 而不能焉."

옹에게도 영향을 미쳐 절도 위리안치 조치가 내려졌으며, 유배지를 관할하는 통제사에게는 외부인과의 왕래나 연락을 엄금하라는 명도 내려졌다. 조정에서는 여전히 그의 목숨을 두고 논란이 이어지고 있었다.[10] 연이어 상소를 통하여 우옹을 안율로 다스리자는 논의가 가열되었고[11] 통제사가 우옹을 우대하였다는 것을 지적하여 그를 삭출하는 조치도 행하였다. 이해 5월에는 의정부의 대신이, 이어 삼사의 관원까지 나서서 안율로 다스리자는 주청으로 왕을 압박하였다. 안율하자는 청을 왕이 듣지 않겠다면 궁궐이라도 잘 수비하는 조치를 내리라고 하였는데, 이는 우옹을 죽이지 않으면 그를 따르는 무리들이 반역을 일으켜 궁궐을 침범할 것이라는 협박이었다. 우옹을 따르거나 옹호하는 관리들을 색출하여 대거 파직 삭출하는 조치도 이루어졌다.[12]

거제 적려[13]에서의 그의 삶의 일단을 엿볼 수 있는 시[14]가 몇 수 있다.

이른 아침부터 늦은 저녁까지 아무 일도 없으니　　昔昔朝朝無一事
이 몸 한가하여 이리저리 배회할 뿐이네　　此身閑處只徘徊
외롭고 위태로우니 곤수와 수령도 주저하니　　孤危帥宰趑趄在[15]

9　『숙종실록』 5년 1679년 3월 13일: 송상민의 상소에 대해 역률로 논단할 것을 명하다.
10　『숙종실록』 5년 1679년 3월 25일: 대사간 권대재 등이 송시열을 절도로 옮겨 위리안치할 것을 건의하다.
11　『숙종실록』 5년 1679년 5월 12일: 대사간 최문식 등이 합사하여 송시열을 안율하여 죄를 정하도록 아뢰다.
12　『숙종실록』 5년 1679년 6월 8일: 대사헌 이원정 등이 송시열과 영합한 사람들을 귀양 보낼 것을 아뢰다.
13　우옹의 거제 적려지에 후에 그를 기리는 반곡서원이 건립되었는데 대원군의 철폐령에 훼철되었다가 다시 복원되어 있다.
14　『송자대전』 권4, 시, 즉사(卽事)
15　거제를 관할하던 통제사가 군문을 지키며 자손들과 노복의 출입을 통제하였고, 고성 현감이 해칠 계략을 쓰고 있었다고 한다. 그러나 조석으로 바뀌는 조정의 정세를 주

그저 진중한 친척과 벗들의 보내오는 서찰이네	珍重親朋筆札來
큰 바다 파도 소리 동량을 흔들고	大海波聲搖棟宇
서산의 대나무 빛 술잔에 가득하다	西山竹色撲尊罍

또 다른 한편의 시 「기성의 귀양살이하는 집에서 읊다[岐城謫廬吟]」¹⁶가 있다.

산들은 그림 같고 바다는 아스라하니	群山如畫海迢迢
고야의 선인도 불러올 것만 같네	姑射仙人¹⁷若可招
문득 옷에 진토 묻었을까 두려워	却恐衣裾塵土在
샘물 길어다 사흘 동안 깨끗이 빨았네	汲泉¹⁸淸濯此三朝

거제도는 섬이지만 비교적 높은 산이 많고 주변에 수많은 작은 무인도들이 둘러 있고 바닷물은 잔잔한 호수와 같다. 마치 『장자』에 나오는 고야 신선이 주인이 되어 우리를 불러들일 것 같은 풍광을 보여준다. 그런 청징한 곳에 죄인의 몸으로 머물면서 자신의 몸과 마음이 세속의 홍진에 많이 더러워진 것을 깨닫고 깨끗한 샘물에 그 오염을 완전히 씻어내려 한 것이다. 이 해 구월 중양절 무렵에 손자 회석(晦錫)의 시에 차운한 것에 다음 구절이 들어 있다.¹⁹

시하며 통제사와 수령도 눈치를 보는 정황이었다.

16 『송자대전』 권2 시, 기성적려음(岐城謫廬吟). 기성은 거제의 이름이다.

17 고야(姑射)의 선인(仙人): 『장자』 「소요유」에 "막고야 산에 신인이 살고 있는데, 살결은 얼음과 눈 같고 예쁘기는 처녀 같다. 오곡을 먹지 않고 바람을 들이키고 이슬을 마신다[藐姑射之山, 有神人居焉, 肌膚若氷雪, 綽約若處子, 不食五穀, 吸風飮露.]"라는 표현이 있다.

18 여기 샘은 적려 근처에 있는 대숲 아래 있는 샘으로, 죽천이라 불렸다.

19 『송자대전』 권4, 시, 「次晦孫韻」

하늘은 지금의 세상 부지할 뜻이 있는가	蒼穹有意扶今世
백발 늙은이 어제 잘못 깨달을 수 없네	白首無由悟昨非
평생 재앙과 허물 쌓임 한스러워 아니하고	不恨平生災咎積
오히려 말세에 성현이 드문 것 탄식하네	還嗟末路聖賢稀

바다 가운데 섬의 유배지에서 맞는 늦가을이다. 아무리 생각해도 잘못한 일이 없다. 그러나 그에게 닥친 불행이나 간고한 역경에 대한 한탄은 하지 않는다. 다만 어느 때나 하늘이 이 난국을 바로잡아 줄 것인지를 헤아리며 왜 이 시대에 성현이 나타나지 않는지를 안타까워할 따름이다. 유배지 위리안치된 곳에 누가 찾아올 수가 있어 함께 술잔을 기울이며 지는 해를 바라볼 것인가? 73세의 소진해진 몸에 풍토병 또한 견디기 힘든 나날이 이어지고 있었다.[20]

1680년 3월 환국이 있었고[21] 정국이 급변함에 따라 이해 5월 24일 우옹에 대한 완전 해배 조치가 내려졌다. 5년 5개월의 길고 험난했던 유배가 끝난 것이다. 거제도에서의 유배 기간은 1년 2개월이었다.[22] 이때 바다를 건너며 소회를 읊은 시가 있다.

성덕으로 섬에 갇힌 신하 풀어주시어	聖德寬臣海島囚
큰 물결 다시 건너며 눈물 흘렸노라	鯨波重渡淚雙流
옛 친구 이로움 함께 누리기를 바라니	惟玆舊要要同利
천 리 산천 모두 부끄러움 띠었네	千里山川摠帶羞[23]

20 『송자대전』 권45, 서, 「答李長卿」 1679년 12월 26일 "풍토병이 위태롭고 고약합니다."
21 허적이 집안 잔치에 왕실에서 사용하는 기름칠한 천막을 왕에게 보고도 하지 않은 채 임의로 가져다 사용했다. 이 사실이 숙종의 심기를 매우 불편하게 하였고, 이어서 허적의 아들 허견의 역모사건에 대한 고변이 있어 허적, 윤휴 등이 숙청되는 정국 변화가 있었다.
22 『숙종실록』 6년 1680년 5월 12일; 송시열의 위리를 풀고 중도부처를 명하다.

반곡서원 우암사

우옹이 소옹의 시를 읽고 차운하는 것은 이후 83세 때 사약을 받아 절명하기 직전까지 이어진다. 1689년 정월 29일에 제주 유배령이 있었고, 3월 초에 제주 성내에 위리안치되었다가 4월말 나국의 명이 내려져 5월 중순 제주를 떠나 서울로 압송되었다. 도중에 6월 3일 전라도 광주 선암역에서 쓴「요부선생의 뜻으로 박중회의 운을 차하다」[24]가 있다. 우옹이 정읍에서 사약을 받은 것이 6월 8일이다. 이 사이에도 그는 수미음에서 읊었던 내용

23 『송자대전』권2, 시,「渡海時作」庚申
24 『송자대전』권2, 시,「用堯夫先生意次朴受汝重繪韻 1689년 6월 3일 到光州仙岩驛作」"어지러운 말세에 도가 참되지 못했는데 오직 민옹 주자께서 성신을 이으셨네 물고기 뛰고 솔개 나는 뜻이 발휘된 후에 천 년 동안 더 이상 사람 없었다 말하지 말게.[紛紛末路道非眞 惟有閩翁繼聖神 魚躍鳶飛揮發後 莫言千載更無人]" 첫 구 "紛紛末路道非眞"이 어떤 곳에서는 "갈래 많아 길이 미혹되어 모두 참이 아니네[岐多路惑摠非眞]"로 되어 있다.

으로 자신을 다잡기도 하고 문인 자제들에게 당부하기도 하였다. 그의 만년 15년간 소옹은 깊은 관심의 대상이었고 그의 시로부터 위로를 받았다.[25]

3. 우옹의 수미음 134수

1679년 8월 거제에서 우옹은 도학을 주제로 하는 연작 134수의 7언율시 수미음을 썼다. 형식이 수미음이고 134수인 것에서 드러나듯 이는 소옹 (1011-1077)의 『격양집』에 있는 수미음 134수를 본뜬 것이다. 그는 실제로 소옹의 134수 차례에 따라 각 수의 운까지 맞추었다. 그러나 우옹이 도학을 전체의 주제로 했다는 것과 나름의 체계적 기획 속에 썼다는 점에서 소옹이 그때그때의 흥에 따라 지은 것과 다르다. 비록 극단의 간난 곤궁의 상황이지만 안락(安樂) 청한(淸閑)함을 유지하려는 자기 정체성 유지의 방편이었을 것으로 추정한다.

우옹의 수미음 134수에는 전체 제목도 없고, 각각의 제목도 없다. 그런데 상세히 살펴보면 시 전체가 도학의 연원과 흐름을 주제로 하고 있고 또 도학자의 삶에서 드러나는 과제들을 소재로 삼고 있다. 모두 7언율음에 각운을 지니고 있지만 사실 이 시는 노래라기보다는 이야기에 가깝다. 곧 우

---

25 소옹의 시를 차운한 우옹의 시는 위의 수미음 외에 다음과 같은 제목의 9수가 있다. 1.「요부 선생의 뜻 사용하여 박수여 시에 차운하다[用堯夫先生意, 次朴受汝韻]」 2.「격양체를 장난삼아 모방하여 정평 사군에게 화답하다[戲效擊壤體和正平使君]」 3.「『격양집』을 보고 우연히 읊음[觀擊壤集偶吟]」 4.「『격양집』을 보고[觀擊壤集]」 5.「소강절이 "편의가 떨어진 곳에 편의를 얻는다"는 말을 하였는데, 내 마음과 합치되는 것을 기뻐한 나머지 한 수의 율시를 만들어 손자 주석에게 보여주고 화답하게 하다[康節有'落便宜處得便宜'之語. 喜其有會於余心. 因成一律. 示疇孫使和]」 6. 강절 선생의 운을 써서 회암선생을 읊다[用康節先生韻. 詠晦菴夫子]」 7.「『격양집』의 「대나무 뜰에서 잠깨다」 시의 운을 차하다[次擊壤竹庭睡起韻]」 8.「손자 주석의 강절운을 차하다[次疇孫所用康節韻]」 9.「강절의 어연구를 써서[用康節語聯句]」

옹의 수미음은 모두 함축된 이야기들로 되어 있다. 대부분의 시어가 경전적인 전거가 있거나 어떤 사건적 배경을 갖고 있다. 한 편의 시 속에 담긴 이야기가 대여섯 개나 되니 수미음 모두에 600개쯤 되는 각종 이야기들이 담겨 있는데 이들은 도학의 언저리에 있다. 그리고 134수가 나름의 단락을 이루면서 주제의 집중성과 연관성을 보이고 있다. 즉 도학적 삶의 주제, 도학의 연원, 도학 형성의 문헌과 도학자들, 도학의 주요 개념을 집중적으로 읊고 있기 때문이다. 그는 자신의 학문 도학을 다시 음미하듯 정리하면서 자신의 사람의 정체성을 지키려 하고 있고 그 본질과 사례에서 위안을 얻으려 하고 있다. 그리고 나름의 크고 작은 단락을 이루면서 주제의 집중성과 연관성을 보이고 있다.

음(吟)은 한문 시 형식의 하나로 절주(節奏) 곧 음의 강약과 장단 등의 규칙적인 흐름, 리듬이 있는 음영(吟咏) 또는 음송(吟誦)이다. 『장자』 덕충부(德充符)에 장자가 정신을 수고롭게 하는 혜자를 두고, "나무에 기대어 음영하고, 마른 오동 궤안을 잡고 졸고 있다[倚樹而吟, 據槁梧而瞑]"라고 말했는데 여기의 '吟'이 곧 본래의 의미이다. 음영과 탄식은 모두 긴 소리가 있어서 후대에는 탄식의 뜻으로 썼다. 이는 또 동물의 울음, 울부짖음으로 그 소리가 맑지 않음을 특정하여 가리킨다. 송대 강기(姜夔)는 「백석도인시설(白石道人詩說)」에서 "슬픔이 귀뚜라미 울음 같은 것을 음(吟)이라 한다"하였고, 명대 서사증(徐師曾)은 "한숨짓고 탄식하며 슬픔과 시름에 잠겨 있는 우울함을 서술한 것을 음이라 한다"하였다. 음 형식의 작품으로는 제갈양(諸葛亮)의 「양보음(梁甫吟)」, 탁문군(卓文君)의 「백두음(白頭吟)」 등이 유명하다.

수미음이란 시의 처음 연과 끝 연을 같은 말로 하여 이어가는 시 짓는 방법의 하나로 소옹이 처음 시작한 시 형식이다. 우옹은 134수 모두 소옹의 연작시의 차례를 따라서 2, 4, 6, 8구의 마지막 운을 그대로 취하였다. 시 짓는 제약 조건을 스스로 정한 것인데 그만큼 소옹에 대한 존숭도 높아지게 되었다.

우옹의 문집에는 수미음이 1679년 8월 9일에 쓴 것으로 되어 있다. 그런
데 7언율시 수미음 134수는 모두 7,504 글자이며 게다가 134수 모두 소옹
의 수미음 차례를 따라 차운하였을 뿐만 아니라 그 나름의 전체에 대한 체
계적 기획 아래 쓰인 것이기에 하루에 다 썼다고 생각하기 어렵다. 수미음
제8수 '손자 회석을 보내며'에는 별도로 '손자 회석이 고향에 돌아감에 써
보냄'이라는 제목이 있다. 이날이 8월 9일이며, 우옹 스스로 제목을 단 것
은 134수 가운데 이것이 유일의 경우이다.

문인 최신(崔愼 1642-1708)[26]에 의하면 송시열의 당호 우옹은 이 시에서
처음으로 사용하였다고 한다.[27] 일찍이 우옹이 김익희(金益熙 1610-1656)[28]
로부터 '尤' 자로 호를 받았지만 평소에 자칭하지 않았고 또 남들의 호칭도
사양하지 않다가 1679년 가을에 거제도에서 소옹의 수미음 제 8운을 차운
한 이 시의 첫구 '尤翁非是愛吟詩'에서 처음 사용했다는 것이다. 이로 보면
수미음의 첫 번째 작품은 8번째로 수록된 이 시이다. 그렇다면 우옹의 나머
지 133수의 시는 제8번 '손자 회석을 보내며'의 시를 지은 다음에 짓고 나
중에 순서를 배열한 것으로 보인다.[29]

그간 우옹의 수미음에 대한 연구는 많지 않았다. 우옹의 시가 문예적 취
향보다는 이취(理趣)적 성격이라서 문학적 관심이 덜했던 듯하다. 근래의

---

26 최신은 자가 자경(子敬), 호는 학암(鶴庵)이다. 회령 출생으로 함경감사 민정중의
주선으로 우옹의 문하에 들어갔다. 1675년(숙종 1) 우옹이 국가의 예를 그르쳤다는 죄
로 귀양 가게 되자 그는 소를 올리려 하다가 중지하고, 유필명의 소문을 지었다는 무고
를 받고 사천(泗川)에 귀양갔다가 사면되어, 1689년 우옹이 사사됨에 따라 광양에 유
배되었다가 우옹의 관작이 회복될 때 그도 석방되어 경기도 광주에서 살다가 사망했다.
27 『송자대전』 부록 제17권, 어록4 최신의 기록 ‒ 상
28 김익희는 김장생의 손자이고 김반의 아들이다. 병자호란 때 척화를 주장했다.
1655년 대사성·대사헌이 되고, 이듬해 대제학이 되었다. 문집에 『滄洲遺稿』가 있다.
29 이 시의 각운도 소옹 수미음 8번째의 각운을 따랐다.

연구로 주목할 만한 것이 몇 편 있다. 이병주 교수는 우옹 수미음 134수를 모두 8단락으로 나누고 이를 1) 자신의 학문과 사상의 기초, 2)자경과 자탄으로 자신의 이학과 학문의 태도, 3) 삼황오제와 우탕문무의 역사관, 4) 송 유학의 전승과 주돈이와 주자의 유학, 5) 고조선에서 조선조의 역사관, 6) 유학의 경전과 사서와 주자의 저술, 7) 자신의 자연관 피력, 8) 자신의 존심양성과 거경궁리 등으로 분석하였다. 정민 교수는 "대학자의 웅숭깊은 학문과 대로(大老)의 경륜이 빚어낸 도저한 시상은 도학시의 또 다른 풍격과 새로운 기축(機軸)을 열어 보이고 있어, 문학성의 잣대로만 말하고 말 일이 아니다"[30]라고 하였다. 적절한 평이라 생각된다.

　내용을 감안하여 우옹의 수미음 134수를 열 개의 단락으로 구분하였다.

　제1단락. 서음(序吟); 옛사람 옛 성현의 시대를 사모함을 읊고 있는데, 사실상 앞으로 다루는 모든 시제는 이 범주 안에 있음을 암시한다.

　제2단락. 자경(自警)과 성찰(省察); 이 단락은 우옹의 자기반성과 경계 및 학문적 관심사 또는 지향을 보여준다. 대상과 내용이 도학자의 일상적 지향을 보여주는 수양과 경계이며 당시의 정치적 현안을 소재로 하지 않았다.

　제3단락. 중국의 역사와 인물; 전기를 통해서 볼 수 있는 상고시대부터 역사시대에 이르는 인물들에 대해서, 또 인물과 왕조대를 엮어서 서술하고 있다.

　제4단락. 도학의 연원과 흐름; 주공으로부터 공자, 안연, 증참, 자사, 맹가, 순자와 양웅, 왕통과 한유, 주돈이, 정호, 정이, 소옹, 장재, 사마광, 주희, 장식, 여조겸, 정호·정이 형제의 문하 그리고 주희의 문인들이다.

　제5단락. 우리의 역사; 이 단락에서는 우리나라가 바둑판만한 작은 나라

30　鄭珉「尤庵先生〈首尾吟〉134수 管窺」, 『韓國思想과 文化』, 제42집 38쪽

라는 인상에서부터 삼한시대, 고려시대 그리고 조선왕조를 차례로 읊고 있다.

제6단락. 경부(經部); 이 단락에서는 동양의 도서분류법인 경·사·자·집의 사부분류법에서 경부에 해당하는 6경4서와 사와 자부를 대상으로 하여 읊고 있다. 사와 자를 단 한수만 배당한 것이 눈에 띈다.

제7단락. 집부(集部)1; 북송5현의 문집. 이 단락은 사부분류법의 집부에 해당하는데 해당 분량이 많아서 편의상 북송5현의 문집만 따로 나누어 집부1이라 하였다.

제8단락. 집부(集部)2; 주희의 문집과 저술. 이 단락의 24수 역시 집부에 속하는 것을 다루었는데 주희의 문집과 그의 저술만 따로 분류했다.

제9단락. 관물(觀物)과 함양; 이 단락의 10수는 도학자들이 격물의 일환으로 중시하던 관물과 함양을 다루고 있다. 정이가 "함양은 모름지기 경 공부에 있고 진학은 치지에 있다"라고 한 공부법과 같은 맥락이다. 서론격인 124번째의 시는 흥이 나는 대로 적음이라고 하였지만 초목, 곤충, 오곡, 금수에 대한 유관과 대관의 관찰, 그리고 큰 것, 작은 것, 근독, 계구에 이르는 깊은 사색과 지경(持敬)의 공부를 다루었다.

제10단락. 결음(結吟); 제134: 1수; 이는 공부의 최종 지점을 모든 다양성을 합일, 환원시키는 하나의 원두점에 도달함으로 설정하고, 그 경지는 인간의 어떤 언사도 필요하지 않은 곳임을 밝힌 것이다.

위의 단락 나눔[31]에서 볼 수 있듯이 우옹은 134편의 수미음을 임의로 써

---

31 134수의 단락 나눔을 앞서 시도한 경우로 이병주, 김학주, 정민, 서지소가 있다. 徐志嘯(중국 복단대학) 선생은 그의 논문 「宋時烈의 〈次康節首尾吟韻〉에 구현된 몇 가지 특질」(『洌上古典硏究』 제33집)에서 다음과 같이 분류하였다. "첫째, 1-25, 124-134; 스스로에 대한 경계와 자율. 둘째, 26-57; 중국 역사에 대한 추술과 토로 — 고대로부터 송시열 자신이 살았던 중국의 명·청 시대까지. 셋째, 58-99 유가(일부분의 도가도 포함)의 사상, 전적, 인물에 대한 찬양과 심의. 넷째, 100-122 송시열 자신이 가장

내려간 것이 아니고 나름의 체계적인 기획 아래 수행하였음을 알 수 있다.

이들 시 한 편 한 편에 담긴 사유의 세계는 치열하면서도 넓고 정밀하며 깊다. 134수 각각의 시에는 숱한 전거들이 동원되고 있어 해석이 난삽하고 따라서 가독성도 낮다. 자연물상을 대상으로 생긴 감흥을 쓰고 여기에 인간사를 연관시키는 통상의 문학적 시가와는 다르다. 그가 읽은 역사서와 경전과 현인들의 문집을 환히 알고 있어야 이해가 가능하다. 그러니 일반인은 읽어도 어떤 이해도 감흥도 갖기 어렵다. 웬만한 동양고전 연구 학자들도 마찬가지일 것이다.

『송자대전수차(宋子大全隨箚)』[32]가 조선 말기의 송근수(宋近洙 1818-1903)[33]에 의하여 편찬되었는데, 이는 옮긴이가 출전을 찾고 확인하거나 해독이 어려운 글자나 맥락을 이해함에 도움이 되었다.

숭배하고 존경하는 유가의 대표 인물인 주희에 대해 찬양하는 평술." 서지소는 대체적 분석에 그치고 있고 또 세분할 필요성 그리고 전후에의 배속에 다소 엄밀성을 결하고 있다. 예를 들면 제58「流觀宇宙」가 청대를 읊은 것임을 놓친 것이라든지 제123「惟紫陽書篤好」는 앞의 주희의 저술로 묶어야 한다는 것 등이다. 정민 교수는 "처음부터 주제 갈래를 두어 하나의 기획 속에서 일관된 흐름으로 창작된 것을 확인할 수 있다. 우암은 수미음 134수에서 자신의 인생과 공부, 도맥의 전승과 역대의 역사를 縱觀하는 대하적 구성을 펼쳐 보였다"고 하고 다음과 같이 분류하였다. 제1수-제2수: 서설, 제3수-제29수: 自警과 自悔 제30수-제58수: 중국 역대 사적 제59수-제78수: 중국 도학연원 제79수-제82수: 우리나라 역사 제83수-제123수: 역대 유학경전 제124수-제129수: 觀物察理 제130수-제134수: 存心涵養. 이들에 앞서 단락별 구성에 이병주, 김학주도 주목한 것이 있다.

32 『송자대전수차』는『송자대전』중에서 난해한 구절을 뽑아 주석을 붙인 책으로, 송근수가 편찬하였고 1901년 송병선이 13권 6책 목판본으로 간행하였다. 권두에 이세연(李世淵)의 서문과 송근수의 범례가 있고 권말에 송병선의 발문이 있다. 끝에는 김상헌·김집 등 510인의 이름과 자호·약력을 수록하였다.

33 송근수의 자는 근술(近述). 호는 입재(立齋)·남곡(南谷)이며 회덕 출신으로 우옹의 8대손이다. 송치규의 문하에서 성리학과 예학을 수학하여 이이-송시열-한원진으로 이어지는 기호학통을 계승하는 동시에 송능상-송환기-송치규로 이어지는 우옹의 가학을 전수하였다. 그는 여러 고관을 역임하였고 산림재상의 칭호를 듣기도 하였다.

우옹의 시 모두를 번역한 것으로 조종업의『우암송선생시집』(서울. 경인
문화사, 2004)이 있고 서정기가 선택적으로 번역하여『국역 송자시선』(동양
문화연구소, 한국학술정보, 2010)의 이름으로 출간한 것이 있다. 근래에 고
전국역원에서『송자대전』국역본을 탑재하면서 그동안 10수만 번역 탑재
하고 미완으로 두었던 수미음 134수를 모두 번역하고 탑재하여 연구에 도
움을 주고 있다.

우옹의 시나 수미음을 주제로 하여 쓴 근래의 논문들의 저자로는 김학
주, 이병주, 정민, 서지소 등이 있다.[34]

소옹의 수미음을 취한 시를 쓴 사람이 적지 않다. 그 형식과 134수의 운
까지 맞추어 모방한 경우는 현재까지 드러난 것으로는 송시열과 신석우
(1805-1865)[35] 두 사람이다. 김정묵의 109수, 위백규의 130수[36] 신광한 8수

---

34 김남기:「수미음의 수용과 잡영류 연작시의 창작 양상」, 한국문화 제29집(서울대
한국문화연구소, 2002), 65-87쪽. 김학주:「우암의 시관과 시」, 우암사상연구논총(사
문학회, 1992), 363-382면. 이두희 외 역:『우암선생언행록』, 상당고전연구회, 2006.
이병주:「조선 후기의 우암 송시열의 시문학」, 동악어문논집 제31집(동악어문학회,
1996), 153-169면. 이종묵:「우암 송시열의 삶과 시」, 한국한시작가연구 제10집(한국
한시학회, 2005), 419-453면. 조종업:「우암선생의 도의시(道義詩) 연구」, 송자학논총
제2집(송자연구소, 1995), 341-392면. 정민:「우암선생 수미음(首尾吟) 134수 관규
(管窺)」한국사상과 문화 42집. 서지소:「송시열의〈차강절수미음〉에 구현된 몇 가지
특질」,『열상고전연구』제33집.

35 신석우(申錫愚)의 자는 성여(聖如), 호는 해장(海藏). 예문관검열·사간원정언을
거쳐 1838년 용강현령을 지냈으며 그 뒤 부교리·병조참판·우승지·양주목사·대사성·
이조참의·승지·이조참판 등을 거쳐 1855년 경상도관찰사를 지냈다.1857년 대사헌이
되고 이듬해 한성부판윤을 거쳐 1859년 형조판서에 이어 예조판서가 되었다. 1860년
동지정사로 청나라를 다녀왔다. 문장과 글씨에 뛰어나 1863년에는「해주기적비(海州
紀蹟碑)」의 서사관(書寫官)으로 특별 품계가 오르기도 하였다.

36 위백규(魏伯珪 1727-1798)는 60세 나이에 우옹의 수미음을 보고 이를 차하여
130수를 지었다고 한다. 75수가 있다고 하는 주장도 있고 연보에는 130수로 되어있는
데 현재 문집에 들어 있지 않다. 그의 자는 자화(子華), 호는 존재(存齋), 계항(桂巷)이
다. 윤봉구에게서 수학하여 노론의 학문을 계승하였으나, 다양한 학문에 대한 탐색 속
에서 전라도 장흥에 살면서 지방 사회의 현실과 접목하여 다양한 경세론을 제시한 실학

가 있고, 그밖에 서경덕, 조욱, 최연, 권호문, 정경세, 김세렴, 하진, 조관빈, 서형수 등도 수미음의 형식을 취하였다.

4. 우옹이 얻은 위안

최후의 로마 철학자로 불리는 보에티우스(A. M. Severinus Boethius 480년경-524년)는『철학의 위안』[37]을 저술하였다. 황제로부터 모함을 받아 반역죄로 처형을 기다리는 동안 감옥에서 쓴 이 책은 "진실한 선함에 대한 보상 대신, 저지르지도 않은 범죄에 대한 처벌을" 받고 있는 상황에 대하여 상심한 그에게 철학의 여신이 와서 위로하는 내용으로 구성되어 있다. 자신과 같은 처지에 있는 사람들을 위로하기 위하여 방안을 제시한 것이다.

우옹의 수미음은 제목이 없지만 그 집필의 정황과 동기가 도학에 대한 정리와 재음미를 통하여 그가 처한 고난의 이유와 의미 그리고 자신이 취할 태도가 어떠해야 하는지의 답을 찾는 일환이었다고 보아『도학의 위안』으로 전체 시 제목을 정했다.

우옹은 첫 음에서 그가 앙모하는 또는 이루고자 하는 사업과 도달하고자 하는 경지를 밝혀내었다. 그것은 이미 복희·헌원·요·순 같은 성인이고 유가의 경들이며 성(聖)·신(神)·현(賢)·인(仁)의 개념들로 표방되는 경지였다. 이들의 삶 속에 담긴 고난의 과정, 이룬 사업이 후대와 인민에게 미친 선한 영향, 그들이 남긴 가르침이 주는 효과를 음미하며 자신이 그 추구자의 대열에 들어 있음을 흡족해했을 것이다. 그가 착안하고 관심 가질 것은 결단코 세속의 잔다란 승패나 성패 또는 부귀 영화가 아니라 우주의 주재자이다.

---

37 정의채 역『철학의 위안』(성바오로출판사, 1973년)을 읽었다. 근래에 나온 책으로는 박문재 역『철학의 위안』(현대지성, 2018년)을 추천한다.

자, 음양 조화의 사사로움 없는 경지 유행과 대대의 오묘한 구조 등 천지와 인간을 함께 아우르는 근원적 힘과 틀에 관한 것이어야 한다는 것으로 마음의 눈을 크게 떴다.

그러면서 자신에 대한 경계를 이어갔다. 그런 목표가 있고 관심의 대상이 있는데 자신은 어찌 살아왔으며 현재 무엇을 근심하고 있는지를 반성하고 다짐하는 것이다. 이러한 삶에 가장 강력한 단서와 계기를 제공한 것은 소옹이 제공한 안락의 개념과 경지였다.

이어서 그는 공자와 맹가의 경지를 칭송하고 경탄한다. 영원한 스승으로서의 공자, 호연한 맹가를 특별히 존중하고 그의 인격과 사업을 본받으려는 지향과 성향이 강했다. 그는 "늘 청명하고 정대한 경지에 서 있으려[常立於淸明正大之域]" 하였다. 그리고 소옹과 주희를 통해 마음을 넓히고 마음의 평안을 얻었다. 맑음을 전제로 한 한가로움과 즐거움이 담긴 평안의 철학자, 세속의 잔다란 것을 외면하는 소옹을 배우며, 공자와 같은 학문과 인격을 지닌 주희의 삶으로 자신을 지속적으로 점검하였다.

우옹의 수미음 134수에서 두드러지게 드러난 부분은 성현들이 받은 고난, 그리고 그 대처였다. 탕왕과 문왕, 공자 등이 상당 기간 유폐되어 생명의 위기를 넘겼으며 공자도 광 지역에서 죽음의 고비를 넘겼고 진채 사이에서 식량이 떨어지는 곤경도 당했다. 우옹이 존신하는 주희도 '위학(僞學)' 곧 남을 속이는 학문이라는 무함을 받았다. 한탁주가 득세한 다음 "탐욕 방탕[탐독(貪黷) 방사(放肆)]을 인간의 진정이라 하고 청렴과 수양을 좋아하는 것[염결(廉潔) 호수(好修)]은 모두 거짓된 사람"이라 하면서 주희의 도학을 위학이라 하고, 주희를 역당의 수괴로 몰아 삭탈 방축한 일이 있었다. 유배와 죽음과 같은 위난에서 정이·채원정·주희 등이 보인 의연한 태도는 이미 알고 있는 내용이었겠지만 원찬의 곤경에 있는 그에게 큰 위로가 되었을 것이다. 그리고 "곤궁하지만 형통하다. 위험에 처했지만 기쁘다[困而亨, 處險而悅]"의 『주역』 곤(困)괘가 주는 위안을 얻었을 것이다.

또한 우옹은 정치적 탄압뿐만 아니라 문하로부터 의리쌍행(義利雙行), 왕패겸용(王覇兼用), 기관술수(機關術數) 등의 비난을 받았고 이것이 조정과 재야 사림의 뜨거운 쟁점이 되었던 사건의 한가운데 처하기도 했다. 여기서도 그는 담담히 의연히 대처하는 힘을 얻었을 것이다. 믿었던 동지들로부터의 배신에서도 증오나 울분으로 무너지지 않았다.

또한 그는 세상사가 일음일양이고 평칙피(平則陂)이며 동(動)과 정(靜)이 모두 천지의 몸이며 일칭일란(一治一亂)으로 진행된다는 성리철학에 의해 성패에 일희일비하지 않고 초연할 수 있었던 것으로 보인다.

무엇보다도 우옹은 마지막 음에서 보인 '언어문자가 필요하지 않은 원두의 경지'를 마음에 더욱 단단히 새겨둔 것으로 보인다. 『중용』을 수백 번 읽었던 그였지만 도학의 역사와 인물들을 유람(遊覽) 종관(縱觀) 유관(流觀) 대관(大觀)하면서 그는 만물만사의 극본(極本) 궁원(窮源)의 원두처를 보았다. 그러니 진리 추구의 길에서 벌어지는 각양의 승패와 일희일비에서 깨끗이 벗어나 불우(不憂) 불구(不懼) 불혹(不惑)의 삶을 견지할 수 있었던 것이다.

철학사는 철학이라고 하고, 진리를 찾고 지혜를 추구하는 것을 우리는 가장 고귀한 영혼의 활동이라고 믿는다. 우옹은 이 길을 이미 있었다고 믿는 옛 도, 옛 성현에게서 찾았고, 여기에 눈을 떠야 한다고 생각하였으며, 구체적으로 요·순·공·맹·소(邵)·주(朱)를 비롯한 많은 성현들의 사업과 저술, 그들의 언행 전반에서 확인하고, 거기서 터득한 삶의 목표가 이끄는 삶을 살았다. 그리고 그런 삶의 과정에서 당한 유배 기간에 이를 전반적으로 재검토 음미하면서 다시 위안을 얻고 힘을 얻었다. 그래서 이 시를 쓰고 난 10년 후 마지막 죽음의 길도 마다하지 않고 회피하지 않고 당당히 걸어갔다.